사회복지조사론 2판

Research Methods for Social Welfare

김진숙 지음

신정

*머리말

소박하게 저자의 강의를 듣는 학생들을 위해 교재가 있으면 좋겠다고 만든 사회복지조사론 초판이 나온 지 10년이 되었다. 그동안 부족한 부분이 많다고 느끼면서도 쉽게 개정하지 못한 것은 저자의 역량 부족이다. 사회복지조사뿐 아니라 기본적인 사회조사 논리와 이론을 설명하면서, 수많은 학자들의 이론과 연구결과, 그리고 집필결과를 정리하여 그들 대신 학생들에게 전달하는 입장이기에, 최대한 학생들에게 쉽고 정확하게 이해되도록 전달해야 한다는 책임감과 부담이 크다. 이제는 더 미룰 수 없어 개정을 하지만, 여전히 미흡하고 부끄러운 부분이 많다.

2판에서도 조사의 진행과정을 따라가는 초판의 구성을 대부분 그대로 따랐다. 다만, 지나치게 구체적인 내용이라고 생각되던 부분은 삭제하였고, 개념 설명의 위치를 바꾸기도 하였다. 한 장에 들어가기에 많은 내용이라고 생각되었던 부분은 두 장으로 나누어 설명하여 초판보다는 한 장이 늘어나게 되었다. 또한, 많은 학생들이 연구자보다는 실무자로 현장에 기여하게 되기 때문에, 실무에서 활용되는 방법을 예시를 통해 제시해 보고자 하였다.

구체적으로는 본 내용에 들어가기에 앞서 생각해 봐야 하는 이슈를 소개하는 생각해 보기, 학생들이 강의를 듣거나 교재를 읽기 전에 생각해 보면 학습에 도움이 되리라 생각되는 질문들, 학습해야 할 내용, 그리고 시험을 보는 학생들을 위해 요약과 사회복지사1급 기출문제 등으로 구성하여, 새로운 개념을 이해할 수 있도록 하였고, 요약과 기출문제를 통해 복습과 이해한 내용을 점검해볼 수 있도록 하였다. 사회복지조사론을 처음 배우는 학생들에게 새로운 개념에 대해 소개하고, 학생들이 이해한 것을 스스로 점검하여 이 책만으로 사회복지조사에 대한 전체적인 맛보기가 가능하도록 구성하였다.

여전히 학생들이나 실무자들을 보면, 조사론과 관련해서는 시험을 잘 보는 것과 실제로 조사를 수행하는 역량 사이에는 차이가 있다는 생각을 하게 된다. 바라건대, 조사론을 공부하는 학생들이 사회복지사 자격취득을 위한 기초적 이해뿐 아니라 편견과 오류를 줄여 사회현상과 사회복지현장, 그리고 사람을 이해하는 방법을 습득하길 바란다. 또한, 실천적으로는 다양한 조사결과를 읽고 이해하고, 현장에서 욕구조사와 평가조사를 실시할 수 있는 역량을 갖추길 바란다. 시험을 잘 보기 위해 요약과 기출문제를 활용하는 것도 좋지만, 각 장에서 학습을 위해 생각해볼 문제나 연습문제 등에 대해 스스로 답을 찾는 연습이 도움이 되리라 생각한다.

초판에 대해 많은 분들의 질문과 조언을 받았다. 앞으로의 독자들도 질문이나 개선될 점에 대한 조언에 주저함이 없으시길 바란다.

끝으로 초판을 꼼꼼히 읽고 조언을 해준 친구이자 훌륭한 강사인 김유경 박사와 많은 질문을 해준 학생들, 우여곡절 속에 이 책의 개정판을 준비하기까지 다년간 기다려 주시고 격려해 주신 신정의 최용구 사장님과 장만동 전무님, 그리고 짧은 시간에 편집과 디자인을 위해 최선을 다해주신 실무자 선생님들께도 감사드린다.

2022. 1.

김진숙

*차례

Chapter 03 어떻게 검증할 것인가? (1)

Chapter 04 어떻게 검증할 것인가? (2)

Chapter 05 어떤 방법으로 검증할 것인가?

Chapter 07 무엇을 가지고 조사할 것인가?

Chapter 08 조사한 것을 그대로 믿을 수 있을까?

CHAPTER

01 사회복지가 과학적이어야 하는가?

1. 사회복지와 사회조사
2. 사회과학으로서 사회복지
3. 증거기반실천

영화 아이엠 샘(I am Sam)

일곱 살 아이의 지능을 가진 지적 장애인 샘(Sam)은 버스 정류장 옆 커피 전문점에서 일하면서, 아내가 버리고 간 딸 루시(Lucy)를 키우며 힘들지만 즐거운 나날을 보내고 있다. 수요일에는 레스토랑에, 목요일에는 비디오 나이트에, 금요일에는 노래방에 함께 다니는 것이 이들 부녀의 작은 행복. 남들이 보기에는 정상적이지 못하지만 그들은 즐거운 시간을 함께 하며 행복한 가정을 이루고 있다.

그러나 루시가 일곱 살이 되자 사회복지기관에서 찾아와, 샘의 지능은 일곱 살 수준이기 때문에 루시가 일곱 살이 넘게 되면 샘이 루시를 정상적으로 양육할 수 있는지를 평가해서 샘의 양육 능력이 검증되지 않으면 루시는 위탁가정에서 생활해야 한다고 얘기한다.

샘은 지적 능력은 부족하지만 변호사를 구해 자신의 능력을 검증받고자 한다.

이 영화의 뉘앙스는 사회복지서비스가 오히려 행복한 부녀를 갈라놓는 원인이 되기도 하며 때로 사회복지는 의도한 바와는 다르게 사람들에게 오히려 해가 될 수도 있다는 걸 보여준다. 이 메세지에 대해 여러분은 어떻게 대답하겠는가?

어떤 사람은 '사회복지서비스는 궁극적으로 이 가족에게 득이 될 것이다', '지적 장애인이 자녀를 양육하는 데에 한계가 있는 것은 명확한 사실'이라고 주장하는 사람도 있을 것이고, 어떤 사람들은 '지적 장애인이라고 하더라도 옆에서 도와주면 얼마든지 자녀를 양육할 수 있다'고 하며 '지적 장애인과 그 자녀일지라도 누가 그들을 떼어 놓을 권리가 있는가?' 반문하는 사람도 있을 것이다.

이런 대답이 서로를 설득할 수 있을까? 양측에는 근거 있는 논리와 주장이 필요하다. 이제부터 이러한 자신의 주장에 대한 설득력 있는 근거를 제시하는 방법으로 사회과학적 사고와 왜 그러한 사고가 필요한지 알아보도록 하자.

▌이 장에서 학습할 내용

1. 사회복지사가 사회조사를 알아야 하는 이유는 무엇인가?

1. 사회복지와 사회조사

1) 사회복지사가 사회조사를 알아야 하는 이유

사회복지사들이 실천현장에서 하는 대부분의 일은 엄격한 의미에서 '사회조사'와는 직접적인 관련이 없다고 할 수 있다. 그러나 엄격한 의미의 본격적인 조사는 아니더라도, 일종의 '조사'의 성격을 띠는 일을 하게 되는 경우는 많다.

예를 들어, 사회복지사들은 기관 내에서 제공한 각종 서비스에 대해서 서비스가 제대로 전달되었는지, 효과가 있었는지 파악해야 하는 경우가 발생한다. 이런 경우에 본격적인 조사를 실시하는 것은 아니지만, 사회복지사들이 과학적인 조사방법에 관한 지식이나 기술을 이해하고 있다면 서비스 전달과정이나 효과에 대해 더 명확히 파악할 수 있다. 그렇기 때문에 실제 현장에서 사회복지사들이 다양한 조사를 직접 수행하는 경우는 많지 않지만, 적어도 전문가들이 수행한 조사를 이해할 수 있거나 평가할 수 있는 최소한의 기본적인 조사방법에 대해서는 지식을 갖추는 것이 필요하다(김태성 외, 2005).

황성동(2015) 역시 사회복지조사를 왜 공부해야 하는가에 대해서 ① 조사연구 결과를 잘 이해하고 활용할 수 있어야 하며, ② 사회복지사로서 자신의 개입과 치료에 대한 효과를 객관적으로 입증할 수 있어야 하고, ③ 전문성을 개발하려는 노력을 해야 하기 때문이며, ④ 한국에서나 미국에서나 사회복지사가 되기 위한 필수과목이기 때문이라고 이야기한다.

황성동(2015)이 이야기한 이 네 가지는 모두 '전문성'이라는 특성에 귀결한다. 전문가로서 다른 사람의 연구결과를 평가할 수 있어야 하고, 자신의 실천을 입증할 수 있어야 한다는 것이며, 이런 노력은 결국 전문성을 더욱 개발하기 위한 것이기 때문에 교육과정에 필수적인 항목으로 포함된 것이다.

사회복지사는 전문적 책임을 다하기 위해서 효과적이라고 검증된 실천을 수행해야 된다고들 한다. 그런데 실천의 효과성을 검증하는 일을 사회복지사가 꼭 해야 할까? 효과성 검증은 연구자들의 할 일 아닌가? 이러한 의문에 대해 많은 사람들은 사회복지사들이 연구-실천가(researcher-practitioner) 혹은 실천-연구자(practitioner-researcher)라는 견해를 제시한다. 이 견해는 사회복지연구가 실천을 위한 실용적 목적을 갖기 때문에 사회복지사들이 연구결과를 활용할 수 있어야 하며 연구결과에 대해 분별할 수 있는 능력이 필요하다는 점과 실용적인 목적을 위해 연구는 실천현장과의 거리가 가까워야 한다는 점을 피력한다. 이는 곧 실천을 지향하는 연구자나 연구방법에 정통한 실천가가 필요하다는 것을 뜻하며, 이러한 경향은 결국 최근의 증거기반실천(Evidence-Based Practice)과 같은 새로운 실천방법을 대두시키고, 사회복지현장에 대한 실행연구(Action research)와 같은 새로운 관점의 연구방법을 주목하게 되었다.[01]

그렇다면 왜 사회복지사에게 '연구결과에 대한 분별능력'이 필요한 걸까? 우선 실천가로서 특정 클라이언트의 문제에 효과적인 개입방법을 연구를 통해 배우려고 한다면 연구자와의 의사소통이 가능해야 할 것이다. 연구자와의 의사소통이 가능하다는 것은 연구물(논문, 보고서 등)을 읽고 해석할 수 있다는 의미이다. 또

01 증거기반실천은 1장에서, 실행연구는 12장에서 다루기로 한다.

한 전문가로서 자기 분야의 최신 연구, 동향에 대해 지속적인 관심과 수용의 자세가 필요하기도 하다. 즉, 자기 분야의 연구를 따라갈 수 있는 능력이 필요하고, 효과성에 대한 근거를 갖고 실천하는 자세가 중요한 것이다. 이것을 통해 사회복지사들의 서비스의 질을 높이는 지식과 기술을 개발할 수 있을 것이다.

이상을 정리하면, 사회복지사들은 실천의 효과성을 높이고, 최신 연구나 실천, 사회복지에 영향을 미치는 논의들에 대해 이해하고 평가할 수 있으며, 이를 통해 클라이언트에 대한 전문적 책임을 다하기 위해 사회조사에 대해 알아야 하는 것이다. 실무적으로도 어떤 현장에서 일하든지 욕구조사, 평가조사, 사례조사, 실태조사 등을 실시할 수 있는 기본적인 조사 역량을 갖출 필요가 있다. 사회복지 연구자들 역시 현장성에 토대를 둔 연구를 지향하고, 사회복지적 가치를 추구하되 객관적 근거에 기반한 연구를 수행해야 하며, 실천적 대안을 모색하는 것이 필요하다.

2. 사회과학으로서 사회복지

1) 과학의 목적

과학이란 과학적 방법으로 획득된 지식을 의미하기도 하고, 새로운 지식을 얻기 위한 수단으로서의 과학적 방법(김환준, 2004)을 말하기도 하고, 해결가능한 문제를 과학적 방법으로 이론을 도출하는 과정(채서일, 2011)을 가리키기도 한다.

우리가 과학을 하는 목적도 이와 관련되어 있다. 사회복지학도 사회복지제도를 만들고 실천하는 것과 관련된 사회현상을 설명하고 이해하기 위해 이론을 제시하고 증명하는 것을 목적으로 한다. 과학을 통해 우리는 현상을 설명하는 지식을 얻고, 현상 속의 논리적이고 지속적인 패턴, 즉 규칙을 이론이나 법칙으로 일반화할 수 있으며, 어떤 속성과 속성 간의 관계를 기술하고 인과관계를 설명할 수 있으며, 이런 설명이 검증된 이론을 바탕으로 앞으로의 현상을 예측할 수 있다.

2) 지식탐구의 방법들

일반적으로 우리가 세상에 대해 알게 되는 경로는 ① 직접 체험하거나 탐구한 결과를 통해서일 수도 있지만, ② 타인들이 알려준 지식을 통해 알게 되는 경우가 많다. 그러나 이 방식들은 지식습득에 한계가 있기 때문에 이를 넘어서는 과학적 방법으로 사물과 사회에 대해 이해할 것이 요구된다. 여기서는 크게 지식을 얻는 방법을 세 가지 방식으로 구분하여 살펴본다.

(1) 직접적 방법

직접적인 방법의 첫 번째는 가치이다. 사람들은 자신이 갖고 있는 가치를 기준으로 사물을 이해한다. 그런데 이 가치는 사람마다 다르기 때문에 사물을 이해하는 기준이 모두 달라서 이 지식이 정확하게 이해된 것인지 판단하기 어렵다. 두 번째는 직관이다. 직관은 통찰력의 일부로 개개인이 갖고 있는 경험이나 정서에 의해 느끼고 판단하는 것이다. 직관 역시 사람마다 다르다. 세 번째는 경험이다. 자신이 직접 경험한 사실에 기초하여 사물을 이해하는 것인데, 개인적인 편견으로 객관성을 잃어 관찰이 부정확할 수도 있으며 선택적인 관찰을 하는 경우도 있을 수 있다. 이렇게 직접적으로 지식을 얻는 경우에 사람마다 다른 기준이 적용되거나 객관성이 확보되지 않는 등의 한계를 갖는다.

(2) 간접적 방법

간접적 방법의 첫 번째는 전통이나 관습에 의한 것이다. 사회적으로 이미 형성되어 있는 선례, 관습, 습성 등을 그대로 수용해 자신의 지식으로 형성하는 것이다. 반드시 옳은 지식은 아니지만 쉽게 받아들여진다. 이러한 지식은 시대에 따라 변한다는 한계가 있다. 또한 대립하는 다른 견해가 생겨나면 관습에 의한 방법이 어떻게 바뀌어야 하는가에 대한 확실한 해답을 주지 못한다. 모든 사람이 알고 있는 사실만을 자신의 지식으로 받아들이게 되어 지식의 발전은 불가능하다. 따라서 비판적 사고를 통한 발전이 불가능하다. 두 번째 방법은 권위에 의한 방법으로 자기주장의 타당성 · 설득력을 높이기 위하여 인품이 뛰어나거나 전문기술을 갖고 있거나 사회적 지위가 높은 사람을 인용하는 경우, 믿을 만한 정보 출처를 이용하는 경우 등이다. 이는 자기 지식의 원천을 타인이나 타 조직의 권위에 두는 것으로, 권위의 원천이 다를 경우 견해의 일치를 볼 수 없다. 같은 종류의 원천일지라도 사회현상에 대한 것은 전문가들 사이에 의견이 일치하지 않을 수 있으며, 모든 신념 · 주장에 대한 조정수단으로 권위적 방법만이 만능일 수 없으며 다른 방법에 의한 해결가능성이 있다. 그러나 권위 · 전통에 대한 의심이 개인적 탐구의 출발점이 되기도 한다. 예를 들어 갈릴레오의 '지구가 둥글다'라는 주장은 종교적 권위에 의해 오랫동안 부정되었다. 이러한 권위에 의존한 지식은 여러 가지 문제를 야기하기도 한다. 흔히 볼 수 있는 예 중 하나는 의학박사나 대학연구소 등의 권위에 의존한 건강식품의 광고들이다.

(3) 과학적 방법

과학은 과학적 절차, 체계적인 관찰과 분석, 해석과 일반화 과정을 통해 산출된 지식(과학적 지식)에 따라 사물과 사회를 이해하는 방법이다. 이 방법에는 객관적 관찰, 체계적인 절차, 반복적인 결과 등으로 이루어진다. 즉, 연역적 혹은 귀납적 사고과정을 통해 이론－가설－관찰－일반화 등 순환적 · 반복적 과정을 통해 지식을 얻는 것이다. 이러한 논리적인 과정으로 유추된 현상에 대한 지식이 경험적으로 관찰된 사실과 일치하면 과학적 지식으로 간주된다.

(4) 일상적 탐구에서 발생하는 몇 가지 오류

다음과 같은 몇 가지의 오류는 우리가 과학적 방법으로 지식을 축적하는 것을 방해한다(Rubin & Babbie, 2002).

① 부정확한 관찰

일상적인 상황에서 우리의 일상적인 관찰은 부정확할 가능성이 높다. 또 같은 현상을 놓고 관찰을 하더라도 사람마다 그 결과는 모두 다르다. 여기에는 개인적 성향의 차이나 혹은 관찰자의 컨디션이나 상황 등이 영향을 미친다. 따라서, 이러한 부정확한 관찰에 근거하여 어떤 결론을 내리는 것은 위험한 일이다. 관찰이 과학적이기 위해서는 '의도적'인 활동이어야 한다. 즉, 분명한 목적과 구체적인 관찰항목 등을 기준으로 관찰해야 한다. 정교하고 계획적인 관찰은 잘못된 판단을 줄일 수 있다. 무엇을 관찰할지 미리 계획한다면 정확한 관찰이 이루어질 수 있다.

② 과도한 일반화

과도한 일반화는 어떤 현상에 대해 그 이면의 것을 보지 못하게 함으로써 선별적 관찰을 유도하는 것을 말한다. 예를 들면, 장애인등록차량의 실제 이용자가 비장애인이라는 것을 관찰한 근거로 마치 모든 장애인등록차량의 이용자가 부정이용자인 것처럼 매도하는 것은 지나친 일반화라고 하겠다. 또 어떤 프로그램의 효과를 보고하면서 열 명의 참여자 중 효과가 컸던 두 명의 사례만을 심층적으로 이야기하면서 나머지 여덟 명도 효과가 컸을 것이라고 생각한다면 그것도 잘못된 가정이다. 왜냐하면 소수의 사례로 다수를 설명하고자 하는 과도한 일반화 때문이다. 과학적인 지식탐구방법은 이러한 지나친 일반화를 피하기 위해 통계적으로 충분한 숫자의 관찰을 하고, 반복관찰을 하여 동일한 결과가 매번 나타나는지 알아본다.

③ 선별적 관찰

선별적 관찰은 편견과 관련이 많지만 그렇지 않은 경우에도 나타날 수 있다. 임진왜란 전, 조선은 조선통신사를 왜나라에 보내 그들이 침략할 가능성이 얼마나 있는지 알아보려고 했다. 조선통신사들이 돌아와 임금에게 파악한 왜적의 동태를 보고하였다. 한 사람은 "적장이 담력이 있고 눈빛이 빛나 보인다."며 침략 가능성을 제기하였고, 또 한 사람은 "적장은 쥐의 눈을 하고 있어 두려워할 존재가 아니다."라고 하였다. 이렇게 똑같은 것을 보고 돌아와서 제각각 다른 얘기를 하는 경우가 선별적 관찰에 해당하는 경우이다. 실천과정에서도 사회복지사는 때에 따라 자신이 배운 특정 상황에 처한 사람들의 심리사회적 특성을 클라이언트에게 고정적으로 적용하거나, 정해진 틀에 의해 사정하는 경우가 있을 수 있다. 이것은 클라이언트를 있는 그대로 관찰하는 것이 아니라 사회복지사 자신의 렌즈로 보고 싶은 것만 보는 상황이 되는 것이다.

④ 꾸며낸 정보

만들어진 이야기, 일종의 합리화라고도 할 수 있다. 인과관계를 설명할 때 확인되지는 않았지만 일리가 있다고 여겨지는 이유들을 마치 사실인양 왜곡하는 것이 여기에 해당한다. 예를 들어, 불특정 다수를 상대로 범죄를 저지른 범죄자의 행동에 대해 '어린 시절의 애정결핍' 때문이라거나, '정신질환' 때문이라고 사실을 확인하지 않은 채 결론내리는 것이다.

⑤ 사후발생적 가설(소급가설, 사후소급가설)

나중의 결과를 중심으로 이전의 상황을 설명하고자 하는 것으로 소급가설 혹은 사후소급가설이라고도 한다. 예를 들어 가족폭력 피해여성에 대해 개입 프로그램을 실시하고 전후 평가를 해보니, 예측과는 다르게 프로그램을 실시하면서 여성들이 더 우울해지고 의기소침해진 것으로 나타났다. 이 사실에 대해 해석하면서, 개입 초기에 피해여성들은 자신들의 피해 사실에 대해 직면하지 못하고 부정하면서 우울함을 인정하지 않았지만, 이제는 자신들의 현실을 직면하기 시작했다고 긍정적인 변화로 해석한다면 수긍이 가는가? 그럴 수도 있겠지만 이 프로그램이 효과적이지 않을 수도 있다. 따라서, 이 소급가설은 과연 맞는 것인지 과학을 통해 입증할 필요가 있다.

⑥ 비논리적인 추론

비논리적인 추론의 예로 흔히 도박자의 오류(gambler's fallacy)를 든다. 이 오류는 동전을 던졌을 때 첫 번째에 앞면이 나왔다면 다음번에는 뒷면이 나올 것이라고 가정하는 것이다. 확률적으로 첫 번째에 앞면이 나올 확률도 1/2이고 두 번째에 앞면이 나올 확률도 1/2로 동일함에도 불구하고, 과거경험에 의해 두 번째에는 뒷면이 나올 가능성이 더 높다고 생각하는 오류를 말한다.

⑦ 자아가 개입된 이해

프로그램 평가 논문을 쓰는 석사학위 예정 학생의 입장에 대해 생각해 보자. 이 경우 만약 프로그램을 평가한 결과 효과가 없는 것으로 나타났다거나 비효율적인 것으로 나타났다면 그 학생은 과연 있는 그대로 사실을 이해했을까? 또 특정 프로그램을 외부의 기금을 받아 평가하는 연구자를 생각해 보자. 사실은 비효과적이었지만, 비효과적이라고 보고했을 때 기금이 끊길 수도 있다는 생각이 든다면 연구자는 연구결과를 이해하는 과정에서 무의식적으로 자신의 입장을 반영할 수도 있다.

⑧ 탐구의 성급한 종료

몇 명의 연구대상자를 상대로 조사를 실시할 때 공통적인 의견이 나왔다면 그것으로 결론을 내려버리고 더 이상 조사할 필요가 없다고 판단해 버리는 경우이다. 그러나 과학에는 '종결'이 없다. 결론은 항상 수정될 수 있는 여지를 둘 수밖에 없다. 이는 과학의 속성 중 '수정가능성'과 연관된다.

⑨ 신비화

이것은 어떤 현상을 너무나 신비한 것으로 간주하여 실제로 알 수 없다고 인식하는 것이다. '왜 그럴까'라고 하는 연구질문에 대해 모두 신의 뜻, 자연의 신비라고 인식하는 것을 말한다. 이렇게 현상을 인식하면 결국 탐구는 중단될 수밖에 없다.

3) 과학적 방법

사회복지는 사회과학의 일부 학문으로 대개 사회복지학과는 사회과학대학에 속해 있다. 또 흔히 사회복지실천은 과학이자 예술이라는 속성을 갖는다고 이야기한다. 그렇다면 과연 이 '과학', '사회과학'이라는 속성은 어떤 것을 말하는가? 과학적으로 지식을 얻고, 과학적으로 실천을 하며, 사회과학의 이론을 구성한다는 것은 어떤 의미인지 '과학적 방법'에 대해 좀 더 자세히 살펴보도록 하자.

(1) 검증의 원리

우리가 알고 있는 사실을 검증하는 방법은 연역법과 귀납법으로 구분해 볼 수 있다.

연역법은 미리 결론을 내려놓고 그 결론을 증명할 만한 근거자료를 수집하여 결론에 대한 증명을 시도하는 인식론적 방법이자, 이미 내려진 결론에 반대하거나 적합한 증거를 찾아내고자 노력하는 검증과정을 통해 결론에 도달하는 방법이다. 예를 들어, '사람은 죽는다'라는 검증하고 싶은 결론을 미리 제시하고, 사람의 한 예시로서 소크라테스라는 증거를 제시하여 사람인 소크라테스가 죽었으므로 '사람은 죽는다'라는 결론을 확인할 수 있는 것이다.

사람은 죽는다 (결론)
소크라테스는 사람이다 (증거)
소크라테스는 죽었다 (확인)

귀납법은 연역법과 반대로 먼저 관찰로 시작하여 검증을 통해 이론을 찾으려고 하는 인식론적 방법이다. 사전에 어떠한 가설이나 이론을 사용하지 않고, 현상이나 자료를 있는 그대로 분석하고, 비교하고, 분류한다. 예를 들어, 소크라테스는 죽었다는 관찰된 현상에 대해 (죽은) 소크라테스는 사람이라는 증거를 제시함으로써 사람은 죽는다는 결론에 도달하게 되는 것이다.

소크라테스는 죽었다 (관찰/경험)
소크라테스는 사람이다 (증거)
사람은 죽는다 (결론)

그런데 이러한 연역법과 귀납법은 상호 분리된 개념이나 상호 대립적인 관계가 아니라, 지식에 대한 이해에 있어 상호보완적인 관계이다. 논리적으로 연역법과 귀납법은 구분될 수 있지만, 실제 연구과정에서는 연역적 과정과 귀납적

과정이 각각 독립적으로 발생하는 것이 아니라 순환과정을 통해 지식이 축적된다. 〈그림 1-1〉의 왼쪽 과정은 개별적 사실을 관찰하여 그것을 토대로 경험적 일반화를 체계화하여 이론으로 구성하는 귀납법이다. 오른쪽은 이론으로부터 미리 결과를 예측한 후 가설로 구체적으로 표현되어 경험적 관찰을 통해 검증하는 연역법의 과정이다. 연역법은 확립한 이론을 적용하여 현상을 예측한다. 그런데 검증을 위해 경험적 관찰(조작적 정의와 측정)을 하게 되는데, 이때 관찰은 귀납적 과정의 시작이기도 하다. 관찰을 통해 새로운 명제와 개념을 형성할 수 있고, 이것이 일반화된다면 이론이 될 수 있다. 그러면 이 이론은 다시 연역적 방법을 시작하는 순환적 모형을 이루게 된다.

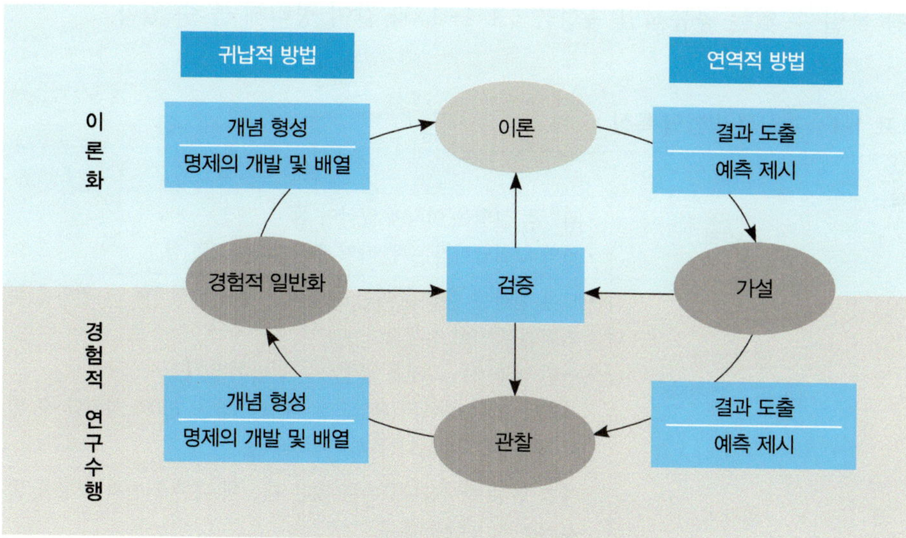

| 그림 1-1 | 과학의 순환과정 모형

(2) 과학적 방법의 특징

과학이라고 하면 우리는 흔히 자연과학을 떠올린다. 과학은 대개 객관적이고,

예측가능하며, 중립적이라는 특징을 갖는다. 물은 섭씨 0도에서 얼음이 된다는 예를 들어 보자. '물은 섭씨 0도에서 얼음이 된다'는 사실은 누구나 관찰할 수 있다. 섭씨 0도보다 온도가 올라가면 얼음이 녹아 물이 될 것이고 온도가 내려가면 물이 얼음으로 변할 것으로 예측할 수 있다. 또한 물보다 차가운 얼음이 좋다고 해도 섭씨 0도 이상에서는 얼음을 만들 수 없고 그 반대의 경우도 불가능하다. 즉, 내 가치나 선호에 따라 결과를 달리 할 수 없는 것이다.

사회복지실천을 과학이자 예술이라고 할 때, 사회복지실천에도 이러한 과학의 속성이 있다. 그러나 사람들이 모여 사는 '사회'는 자연과학처럼 거의 항상 같은 결과를 예측할 수 없다. 대개 '~할 가능성이 몇 % 정도'라고 하는 확률적인 예측만 가능하다. 그럼에도 불구하고 사회복지를 포함한 사회과학을 '과학'이라고 이름 붙일 수 있는 공통적인 특성을 〈표 1-1〉과 같이 정리해 볼 수 있다.

| 표 1-1 | 과학적 방법의 특징

	특성	설명
1	논리적	• 과학적 설명은 이치에 맞아야 함 • 연역과 귀납이라는 두 가지 추론방식에 기반함
2	결정론적 (확률적 결정론)	• 모든 현상은 반드시 어떤 원인에 의해서 발생하며 그 원인은 논리적인 확인이 전제되어야 한다. • 어떤 결과에는 그것을 결정하는 원인이 있다. • 그러나 어떤 하나의 요인으로 특정 현상을 100% 설명할 수 있는 경우는 거의 없다(특히, 사회과학).
3	일반적	• 개별 현상 하나하나보다는 많은 대상에 대한 일반적 성향을 밝혀 일반적 이해를 추구
4	간결성	• 어떤 현상을 이해할 때 필요한 최소한의 설명변수만을 이용하여 최대의 설명을 얻는 것
5	구체적	• 개념의 조작화를 통해 개념을 보다 정확히 측정하고 정의해야 함
6	경험적[02] 검증가능성	• 과학은 이론적 논리나 가정이 현실에서 타당성을 가짐을 경험적으로 입증

7	상호(간)주관성 (intersubjectivity)	• 과학자의 주관적 동기가 달라도 연구과정이 같으면 결론은 같아야 함
8	수정가능성	• 진리는 변화가능하며, 과학은 진리를 추구하기보다는 효용(utility)을 탐색하는 것
9	설명적	• 과학이란 사실을 수집하고 이를 토대로 설명, 즉 이론을 수립하는 것
10	재생가능성[03] (reproducibility)	• 모든 이론은 여러 차례의 반복적 검증 및 관찰 후 정립됨으로써 신뢰성 확보
11	객관성(objectivity)	• 누구에게나 동일하게 인식되는 사건이나 현상은 객관성이 있어야 함

(3) 과학에 대한 접근방법

과학에 대한 접근방법은 연구방법론(research methodology)이라고도 한다. 연구방법론이란 인간의 존재와 사회현상을 과학적으로 탐구하기 위해 다양한 연구방법을 기술, 수집, 분석하는 기준이나 연구과정 전체를 지배하고 있는 이념, 철학 및 지식체계를 말한다. 자연과학에 비해 상대적으로 더욱 복잡하고 예측하기 힘든 사회과학은 어떤 연구방법론을 통해 과학성을 추구하였는지 살펴보자.

① 경험주의적/실증주의적 연구방법론

경험주의적/실증주의적 연구방법론은 '실제로 입증하는 것'을 중요하게 생각한 연구방법론이다. 사회과학도 자연과학처럼 연구할 수 있다고 여기며 또 그렇

02 이때 경험적이라는 것은 '경험하다, 체험하다'라는 의미의 experience가 아니다. 이론적이라는 것과 상대되는 개념으로 '실험에 의한'이라는 의미의 empirical이다. 과학 혹은 연구조사 등에서 경험적이라는 용어가 나오면 거의 '실험에 의한'이라는 의미인 경우가 많다.

03 몇 년 전 우리나라를 떠들썩하게 했던 황우석 박사 연구팀의 줄기세포 연구의 허구 사실도 재생가능성을 밝히는 과정에서 알게 된 것이다. 즉, 최초 연구자가 밝힌 연구절차를 그대로 반복적으로 수행했음에도 불구하고 같은 연구결과가 나오지 않아 의심을 하게 된 경우였다.

게 해야 한다고 보았다. 즉, 사회를 자연과 동일하게 여기고, 사회 내의 법칙, 규칙 등을 찾아내고자 하였다. 그러나 인간의 주관적인 측면을 완전히 배제한 것은 아니다. 동일한 자극에 대해 모든 인간이 똑같은 반응을 보이는 결정론적 관계가 아니라(김환준, 2004), 소수의 인간에 대해서는 설명되지 않을 수도 있는 확률론적 인과관계를 설명한다. 주로 통제된 실험이나 표준화된 척도 등을 사용하는 경험적인 관찰을 통해 자료를 모으고 주로 구조화된 양적방법(통계)으로 결과를 예측하고자 하였으며, 이를 통해 인간의 사회현상에 대한 통제력을 향상시키고자 하였다. 이들은 연구의 가치중립성을 중시하였고, 객관성, 정확성, 일반화 등을 강조하였다.

② 해석주의 연구방법론

해석주의 연구방법론은 명칭에서도 알 수 있듯이 인간의 '해석'을 중요하게 여겼다. 사회과학은 자연과학과 연구대상이 다르므로 다른 방법으로 연구해야 한다고 보았다. 해석주의적 시각에서 사회현상은 인간의 상호작용으로 만들어지는 것이다. 인간이 어떤 현상에 대해 의미를 부여했을 때 비로소 하나의 사실이 될 수 있다는 것이다. 이는 주관적인 판단은 사람마다 달라질 수 있으므로 사회현상에 대한 인식도 사람마다 다를 수 있으며(김환준, 2004), 연구의 전 과정도 '주관적인' 사회적 행동에 속하는 것이다. 이러한 시각에서 사회과학은 '의미 있는 사회적 행위를 이해하고 서술하기 위한 것'으로 귀납적으로 현상을 이해하게 되며 실제를 발견하는 데 초점을 둔다. 실증주의에 대해 비판적 견해를 견지하며, 가치중립적 사회과학은 없으며, 사회복지연구에서 가치의 개입은 피할 수 없는 것이라고 본다(김환준, 2004). 사회를 구성하는 다양한 집단의 가치에 대해 어떤 것은 좋고, 어떤 것은 나쁘다고 할 수 없으며, 다만 차이가 있을 뿐이라는 입장을 취한다(김환준, 2004). 이를 위해서 상호주관적인 사회현상의 특성을 서술하고자 하였고(대개 질적방법), 모든 것을 수치화할 수 있다고 여긴 실증주의의

한계를 극복하려고 하였다.

③ 비판주의 연구방법론

비판주의 연구방법론은 갈등적 패러다임[04]을 따르는 것으로 기본적으로 실증주의와 해석주의를 모두 비판한다. 비판주의 연구방법론은 '사회과학 연구는 실증주의가 주장하는 것처럼 가치관을 배제한 객관적인 것이 될 수 없으며, 필연적으로 정치적일 수밖에 없다(김환준, 2004)'고 주장한다. 해석주의 역시 사회적 행위에 대해 주관적인 측면을 중시함으로써 결국 주관적인 모든 시각, 행위, 가치를 다 옳다고 인정하는 결과를 초래한다고 비판한다. 비판주의 패러다임에서 사회과학은 총체적인 역사적 구조 속에서 파악되어야 하고 표면적인 것이 아닌 잠재된 사회의 구조적인 측면을 파악해야 한다고 본다.

4) 사회과학의 한계

사회과학에서도 앞에서 살펴본 바와 같은 연구방법론을 통해 사회현상을 '과학적'으로 인식하기 위해 노력해 왔다. 과학적 연구란 합리적인 사고를 바탕으로 과학적 설명이 이치에 맞는 논리적인 연구여야 한다. 개별적인 현상을 설명하기보다는 현상에 대한 일반적인 이해를 추구하는 연구여야 하며, 간결하고 구체적인 개념을 사용하여야 하고, 수정되고 보완될 수 있는 연구여야 한다(최명선 외, 2008). 사회과학 연구도 이러한 기준에 부합하는 과학적 연구를 수행하기 위해 노력해 왔지만, '과학'으로서 몇 가지 한계를 갖는다.

04 갈등적 패러다임은 사회의 발전이 갈등을 원동력으로 이루어진다고 보는 관점이다. 즉, 사회에는 어디에나 갈등이 있기 마련이고, 갈등을 해결하기 위한 노력들이 구조화되는 것이 사회의 발전이라고 보는 것이다.

① **연구대상의 복잡성과 가변성:** 사회과학의 연구대상인 인간은 매우 복잡하고 변하기 쉬운 존재로 정확하게 예측하기가 어렵다.

② **불완전한 방법적 절차:** 인간의 행동과 삶의 본질을 파악할 수 있는 실험과 같은 방법들이 완전하지 못하다.

③ **연구대상의 도덕적 · 규범적인 특성:** 인간의 집합체인 사회가 존속하기 위해서는 최소한의 도덕과 규범이 존재한다. 사회과학 연구대상의 도덕적이고 규범적인 특성은 과학적으로 분석하고 기술하는 데 어려움이 있다.

④ **비인간화를 초래할 가능성:** 연구대상이 인간이기 때문에 연구과정에서 인간을 단순히 연구대상, 실험대상으로만 취급하는 비인간화와 같은 비윤리적 문제가 발생할 수도 있다.

⑤ **가치중립의 문제:** 연구를 위한 문제를 선정할 때 연구자나 연구기금을 제공하는 기관의 가치가 개입되고, 수집된 자료와 자료들 간의 변수를 형성하는 절차에서도 가치가 개입될 수 있다. 또한 해석과정에서도 연구자 자신의 가치관이 은연 중 작용하기 때문에 엄격한 의미에서 가치중립이 불가능하다.

3. 증거기반실천

전통적인 사회복지실천은 확인되지 않은 직관, 일화적인 경험, 다른 사람들의 견해, 대중적인 인기 등과 같은 기준에 의존하는 '권위'에 기반한 실천이었다. 그러다가 1970년대 사회복지실천의 임상 영역뿐 아니라 지역사회복지 영역에서까지 사회복지 개입의 효과성에 대한 측정 및 평가의 필요성이 대두되기 시작하였다. 즉, 사회복지서비스의 효과성을 확보해야 할 뿐만 아니라 입증도 해야만 하는 시대가 온 것이다. 피셔(Fisher, 1973)는 '과연 케이스워크는 효과적인가?'라는 글을 통해 연구의 필요성에 대한 뜨거운 논쟁을 불러일으켰다. 이를 필두로 과학적 연구를 참고한 사회복지실천, 평가, 최신 지식의 업데이트에 대한 중요성이 제기되었고, 효과적인 실천을 하기 위한 방법 중 하나로 이미 효과가 검증된 방법을 사용하여 실천하는 증거기반실천이 대두되었다.

증거기반실천(Evidence-based practice: EBP)은 의료분야에서 먼저 시작되었는데, 전문가들이 조사연구결과를 적절하게 활용하지 못한다는 문제의식과 함께 조사연구결과에도 많은 오류가 있다는 인식이 증가함(Gambrill, 2006)에 따라, 최선의 연구결과를 시의적절하고 체계적으로 활용할 수 있는 방법으로 제시되었다.

증거기반실천은 입수가능한 모든 과학적 조사연구를 평가하고 응용하여 사회복지실천의 결과를 가장 좋게 할 가능성이 높은 실천방법을 선택하여 적용하는 것으로, 서비스 이용자와 보호자의 복지에 관한 의사결정에 있어 최근의 가장 좋은 증거를 세심하고 명확하며 현명하게 적용하는 것(Smith, 2004)이라고 할 수 있다.

〈그림 1-2〉는 증거를 기반으로 하는 사회복지실천의 구성요소를 나타낸 것이다. 증거기반실천의 구성요소는 ① 실천가의 증거에 대해 분석하고 판별하여 적절하게 적용할 수 있는 전문성, ② 문제 영역과 해결방법과 관련하여 개입의 효과성, 적절성, 윤리성, 유익성 등을 판단할 수 있는 최선의 연구증거, ③ 개인의 고유한 특성이나 선호, 개입에 대한 기대 등 클라이언트의 특성으로 이루어진다. 이 세 구성요소가 모두 적절한 수준으로 조화를 이룰 때 좋은 증거기반실천이 가능하다.

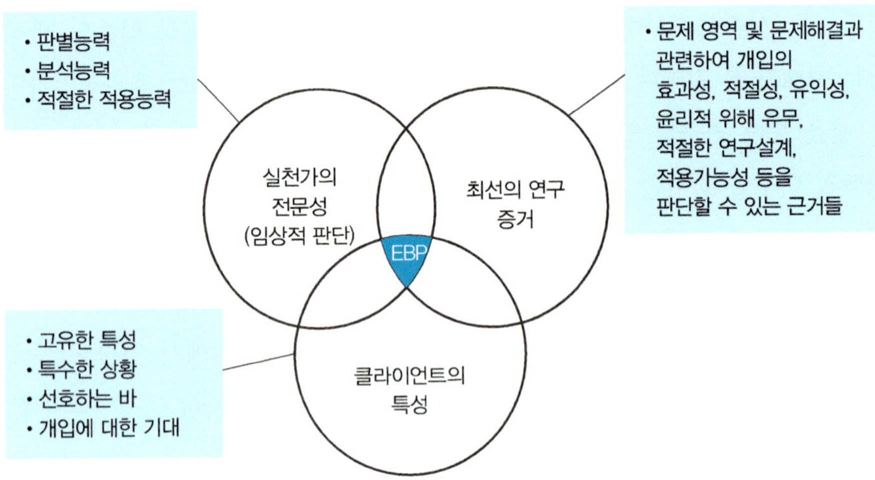

| 그림 1-2 | 증거기반실천의 구성요소

또한, 증거기반실천은 〈그림 1-3〉과 같이 다섯 단계로 실행할 수 있다.

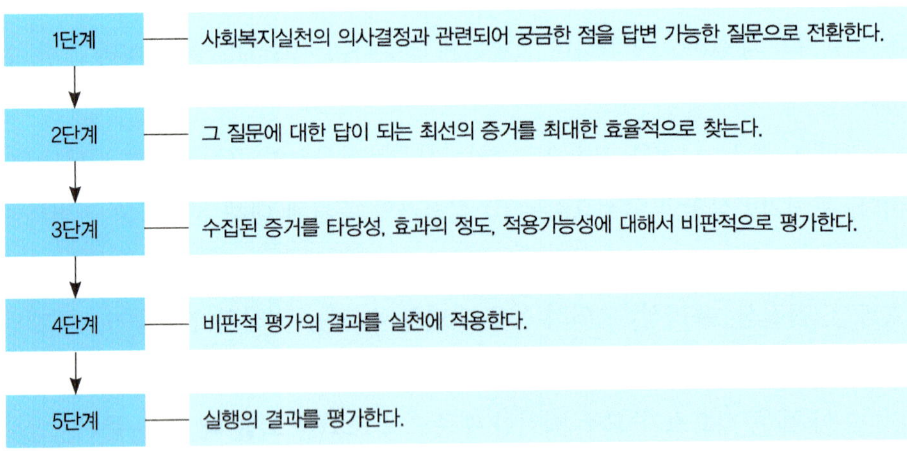

| 그림 1-3 | 증거기반실천의 단계

출처: 공계순 · 서인해(2006).

이 단계를 정신보건프로그램을 증거에 기반한 실천(이현주, 2014)에 적용하면 〈그림 1-4〉와 같다.

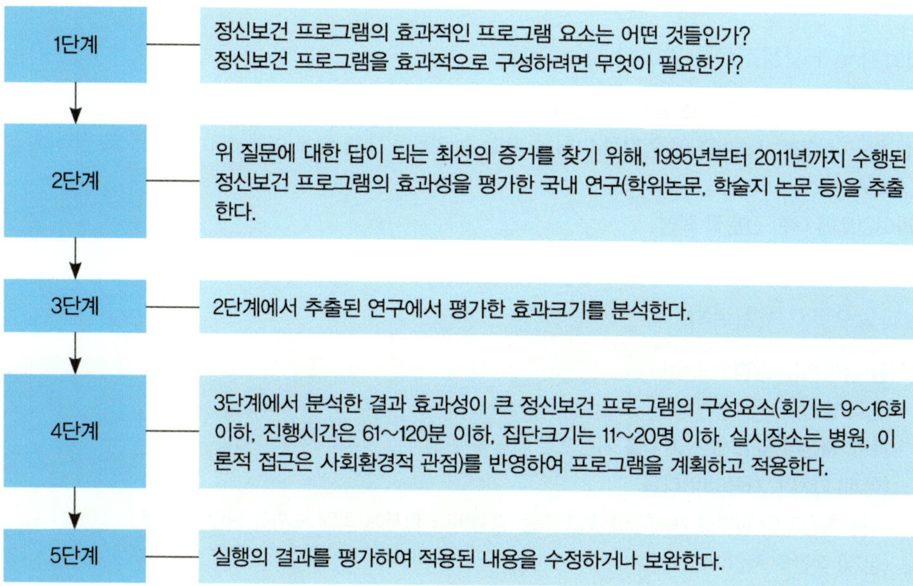

| 그림 1-4 | **정신보건 프로그램에 대한 증거기반실천 단계의 적용**

요약

1. 사회복지사가 사회조사를 알아야 하는 이유

- 사회복지사 자신이 하고 있는 일의 효과성을 높이기 위해서
- 최신 연구나 실천, 사회복지에 영향을 미칠 수 있는 논의들에 대해 쉽게 이해하고 비판적으로 평가하기 위해서
- 클라이언트에 대한 전문적 책임

2. 사회과학으로서 사회복지

1) 지식을 습득하는 방법

(1) 직접적 방법

- 가치: 자신이 갖고 있는 가치를 기준으로 사물을 이해
  (한계) 가치는 사람마다 다름
- 직관: 통찰력의 일부로 개개인이 갖고 있는 경험이나 정서에 의해 느끼고 판단하는 것
  (한계) 직관도 사람마다 다름
- 경험: 자신이 직접 경험한 사실에 기초하여 사물을 이해
  (한계) 부정확한 관찰, 개인적 편견, 선택적 관찰이나 의도적인 무시 가능성

(2) 간접적 방법

- 권위: 직접 경험하거나 판단할 수 없을 때, 외부의 지식출처(전문가)에 의존해서 이해
  (한계) 사회현상에 대한 전문가들 사이에 의견이 일치하지 않을 가능성. 권위자의 지식도 변함
- 전통: 사회에 전통적으로 내려오는 관습이나 규범, 문화에 의해 특정 현상이나 사물을 이해
  (한계) 규범, 문화는 변함. 사람마다 다름. 모든 사람이 알고 있는 사실만을 지식으로 받아들이게 되어 지식의 발전이 불가능

(3) 과학적 방법

- 일상적 탐구에서 발생하는 몇 가지 오류
- 부정확한 관찰 – 과도한 일반화 – 선별적 관찰 – 만들어진 정보 – 사후발생적 가설(소급가설, 사후소급가설) – 비논리적인 추론 – 이해(understanding)에 자아가 개입됨(자아가 개입된 이해) – 탐구의 성급한 종료 – 신비화
- 과학: 과학적 절차, 체계적인 관찰과 분석, 해석과 일반화 과정을 통해 산출된 지식. 객관적 관

찰 / 체계적인 과정 / 반복적인 결과

2) 과학적 방법

(1) 검증의 원리

- 연역법: 미리 결론을 내려놓고, 그 결론을 증명할 만한 근거자료를 수집하여 결론에 대한 증명을 시도하는 인식론적 방법 / 이미 내려진 결론에 반대하거나 적합한 증거를 찾아내고자 노력하는 검증과정을 통해 결론에 도달하는 방법 (결론 – 증거 – 확인)
- 귀납법: 연역법과 반대 / 관찰과 검증을 통해 이론을 찾으려고 하는 인식론적 방법 / 사전에 어떠한 가설이나 이론을 사용하지 않고, 현상이나 자료를 있는 그대로 분석, 비교, 분류 (경험 – 증거 – 결론)
- 과학적 방법의 특징: 논리적 / 결정론적 / 일반화가능성 / 간결성 / 체계적 / 경험적 / 검증가능성 / 수정가능성 / 재생가능성 / 객관성

(2) 과학에 대한 접근 방법

- 경험주의적/실증주의적 접근: 사회과학도 자연과학처럼 연구할 수 있고 그래야 함. 객관성, 연구자 중심, 설명: 인과관계, 예측, 연역적, 양적, 일반화
- 해석주의적 접근: 연구대상이 다르므로 자연과학과는 다른 방법으로 연구해야 함. 주관성, 대상자 중심, 기술: 실제를 발견, 귀납적, 질적, 구체화
- 비판주의적 접근: 총체적인 역사적 구조 속에서 파악하고 잠재된 잠재된 사회의 구조적인 측면을 파악하고자 함

3) 사회과학의 한계

- 연구대상의 복잡성과 가변성
- 불완전한 방법적 절차
- 연구대상의 도덕적, 규범적인 특성
- 비인간화를 초래할 가능성
- 가치중립의 문제와 가치개입의 불가분성

3. 증거기반실천

1) 증거기반실천의 출현배경

- 사회복지서비스의 효과성 확보 및 입증 필요성

2) 증거기반실천의 정의

- 입수가능한 모든 과학적 조사연구를 평가하고 응용하여 사회복지실천의 결과를 가장 좋게 할 가능성이 높은 실천방법을 선택하여 적용하는 것

- 서비스 사용자와 보호자의 복지에 관한 의사결정에 있어 최근의 가장 좋은 증거를 세심하고 명확하며 현명하게 적용하는 것

3) 증거기반실천의 구성요소

- 실천가의 전문성(임상적 판단): 판별능력, 분석능력, 적절한 적용능력
- 최선의 연구증거: 문제 영역 및 문제해결과 관련하여 개입의 효과성, 적절성, 유익성, 윤리적 위해 유무, 적절한 연구설계, 적용가능성 등을 판단할 수 있는 근거들
- 클라이언트의 특성: 고유한 특성, 특수한 상황, 선호하는 바, 개입에 대한 기대

4) 증거기반실천의 단계

- 1단계: 사회복지실천의 의사결정과 관련되어 궁금한 점을 답변 가능한 질문으로 전환함
- 2단계: 그 질문에 대한 답이 되는 최선의 증거를 최대한 효율적으로 찾음
- 3단계: 수집된 증거를 타당성, 효과의 정도, 적용가능성에 대해서 비판적으로 평가함
- 4단계: 비판적 평가의 결과를 실천에 적용함
- 5단계: 실행의 결과를 평가함

연습문제

01 사회복지실천에서 사회복지조사는 왜 중요한가?

02 과학적 탐구의 특징을 서술하시오.

사회복지사 1급자격시험 기출문제

01 다음 중 과학적 조사의 목적은?

가. 기술	나. 보고
다. 예측	라. 설명

① 가, 나, 다 ② 가, 다
③ 나, 라 ④ 라
⑤ 가, 나, 다, 라

02 일상생활에서 탐구를 할 때 나타나는 오류가 아닌 것은?

① 중앙집중경향의 오류
② 과도한 일반화의 오류
③ 선별적 관찰의 오류
④ 비논리적 추론의 오류
⑤ 신비화의 오류

03 다음 중 과학적 연구방법의 필요성에 해당하지 않는 것은?

① 연구목적상 필요한 자료수집과 분석의 기준과 방향을 제시한다.
② 연구결과를 객관화시키고 이론화시키는 데 도움을 준다.
③ 연구자들의 주관을 제거하여 객관적으로 연구하도록 한다.
④ 연구결과를 체계적으로 보고하고, 기술하고, 설명하고 예측하게 한다.
⑤ 사회현상에서 규칙적이고 반복적인 법칙을 발견하도록 해준다.

04 사회과학의 한계에 대한 설명이 틀린 것은?

① 시간적 제약
② 사회 · 문화적 제약
③ 윤리적 문제
④ 접근방법의 획일성
⑤ 연구대상자 통제의 어려움

05 과학적 방법에 대한 특성은?

> 가. 경험적 논리에 검증이 가능해야 한다.
> 나. 추상적이어야 한다.
> 다. 체계적이고 논리적이어야 한다.
> 라. 주관적이어야 한다.

① 가, 나, 다 ② 가, 다
③ 나, 라 ④ 라
⑤ 가, 나, 다, 라

06 다음 중 사회과학의 한계로 적절한 것은?

> 가. 연구대상의 비윤리성
> 나. 불완전한 방법적 절차
> 다. 완전한 도식화
> 라. 연구자 예측의 한계

정답 01 ⑤ 02 ① 03 ③ 04 ④ 05 ② 06 ③

① 가, 나, 다 ② 가, 다
③ 나, 라 ④ 라
⑤ 가, 나, 다, 라

07 실증주의 사회과학의 특성을 가진 명제가 아닌 것은?

① 운동을 하면 건강해진다.
② 교통사고는 공단지역에서 많이 발생한다.
③ 신자유주의는 바람직하지 않다.
④ 한국에서 여성은 남성보다 평균수명이 길다.
⑤ 학력이 높을수록 소득수준이 높다.

08 사회과학연구와 자연과학연구를 비교해 볼 때 사회과학연구의 특징은?

① 이론화하기가 어렵다.
② 외부환경의 영향을 적게 받는다.
③ 측정도구가 다양하다.
④ 독립변수와 종속변수의 통제가 쉽다.
⑤ 계량화하기 쉽다.

09 사회복지조사의 유용성이 아닌 것은?

① 서비스의 효과성
② 과정의 효과성
③ 목표의 효과성
④ 이론적인 근거 마련
⑤ 관습이나 경험 답습

10 다음 중 사회복지조사에 대한 내용으로 적절하지 않은 것은?

① 사회복지의 이론을 형성하고 실천기술을 개발하는데 도움을 준다.
② 사회복지서비스의 효과성과 효율성을 평가하기 위한 도구로 활용된다.
③ 과학적 연구를 지향하므로 조사자의 개인적 가치는 철저하게 배제된다.
④ 연구대상자들의 자발적 참여와 고지에 입각한 동의가 필요하다.
⑤ 주로 사회적 약자의 문제를 다루고, 사회복지 증진과 사회문제를 해결하고자 한다.

11 사회과학에서 추천되는 패러다임 중의 하나인 해석주의(interpretivism)에 관한 설명으로 옳은 것을 모두 고른 것은?

> ㄱ. 말이나 행위의 사회적 맥락을 고찰한다.
> ㄴ. 일반화를 전개하는 것이 중시된다.
> ㄷ. 개인의 일상경험을 해석하고 이해하는 것이 목적이다.
> ㄹ. 현상의 원인을 객관적으로 측정한다.

① ㄱ, ㄴ, ㄷ ② ㄱ, ㄷ
③ ㄴ, ㄹ ④ ㄹ
⑤ ㄱ, ㄴ, ㄷ, ㄹ

12 과학적 방법에 관한 설명으로 옳지 않은 것은?

① 잠정적이지 않은 지식을 추구한다.
② 경험적 증거에 기반하여 지식을 탐구한다.
③ 체계적이고 포괄적인 방법에 의존한다.
④ 객관성의 추구를 강조한다.
⑤ 재현과 반복의 가능성이 높다.

정답 07 ③ 08 ① 09 ⑤ 10 ③ 11 ② 12 ①

13 귀납법과 연역법에 관한 설명으로 옳은 것은?

① 귀납법과 연역법은 상호 배타적이다.
② 귀납법은 이론에서 조작화와 관찰로 이어진다.
③ '모든 사람은 죽는다'와 같은 명제에서 시작하는 것은 귀납법이다.
④ 연역법은 개별 사례의 관찰에서 출발한다.
⑤ 경험적 관찰에서 보편적 유형을 찾는 것은 귀납법이다.

14 과학적 방법에 관한 설명으로 옳은 것은?

① 연역법적 논리의 상대적 우월성을 지지한다.
② 윤리적 실천을 수행할 수 있게 한다.
③ 모든 지식은 잠정적이라는 태도에 기반한다.
④ 연구의 반복을 요구하지 않는다.
⑤ 선별적 관찰에 근거한다.

15 과학적 조사가 필요한 사례에 해당하지 않는 것은?

① 사회복지사의 윤리적 갈등을 해소할 필요가 있을 때
② 결혼이주민 조사 시 연구자의 문화적 편견을 검토하고 싶을 때
③ 주민대표자의 응답이 전체 주민의 의견을 대표하는지 알고 싶을 때
④ 정량평가 외에 정성평가를 체계화하고 싶을 때
⑤ 선임사회복지사의 경험적 지식이 타당한지 알고 싶을 때

16 인식론에 관한 설명으로 옳지 않은 것은?

① 실증주의는 경험적 관찰을 통해 이론을 재검증한다.
② 해석주의는 사회적 행위의 주관적 의미에 대한 이해를 강조한다.
③ 실증주의는 적은 수의 표본으로 결과를 일반화하는 것은 무리라고 주장한다.
④ 해석주의는 주로 언어를 분석 대상으로 활용한다.
⑤ 실증주의는 연구자의 가치나 태도 활용을 강조한다.

17 지식을 습득하는 과정에서 발생하는 오류에 관한 설명으로 옳은 것은?

① 부정확한 관찰은 규칙성을 전제로 이와 부합되는 특수한 사례만을 관찰하는 것이다.
② 과도한 일반화는 관찰된 소수의 사건이나 경험을 근거로 현상의 규칙성을 일반화시키는 것이다.
③ 선별적 관찰은 관찰자의 자아특성이 현상을 이해하는 데 영향을 미치는 것이다.
④ 꾸며진 지식은 의식적 활동의 부재로 현상에 대한 정확한 관찰이 이루어지지 않는 것이다.
⑤ 자아개입은 일반화된 관점을 유지하기 위해 스스로 사실이 아닌 정보를 만들어 내는 것이다.

18 사회복지사가 과학적 조사연구방법을 활용하는 일반적 상황이 아닌 것은?

정답 13 ⑤ 14 ③ 15 ① 16 ⑤ 17 ② 18 ③

① 사회복지 전문가로서 실제 조사를 수행할 때
② 지역주민의 복지적 욕구를 파악할 때
③ 새로운 통계적 분석기법을 개발할 때
④ 새로운 프로그램의 만족도를 평가할 때
⑤ 학술논문에 있는 실천방법들의 효과성을 비교할 때

19 연구질문에 대한 연역적 탐구방법의 과정으로 옳은 것은?

① 이론적 이해 → 가설 → 조작화 측정 → 가설검증
② 이론적 이해 → 조작화 측정 → 가설 → 가설검증
③ 관찰 → 잠정적 결론 → 일반화
④ 관찰 → 유형의 발견 → 잠정적 결론
⑤ 관찰 → 잠정적 결론 → 유형의 발견

정답 19 ①

CHAPTER

02 조사는 어떤 순서로 진행되는가?

1. 조사연구의 유형
2. 조사연구의 진행
3. 연구문제 선정하기

3살에 조기교육, 6살 전 디지털기기 쓰면 중3 때 점수 높아진다

(생략)

아시아 · 오세아니아 학생 가운데 조기 교육을 받은 학생은 그러지 않은 학생보다 15세 때 PISA 과학 점수가 21점 높았다. 시작 연령별로는 3살부터 교육을 받았을 때 성과가 가장 좋았다. 이어 4세 · 2세 순이었다.

3세 때 교육을 받기 시작한 학생들의 점수는 한국 · 중국 · 일본 · 홍콩 · 대만 · 싱가포르 · 베트남 등 '아시아 선도국'은 544점, 호주 · 뉴질랜드 등 오세아니아는 498점이었다. 6세 이후 교육을 받은 학생들보다 점수가 각각 39점 · 52점 높았다.

보고서는 "한국 · 홍콩 · 마카오의 학부모를 대상으로 조사한 결과 더 정규화되고(formal), 구조화된(structured) 조기 교육 프로그램을 받은 학생들이 그렇지 않은 학생들보다 15세 때 PISA 점수가 평균 20점 더 높게 나타났다"며 "이는 6개월 학교 교육을 더 받은 것과 맞먹는 성과"라고 전했다.

스마트폰 · 태블릿PC 같은 디지털 기기의 적절한 사용은 학업에 되레 도움이 됐다. 아시아 선도국, 오세아니아는 6세 전 디지털 기기를 사용한 경험이 있는 학생의 15세 때의 성취도가 13세 이후에 디지털 기기에 노출된 학생보다 26~27% 높았다.

연령별로는 6세 이하에 디지털 기기를 사용했을 때가 547점으로 가장 높았고, 디지털 기기 사용이 늦어질수록 점수가 낮아졌다. 디지털 교과서, PC 활용 교육 프로그램 등 디지털 기기를 활용한 학습이 늘어나는 등 교육환경이 예전과 달라졌기 때문으로 분석된다.

인터넷 이용이 학업에 미치는 효과는 지역별로 달랐다. 오세아니아와 아시아 개발도상국에서는 하루 2~4시간 인터넷을 하는 학생이 높은 점수를 받았다. 4시간 이상 사용할 때부터 긍정적인 학업효과가 줄었고, 6시간이 넘으면 부정적인 영향을 미치는 것으로 조사됐다. 그러나 아시아 선도국에서는 1시간 이상 사용할 때부터 긍정적인 학업효과가 감소하는 것으로 나왔다.

출처: 중앙일보(2018. 2. 20.)

위와 같은 연구결과가 신문기사로 게재되었다. 이 기사를 읽고 무슨 생각이 들었는가? 이 기사의 제목을 보고 앞으로 자녀양육이나 어린이집, 유치원 교육과정에 조기교육, 디지털기기 사용을 포함하도록 해야겠다는 생각이 들었는가? 아니면 우리가 알고 있던 상식과는 다른 결과에 의문이 들었는가? 우리가 예상하던 것과 다른 결과라면 왜 이런 연구결과가 나왔다고 생각하는가? 이런 결과에 대해 우리는 어떻게 해석하는 것이 좋을까?

이 기사는 사람들의 관심을 끌기 위해 연구결과를 다소 비약해서 제목으로 사용하고 있다. 앞으로 다룰 연구과정에 대한 내용을 통해, 어떤 부분이 문제가 되는지, 무엇이 이상한지 설명할 수 있도록 개념을 정확히 이해해 보도록 하자.

▌이 장에서 학습할 내용

1. 연구는 어떻게 진행하는가?
2. 연구와 관련된 용어는 어떤 것들이 있는가?
3. 어떤 주제를 연구할 것인가?

1. 조사연구[01]의 유형

1) 연구의 유형 분류

(1) 연구 목적에 따른 분류

연구를 함에 있어 목적이 무엇이냐 하는 것은 매우 중요하다. 그에 따라 이후 단계의 내용이 결정되기 때문이다. 일반적으로 연구의 목적은 보통 기술(description), 설명(explanation), 예측(prediction), 통제(control)로 나뉘는데, 이러한 목적에 따라 연구를 분류해 보면 다음과 같다.

① 탐색적 연구

탐색적 연구는 기술이나 설명을 목적으로 하는 연구의 실행가능성을 알아보고자 할 때 많이 수행된다. 예를 들면, 1998년 우리나라의 IMF 위기상황 이전에는

01 research는 교재에 따라 연구, 조사, 연구조사, 조사연구 등으로 약간씩 차이를 두고 번역되나 의미는 동일하다. 이 책에서는 '연구'로 통일하여 사용하기로 한다.

노숙인에 대한 연구가 거의 없었다. 노숙인에 대한 연구는 문화적으로 차이가 있는 외국 연구에 국한된 경우가 많았다. 당시 갑자기 부각된 우리나라 노숙인 문제를 해결하기 위해 필요한 정보가 국내에는 거의 없었다. 있다 하더라도 실직으로 인한 '노숙'이라는 관점보다는 '부랑인'이라는 관점에서의 접근이 많았다. 따라서 외국의 사례를 검토해야만 했으며, 왜 이전과는 다르게(부랑인이 아닌 노숙인이라는 관점에서) 이 문제에 접근을 해야 하는지 몇몇 사례를 통해 이해해야 했다. 탐색적 연구는 이렇게 연구대상이 새롭게 등장한 것이거나, 연구주제가 되는 현상에 대해 잘 알려지지 않았거나, 연구방법을 개발하고자 하는 경우에 시행되는 것으로 사례조사, 전문가조사, 문헌조사 등이 여기에 해당한다.

② 기술적 연구(서술적 연구)

명칭에서 알 수 있다시피 이 연구의 목적은 특정 개인이나 상황, 집단이나 지역 등의 특성에 대해 정확하게 기술하고자 하는 연구이다. 어떤 사건의 발생빈도나 비율 등을 파악하거나, 둘 또는 그 이상의 변수들 간의 관계 여부를 파악하는 연구이다. 기술적 연구의 대표적인 예는 우리나라의 통계청에서 실시하고 있는 인구, 사회통계조사이다. 이를 통해 우리나라 사람들의 각종 인구학적 특성(성별, 나이, 교육수준 등)을 서술한다.

③ 설명적 연구

설명적 연구는 어떤 사건이나 현상을 설명하기 위한 것으로 '왜'라는 질문에 대한 해답을 구하려는 연구이다. 즉, 인과관계를 규명하여 미래의 사실에 대해 미리 예측하는 연구인데, 인과관계를 알 수 있고 미래에 대해 예측할 수 있다면 원하는 미래를 만들어 내기 위해 현재 상황을 통제하는 것도 가능하다. 설명적 연구는 세 가지 연구 중 가장 높은 수준의 연구라고 할 수 있다. 앞서 설명한 기술적 연구가 사람들이 얼마나 무상급식에 찬성하는지를 밝히는 것이라면, 설명적 연구는 한층 더 나아가 소득, 정치성향, 교육수준, 연령 등에 따라 무상급식에 찬성 정도가 달라지는지를 알아보는 것이다. 다만, 설명적 연구는 연구자가 연구대상과 관련된 변수들에 대해 이미 많이 알고 있을 때 가능하다. 학위논문에서 어떤 현상을 설명하고자 하는 연구를 수행하려면, 사전에 관련 변수의 크기, 분포, 상호관계 등에 대해 많은 공부가 선행되어야 한다.

그러나 이러한 연구의 구분은 실제 조사에서는 반드시 명쾌하게 세 가지로 구분되는 것은 아니다. 많은 조사는 부분적으로 이 세 가지 특징을 모두 갖는다고 할 수 있다.

앞에서 예로 든 노숙인의 경우, 노숙인의 문제를 해결하기 위해 어떤 실천방법이 가장 효과적인지 조사한다고 했을 때, 몇 명의 사회복지사를 면접하여 노숙인의 문제와 효과가 좋다고 여겨지는 개입방법을 알고자 한다면 탐색적 성격의 연구가 된다. 그러나 이 과정에서 각각의 클라이언트에게 어떤 개입방법이 몇 명에게 제공되었는지 알아낸다면 기술적 성격의 연구가 되며, 노숙인의 재활 여부가 제공된 개입방법에 따라 차이가 난다는 것을 확인하고, 그 이유를 알아내어, 앞으로 어떤 개입방법을 확대할 것인가 의사결정할 수 있도록 한다면 설명적 성격의 연구가 되는 것이다.

(2) 연구의 시간적 차원에 따른 분류

이 분류는 연구과정에서 '조사를 몇 번 수행하는가'와 관련되어 있다.

① 횡단적 연구

어느 한 시점에서 다수의 분석단위에 대한 자료를 수집하는 연구로 정해진 기간 동안 여러 사람이나 집단, 기관에 대한 자료를 수집하여 분석하는 것이다. 사회복지를 비롯한 사회과학에서 가장 많이 수행되는 연구라고 할 수 있다. 가장 대표적인 예는 각종 여론조사나 실태조사이다. 특정 시점에서 저소득층을 조사해서 그들의 생활모습을 알아본다거나, 특정 시점에 국민들이 어떤 정치인을 지지하는지 알아보는 것과 같은 것은 모두 횡단적 연구에 해당한다.

이 연구의 단점은 인과관계를 명확히 하는 데 한계가 있다는 것이다. 예를 들어, 사회복지학과 학생들을 대상으로 조사한 횡단적 연구에서 전공 동아리 소속 학생들이 비소속 학생들보다 전공 분야 관심도가 더 높은 것을 발견했을 때 전공동아리에 가입해서 활동을 하다 보니 전공 분야에 관심을 갖게 된 것인지, 아니면 그 이전부터 전공 분야에 관심이 있어서 전공동아리에 가입하고 활동한 것인지 명확하게 설명하기 어렵다.

② 종단적 연구

둘 이상의 시점에서 동일한 분석단위를 연구하는 것으로 동일한 사람이나 집단, 기관 등을 대상으로 여러 번에 걸쳐 조사를 실시하여 분석하는 것이다. 이러한 연구도 다시 세부적으로 분류될 수 있다.

- **추이연구**: 추세연구 혹은 동향연구, 경향연구라고도 한다. 특정 연구대상의 변화를 여러 시기를 두고 관찰하여 각 시기에 어떻게 얼마나 달라졌는지 비교해 보는 연구이다. 예를 들면, 우리나라에서 10년마다 실시하는 인구총조사 결과, 인구성장률, 출산율, 이혼율, 가구구성비율 등을 비교하는 것도 경향을 관찰하는 추이연구라고 할 수 있다.
- **동류집단(cohort)연구**: 특정 경험을 같이 한 사람들에 대해 두 번 이상의 다른 시기에 걸쳐 비교하는 연구이다. 예를 들면, 한국전쟁을 경험한 세대(동류집단)들의 통일에 대한 의식이 시대별로 어떻게 달라지는지 연구한 것 등이 여기에 해당한다. 이때 조사대상은 2회 이상의 조사에서 '한국전쟁을 경험했다'는 공통점만 있는 서로 다른 사람들이다.
- **패널(panel)연구**: 패널연구는 2회 이상 다른 시기에 조사를 한다는 점에서 동

류집단 연구와 비슷하지만, 각 시점의 조사대상이 동일한 사람들이라는 점에서 다르다. 한국전쟁을 경험한 세대(동류집단)들의 통일에 대한 의식연구에서 1회조사와 2회조사에서 응답자가 서로 다르다면 동류집단 연구이고, 응답자가 모두 같다면 패널연구가 된다.

앞의 세 가지 연구의 차이를 예를 들어 설명해 보기로 하자.

빈곤한 사람들의 근로에 대한 행동이나 태도에 대해 조사한다고 했을 때, 추이연구는 1990년 당시 빈곤한 사람들을 선택하여 조사하고, 10년이 지나 2000년 당시 빈곤한 사람들을 선택, 조사하여 10년간 빈곤한 사람들(동일한 사람들이 아님)의 근로에 관한 행위나 태도가 어떠한 변화추세를 보였는가 알아보는 것이다. 동류집단 연구는 1990년에 가난한 사람들 가운데 특정 연령, 예를 들어 40대를 조사했다면, 2000년에 조사할 때에는 50대를 조사하는 것이다. 왜냐하면, 1990년에 40대였던 사람들은 10년이 지난 지금 50대가 되었기 때문이다. 반면에 패널연구는 1990년 조사에서 대상이 된 가난한 사람들을 2000년에도 그대로 동일인에게 반복조사를 실시하는 것이다.

이러한 세 가지 연구 중 패널연구가 시간에 따른 변화에 대한 정보를 가장 정확하게 알려준다. 그 이유는 동일인을 반복조사하는 것이기 때문에 인과관계를 해석하는데 다른 요인들의 영향을 상대적으로 덜 받기 때문이다. 그러나 패널연구는 조사비용이 많이 들고 조사수행이 어렵다는 단점이 있다. 동일한 사람들을 장기간에 걸쳐 추적하고 관리하기란 현실적으로 어려운 경우가 많기 때문이다. 초기 조사에 참여했던 조사대상자들이 사망한다거나, 이사해서 연락처를 알 수 없게 된다거나, 더 이상 조사에 참여하지 않는 경우들이 발생한다. 이런 것을 패널의 소진이라고 한다. 이렇게 소진된 패널을 대상으로 조사할 경우에는 연구결과가 왜곡될 가능성도 있다. 예를 들어, 첫 조사에 참여했던 많은 조사대상자들이 조사 주제에 대해 맘에 들지 않아, 혹은 조사에 응해도 별다른 이점이 없다는 것을 알고 다 빠져나가고 남은 사람들만을 대상으로 조사한다면 남은 사람들의 특성에 의해 조사결과가 왜곡되는 것이다. 또 처음 조사할 때와 조사대상이 되는 사람들의 태도가 변할 가능성도 있다. 예를 들어, 조사자가 원하는 응답을 한다거나, 조사과정에서 사회적으로 바람직한 행위나 태도가 무엇인지 알게 되어 바람직한 방향으로 응답할 수 있는 것이다.

(3) 그외의 연구를 분류하는 방식

이외에도 변수의 조작가능성에 따라 변수를 조작하는 실험설계와 조작하지 않는 비실험설계로 구분되기도 하고, 조사상황에 따라 외생변수를 통제할 수 있는 실험실연구와 외생변수를 통제하지 않고 있는 그대로 연구하는 현장연구로 구분되기도 한다. 연구의 현장 적용 정도에 따라 순수연구와 응용연구로 나뉘기도 하고, 조사대상의 범위에 따라 연구대상 전체를 조사하는 전수조사와 연구대상 전체에서 일부만을 대상으로 조사하는 표본조사로 구분되기도 한다. 또한 연구방법론이나 자료의 처리나 분석방법에 따라 양적연구와 질적연구로 나뉘기도 한다.[02]

2) 연구의 분석단위

(1) 연구의 분석단위

연구의 분석단위는 쉽게 이해하자면 '조사를 실시할 때 개인을 대상으로 한 것

02 12장에서 자세히 다룬다.

인가? 집단을 대상으로 한 것인가? 아니면 어떤 기관을 대상으로 한 것인가?'와 같은 질문에 답할 수 있는 것이다. 대개 연구의 분석단위는 개인이나 집단이 되기도 하지만, 조직이나 정책, 법률 같은 사람들이 사회적으로 만들어 놓은 생성물일 때도 있다. 예를 들어, '청소년들의 우울감은 학업성취도에 부정적인 영향을 준다'라는 연구에서 분석단위는 청소년 개인이 되고, '병원 의료사회사업실의 경우 지역에 따라 전문직 인력규모에 차이가 있다'고 할 때는 분석단위가 병원 의료사회사업실이 된다. 연구를 할 때에는 이러한 분석의 단위를 명확하게 규정하는 것이 중요하다. 분석단위에 대해 명확하게 규정하는 것은 연구의 진행과정에서 나타날 수 있는 여러 가지 오류를 줄여주기 때문이다.

(2) 분석단위와 관련된 해석상의 오류

연구에서 연구문제에 맞지 않는 분석단위를 규정할 경우 연구를 신뢰할 수 없는 여러 가지 오류를 범하게 된다.

① 생태학적 오류(ecological fallacy)

생태학적 오류는 집단에 대한 조사결과를 개인의 개별적인 특성으로 해석하는 오류이다. 즉, 지역이나 집단에 대한 자료들을 개인적인 수준에서 해석하는 것이다. 흔히 뒤르켐(Durkheim)의 자살론의 연구분석결과가 자주 인용된다. 뒤르켐은 지역을 분석단위로 하여 개신교도가 많은 지역과 가톨릭교도가 많은 지역의 평균 자살건수와의 관계를 살펴보았다. 그 결과 특정 지역에 개신교도의 비율이 높을수록, 가톨릭교도의 비율이 낮을수록 평균 자살건수가 증가하는 것으로 나타났다. 이러한 결과를 가지고 개신교도가 가톨릭교도보다 자살할 성향이 더 높다고 할 수 있겠느냐 하는 것이다. 왜냐하면 개신교도가 많은 지역에서 살고 있는 가톨릭신도들이 자살을 했다면 앞의 분석은 오류인 것이다. 따라서 집단을 분석단위로 한 결과로 개인의 성향을 추리할 수는 없다는 것이다.

② 개체주의적 오류/개인주의적 오류(individualistic fallacy)

개체주의적 오류는 생태학적 오류와 반대의 경우로 개인의 특성을 관찰한 결과를 집단이나 국가적 특성인 것처럼 해석하는 오류를 의미한다. 즉, 개인적 수준의 자료를 집단적 수준으로 해석하는 오류를 말한다. 예를 들면, A라는 국가의 국민들이 민주주의적 가치에 동의한다고 해서 그 국가가 민주주의체제라고 해석한다거나, 한류가 열풍인 B라는 국가의 청소년이 한국 연예인을 좋아한다고 하여 B라는 국가가 한국에 우호국가라고 해석하는 경우를 들 수 있다.

③ 환원주의적 오류(reductionism fallacy)

환원주의적 오류는 어떤 현상의 원인이라고 생각되는 개념이나 변수를 지나치게 제한하거나 한 가지로 환원하는 경향으로 축소주의라고 하기도 한다. 지나친 단순화가 문제가 되는 것으로 아주 일부분의 자료를 갖고 결론을 내리는 경우이다. 예를 들어, 빈곤이라는 현상에 대한 원인을 찾고자 할 때 그 원인으로 지적할 수 있는 것을 나태함, 질병, 실직, 물가상승 등이라고 하자. 이때 나태함이라고 하는 한 가지 개인적 요인만으로 빈곤을 설명하는 경우가 환원주의적 오류에 해당한다. 청소년 비행률이 높아지는 현상에 대해 어떤 사람은 온라인게임 등 유해환경의 범람을 원인으로 꼽기도 하고, 입시로 인한 극심한 학업스트레스 때문이라고도 하고, 출산율이 낮아져 자녀 수가 적어지며 증가한 부모들의 자녀에 대한 과잉보호 때문이라고도 하고, 그런 환경 속에서도 누구나 다 비행을 저지르는 건 아니라며 철저히 그 아이 자체의 문제라고도 하는데, 이렇게 여러 요인이 관련될 수 있는 현상에 대해 한 가지 원인으로만 설명하려는 경향을 말한다.

2. 조사연구의 진행

1) 연구와 관련된 당면 문제 및 고려할 사항

학위논문을 쓰기 위해 조사를 하든 실천현장에 적용해 보기 위해 조사를 하든 연구를 시작한다면 먼저 몇 가지를 고려하여 계획하여야 한다.

① **사회적 조건**: 연구는 어떤 조건에 의해 조사절차가 변화하기도 하고 최고의 방법이 아닌 최적의 방법을 선택하게 될 때도 있다. 어떤 조건이라 함은 대개 현실적인 여건인데, 정치적 압력, 연구대상의 문제의식 결여, 조사에 대한 인식부족, 연구대상에 대한 접근방법의 어려움 등이 여기에 해당한다. 실제로 지금은 많이 알려진 사실이지만 흡연과 암 발생률과의 관계는 담배회사의 압력에 의해 과거 오랫동안 제대로 연구하기 어려웠으며, 재벌총수나 불법체류자 등을 대상으로 한 연구는 의미 있다 하더라도 대상에 대한 접근이 쉽지 않아 연구되지 못하는 경우도 많다.

② **재정적 조건**: 연구기금이 얼마나 충분한지도 고려 대상이다. 설문조사의 경우에는 질문지 제작이나 배포, 수거, 사례물품 등 비용이 많이 드는데, 연구대상의 수가 많으면 많을수록 비용도 커진다. 따라서 확보할 수 있는 예산에 따라 연구의 규모가 정해지기도 한다.

③ **인적 조건**: 연구절차를 수행하는 조사자의 훈련이나 지식 정도도 반드시 고려해야 할 것 중의 하나이다. 대규모 설문조사의 경우에는 조사자가 여러 명으로 구성되기 때문에 이들이 동일한 기준으로 조사를 수행하도록 훈련이 필요하다. 심층면접을 통해 자료를 수집하는 경우에도 연구자의 면접기술, 연구에 대한 지식, 연구대상자에 대한 배경지식 등이 연구에 영향을

미칠 수 있기 때문에 사전에 검토하여 연구과정을 결정하는 것이 좋다.

④ 시간적 조건: 시간적 조건은 연구기간과 관련된다. 연구가 특정 시점을 기준으로 종료되어야 한다면 그에 맞게 연구규모와 과정을 계획해야 한다. 학위논문을 제출해야 한다거나 계약된 보고서를 제출해야 하는 경우에는 제한된 시간 내에 연구결과를 도출해야 한다. 그러나 개인적인 연구라면 그보다 여유 있게 연구를 진행할 수 있다.

2) 연구절차

학위논문을 위한 조사나 실천에 적용하기 위한 조사 모두 대개의 연구절차는 궁금한 연구문제가 정해지면 그 연구문제를 해결하고 답을 구하는 데 적합한 연구방법을 설계하게 되고, 정해진 연구방법에 따라 자료를 수집하고, 수집된 자료를 분석한 후 해석하여 보고서로 작성하게 된다. 이를 도식으로 나타내면 〈그림 2-1〉과 같다.

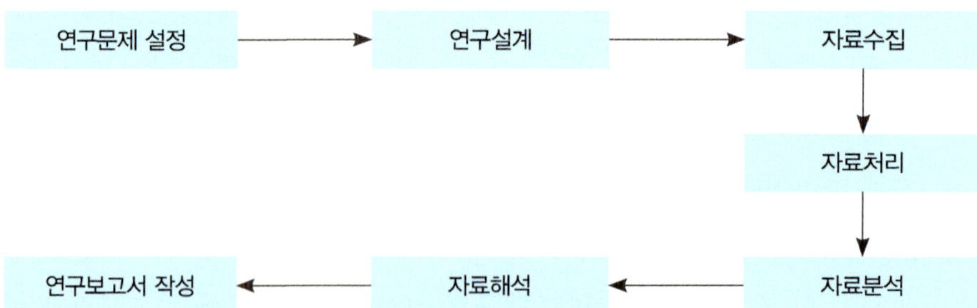

| 그림 2-1 | 연구의 일반적인 과정

양적연구의 경우에는 연구문제를 설정하고 연구방법을 설계하면서 연구자가 예측하는 가설도 설정하게 된다.

학자마다 연구절차에 대해 용어를 달리한다거나 몇 개의 절차를 묶어서 표현하기도 하지만 논리적으로 구성한 내용과 경험적 관찰의 내용이 일치하는지 살피는 전체 과정의 흐름을 이해하는 것이 중요하다. 이 과정을 도식으로 나타내면 〈그림 2-2〉와 같다. 김영종(2008)의 경우에는 이 연구절차를 순환적인 형태로 나타내기도 하였다.

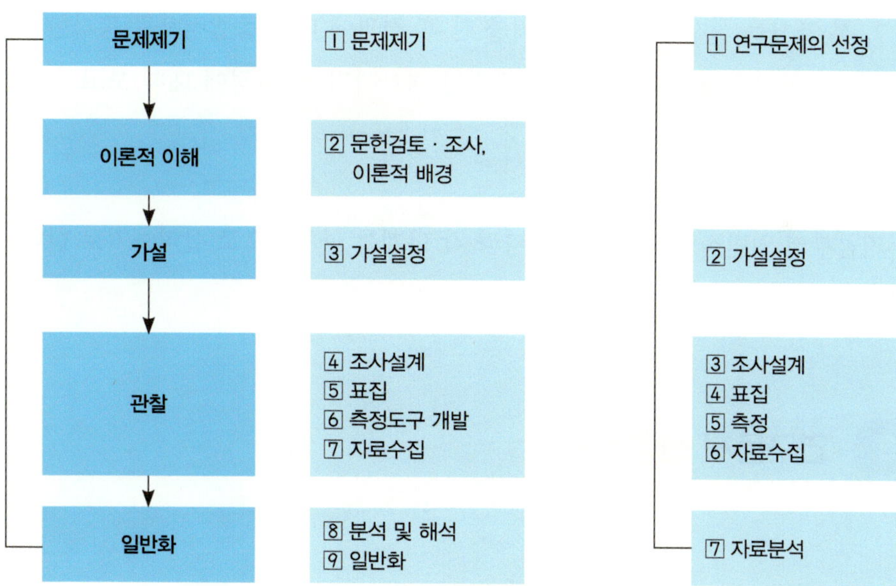

| 그림 2-2 | 연구의 진행절차

사회복지기관에서 조사를 하게 되는 실무적 과정은 위 절차를 따르면서도 세부적인 내용에 있어 약간의 차이가 있다. 사회복지사가 실무적으로 조사를 실시해야 한다면, 다음의 내용을 참고하면 좋을 것이다.

1. 연구주제나 연구의 목적, 목표를 정하고 그에 따른 가설을 설정한다.

2. 연구주제와 관련된 문헌을 검토하거나 전문가 자문을 구하는 등 관련 정보를 수집한다.
3. 관련 정보를 정리하여 연구계획을 세운다.
4. 연구계획에는 조사대상자를 누구로 할 것인지, 어떤 조사방법을 사용할 것인지 등을 결정하고 실행할 준비를 한다.
5. 사회복지사가 직접 조사를 수행할 수 없는 경우에는 조사원을 모집하고 교육을 실시한다.
6. 본 조사에 앞서 사전조사를 통해 조사방법이나 설문지 등을 보완한다.
7. 본 조사를 실시하고 통계 처리를 한 후 결과에 대해 총괄적으로 평가한다.
8. 연구목적을 정한 과정부터 총괄적인 평가까지 전 과정에 대해 보고서를 작성한다.

지금부터 일반적인 연구절차에 따라 각 단계를 구체적으로 살펴보기로 한다.

3. 연구문제 선정하기

1) 연구문제의 정의와 서술요령

연구문제는 연구가 시작되는 시작점인 동시에 연구자가 궁금해 하고 답을 구하고 싶은 질문이라고 할 수 있다. 대개 의문문의 형태로 기술되며, 양적연구에서는 둘 이상의 변수 사이에 어떤 관계가 존재하는지를, 질적연구에서는 연구대상에 대한 개방적인 질문 형태로 기술하게 된다. 양적연구의 연구문제는 '청소년의 자아존중감과 학업성취도 간에는 어떤 관계가 있는가?', 질적연구의 연구문제는 '요양보호사의 돌봄 경험은 어떠한가?' 등이 될 수 있다.

연구문제를 서술할 때는 의문문의 형태여야 한다. 또한 서술된 연구문제는 단순하고 명료해야 하며, 적어도 두 가지 이상의 답이 나올 가능성이 있어야 한다. 경험적이고 실증적인 연구를 통하여 그 문제의 답이 구해질 수 있도록 작성되는 것이 좋다.

| 표 2-1 | 연구문제의 예

노인의 생활만족도
• 노인의 생활만족도에 영향을 미치는 요인은 무엇인가?
• 노인의 생활만족도는 노인의 사회봉사활동에의 참여와 관계가 있는가?
• 노인 자신의 배우자 유무가 노인의 생활만족도와 관계가 있는가?
• 자녀와 동거하는 노인이 자녀와 별거하는 노인보다 생활만족도가 높은가?

〈표 2-1〉에서 보는 바와 같이 대개 연구문제는 변수들 간의 관계에 대해 서술되는데, 이렇게 서술된 관계를 '검증할 수 있어야' 과학적인 문제라고 할 수 있다. 만약 관계를 검증하기 위하여 관련 변인을 어느 정도 측정할 수 없다면 그것은 과학에서 다룰 수 있는 문제가 아니다. 경험적으로 입증이 불가능한 문제들은 연구문제가 될 수 없는 것이다. 예를 들어, "사람이 살아간다는 것은 무엇인가?" 같은 질문이 있다면 의문문 형태이고 적어도 두 가지 이상의 답이 나올 가능성이 있지만 측정이 불가능하기 때문에 과학적인 질문이라고 할 수 없다.

| 표 2-2 | 연구문제의 나쁜 예와 좋은 예

나쁜 연구문제	경험적인 검증이 어렵고 과학적이지 않은 연구질문	– 사형제도는 존속되어야 하는가?
	모호한 질문	– 경찰이 범죄에 영향을 미치는가?
	일반적인 내용	– 인터넷 중독과 치료
좋은 연구문제	탐색적 질문	– 지난 10년간 이혼율의 추이는 어떠한가?
	기술적 질문	– 이혼가정이 비이혼가정에 비해 아동학대가 더 많이 발생하는가?
	설명적 질문	– 부모로부터의 학대는 아동의 정서적인 불안을 가져오는 요인인가?

2) 연구문제의 선정

그렇다면 연구문제는 어떻게 선정할 수 있을까? 먼저 연구문제는 연구자의 다양한 경험(experience)에서 우러나온 것일 수 있다. 사회복지사의 경우에는 현장경험을 통해 궁금한 것이 생길 수도 있고, 학교에서 배운 것과 다르다고 느껴지는 것이 연구문제가 되기도 한다. 두 번째는 문헌고찰(literature review)이다. 연구자나 실천가가 관심 있는 분야의 선행연구나 관련 논문들을 읽다 보면 수긍이 되는 연구도 있지만, 그렇지 않은 경우도 있다. 또는 선행연구에 대해 수긍하지만 관련 변수가 다소 변한다면 어떻게 될지 궁금해지는 경우도 있다. 이러한 것들이 연구문제가 될 수 있다. 세 번째는 기존 이론이다. 기존 이론을 현실에 적용하는 가운데 궁금한 점이 발생할 수도 있고, 기존 이론과는 다른 '내 이야기'를 하고 싶을 때도 있다. 또한 사회복지와 같이 변화하는 사회와 밀접한 관련이 있는 분야에서는 사회적 요청에 의해 연구문제가 정해지기도 한다. 급격하게 사회문제로 대두된 현상이나 정책적으로 논의가 되어야만 하는 이슈가 있을 때 그것이 연구문제가 될 수 있다.

위와 같은 다양한 경로로 제기되는 궁금증에 대해 설명해 줄 수 있는 기존 지식이 미비하거나, 선행연구들의 결과가 서로 상충하거나, 새롭게 나타난 현상일 경우에 연구문제로 삼고 연구를 시작할 수 있다. 그러나 단순히 다른 사람 연구를 반복한다는 것은 의미가 없다.

그렇다면 많은 궁금한 질문들 가운데 무엇을 연구문제로 정하면 좋을까? 먼저 연구주제를 정하게 되는데, 가장 좋은 것은 연구자가 가장 관심이 있고, 흥미를 느끼는 주제가 좋다. 또는 실천가로서 경험이 있거나 사전 지식이 있는 주제를 선정하는 것도 좋다. 그러나 너무 광범위한 주제를 선정하는 것은 바람직하지 않다. 가급적이면 이론적 배경이 있는 주제를 선정하는 것이 연구절차에 있어 좀더 실증적일 수 있으며, 어떤 경우에는 연구경험이 많은 교수, 선배, 동료와 상의하는 것도 도움이 된다.

이렇게 어느 정도 연구주제에 대해 윤곽이 잡힌다면, 첫째 이 연구주제가 중요한 것인지, 둘째 연구주제가 연구되는 것이 현장에 필요하고, 또 효과적으로 활용될 수 있는지, 셋째 연구주제에 대해 설명하고 있는 기존 이론이 있는지 등을 살펴 연구의 의의를 검토하는 것이 좋다. 이 과정에서 실제로 조사를 통해 검증 가능한지, 살피고자 하는 변수들이 명확하게 개념을 정의할 수 있고 측정할 수 있는지, 연구대상에 대한 접근이나 예산, 조사기간 등 현실적인 여건이 허락하는지, 마지막으로 이 연구가 도덕적, 윤리적으로 저촉되지 않는지 검토하여 연구문제로 선정할 수 있다.

보충자료 연구 관련 자료를 찾아볼 수 있는 사이트

실제 사회복지조사 연구들이 어떤 연구문제를 해결하기 위하여 어떤 가설을 사용하였는지 알아보기 위해서는 관련 자료들을 많이 살펴보면 좋다. 최근에는 인터넷을 활용하여 정보검색을 해보면 쉽게 자료를 찾을 수 있다. 연구문제의 선정에 있어 유사한 연구문제를 어떤 가설로 어떤 연구설계로 진행하였는지 선행연구들을 먼저 검토하는 것은 필수적이다. 다음의 사이트는 논문이나 논문을 쓰기 위한 자료를 웹상에서 찾아볼 수 있는 곳들이다.

- **한국교육학술정보원 학술연구정보서비스(riss.kr): 학위논문 검색 시 유용**

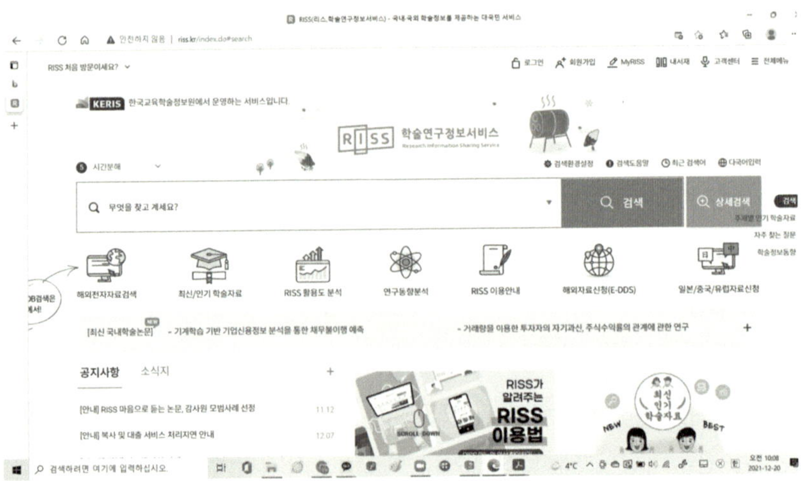

- 한국학술지인용색인(www.kci.go.kr): 학술지 논문 검색 시 유용

- 정책연구관리시스템(https://www.prism.go.kr/homepage): 중앙정부나 지자체 연구보고서 검색 시 유용

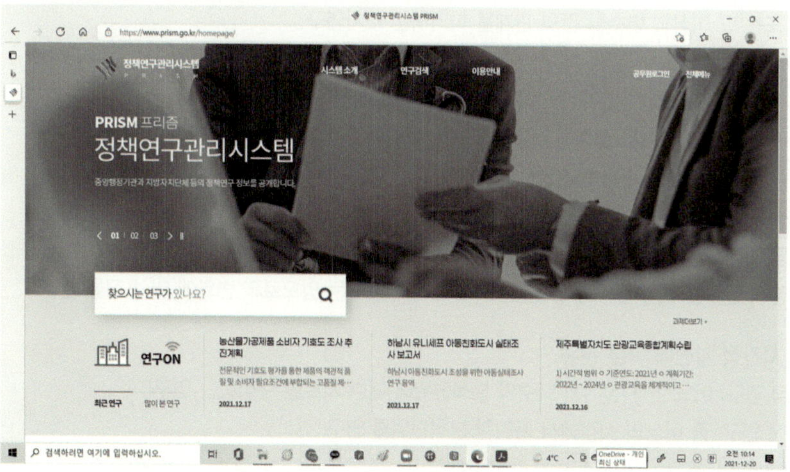

요약

1. 조사연구의 유형

1) 연구 목적에 따른 분류

(1) 탐색적 연구

- 연구자가 새로운 관심사에 대해 연구
- 연구주제가 비교적 잘 알려지지 않은 새로운 것
- 보다 중요한 연구의 실행가능성을 알아보고자 하는 경우
- 더 중요한 연구에서 사용할 방법을 개발하고자 하는 경우
- 특례조사, 경험자(전문가)조사, 문헌조사 등이 있는 경우

(2) 기술적 연구

- 특정 개인이나 상황, 집단이나 지역 등의 특성에 대해 정확하게 기술하는 조사연구
- 어떤 사건의 발생빈도나 비율 등을 파악하는 조사연구
- 미래의 일정 시점의 구체적인 상황을 예측하기 위한 조사연구
- 둘 또는 그 이상의 변수들 간의 관계를 파악하는 조사연구

(3) 설명적 연구

- 인과관계를 규명하거나 미래의 사실에 대해 미리 예측하는 연구
- 어떤 사건이나 현상을 설명하기 위한 조사연구형태로서 '왜'에 대한 해답을 주기 위한 것
- 연구자가 연구대상 관련 변수들의 크기, 분포, 상호관계 등을 꽤 알고 있는 상태를 의미

(4) 예측적 연구

- 설명적 연구의 한 내용으로 보기도 함
- 설명적 연구는 원인에 대해 초점을 두고, 예측적 연구는 앞으로의 변화에 더 초점을 둠

2) 연구의 시간적 차원에 따른 분류

(1) 횡단적 연구: 어느 한 시점에서 다수의 분석단위에 대한 자료를 수집하는 연구

(2) 종단적 연구: 둘 이상의 시점에서 동일한 분석단위를 연구

- 추이(trend, 추세=경향) 연구: 특정 연구대상의 변화를 여러 시기를 두 관찰, 비교연구
- 동류집단(cohort) 연구: 특정 경험을 같이 한 사람들에 대해 2번 이상 다른 시기에 걸쳐 비교 연구
- 패널(panel): 연구 동일집단에 대해 2번 이상의 다른 시기에 걸려 비교연구

3) 그 외, 연구를 분류하는 방식

- 변수의 조작가능성에 따른 분류: 실험설계(독립변수조작 O) & 비실험설계(독립변수조작 X)
- 조사상황에 따른 분류: 실험실연구(외생변수효과차단 O) & 현장연구(외생변수효과차단 X)
- 연구의 현장 응용정도에 따른 분류: 순수연구 & 응용연구
- 조사대상의 범위에 따른 분류: 전수조사(연구대상 전체를 조사) & 표본조사(연구대상 전체에서 일부를 뽑아 조사)
- 연구방법론 및 자료의 처리 / 분석방법에 따른 분류: 양적연구 & 질적연구
- 분석단위에 따른 분류: 미시조사(분석단위 개인) & 거시조사(분석단위 집합이나 지역)
- 독립변수의 통제정도에 따른 분류: 비실험연구, 선실험연구, 준실험연구, 실험연구

2. 누구 · 무엇을 대상으로 연구할 것인가?

- 분석단위: 개인, 집단, 사회적 생성물
- 분석단위와 관련된 해석상의 오류

1) 생태학적 오류(ecological fallacy)

- 지역이나 집단에 대한 자료들을 개인적인 수준에서 해석하는 것
- 뒤르켐의 예가 자주 인용됨

2) 개체주의적 오류(individualistic fallacy)

- 생태학적 오류와 반대의 경우
- 개인적 수준의 자료를 집단적 수준으로 해석하는 오류

3) 환원주의적 오류(축소주의, reductionism fallacy)

- 어떤 현상의 원인이라고 생각되는 개념이나 변수를 지나치게 제한하거나 한 가지로 환원하는 경향
- 지나친 단순화

3. 조사연구의 진행

1) 조사를 시작하기 전 고려할 사항

- 사회적 조건
- 재정적 조건
- 인적 조건
- 시간적 조건

2) 연구절차

- 일반적인 과정: 연구문제설정 – 연구설계 – 자료수집 – 자료처리 – 자료분석 – 자료해석 – 연구보고서 작성

- 실무적 과정: 연구주제/목적/목표/가설 설정 – 관련 정보수집 – 연구계획 – 조사대상자 선정 – 결정된 조사방법 준비 – (조사원 모집 및 교육) – 사전조사/설문보완 – 본조사 시행 – 조사 실시 – 통계처리 – 총괄평가 – 보고서 작성

4. 연구문제 선정하기

1) 연구문제의 정의와 서술요령

(1) 연구문제(research question)의 정의

- 둘 이상의 변수 사이에 어떤 관계가 존재하는지를 의문문의 형태로 기술하는 것

(2) 연구문제의 서술요령

- 변수들 간의 관계에 대해 서술할 것
- 의문문의 형태일 것
- 단순명료하게 문제를 지적할 것
- 적어도 2가지 이상 답이 나올 가능성이 있을 것
- 경험적 검증의 가능성을 함축하는 것이어야 함

2) 연구문제의 선정

(1) 연구문제 선정의 원천

- 연구자의 경험
- 문헌고찰
- 기존 이론
- 사회적 요청

(2) 연구문제의 도출배경

- 기존지식의 미비
- 연구결과의 상충
- 새로운 현상과 기존지식과의 관련
- 연구의 가치

(3) 연구문제의 평가기준

- 연구주제의 중요성 혹은 필요성
- 연구주제의 효용성과 적용가능성
- 연구의 이론적 관련성
- 연구의 의의/연구수행 가능성
- 도덕적, 윤리적 부합성

연습문제

01 사회복지 조사연구의 유형과 목적, 특성을 기술하시오.

02 과학적 조사의 일반적인 과정에 대해 설명하시오.

사회복지사 1급자격시험 기출문제

01 종단조사의 유형 중에서 동일 주제, 동일 응답자에게 장기간 반복적으로 면접이나 관찰을 실행하는 조사는?

① 패널조사 ② 추세조사
③ 동시경험집단조사 ④ 사례조사
⑤ 반복조사

02 가출청소년에 관한 조사설계를 위해, 관련 연구를 검토하고 한 가출청소년의 사례를 조사하려고 한다. 가장 적합한 조사의 유형은?

① 탐색적 조사 ② 기술적 조사
③ 설명적 조사 ④ 패널조사
⑤ 경향조사

03 패널조사로 자료를 수집하여 비행청소년과 가출의 영향에 대해 조사하였다면 이는 어떤 연구에 해당하는가?

① 횡단적 조사 – 양적조사 – 설명적 조사
② 횡단적 조사 – 양적조사 – 기술적 조사
③ 종단적 조사 – 질적조사 – 기술적 조사
④ 종단적 조사 – 질적조사 – 탐색적 조사
⑤ 종단적 조사 – 양적조사 – 설명적 조사

04 노인의 우울증에 대한 조사연구를 할 때 우울증에 대한 개념정의는 조사연구의 어느 단계에 해당하는가?

① 사정단계 ② 조사설계단계
③ 개입단계 ④ 문제형성단계
⑤ 자료수집단계

05 아동학대의 실태를 파악하기 위해 아동의 연령과 성별을 알아보았다. 여기서 분석단위는?

① 지역 ② 가정
③ 집단 ④ 개인
⑤ 사회적

06 생태학적 오류에 대한 설명으로 맞는 것은?

① 지나치게 단순화한 경우
② 초현실적인 힘에 의한 설명
③ 지역 분석단위로 한 연구결과를 개인 분석단위로 적용하는 경우
④ 개인에게서 밝혀진 내용을 집단이나 사회에 적용하는 경우
⑤ 인과관계에 대한 연구에서 발생

07 조사과정 단계를 순서대로 연결한 것은?

ㄱ. 가설구성
ㄴ. 자료수집방법 결정
ㄷ. 자료수집
ㄹ. 설문지 문항 검토
ㅁ. 연구주제 선정

① ㄱ → ㄴ → ㅁ → ㄹ → ㄷ
② ㄱ → ㅁ → ㄴ → ㄹ → ㄷ
③ ㅁ → ㄱ → ㄴ → ㄷ → ㄹ

정답 01 ① 02 ① 03 ⑤ 04 ④ 05 ④ 06 ③ 07 ④

④ ㅁ → ㄱ → ㄴ → ㄹ → ㄷ
⑤ ㅁ → ㄱ → ㄹ → ㄴ → ㄷ

08 조사연구과정의 일부이다. 이를 순서대로 나열한 것은?

ㄱ. '아동학대는 청소년비행을 유발할 것이다'로 가설 설정
ㄴ. 할당표집으로 대상자를 선정하여 자료수집
ㄷ. 아동학대로 관심주제 선정
ㄹ. 구조화된 설문지 작성

① ㄱ-ㄴ-ㄷ-ㄹ　② ㄱ-ㄷ-ㄴ-ㄹ
③ ㄱ-ㄷ-ㄹ-ㄴ　④ ㄷ-ㄱ-ㄹ-ㄴ
⑤ ㄷ-ㄹ-ㄱ-ㄴ

09 다음에서 설명하는 조사는?

기초연금의 노인 빈곤 감소효과를 알아보기 위해 동일한 노인을 표본으로 10년간 매년 조사한다.

① 전수조사　② 추세조사
③ 패널조사　④ 탐색적 조사
⑤ 횡단적 조사

10 다음에서 설명하는 오류는?

17개 시/도를 조사하여 대학 졸업 이상의 인구비율이 높은 지역이 낮은 지역에 비해 중위 소득이 더 높음을 알게 되었다. 이를 통해 학력수준이 높은 사람이 낮은 사람에 비해 소득수준이 높다는 결론에 도달했다.

① 무작위 오류　② 체계적 오류
③ 환원주의 오류　④ 생태학적 오류
⑤ 개체주의적 오류

11 사회복지 조사의 연구문제에 관한 설명으로 옳은 것을 모두 고른 것은?

ㄱ. 연구문제는 연구자의 관심이나 의문의 대상을 포함한다.
ㄴ. 잠정적 결과를 예측하는 연구문제를 제시할 수 있다.
ㄷ. 모든 사회복지 조사는 연구문제가 있다.
ㄹ. 문제형성과정에서 다른 연구자의 참여가 가능하다.
ㅁ. 연구문제가 변수 간의 관계를 예측할 필요는 없다.

① ㄱ, ㅁ　② ㄴ, ㄹ
③ ㄱ, ㄹ, ㅁ　④ ㄱ, ㄴ, ㄷ, ㅁ
⑤ ㄱ, ㄴ, ㄷ, ㄹ, ㅁ

12 다음 연구 상황에 유용한 조사 유형은?

일본 후쿠시마 원전 유출이 지역주민들의 삶에 초래한 변화를 연구하고자 하였으나 관련 연구나 선행 자료가 상당히 부족함을 발견하였다.

① 평가적 연구　② 기술적 연구
③ 설명적 연구　④ 탐색적 연구
⑤ 척도개발 연구

정답 08 ④ 09 ③ 10 ④ 11 ⑤ 12 ④

CHAPTER

03 어떻게 검증할 것인가? (1)

1. 인과관계
2. 가설 설정하기
3. 변수

한 학자가 흡연하는 학생의 대학 성적이 비흡연 학생에 비해서 나쁜가를 공들여 조사한 적이 있었다. 조사결과 그렇다는 사실이 드러났다. 이 결과는 많은 사람들(특히 금연 운동가들)에게 흡연의 단점을 강조하는 데 중요한 근거로 활용되었다. "성적을 올리려면 담배를 끊어라."라든가, 아니면 조금 과장해서 "담배는 지능을 저하시킨다."라고 주장하였다.

이런 주장을 어떻게 받아들여야 할까?

첫째는 이러한 상관관계를 별 의미가 없는, 그냥 우연한 것으로 해석할 수 있다.

둘째는 상관관계가 우연한 것이 아니라면 인과관계를 추정하는 데 있어서 전후 인과의 오류를 범하고 있을 수도 있다. 흡연하기 때문에 성적이 나빠졌다는, 그래서 흡연이 성적 불량의 원인이라고 일방적으로 판단하는 것은 문제가 있다. 왜냐하면, 반대의 결론도 성립할 수 있기 때문이다. 즉 성적 불량이 고민이 되어 흡연하게 되었을 수도 있다. 또한 상호작용의 가능성도 있다. 성적 불량이 흡연으로 이어지고 흡연은 다시 성적 불량으로 이어지는 상호작용을 생각해 볼 수도 있다.

그 외에도 제3의 요인들이 작용할지 모른다. 예를 들어 사교적인 사람, 외향적인 사람은 흡연할 확률이 더 높을 것이며 이런 사람들은 활동적인 것에 시간을 빼앗겨 공부를 소홀히 할 수도 있다.

상관관계가 있다고 할 때 흔히 생각하는 것과 반대 방향으로 인과관계가 작용할 수도 있다는 것을 알아야 한다.

출처: 김진호(2008). 재미있는 통계이야기. 한국경제신문.

위와 같은 현상에 대해 채서일(2006)은 "사회과학의 많은 현상은 이렇게 서로 연관되어 끊임없이 돌고 도는 순환체제를 이루고 있기 때문에, 사회과학에서는 어느 이론 하나가 전체 현상을 설명하기보다는 전체 현상의 작은 일부분만을 설명하는 경우가 대부분이다."라고 하였다.

▌이 장에서 학습할 내용

1. 연구를 통해 인과관계를 규명하고자 한다. 인과관계는 무엇이고 어떻게 규명할 수 있을까?
2. 가설은 어떻게 설정해야 하는가?

연구과정

연구문제 선정 → **가설설정** → 조사설계 → 표집 → 측정 → 자료수집 → 자료분석

우리는 이 장에서 가설설정 과정을 살펴볼 것이다. 가설은 인과관계를 규명하기 위한 것으로 가설을 설정하기 위해서는 인과관계의 개념을 먼저 이해할 필요가 있다.

1. 인과관계

1) 인과관계의 개념

대부분 연구문제에서 이야기하는 '관계'는 변수들 간의 인과관계를 암시하는 경우가 많다. 변수는 어떤 속성에 값이 부여된 것을 말하는데, 값이 2개 이상이어야 한다. 예를 들어, 성별이라는 속성에는 값이 남성과 여성으로 주어질 수 있고 이때 성별을 변수라고 한다. 연구문제는 이러한 변수들 간의 인과관계를 밝

히고자 하는 경우가 많다. 예를 들어, '코로나19로 인한 생활변화가 아동과 보호자의 정신건강에 미치는 영향'에 대해 연구하고자 한다면 '코로나19로 인한 생활변화'라는 변수와 '아동의 정신건강', '보호자의 정신건강'이라는 변수 간의 인과관계를 밝히고자 하는 것이다. 또는 '다문화 청소년은 문화적응 스트레스가 크면 더 우울해질까?'라는 연구문제에서는 다문화 청소년의 '문화적응 스트레스'와 '우울' 간의 인과관계를 살피고자 하는 것이다.

2) 인과관계의 확인조건

이러한 인과관계가 확인되기 위해서는 몇 가지의 조건이 있다.

(1) 일치성

일치성은 〈그림 3-1〉과 같이 어떤 현상에 대하여 두 개 이상의 사례가 하나의 조건을 공통적으로 갖고 있을 때, 그 조건을 그 현상의 원인이나 결과로 간주하는 것을 말한다.

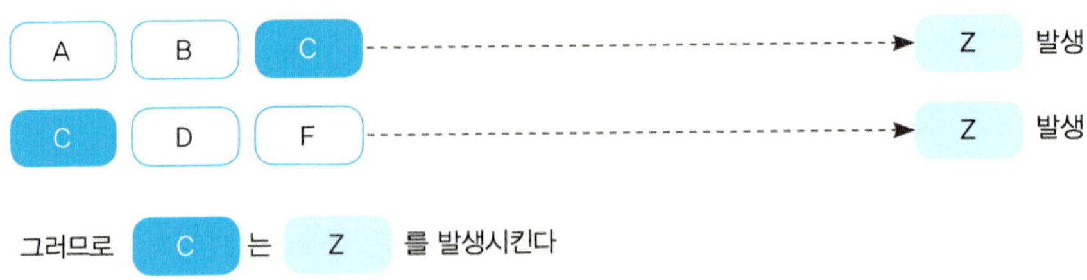

| 그림 3-1 | 공통 조건을 통한 인과관계 추론

(2) 공변성

공변성(covariation)은 두 변수 간에 인과관계가 있으려면 두 변수가 함께 변화해야 한다는 의미이다. 한 변수가 변화한다면 관련되어 있는 변수가 함께 변화해야 하는 것이다. 그러나 발생순서를 단정하는 것은 아니며, 두 변수가 경험적으로 서로 상관관계를 갖고 있어야 한다는 것이다.

금연 프로그램(A)과 흡연(B)이라는 변수에 대해 조사했을 때 금연 프로그램도 생기고(A의 변화) 흡연율도 감소(B의 변화)했다면, 두 변수 간에 관계가 있다고 추론할 수 있다.

(3) 시간적 우선성

금연 프로그램이 생기기 전 이미 흡연율이 감소하고 있었다면 위와 같은 추론이 맞는 것인가?

위의 예에서 살펴보았듯이, 공변성만으로는 두 변수의 인과관계를 확신할 수 없다. 한 변수가 변화할 때 다른 변수도 변화하는 공변성이 나타나도 이것은 두 변수 간의 관계가 있다는 것만을 의미하는 것이지, 한 변수가 다른 변수의 원인 혹은 결과라는 의미는 아니다. 따라서 한 변수가 다른 변수의 결과임을 증명하기 위해서는 원인이 되는 변수가 시간적으로 우선해야 한다. 즉, 원인변수의 변화가 결과변수의 변화보다 앞서서 나타남을 경험적으로 보여줄 수 있어야 인과관계가 확인되는 것이다. 실제 연구에서는 독립변수의 조작을 통해서 혹은 통계적 처리를 통해 요건을 충족하게 된다.

1: 금연 프로그램이 생김과 동시에 흡연율이 감소하였다. 그렇다면 역시 금연 프로그램과 흡연율 간에 관계가 있다고 추론할 수 있다. [공변성 확보]

2: 마찬가지로 계속해서 금연 프로그램(A)과 흡연(B)의 관계를 조사했을 때, 금연 프로그램이 생기자(먼저), 흡연율이 감소(나중)하였다면, 인과관계의 가능성에 대해 추론해 볼 수 있다. [시간적 우선성 확보]

(4) 통제성

그런데 앞선 사례에서 금연 프로그램이 생기자 흡연율이 감소한 것이 아니라, 흡연율이 감소하고 있는데 금연 프로그램이 생긴 것이라면 금연 프로그램이 흡연율에 영향을 주었다는 추론이 맞는가?

또 금연 프로그램과 별도로 담배값이 너무 올라 담배를 살 수 없었다거나, 혹은 금연 프로그램 기간 동안에 목감기가 심해 담배를 피울 수 없었던 것은 아닐까?

공변성과 시간적 우선성이 확인되었어도 두 변수 간의 관계가 '직접적으로' 인과관계에 있음이 입증되는 것은 아니다. 따라서 인과관계의 확인을 위해서는 세 번째 조건인 '통제(control)'가 필요하다. 통제란 인과관계를 증명하기 위해, 외부의 영향력을 배제한 상태에서 순수하게 두 변수만의 공변성과 시간적 우선성을 볼 수 있어야 한다는 조건이다. 몸이 쑤시면 다음날 비가 오는 경우, 몸과 비 사이의 관계는 앞의 두 요건을 충족하지만, 실제로는 기압이라고 하는 제3의 영향을 받기 때문에 발생하는 것일 뿐 기압이라고 하는 요소를 통제하면(즉, 기압은 평소와 다름없는데 몸이 쑤시는 경우에도 비가 오는지를 확인) 몸과 비 사이의 관계가 사라지게 된다. 이때 몸과 비 사이의 관계를 가식적 관계라고 한다. 가식적 관계란 두 변수가 서로 관계가 있는 것처럼 보이지만, 그 관계는 사실상 제3의 변수 때문인 경우를 말한다. 두 변수 간 관찰된 경험적 상관관계는 두 변수 모두를 야기하는 제3의 변수의 영향에 기인하는 것이 아니어야 한다.

(참여자의 건강상태, 담배가격, 담배가게 위치 등등이 같다고 할 때) 금연 프로그램에 참석한 참여자들의 '흡연율'이 감소하였다면, 인과관계를 확신할 수 있다고 판단한다. [통제성]

2. 가설설정하기

가설은 둘 이상 변수의 관계에 대한 잠정적인 진술로 아직 경험적으로 검증되지 않은 미리 정의한 이론이나 관계에 대해 추측적으로 진술해 놓은 것이다. '만약에 A라면, B일 것이다'와 같이 A와 B의 관계를 구체적으로 서술해 놓은 것으로 인과관계의 성격을 갖는다.

1) 가설의 정의와 서술

가설이란 연구자가 예측하는 둘 이상 변수의 관계에 대한 잠정적인 진술이다. 가설은 둘 또는 그 이상 개념 간의 관계에 대한 진술이 분명해야 하고, 그 관계는 방향성이 있어야 하며, 각 개념은 조작적으로 규정되어 있고, 측정가능해야 한다. 누군가가 "사회복지사의 업무부담이 늘어나면 서비스의 질이 떨어진다."

라고 말하면, 이것은 참인지 거짓인지 판별할 수 있는 명제이지만 가설은 아니다. 왜냐하면, 이 진술은 두 개념 간의 관계에 대해 분명히 진술하고 있고, 관계도 방향성이 있지만 각 개념이 조작적으로 규정되어 있지 않아 측정이 가능하지 않기 때문이다. 두 개념 중 하나인 '사회복지사의 업무부담'이라고 하는 것은 사람마다 다르게 생각할 수 있다. 어떤 사람은 담당 사례 수가 많은 것을 업무부담이라고 할 수 있고, 어떤 사람은 클라이언트에 대한 직접적 서비스가 아닌 부수적인 행정절차를 업무부담이라고 생각할 수 있다. 또한 '서비스의 질'이라는 개념도 마찬가지이다. 서비스 질이라는 것이 친절한 서비스를 말하는 것인지, 효과가 좋은 서비스를 말하는 것인지, 둘 다 포함하는 개념인지 확실하지 않다. 따라서 이 명제가 가설이 되려면 업무부담이라는 여러 가지 개념 중에서 조작적으로 '사례 수가 많은 것'으로 정의를 내리고, 서비스의 질에 대해서도 둘 다를 포함하는 '서비스 만족도'로 조작적으로 규정하여 "담당 사례 수가 많은 사회복지사일수록 담당 클라이언트의 서비스 만족도 점수는 낮을 것이다."와 같이 서술되어야 한다. 이렇게 서술되면 담당 사례 수와 만족도 점수로 각 변수는 측정이 가능해진다.

2) 가설의 유형

가설은 연구가설(research hypothesis, H_1)과 영가설(귀무가설: null hypothesis, H_0)로 유형을 나누어 볼 수 있다. 연구가설은 연구문제를 근거로 하여 두 변수 간에 관계가 있다든지 차이가 존재한다는 것을 나타내 주는 가설로 우리가 주장하고 싶은 가설이다. 대개 선언적 형태와 가정적 형태로 변수와 변수 간의 관계나 차이가 '다르다, 차이가 있다' 형태로 진술된다.

영가설 혹은 귀무가설은 두 변수 간에 관계나 두 집단 간 차이가 없다는 형태의 진술로 연구가설을 부정하는 가설이다. 연구자가 원하는 내용과 반대되는 내용으로 이 가설을 기각함으로써 연구자의 연구가설이 맞다는 것을 검증하는 기준 가설로, 처음부터 버릴 것을 예상하는 가설이다.

가설검증을 위해 버리기 위한 영가설을 상정하는 이유는 논리적인 이유에서이다. 다르다는 것을 증명하는 것보다는 같다는 것을 증명하는 것이 확률적으로 더 유리하다. 영가설이 증명하기 더 쉽기 때문에 영가설을 증명함으로써 논리적으로 대립가설(우리가 증명하기를 바라는 가설)이 참인지 거짓인지 판별하는 것이다. 예를 들어, '모든 까마귀는 까맣다'라는 명제와 '모든 까마귀는 까맣지 않다'라는 명제 중 어떤 명제가 더 증명하기 쉬울까? 흰까마귀나 여타의 까맣지 않은 까마귀가 나타나지 않는 한, '모든 까마귀는 까맣다'라는 명제는 참이다. 하지만 같은 상황에서 '모든 까마귀는 까맣지 않다'라는 명제는 참인지 거짓인지 증명하기는 어렵다. 참이라고 하기엔 아직 까맣지 않은 까마귀를 발견하지 못했고, 거짓이라고 하기에는 어딘가에 흰까마귀가 있을지도 모르는 노릇이기 때문이다. 따라서 '모든 까마귀는 까맣다'라는 명제를 참이라고 증명함으로써 그와 대립되는 '모든 까마귀는 까맣지 않다'는 가설은 논리적으로 거짓이 되는 것이다. 이처럼 우리가 증명하고 싶은 가설은 대개 개입의 효과나 집단의 차이를 보고자 하는 것인데, 개입의 효과가 없다, 차이가 없다는 (우리가 원하지 않는) 내용의 가설을 버림으로써 논리적으로 우리가 원하는 '효과가 있다', '차이가 있다'는 가설을 증명하는 것이다.

우리가 알고자 하는 것은 대개 차이(영향의 결과)를 알고자 하는 것이기 때문에 차이가 없다는 것을 증명하면서 이것이 거짓이면 그 반대의 것이 참인 논리를 채택하는 것이다.

■ 연구가설과 영가설의 예

- **연구가설**: 교육수준에 따라 장애인에 대한 태도는 차이가 있을 것이다.
- **영가설**: 교육수준에 따라 장애인에 대한 태도는 차이가 없을 것이다.

3) 가설의 검증 조건

가설을 적절하게 서술했는지는 다음과 같은 기준으로 평가해 볼 수 있다.

- 진술이 명료한가?
- 변수 간 서술된 관계가 구체적이고, 실증적으로 검증할 수 있는가?
- 확률적 속성을 갖고 있는가?
- 연구자의 편견이 배제된 가치중립적인가?
- 변수의 정의가 분명한가?
- 이론적 체계와 일치하는가?

이러한 기준에 따라 평가되면 〈표 3-1〉과 같이 가설검증의 조건을 확인할 수 있다.

표 3-1 | 가설검증의 조건

가설의 타당성	–논리적으로 명확해야 함
인과관계와 상관관계	–상관관계를 위한 가설인지, 인과관계를 규명할 가설인지에 따라 변수의 성격이 달라질 수 있음 –통계방법, 조사결과의 활용에도 차이를 가져올 수 있음
타 변수들과의 관계	–통제변수나 왜곡변수로 가능할 수 있는 변수 고려
측정	–가설을 검증을 위한 것이며, 검증은 측정(관찰)을 거쳐야 함
검증방법과 가능성	–일반적으로 통계적 기법을 이용하여 검증 –판단의 근거를 명확하게 제시해주는 것이 중요하고, 제1종 오류에 기초한 유의도 검증을 통해 실시

또한 가설은 긍정문 형태가 좋고, 너무 당연한 관계는 가설이 될 수 없다. 서로 의미가 같은 개념을 반복적으로 사용해서도 안 되며, 사용되는 변수는 서로 다른 개념이어야 한다. 예를 들면, "A기관의 이용자 수가 증가하면 A기관의 서비스 점유율은 높아진다"라고 했을 때, 이용자 수와 서비스 점유율은 조작적 정의가 달리 되었을 뿐 같은 의미의 개념이므로 이런 가설 서술은 바람직하지 않다.

가설은 판단의 근거를 명확하게 제시해 주는 것이 중요하고, 제1종 오류에 기초한 유의도 검증을 실시한다.

① **제1종 오류:** 영가설이 참인데 기각(부정하는 결정)하는 오류

② **제2종 오류:** 영가설이 거짓인데도 기각하지 않는(긍정하는 결정) 오류

1종 오류를 줄이면 2종 오류가 증가하지만 유의수준을 최소로 하여 1종 오류를 범하지 않는 것이 중요하다.

3. 변수

1) 변수의 개념화와 개념적 정의

우리가 조사하려고 하는 개념은 궁극적으로 가설로 나타나고, 변수의 형태를 통해 검증하게 된다. 개념에 값이 주어지면 변수가 되는 것이다. 변수는 적어도 두 개 이상의 값을 갖는 경험적 속성이고, 어떤 속성이 값을 달리 가질 수 있으면 변수가 될 수 있다. 예를 들어, 사회계층은 '상', '중', '하'의 세 개의 값으로 구분될 수 있기 때문에 변수가 될 수 있으며, 성별 역시 '남'과 '여'라는 두 개의 값

으로 구분될 수 있기 때문에 변수가 될 수 있는 것이다. 개념은 이해 방법과 연구방향을 제시하며, 지식의 축적이나 확장을 가능하도록 한다. 그러기 위해서는 개념이 명확해야 하고, 범위가 있어야 하며, 체계적인 의미를 가져야 한다. 그래서 우리가 궁금해 하는 속성을 조사하기 위해서는 개념화라는 과정을 거쳐야 하는데, 개념화(conceptualization)는 추상적인 개념을 상세하게 하여 구체화하는 과정, 즉 연구조사에 적절한 관찰과 측정을 분류하면서 개념의 모호한 정신적 상을 구체화하는 과정이다. 개념화를 통해 산출된, 연구대상이 되는 사람이나 사물의 속성과 사회현상 등의 변수에 대해 사전적으로 내린 정의를 '개념적 정의'라고 한다. 개념적 정의는 개념을 다른 개념을 사용하여 설명하는 것이다. 예를 들어, '상대적 박탈감'이란 개념은 사람들이 자신들의 '기대가치'와 '능력가치'의 괴리를 인지하는 것이라고 정의할 수 있다. 개념적 정의는 옳거나 그른 것이 없다. 그저 의사소통을 위한 기호일 뿐이다. 개념적 정의는 추상적 · 일반적 · 주관적일 수 있기 때문에 측정이 어려우므로, 측정가능한 실증적 지표로 변환할 필요가 있는데, 이렇게 변환된 정의가 '조작적 정의'이다.

2) 변수의 조작화와 조작적 정의[03]

조작화(operationalization)는 개념화 과정의 연장으로 변수를 측정하게 될 구체적인 경험적 과정을 명료하게 하는 것이다. 실제 세계에서 한 변수의 여러 속성을 어떻게 인식할 것인지를 최종적으로 구성한다. 조작화를 통해 산출된, 측정가능한 수준으로 구체화된 정의를 '조작적 정의'라고 한다. 그러므로 연구에서 다루는 어떤 현상이나 속성 등은 모두 조작적 정의를 통해 측정되는 것이다. 예

03 이 부분은 김태성 외(2005)의 자료를 주로 참조했다.

를 들어, 어떤 사람이 빈곤하다는 것은 그 사람이 하루에 한 끼밖에 식사를 할 수 없다든지, 월소득이 50만 원밖에 안 된다든지, 집이 없어 노숙을 한다든지 등 경험을 통한 구체적인 실체로 알 수 있다. 따라서 조작적 정의는 '개념-이론적 수준을 경험-관찰적 수준과 연결'시키는 것이라 할 수 있다. 예를 들어, 사회복지의 대상을 '소외된 사람'이라고들 하는데, 이때 소외라는 것은 매우 추상적이고 복잡한 개념이다. 소외는 개념적으로 '공유된 가치, 행동, 기대들이 결합된 틀이 깨지면서 과거의 일체감으로부터 분열되는 감정'이라고 정의내릴 수 있다. 그런데 이 개념적 정의(개념화)를 통해 소외에는 적어도 다섯 가지 속성, 즉 무력감, 무의미감, 무규범감, 고립감, 자아분리가 포함될 수 있기 때문(Seeman, 1972)에, 소외를 조작적으로 정의하기 위해서는 적어도 이 다섯 가지 개념들에 대한 개념적 정의와 조작적 정의가 내려져야 한다. 그중 무력감을 예로 든다면, 무력감은 '사람들이 자신들의 행동이 자신들이 추구하는 결과가 발생할 수 있게 결정할 수 없다고 기대하는 것'이라 개념화할 수 있다. 이러한 무력감이란 개념의 조작적 정의를 내리기 위해 다음과 같은 질문 항목을 만들 수 있다.

당신이 살고 있는 동네에 정부가 적절하지 않은 규제를 가하려고 한다면 당신은 무엇을 할 수 있는가? 만일 당신이 이 규제를 바꾸려고 노력한다면 성공할 것이라고 생각하는가?

이 예에서는 이 두 질문이 바로 조작적 정의가 되는 것이다. 즉, 이 질문항목이 개념적 정의를 실제로 관찰할 수 있는 수준으로 전환시키는 것이다. 그러나 사회과학에서 조작적 정의에 대한 비판도 존재한다. 인간의 주관적 · 심리적 현상에 대한 과학적 객관성 내지 측정가능성은 조작적으로 이루어질 수 없다는 것이다. 실제로 아름다움이나 도덕 같은 가설적 개념은 아직 정의되어 있지 않다.

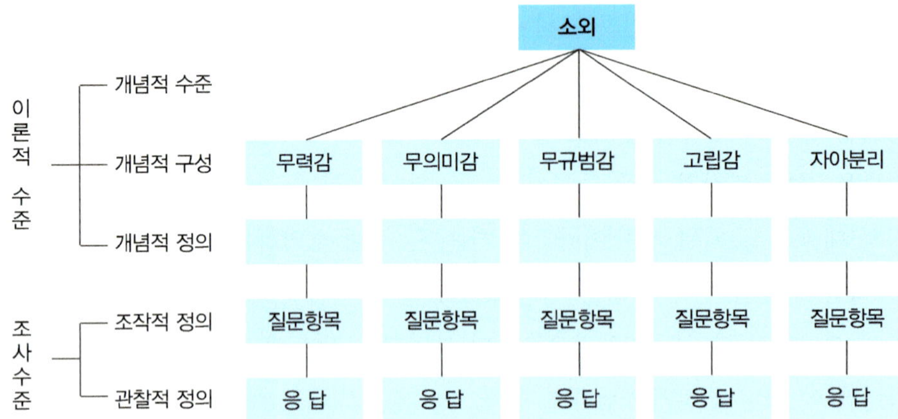

| 그림 3-2 | 개념적 수준을 관찰적 수준으로 전환: 소외의 예

출처: 김태성 외(2005).

3) 변수의 종류와 분류

변수는 기능이나 속성에 따라 다음과 같이 분류할 수 있다.

(1) 변수의 기능에 따른 분류

먼저 변수의 기능에 따라 다음과 같이 분류해 볼 수 있다.

① 독립변수

종속변수의 결과를 예측하거나 차이를 설명하기 위해 사용되는 변수로 설명변수, 원인변수, 예측변수라고도 한다.

② 종속변수

독립변수의 영향으로 나타나는 결과가 되는 변수로 결과변수, 피설명변수, 피

예측변수라고도 한다.

예를 들면, '교육수준이 소득에 미치는 영향'에 관한 연구에서는 교육수준이 독립변수, 소득이 종속변수가 된다. 또 다른 예로는 "정신질환이나 알코올 중독은 노숙할 가능성을 높일 것이다"라는 가설이 있다면, 정신질환이나 알코올 중독 여부는 독립변수, 노숙은 종속변수가 된다. 어떤 변수가 종속변수이고, 어떤 변수가 독립변수인가는 고정되어 있는 것이 아니라 조사목적에 따라 정해진다. 즉, 연구자가 연구목적에 따라 결정하는 것이다. 어떤 연구에서 독립변수로 사용된 변수가 다른 연구에서는 종속변수로 사용될 수도 있다.

또 사회복지를 비롯한 사회과학 분야에서 연구되는 대부분의 현상들은 설명하고자 하는 종속변수에 영향을 주는 독립변수가 무수히 많을 수 있다. 예를 들어 학생의 성적에 영향을 미치는 요인을 보고자 했을 때 학생의 성적이 종속변수라면 여기에 영향을 주는 독립변수는 학생의 지능, 학생이 공부에 들인 시간, 학생의 집중력, 학생의 공부에 대한 동기, 가족과의 갈등 여부, 교사의 교수능력, 교사와의 긍정적인 관계 등 여러 가지가 있을 수 있다. 그 이유는 하나의 독립변수는 종속변수의 변량(변하는 정도)의 일정한 부분만 설명하기 때문에 더 많은 변량을 설명하기 위해서 더 많은 독립변수가 필요하기 때문이다.

③ 제3의 변수(통제변수)

어떤 경우에는 독립변수가 종속변수에 영향을 주지 않는데도 불구하고, 마치 영향을 주는 것처럼 보일 때가 있다. 그런 경우 독립변수와 종속변수의 관계가 진정한 것인가 아니면 가식적인 것인가를 가리기 위해 또 다른 변수를 사용하게 된다. 이를 제3의 변수 혹은 통제변수라고도 한다. 이 변수는 독립변수와 종속변수의 인과관계에 영향을 주는 변수를 말한다. 통제변수를 통제하지 않으면 독립변수와 종속변수 간의 참된 관계를 규명할 수 없다. 예를 들어, 병원 내 의료사회복지서비스 제공횟수와 환자의 사망률과의 관계를 보자. 단순한 관찰로는 의료사회복지서비스 제공횟수가 많을수록 환자의 사망률이 높아지는 것처럼 보인다. 그러나 의료사회복지서비스를 받은 것이 환자의 수명을 단축시키는 것은 아니다. 여기에는 제3의 변수가 이 관계를 설명할 수 있다. 제3의 변수는 바로 질병의 심각성이다. 대개 병원 내 사회복지사는 고위험군을 선별할 때 질병의 심각성도 하나의 기준으로 삼는다. 따라서 환자의 질병이 심각했기 때문에 사회복지사가 서비스를 제공한 것이고, 질병이 심각하기 때문에 사망할 가능성도 높은 것이다. 즉, 질병의 심각성이라는 변수를 통제해야만 의료사회복지서비스 제공횟수와 환자의 사망률 간의 진정한 관계를 알 수 있는 것이다. 또 다른 예로는 환자들에게 진료비를 지원하면 환자의 사망률이 낮아진 것으로 보인다. 그러나 실제로는 진료비 지원(즉, 돈)이 환자의 사망률을 낮춘 것이 아니다. 진료비 지원은 환자의 치료 기회를 제공하거나 치료를 유지하게 함으로써 환자의 사망률을 낮춘 것이다. 이때 환자의 치료 유지나 치료 기회가 통제변수가 된다. 통제변수에는 매개변수, 외생변수, 억압변수가 있다.

- **매개변수**: 독립변수와 종속변수의 관계를 더 잘 설명해 주는 변수로, 독립변수의 결과인 동시에 종속변수의 원인이 되는 변수이다. 즉, 독립변수는 매개변수를 통해 종속변수에 간접적으로 영향을 미치는 것이다. 〈그림 3-3〉에서 보는 바와 같이 장애인 근로자와 동료근로자 간의 관계가 장애인 근로자의 장기근속에 영향을 준다고 했을 때, 장애인 근로자와 동료근로자 간의 관계는 독립변수가 되고, 장기근속은 종속변수가 된다. 이때는 동료와의 관계가 장기근속에 긍정적인 영향을 줄 것으로 예측되지만, 동료와의 관계가 왜 장기근속을 하게 만드는지는 매개변수인 '직장만족도'를 통해 더 잘 설명된다. 즉, 동료와의 관계가 좋으면 직장만족도가 높고, 높은 직장만족도는 이직을 예방하여 장기근속을 증가시킨다고 설명되는 것이다.

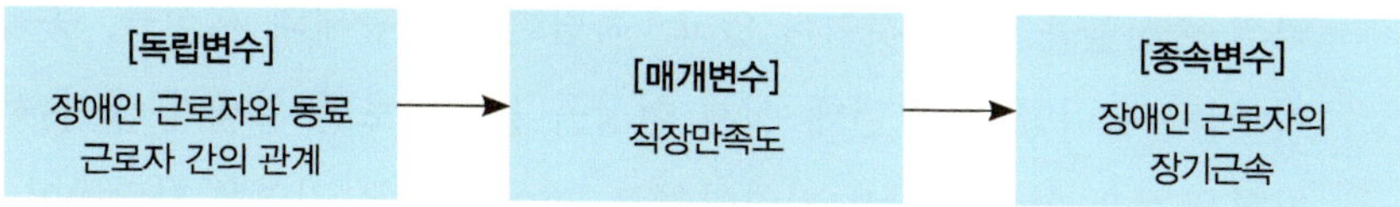

| 그림 3-3 | 매개변수의 예

한 가지 또 다른 예를 든다면, “아버지의 경제력이 좋을수록 아들의 경제력도 좋다”라는 가설이 있을 때, 아버지의 경제력은 독립변수, 아들의 경제력은 종속변수가 된다. 이때, 누군가가 아들의 학력이 더 중요한 것이 아닌지 의문을 제기할 수도 있다. 즉, 아버지의 경제력도 아들의 경제력에 영향을 미치고, 아들 자신의 학력도 아들의 경제력에 영향을 미치는 것이다. 그런데 대개의 경우 아버지의 경제력이 좋을수록 아들의 교육수준, 즉 학력이 높은 것으로 나타났다. 그렇다면 이는 아버지의 경제력은 아들의 학력에 영향을 미치고, 아들의 학력은 또 아들의 경제력에 영향을 미친다고 정리해 볼 수 있다. 이때 아들의 학력은 매개변수가 되는 것이다. 아버지의 경제력이 아들의 경제력에 영향을 미치지만, 중간에 학력이라는 변수를 거쳐 아들의 경제력에 영향을 미치게 된다라고 하면 더 구체적인 설명이 된다.

- **외생변수**: 관찰된 독립변수와 종속변수의 관계를 잘못 이해하도록 만들 수 있는 변수로 이 변수를 통제하면 독립변수와 종속변수의 관계는 사라진다. 이 변수를 통제해야만 독립변수와 종속변수 간의 진정한 관계를 규명할 수 있다. 조사론 교과서에 상당히 많이 인용되는 예로 황새와 출산율이 있다. 유럽지역의 민담과 관련된 것으로 유럽에서는 아이들에게 아기는 황새가 물어다 준다고 얘기한다. 어떤 연구자가 정말 그 이야기가 사실인지 궁금해졌다. 그래서 실제로 조사를 해보았더니 황새가 많이 서식하는 지역의 출산율이 높게 나타났다. 그렇다면 정말 황새가 아이를 물어다 주는 것이었을까? 이때 이 연구자가 조사한 가설은 “황새가 많이 서식하는 지역일수록 지

역의 출산율은 높을 것이다"였고, 독립변수는 황새의 서식률, 종속변수는 지역출산율이었다. 그런데 실제 현상을 들여다보면 황새가 많이 서식하는 지역은 물과 먹이가 많은 지역이었고, 먹이가 많은 지역은 사람들이 많이 사는 지역이었다(대개 사람들의 문명도 물이 있는 곳을 중심으로 발달했다). 따라서 '인구 수'가 바로 외생변수였던 것이다. 인구 수가 많으면 당연히 출산율도 높게 되므로 인구 수를 통제했을 때 황새서식률과 지역출산율 간의 진정한 관계를 규명할 수 있었을 것이다.

- 억압변수: 두 변수 간의 관계를 어떤 식으로든 왜곡시키기 때문에 왜곡변수라고 한다. 한 변수와는 정적(+)으로 상관되어 있고, 다른 하나의 변수와는 부적(–)으로 상관되어 있어 독립변수와 종속변수 간의 관계를 누르는 변수이기 때문에 이 변수도 외생변수와 마찬가지로 통제해야 독립변수와 종속변수 간의 참된 관계를 규명할 수 있다. 예를 들어, "교육수준이 높을수록 소득수준이 높다"는 가정이 있다고 하자. 이 가정은 참일 것 같다. 그러나 실제로 조사해 보면 관계가 별로 없는 것으로 나타난다. 그 이유는 '연령' 변수가 억압변수로 작용해 두 변수 사이의 관계를 왜곡시켰기 때문이다. 연령이 높을수록 교육수준도 높을 가능성이 있고(10대는 대개 고졸 이하, 30대는 대학원 졸 이하로 교육수준의 범위가 다르다), 연령이 높을수록 소득수준은 낮을 가능성이 있다(재산이 아닌 소득은 50대 은퇴 전과 60~70대 은퇴 후 대개 감소한다). 따라서 이 가정은 '같은 연령대'라는 전제가 있을 때 정확한 규명이 가능하다.

(2) 변수의 속성에 따른 분류

변수의 속성에 따라 분류해 보면 질적변수와 양적변수로 구분할 수 있다. 질적 변수는 범주변수로 예를 들면 종교와 같이 기독교, 천주교, 불교, 이슬람교 등으로 구성되는 변수이며, 양적변수는 연속변수로 교육기간과 같이 1년, 2년, 3년 등으로 구성되는 변수이다.

4) 변수, 가설, 연구문제의 관계

연구에서 두 변수들 간에 관계가 있다고 하는 것은 두 변수 간에는 어떤 공통점이 있어 같이 변한다는 것을 의미한다. 그래서 두 변수 간의 관계를 밝힌다는 것은 한 변수의 값에 따라 다른 나머지 변수의 값이 같이 변하는지를 알아보는 것이다. 변수들의 관계를 살필 때에는 두 가지 속성을 눈여겨보아야 한다. 하나는 관계의 방향이고, 다른 하나는 관계의 크기이다.

(1) 관계의 방향

변수 간의 관계에서 방향은 정적(+, positive)이냐, 부적(−, negative)이냐를 살피는 것이다. 정적 관계는 한 변수의 값이 증가할 때 다른 변수의 값도 같이 증가하는 것이다. 예를 든다면 교육수준이 높을수록 소득도 높아지기 때문에 교육수준과 소득은 정적인 관계이다.

반면에, 부적 관계는 한 변수의 값이 증가할 때 다른 변수의 값은 감소하는 것이다. 교육수준이 높을수록 빈곤율은 낮아지는데 이 경우 교육수준과 빈곤은 부적 관계이다.

(2) 관계의 크기

관계의 크기는 관계의 방향이 정적이든 부적이든 상관없이 얼마나 변하는가 하는 것이다. 관계의 크기가 가장 큰 것은 완전관계(1)로 독립변수의 값이 완전히 종속변수의 값을 결정하는 것을 말한다. 반대로 가장 크기가 작은 것은 0의 관계이다. 이것은 독립변수가 종속변수에 어떠한 영향도 미치지 않는다는 것을 의미한다. 즉, 변수 간에 어떤 관계도 없다는 것이다. 그러나 현실적으로 대개의 사회과학 연구에서 다루어지는 변수들은 완전한 관계(1)와 영(0)의 관계 중간에 위치한다(0 < 변수 간 관계 < 1).

5) 변량

변량은 체계적 변량과 비체계적 변량이 있다. 체계적 변량은 종속변수를 설명하는 것으로서 우리가 알 수 있는 부분이다. 여기에는 조사변량과 가외변량이 포함된다.

조사변량은 현재 조사에서 초점을 둔 변수로 설명되는 양을 말한다. 조사변량을 최대화하기 위해서는 실험조건이 구별되어야 하고, 변량의 측정이 분명해야 한다. 실험조건 구별에 있어 흡연과 비흡연자를 비교한다면, 흡연과 비흡연을 분명히 구분할 수 있어야 한다. 또한 변량의 측정을 분명히 하기 위해서는 측정도구를 잘 개발하고 관찰을 정확히 해야 하는 것을 말한다. 예를 들어, 흡연과 비흡연을 어떻게 측정할 것인가? 조사응답자 자신이 기록하게 할 것인가 아니면, 재떨이에 남아 있는 담배꽁초 개수를 셀 것인가? 응답자 자신이 기록하는 경우에는 조사응답자가 여성이나 청소년이라면 흡연에 대해 사회적으로 바람직하지 않다는 가치를 부여할 수 있기 때문에 흡연자라도 비흡연자라고 표기할 수 있으며, 담배꽁초를 세는 경우에도 누가 모르고 재떨이를 비울 가능성이나 혹은 일부러 담배꽁초를 몇 개 숨기거나 버릴 가능성도 있다.

가외변량은 그 밖의 알려진 종속변수에 영향을 미치는 독립변수로 설명되는 양이다. 조사설계의 설명력을 높이려면 조사변량을 최대화하고, 가외변량은 최소화해야 한다. 가외변량을 최소화하기 위해서는 변수값이 동일한 것을 선정하고, 무작위할당, 배합, 통계적 통제 등의 방법을 사용해야 한다.

비체계적 변량은 오차변량이라고도 하는데, 종속변수에 대해 알려져 있는 원인으로서 설명되지 않는 부분이다. 개인차나 측정오차 등이 여기에 해당한다. 오차변량을 통제하기 위해서는 실험조건을 통제하거나 조사도구의 신뢰도와 타당도를 강화한다.

요약

1. 인과관계

1) 인과관계

대부분의 연구문제에서 이야기하는 관계는 변수들 간의 인과관계를 암시하는 경우가 많음

2) 인과성 확인 조건

(1) 일치성: 어떤 현상에 대하여 두 개 혹은 그 이상의 사례가 하나의 조건을 공통적으로 갖고 있을 때, 그 조건을 그 현상의 원인이나 결과로 간주하는 것

(3) 공변성: 두 변수 간에 인과관계가 있으려면, 두 변수가 함께 변화해야 함

(3) 시간적 우선성: 원인 변수의 변화가 결과 변수의 변화보다 앞서서 나타나야 함

(4) 통제성: 인과관계를 증명하기 위해, 외부의 영향력을 배제한 상태에서 순수하게 두 변수만의 공변성과 시간적 우선성을 볼 수 있어야 한다는 조건

2. 가설 설정하기

1) 가설의 개념

- 아직 경험적으로 검증되지 않은 미리 정의한 이론이나 관계의 정의
- 둘 혹은 그 이상의 변수들 간의 관계에 대한 추측적 진술, 검증의 대상

2) 가설의 유형

- 연구가설/대립가설: H_1 변수 간의 관계나 차이가 있다고 설명 / 우리가 주장하고 싶은 가설
- 영가설/귀무가설: H_0, 두 변수 간의 관계 또는 차이가 없다는 형태로 설명
- 연구가설과 영가설을 설정하는 이유
- 참인 가설을 검증하는 것보다 거짓인 가설을 제거함으로써 그 반대인 참가설을 검증하는 것이 타당하기 때문임

3) 가설 검증의 조건

- 가설의 타당성: 논리적으로 명확해야 함
- 인과관계와 상관관계
- 타 변수들과의 관계: 통제변수나 왜곡변수로 가능할 수 있는 변수 고려

- 측정: 가설검증을 위한 것이며, 검증은 측정(관찰)을 거쳐야 함
- 검증방법과 가능성: 일반적으로 통계적 기법을 이용하여 검증
- 판단의 근거를 명확하게 제시해주는 것이 중요하고, 제1종 오류에 기초한 유의도 검증을 통해 실시
  - "제1종 오류": 영가설이 참인데 기각하는 오류
  - "제2종 오류": 영가설이 거짓인데 기각하지 않는 오류
- 일반화의 가능성: 가설이 이론화하기 위하여 일반화, 보편타당성을 가져야 함

3. 변수

1) 변수

- 조사대상이 되는 구체적인 개념 또는 이론적으로 구성된 개념
- 대상의 경험적인 속성을 나타냄 / 둘 이상의 값을 가짐

2) 변수의 종류와 분류

(1) 기능에 따른 분류: 제3의 변수(통제변수)

- 매개변수
  - 독립변수와 종속변수의 관계를 더 잘 설명해주는 변수
  - 독립변수의 결과인 동시에 종속변수의 원인이 되는 변수
  - 독립변수는 매개변수를 통해 종속변수에 간접적으로 영향을 미치는 변수
- 외생변수
  - 관찰된 독립변수와 종속변수의 관계를 잘못 이해하도록 만들 수 있는 변수
- 억압변수
  - 두 변수 간의 관계를 어떤 식으로든 왜곡시키기 때문에 왜곡변수라고 함
  - 하나의 변수와 정적(+)으로 상관되어 있고, 다른 하나의 변수와 부적 (−)으로 상관되어 있어 독립변수와 종속변수 간의 관계를 누르는 변수

(2) 개념/개념화/개념적 정의/조작적 정의

- 개념: 우리가 알고자 하는 것의 연구방향과 이해방법을 제시하는 것
- 개념화: 추상적인 개념을 상세하게 구체화하는 과정으로, 즉 연구조사에 적절한 관찰과 측정을 분류하면서 개념의 모호한 정신적 상을 구체화하는 과정
- 개념적 정의: 개념화를 통해 산출된 연구대상이 되는 사람이나 사물의 속성과 사회현상 등의 변수에 대해 사전적으로 내린 정의
- 조작적 정의: 개념적 정의는 추상적 · 일반적 · 주관적일 수 있기 때문에 측정이 어려우므로 측정 가능한 실증적 지표로 변환된 정의

- 조작적 정의에 대한 비판
  - 인간의 주관적 · 심리적 현상에 대한 과학적 객관성 내지 측정가능성은 조작적으로 이루어질 수 없음
  - 미(beauty)나 도덕 같은 가설적 개념은 아직 정의되어 있지 않음
  - 지나치게 객관성을 중시하고 있음

연습문제

01 바람직한 가설이 가져야 하는 특성은 무엇인지 설명하시오.

02 개념적 정의와 조작적 정의를 예를 들어 설명하시오.

사회복지사 1급자격시험 기출문제

01 다음 중 가설에 대한 설명으로 틀린 것은?

① 가설은 이론에서 도출할 수 있다.
② 가설은 검증가능한 개념을 추상적으로 표현한 것이다.
③ 가설은 하나의 명제로서 형태나 구조에서 이론과 같다.
④ 연구가설은 경험을 통하여 검증가능한 것이어야 한다.
⑤ 영가설은 연구가설을 통계적으로 검정하기 위해 필요하다.

02 사회복지기관에 1급 사회복지사가 많으면 서비스 질이 높아진다. 이때 서비스 질은 어떤 변수인가?

① 외생변수 ② 매개변수
③ 종속변수 ④ 통제변수
⑤ 독립변수

03 조작적 정의에 대한 예로 틀린 것은?

① 신앙심 – 종교의식 참여빈도
② 빈곤 – 물질적 결핍상태
③ 성별 – 남녀
④ 서비스 만족도 – 이용횟수
⑤ 소득 – 월 – 원

04 변수에 관한 설명으로 옳지 않은 것은?

① 외생변수는 독립변수와 종속변수 간의 관계를 대안적으로 설명할 수 있다.
② 통제변수는 독립변수와 종속변수 간의 허위적 관계를 밝히는 데 활용된다.
③ 매개변수와 통제변수는 같은 의미이다.
④ 종속변수는 결과변수로서 독립변수에 의해 변이값을 가진다.
⑤ 변수는 최소한 둘 이상의 변수값으로 구성된 변량이 있어야 한다.

05 영가설(null hypothesis)에 관한 설명으로 옳은 것은?

① 가설검증과정에 불필요한 가설이다.
② 일반적으로 연구가설을 말한다.
③ 조작화되기 이전의 가설형태를 말한다.
④ 연구가설을 반증하는 과정에서 활용된다.
⑤ 가설검증을 통하여 거짓으로 판명난 가설이다.

06 변수 간의 관계에 대한 설명으로 옳지 않은 것은?

① 복지정책이 소득수준 향상의 원인일 때 복지정책은 독립변수이다.
② 소득수준 향상이 경제발전의 결과라면 소득수준은 종속변수이다.
③ 경제수준이 비슷한 국가를 대상으로 복지정책의 빈곤감소효과를 조사할 때 경제수준은 통제변수이다.

정답 01 ② 02 ③ 03 ② 04 ③ 05 ④ 06 ④

④ 경제발전으로 복지정책의 재원이 늘어 생활수준이 향상되었다면 경제발전은 매개변수이다.
⑤ 경제여건에 따라 복지정책의 빈곤감소효과가 달라진다면 경제여건은 조절변수이다.

07 조절변수를 활용한 가설에 해당하는 것은?
① 소득은 삶의 만족도에 영향을 미친다.
② 소득이 삶의 만족도에 미치는 영향은 성별에 따라 다르다.
③ 소득과 삶의 만족도는 밀접한 관계가 있다.
④ 소득은 의료접근성을 통하여 삶의 만족도에 영향을 미친다.
⑤ 비슷한 소득일 때 거주지역에 따라 삶의 만족도는 차이가 난다.

08 노인의 우울에 관하여 연구할 때 조작적 정의(operational definition) 단계에 해당하는 것은?
① 사전(dictionary)을 참고하여 우울을 명확히 정의한다.
② 노인의 우울에 대한 기존 연구 결과를 정리한다.
③ 우울관련 척도를 탐색 후 선정한다.
④ 우울한 노인과 그렇지 않은 노인의 차이에 대해 조사한다.
⑤ 우울한 노인의 현황을 파악한다.

09 다음 가설에서 (ㄱ) ~ (ㄷ)이 의미하는 것을 바르게 짝지은 것은?

> 연령(ㄱ)의 많고 적음에 따라서 지역사회 응집력(ㄴ)에 거주기간(ㄷ)이 미치는 영향력은 다를 것이다.

① ㄱ: 조절변수 ㄴ: 독립변수 ㄷ: 종속변수
② ㄱ: 독립변수 ㄴ: 종속변수 ㄷ: 매개변수
③ ㄱ: 조절변수 ㄴ: 종속변수 ㄷ: 독립변수
④ ㄱ: 독립변수 ㄴ: 매개변수 ㄷ: 종속변수
⑤ ㄱ: 매개변수 ㄴ: 종속변수 ㄷ: 독립변수

10 다음 연구에 관한 설명으로 옳지 않은 것은?

> 17개 시 · 도에서 2010년부터 2015년까지 매년 수집한 자료를 이용하여 '청년실업률이 범죄율에 미치는 영향과 추세'를 분석하였다.

① 독립변수는 청년실업률이다.
② 종속변수는 비율척도이다.
③ 분석단위는 개인이다.
④ 양적인 자료를 분석한 연구이다.
⑤ 종단연구이다.

11 인과관계를 성립시키기 위한 요건에 해당하는 것을 모두 고른 것은?

> ㄱ. 독립변수가 종속변수를 시간적으로 앞서야 한다.
> ㄴ. 독립변수와 종속변수가 일정한 방식으로 같이 변해야 한다.
> ㄷ. 독립변수와 종속변수의 관계가 허위적 관계이어야 한다.

① ㄱ ② ㄱ, ㄴ
③ ㄱ, ㄷ ④ ㄴ, ㄷ
⑤ ㄱ, ㄴ, ㄷ

정답 07 ② 08 ③ 09 ③ 10 ③ 11 ②

CHAPTER 04 어떻게 검증할 것인가? (2)

1. 조사설계
2. 실험설계
3. 실험설계의 유형

불황 깊어지나?, 색조 화장품 잘팔린다

색조 화장품 매출 2017년 대비 35%↑, 중소브랜드 약진

화장품 업계에 '립스틱 효과(Lipstick Effect)'가 짙어지고 있다. 뷰티 업계는 립스틱 판매를 경기 호황 여부를 판단하는 기준으로 본다. 경기가 안 좋을 때 화장품 매출이 전반적으로 감소하지만, 적은 비용으로도 '가성비' 높은 립스틱이나 아이섀도우 같은 색조 화장품 구매는 늘기 때문이다. 때문에 색조 화장품 매출은 경기가 안 좋을수록 늘어나는 움직임으로 볼 수 있다. 이러한 분위기는 중소 화장품 기업이나 새롭게 등장한 신생 브랜드의 제품 활약으로 이어져 색조 시장에 긍정적인 영향을 끼칠 것으로 전망된다.

지난해 국내 여성들이 색조 화장품으로 '작은 사치'를 누린 것으로 나타났다. 이는 "불황엔 립스틱이 잘 팔린다"는 립스틱 효과가 나타난 셈이다. 자기표현이 강한 20~30대 젊은 여성들 위주로 색조 화장품이 '소확행'을 누릴 수 있는 대표적인 뷰티 아이템으로 자리 잡으면서 매출이 급신장한 것이다. 유튜브, 인스타그램, 소셜미디어(SNS)를 점령하고 있는 인플루언서들의 접근성이 높아진 것도 한몫했다.

실제로 CJ올리브넥트웍스가 운영하는 국내 H&B스토어 올리브영 분석에 따르면 지난해 발행된 영수증 1억 건을 분석한 결과, 색조 화장품 매출이 2017년 대비 35% 증가한 것으로 나타났다. 건강기능식품, 기초 화장품은 각각 32%, 22%로 뒤를 이었다. 올리브영에서 색조 화장품 매출 신장률이 기초 화장품을 누르고 1위에 오른 건 지난해 처음 있는 일이다. (후략)

출처 : 이코노믹리뷰(2019. 1. 23.)

(www.econovill.com/news/articleView.html?idxno=355192)

위 기사는 '불황에는 립스틱이 잘 팔린다'는 속설을 이용하고 있다. 그런데 불황에 립스틱이 잘 팔린다는 '립스틱매출과 경기 상황과의 관련성'을 이용해서 '색조화장품이 많이 팔리고 있으니 불황이 깊어질 것인가'라고 색조화장품(립스틱) 매출로 경기를 예측하는 듯한 제목을 달고 있다. 그리고, 기사 내용에서는 '경기가 안좋을수록 색조화장품 매출이 늘어난다'고 하여 경기에 따라 립스틱매출을 예측할 수 있는 것처럼 서술하고 있다.

이렇게 립스틱매출과 경기가 관련되어 같이 변한다고 해서, 립스틱매출을 통해 불황을 예측할 수 있는 것은 아니다. 또한, 불황이라고 해서 립스틱매출을 예측할 수 있는 것도 아니다.

이 기사를 통해 우리가 알 수 있는 것은 립스틱매출과 불황이 관련되어 있을 가능성 뿐이다. 립스틱매출을 통해 불황을 예측하거나, 불황을 통해 립스틱매출을 예측하려면 인과관계가 검증되어야 한다. 이 기사를 통해 립스틱매출과 경기가 충족하는 인과관계의 조건(3장 참조)은 상관성 뿐이다(이 상관성도 사실 검증되었다고 말하긴 어렵지만, 같이 변한다는 관련 연구들이 존재한다). 그 외의 조건들, 시간적 우선성이나 통제성이 확인되지 않았다.

이런 경우, 립스틱매출과 경기간의 관련성을 단정지을 수 없다. 불황이라는 현상에 립스틱매출이라는 원인 하나로 설명하려는 환원주의적 오류에 빠질 가능성도 있고, 불황이 일어난 다음 립스틱매출이 발생했다고 해서 불황이 립스틱매출의 원인으로 결론짓는 것도 전후인과의 오류(post hoc fallacy)에 빠질 수 있다. 전후인과의 오류는 우리가 흔히 쓰는 표현에 '오비이락(烏飛梨落)', 즉 '까마귀 날자 배 떨어진다'라는 말과 비슷하다. 까마귀가 날아간 후 우연히 배가 떨어졌을 뿐이지 까마귀가 원인이 되어서(배를 쪼아서) 배가 떨어진 것으로 생각하지 말라는 의미이다.

▌이 장에서 학습할 내용

1. 실제 조사를 하기 위한 연구설계는 어떻게 해야 하는가?
2. 연구문제, 목적, 상황에 따라 활용할 수 있는 조사설계의 방법들은 어떤 것들이 있는가?

연구과정

연구문제 선정 → 가설설정 → **조사설계** → 표집 → 측정 → 자료수집 → 자료분석

1. 조사설계

1) 조사설계의 개념

조사설계는 포함되는 조사절차의 단계와 내용에 따라 세 가지 의미로 사용된다. 첫 번째는 가장 넓은 의미의 조사설계로 연구문제 선정에서부터 연구결과의 일반화까지 모든 절차를 뜻하는 것이다. 두 번째 넓은 의미의 조사설계는 연구문제에 대한 해답을 얻기 위해 연구대상을 선정하고, 그 대상으로부터 자료를 수집하여 분석하고 해석한 후 일반화하는 과정에 대한 전반적 계획을 수립하는 것을 말한다. 여기에서는 연구문제 선정과 가설설정의 단계를 제외한 나머지 단계에 대해 전반적으로 어떤 활동을 할 것인지 미리 생각하는 것이다. 세 번째는 좁은 의미의 조사설계로 연구문제에 대한 해답을 얻기 위해 연구대상인 변수 간의 관계의 논리적 구조를 설정하고, 가설설정부터 일반화에 이르는 과정에 필요한 모든 활동에 대해 계획을 세우는 것이다. 이 좁은 의미의 조사설계의 고려되

어야 할 요소는 연구문제에 대한 해답을 얻기 위해 연구대상과 자료수집을 위해 어떤 논리적 구조를 만들 것인가, 연구문제를 끌어내거나 가설을 도출하기 위해 만들어 놓은 어떤 개념적 틀 내에서 조사가 시행될 것인가, 누구에게서 자료를 수집할 것인가, 어떻게 자료를 수집하고 분석할 것인가이다. 이 정의에서 조사설계의 가장 중요한 요소는 연구문제에 대한 해답을 얻는 데 적합하도록 조사대상 선정과 자료수집방법을 연계한 논리적 구조를 만드는 것이다(최성재, 2005).

조사설계의 목적은 연구자가 타당하고 객관적이며 정확하고 신뢰할 수 있는 연구문제에 대한 해답을 최대한 간단하고 효율적으로 얻기 위한 것이다. 따라서 조사설계는 연구주제와 관련된 변수 간의 관계에 대한 검증이 가능하도록 관찰이나 분석의 방향과 분석방법을 제시한다. 조사설계가 적절한지 판단할 때는 이 설계가 연구문제에 대한 해답을 주는지, 가설을 검증할 수 있는지, 연구주제에서 다루지는 않지만 관련되는 다른 독립변수(외생변수나 억압변수 등)나 오차를 통제할 수 있는지 살펴봐야 한다.

2) 조사설계의 평가기준

조사설계는 연구문제나 가설에서 말하는 주요 변수 간의 관계를 실제 상황에서도 논리적으로 검정되도록 표본을 추출하고 자료를 수집하는 기본적인 원칙을 정하는 것이라 할 수 있다(최성재, 2005). 주요 변수 간의 관계를 검정할 때에는 독립변수가 종속변수를 변화시킨다고 '확실히' 주장할 수 있는 조건이 만들어져 있는가가 중요하다. 이것은 확인하기 위한 조사설계의 기준으로 다섯 가지를 제시할 수 있다.

첫째, 이 설계는 연구문제에 대한 해답을 줄 수 있는가?

둘째, 조사시행 전에 실험집단과 통제집단의 동질성을 확보하였는가?

셋째, 변수 간 관계에 영향을 미치는 다른 요인(제3의 변수)이 잘 통제되었는가?

넷째, 전후의 차이(변화)를 분석할 수 있는가?

다섯째, 조사결과를 일반화할 수 있는가?

이 다섯 가지 기준 중 앞의 네 가지는 다음에서 설명할 타당도 중 내적타당도와 관련된 것이다. 다섯 번째 기준은 외적타당도와 관련된다.

캠벨과 스탠리(Campbell & Stanley)는 사회조사 설계에 대한 핵심적인 기준은 내적타당도[01]와 외적타당도라고 하였다. 내적타당도는 독립변수의 변화로 종속변수의 변화가 발생한 정도를 말한다. 외적타당도는 연구결과를 일반화할 수 있는 정도를 말한다. 일반화란 연구결과를 비슷한 다른 대상이나 상황, 더 나아가 범위가 확대된 대상과 상황에 적용할 수 있는가와 관련된 것이다. 여기에는 표본의 대표성, 상황의 대표성, 변수의 대표성이 포함된다(Campbell & Stanley, 1963). 이중에서 가장 중요한 것은 표본의 대표성이며 일반적으로 외적타당도라 했을 때 표본의 대표성만 이야기하는 경우가 많다.

3) 내적타당도

내적타당도는 독립변수의 변화가 종속변수의 변화를 야기하는 정도를 말하는 것으로 실험적 조작이 유의할 만한 차이를 가져오는 정도, 인과관계 정도, 독립변수의 영향 정도 등을 의미한다.

01 일반적으로 타당도라는 용어는 측정도구에서 다른 의미로 쓰이기 때문에 타당도라는 용어를 사용할 때에는 조사설계의 타당도인지, 측정도구의 타당도인지 명확히 구분할 필요가 있다. 측정도구의 타당도에 대해서는 7장에서 자세히 다루도록 한다.

(1) 내적타당도를 저해하는 요인

내적타당도를 저해하는 요인들에는 역사, 성장, 검사요인, 도구요인, 통계적 회귀 등이 있다.

① 역사(우연한 사건, history)

역사는 전조사와 후조사 사이에 생긴 통제불가능한 사건이다. 예를 들어, "노인들에게 집단활동을 실시하면 노인들의 생활만족도가 높아질 것이다"는 가설 검증을 위해, A노인복지회관에 출석하는 노인을 두 집단으로 나누어 집단활동을 6개월간 실시하고 집단 간 전후조사 점수를 비교한다고 했을 때, 이 기간 동안 매월 경로잔치를 하였고 노인결연사업이 추진되어 월 5,000원씩 받게 되었다면, 점수가 높게 나타난 것이 집단활동 때문인지 아니면 경로잔치나 결연사업 등의 결과인지 모호하게 된다.

② 성장(시간적 경과, 성숙과 성장, maturation or the passage of time)

연구기간 중 일어나는 신체적 · 심리적 성장은 내적타당도를 저해할 수 있다. 예를 들어, 청소년들의 사회성 향상 프로그램을 1년간 실시하고 프로그램의 효과를 검증하기 위해 전후조사를 실시하고 점수를 비교하였을 때, 사회성이 향상되었다는 결과가 나왔다 하더라도 이것이 프로그램의 효과인지, 1년 동안 청소년들이 사회적으로 성장하면서 자연스럽게 사회성이 향상된 것인지 모호해진다.

③ 검사요인(검사효과, 시험요인, 주시험효과, testing)

동일하거나 유사한 측정도구를 사용하는 경우에 전검사가 후검사에 영향을 미치게 되는 것을 말한다. 청소년들의 공격성 감소 프로그램을 실시하면서 효과를 검증하기 위해 개입 전과 후에 2회에 걸쳐 조사를 했을 때 조사대상자들이 문항에 대해 기억하고 이전에 응답했던 것을 그대로 응답하기 위해 노력하거나 바람직하다고 여겨지는 응답을 골라서 응답한다면 순수한 프로그램 효과를 검증하기 어렵게 된다.

④ 도구요인(도구, 도구화, instrumentation)

도구가 바뀌게 되거나, 측정도구의 신뢰도가 낮은 경우가 여기에 해당한다. 우울증 환자들을 위한 집단 프로그램을 실시하면서 효과성 검증을 위해 전후조사를 실시할 때 전조사에 사용한 도구와 후조사에 사용한 도구가 다르다면 프로그램의 효과 때문에 점수 차이가 발생했는지, 도구가 달라져서 점수가 달라진 것인지 알기 어렵다.

⑤ 통계적 회귀(statistical regression)

한 검사에서 극단적인 응답을 한 연구대상자들은 후속검사에서 표본이나 모집단의 평균점수로 회귀하는 경향이 있는데 이를 통계적 회귀라고 한다. 종속변수값의 극단치를 근거로 실험집단을 선택했을 때 발생한다. 예를 들어, 취학 전 어린이들의 인지발달을 촉진하는 프로그램에서 지능점수가 아주 낮은 아동만을 택하여 특수교육을 실시하는 경우에는 후조사에서 나타난 지능점수의 향상은 특수교육의 영향일 수도 있지만, 지능이 더 이상 낮아질 수 없는 정도의 낮은 지능의 아동을 선택했으므로 다음 조사에서는 더 높게 나오게 되는 경향 때문일 수도 있다.

⑥ 피험자의 상실(실험대상의 변동, 탈락, 소멸, experimental mortality)

조사대상자들이 질병, 이사, 사망, 실험처리에 대한 싫증, 기타 이유 등으로 조사에 계속적으로 참여하지 못하게 되는 경우이다.

⑦ 선택적 편의(선택과의 상호작용, selection biases)

실험 및 통제집단의 선택에 있어 동질성이 없는 각 집단의 최초 상태가 상이함으로써 실험효과의 왜곡이 일어나거나, 실험 및 통제집단이 다른 사회적 상황에서 선택되어 그러한 상호작용이 종속변수에 영향을 미치게 되는 경우이다. 이를 방지하기 위해 무작위적인 표본추출과 집단배정이 필요하다. 예를 들어, 남녀 아동집단을 각각 통제/실험집단으로 택해 특수 프로그램에 의한 인지발달의 정도를 측정하는 경우에, 여학생 쪽의 점수가 높은 것이 프로그램의 효과일 수도 있지만 인지발달에 있어 여학생이 더 빠른 자연적인 특성 때문일 수도 있다.

또한 조사대상집단의 대상자선정에 있어 실험결과에 영향을 미칠 요인이 이미 작용한 사람을 택하는 경우도 있을 수 있다. 예를 들어, 도시빈민을 도시 내에서 이주시켜 재정착시키는 정책의 효과를 연구하기 위해 재정착한 빈민집단과 계속 빈민지역에 살고 있는 집단을 비교하는 경우, 재정착집단의 생활수준이 크게 향상되고 있는 것으로 나타날 수 있다. 이러한 차이는 직업의 종류와 취업구조, 교육수준, 가족원의 수, 태도 등에서 이미 두 집단 간에 차이가 존재하고 있기 때문일 수도 있다. 조사대상자 자신이 자기 선택에 의해서 실험집단에 속하게 되는 경우도 선택적 편의에 해당한다. 예를 들어, 실험집단에 속한 사람들은 이미 자신들이 실험대상이 되고 있음을 알고 종속변수의 변화를 가져오는 데 의식적인 노력을 하게 된다. 그러면 그 결과로 나타난 종속변수의 변화가 독립변수의 조작 때문인지 아니면 실험대상자의 의식적인 노력 때문인지 판단이 곤란하다.

⑧ 인과적 시간과 순서의 모호함

시간적인 우선성을 경험적으로 나타낼 방법이 없는 실험설계에서는 원인과 결과변수 사이의 인과관계에 대한 효과적인 검증이 어려워 내적타당도가 떨어질 수밖에 없다.

⑨ 치료(실험변수)의 확산 및 모방(diffusion or imitation of treatments)

집단 간에 의사소통이 가능한 경우, 조사대상들은 다른 실험집단이나 통제집단으로부터 실험변수 관련 정보를 사전에 입수하여 순수한 실험의도가 그대로 반영되기 어려워질 수 있으며, 이로 인해 내적타당도가 떨어질 수 있다.

(2) 내적타당도 저해요인 통제방법

위와 같은 내적타당도를 저해하는 요인들을 통제해야 연구의 타당도를 확보할 수 있다. 내적타당도 저해요인을 통제하는 방법은 배합, 무작위할당, 통계적 통제 등이 있다.

① 무작위할당(random assignment)

무작위화, 무선화, 난선화, 무작위배치, 무작위배정 등의 용어로도 사용된다. 배합의 경우, 통제해야 할 변수를 모르거나 너무 많은 경우 어려우므로 이런 경우에는 무작위할당을 사용한다. 이 방법은 통제집단과 실험집단의 동질성을 확보하는 것으로 난수표에서 번호를 찾아 실험 및 통제집단에 번갈아가며 배치하면 된다. 알려진 변수는 물론, 알려지지 않은 변수도 통제할 수 있으므로 배합보다 훨씬 더 효과적이다. 따라서 무작위할당을 우선적으로 적용할 수 있을지 검토한 후 불가능한 경우 배합방법을 고려한다.

② 배합(matching)

설정된 가설의 독립 · 종속변수에 영향을 미칠 것을 사전에 알고 있는 외적 변수를 실험집단과 통제집단에 동일화시키는 방법이다. 영향을 미칠 수 있는 모든 변수를 사전에 다 알 수 없어 두 집단을 동일화시키는 데 어려움이 많기 때문에 최선책이라기보다는 차선책이다. 할당행렬을 이용한 정밀배합방법과 빈도분포배합방법 등이 여기에 해당한다.

정밀배합방법은 같은 값을 가지는 연구대상을 둘씩 골라 각각 실험집단과 통제집단에 배치하는 것이고, 빈도분포배합방법은 통제하려는 변수값의 평균치를 실험집단과 통제집단에 있어 동일하게 만드는 방법이다. 예를 들어, 평균연령, 평균학력, 평균소득, 남녀비율 등을 동일하게 하는 것이다. 정밀배합보다 상대적으로 쉬운 방법이다.

| 표 4-1 | 할당행렬과 정밀배합의 비교

〈할당행렬〉

	남	여
대졸 이상	22	20
고졸 이상~대졸 미만	14	18
고졸 미만	8	6

➡

〈정밀배합〉

	통제집단		실험집단	
	남	여	남	여
대졸 이상	11	10	11	10
고졸 이상~대졸 미만	7	9	7	9
고졸 미만	4	3	4	3

③ 통계적 통제(statistical control)

일종의 사후통제방법이다. 통제해야 할 변수를 독립변수로 간주하여 설계에 포함시키고, 실험을 실시한 후 결과를 분석함에 있어 통계적으로 그 영향력을 통제한다. 내적타당도 저해요인을 통제하는 우선적인 방법이 되어서는 안 되며, 무작위할당이나 배합방법을 보충하는 수단으로 사용되어야 한다. 공변변량분석(ANCOVA), 부분상관관계 등이 여기에 해당한다.

4) 외적타당도

외적타당도는 조사결과를 일반화할 수 있는 정도를 말한다. 대표성 없는 표본을 표집하여 조사한 경우나 실험이라는 것에 민감하게 반응한 결과 등은 일반화하기 어렵다. 특히 실험조사는 여러 가지 자연적 상황의 조건들이 통제된 속에서 조사를 실시하기 때문에 실험문제나 상황에 민감하게 의식하고 반응하여 자연적 상황에서는 그 결과가 그대로 나타나지 않을 가능성이 있다. 따라서 외적타당도를 높이기 위해서는 확률표집방법을 통해 표본을 추출해야 하며, 실험이나 조사상황을 최대한 자연스러운 상황에서 실시해야 한다.

5) 조사설계에서 고려해야 할 반응효과

독립변수의 효과를 측정할 때 그 효과를 흐리게 하는 것들이 있는데, 이를 구분하고 예방하거나 연구결과를 해석할 때 고려하는 것이 필요하다. 왜냐하면 이 것들은 조사설계의 내적타당도를 저해하는 요인이 될 수 있기 때문이다.

(1) 보상적 경쟁효과

독립변수의 효과를 확실히 하기 위하여 독립변수를 적용한 실험집단과 적용하지 않은 통제집단 간의 차이를 비교하고자 할 때, 통제집단이 실험집단에 어떤 것이 가해지거나 다른 것을 알고 자신들은 '박탈'된 그 어떤 것을 보상하고자 종속변수에서 예상하는 이상으로 효과를 나타내거나 실망하거나 의기소침하여 기대 이하의 효과를 나타내는 경우가 있다. 이를 보상적 경쟁효과라고 한다. 예를 들어, 어떤 '새로운 교수법'의 효과를 알아보기 위해 A학급에는 새로운 교수법을 적용하고, B학급에는 기존의 방식대로 수업을 했을 때, B학급의 학생들이 자신들은 (뭔가 더 좋은 것이라 느껴지는) 새로운 학습법의 혜택을 받지 못한다고 생각하여 오기로 더 공부를 열심히 한다면 오히려 다음번 시험에서 더 좋은 성적을 보일 수 있다는 것이다. 따라서 효과성을 측정하기 위해 어떤 '실험'을 하고자 한다면, 실험집단에 대한 것이 통제집단에 알려지지 않도록 해야 한다.

(2) 조사원 기대효과

실험을 통한 연구에서 실험상황에 참여하는 조사원이 그 연구에 대해 열정적이라면 연구결과에 대해 기대하는 것을 은연중에 연구대상자에게 전달할 가능성이 있다. 이런 경우 연구결과는 기대 이상으로 긍정적 효과가 나타날 수 있다. 그렇기 때문에 조사원에게 누가 실험집단이고 누가 통제집단인지 알려주지 않는 것이 좋다. 이를 이중맹검과정이라고 한다.

(3) 위약효과

플라시보 효과라고도 하는 이 효과는 실제로는 특별한 처치를 받고 있지 않음에도 불구하고, 특별한 처치를 받고 있다고 생각하는 것만으로도 긍정적인 효과를 가져오는 것을 말한다. 의약품 실험에서 실험집단에는 진짜 실험대상인 약을 주고, 통제집단에는 진짜 약과 비슷하게 생겼지만 사실은 밀가루로 만든 가짜 약을 주었을 때, 이 가짜 약이 진짜라고 믿고 먹는 경우에는 치료효과를 기대하는 심리적 효과만으로도 증상이 완화되어 긍정적인 효과를 가져온다는 것이다. 이렇게 되면 증상의 완화가 약 때문인지 심리적 요인 때문인지 알기 어렵다.

(4) 호손효과

이 효과는 일반적으로 연구나 실험에 참여하는 사람들이 다른 비교집단(통제집단)의 사람들에 비해 '특별한 취급'을 받는다고 느낌으로써 의식적으로 나타내지는 효과를 말한다. 이 경우는 독립변수에 의한 효과와 특별한 관심의 효과가 잘 구분되지 않고, 상호 얽혀 있을 수 있다. 이 효과는 연구대상자에게 언제 어떻게 관찰될 것인지 알려주지 않음으로써 일정 부분 해결할 수 있다.

(5) 후광효과

후광효과는 사전의 가설이나 선입견 등의 제한된 정보로 과도한 일반화를 하는 경향이다. 예를 들면 어떤 학생이 미술에서 '수'를 받았다면, 이를 알고 음악에서도 후한 점수를 주는 경향이다. 이 효과는 면접조사에서 발생가능성이 더 높다. 따라서 연구자나 조사자는 이 효과에 대해 미리 의식적으로 객관적 입장이 되도록 노력해야 한다.

2. 실험설계의 구조

실험설계는 자연과학에서의 인과관계 탐구방법 원리를 도입해 사회현상에서의 인과관계를 탐구하는 과학적 연구방법이다. 독립변수, 종속변수에 영향을 미칠 가능성이 있는 다른 변수들의 영향을 통제하여 독립변수가 종속변수에 인과적인 영향을 미치고 있는가를 확인한다.

실험설계의 원리를 중요시하는 이유는 실험설계가 모든 조사연구의 논리적 구조를 이해할 수 있게 하여 다른 조사설계를 평가하는 기준 모델이 되고, 변수 간의 관계의 인과성을 확인할 수 있게 하며, 다른 조사설계의 제한점을 파악하도록 하기 때문이다.

실험설계의 기본구조는 무작위할당(난선화)을 통해 실험집단과 통제집단을 구분하고, 각 집단에 조작된 독립변수를 적용하는 것이다. 예를 들어, 자원봉사 경험이 고등학생들의 인성발달에 어떠한 영향을 미치는가를 알아보고자 하는 경우, 두 집단으로 나누어 한 집단은 자원봉사에 참여하게 하고, 다른 집단에는 자원봉사 참여를 하지 못하게 한다면, 이때 자원봉사 경험이 독립변수가 된다. 그리고 나서는 종속변수를 사전사후 조사를 하여 비교한다. 같은 예에서 고등학생의 인성발달에 대해 자원봉사 참여 전 시점과 참여 후 시점에서 두 집단 각각 조사하여 결과를 비교하는 것이다. 이때, 외생변수를 통제하는 것이 중요하다. 외생변수를 통제하지 않으면 독립변수와 종속변수 간 인과관계를 정확히 파악할 수 없기 때문이다. 예를 들어, 어린이용 영양제가 어린이 성장에 어떠한 영향을 미치는가를 알아보기 위하여 1년간 영양제를 복용시켰다고 하자. 1년 후 어린이는 성장한 결과를 보일 것이다. 그러나 어린이의 성장 정도가 영양제 때문만은 아니며, 영양제를 복용하지 않아도 자연적으로 성장했을 것이다. 따라서 자연성장을 무시할 수 없고, 성장효과는 반드시 통제해야 한다.

1) 인과관계 증명을 위한 실험설계의 기본요소

연구는 인과관계를 증명하기 위한 것이기 때문에 실험은 인과관계를 증명할 수 있도록 설계되어야 한다. 인과관계를 증명할 수 있는 방법은 비교, 조작, 통제 등이 있다.

① 비교(comparison)

비교는 사전사후 검사를 통해 종속변수에 차이가 있는지 알아봄으로써 두 변수 간 상관관계(공변관계)를 확인하는 것이다. 실험적 조작 이전과 이후를 비교하게 된다.

■ "흡연이 폐암을 유발할 것이다"라는 가설을 검증하는 경우
- 흡연자 집단과 비흡연자 집단 간의 폐암발생빈도 '비교'
- 일정한 사람들이 흡연을 시작하기 전과 후를 '비교'

② 조작(manipulation)

조작은 독립변수를 의도적으로 도입하거나 실행시켜 종속변수의 변화를 관찰하는 것이다. 독립변수의 의도적인 조작이 필수적인 요소이며, 이때 독립변수와 종속변수 간에 시간적 차이를 두고 일어날 수 있도록 시간적 차이를 두어야 한다.

③ 통제(control)

통제는 실험의 외적 · 내적타당도 저해요인들을 제거할 수 있도록 설계하는 것을 말한다. 제3의 변수를 통제함으로써 가식적 관계를 제거해야 한다.

2) 실험연구의 기본과정

통상적으로 실험은 다음의 과정에 따라 설계된다.

① 연구대상자를 선정하여 무작위할당(난선화)을 통해 실험집단과 통제집단에 배치한다.

② 실험집단과 통제집단을 대상으로 종속변수에 대한 사전검사를 실시하고,

③ 실험집단에 대해서만 실험조치를 실시한다(독립변수의 조작).

④ 다시, 실험집단과 통제집단을 대상으로 종속변수에 대한 사후검사를 실시하고,

⑤ 사전검사와의 비교를 통해 두 집단에 의미 있는 차이가 있는지를 검토하여 차이가 발견되면 인과관계를 확인하게 된다.

3. 조사설계의 유형

조사설계는 실험조건의 충족 정도에 따라 실험설계, 유사실험설계, 전실험설계, 비실험설계로 유형화된다. 각 유형에 해당하는 세부적인 실험설계를 차례로 살펴보기로 한다. 각 실험설계의 특징을 효율적으로 살펴보기 위하여 다음 〈표 4-2〉와 같은 기호를 사용한다. 각 교과서별로 약간의 차이는 있지만 대개는 이것을 기준으로 해도 이해하는 데 무리가 없다.

표 4-2 | 실험연구설계에 사용하는 기호

X: 실험대상에 대한 개입, 처치
R: 무작위할당에 의한 실험집단 및 통제집단의 구분
O: 관찰 혹은 측정
D: 사전사후검사의 차이

- 왼쪽에서 오른쪽으로의 방향은 시간의 흐름을 표시
- X와 O들이 같은 수평선상에 있는 것은 동일한 대상에 대해 실시됨을 표시
- X와 O들이 같은 수직선상에 있는 것은 동일한 시간대에 발생함을 표시
- 집단을 분리하는 선 ——— : 비교집단이 무작위할당에 의해 구성
  분리선 대신 앞에 R을 표시하기도 함
  --------- : 비교집단이 무작위할당 이외의 방법으로 구성

1) 실험설계

(1) 통제집단 전후비교설계/통제집단 사전사후설계

이 설계는 무작위할당을 통해 실험집단과 통제집단 연구대상자를 구분한 후 실험집단에는 독립변수의 조작 또는 실험적 개입을 가하고, 통제집단에는 가하지 않고서 두 집단 간의 차이를 전후 비교해서 결과를 얻는 방법이다. 인과관계 추정을 위한 가장 전형적인 방법이다.

실험처치(독립변수) 전에 양 집단에 대해 사전검사를 실시하고, 실험처치(독립변수) 후 양 집단에 대해 사후검사를 실시하여 두 결과 간 차이를 비교하는 것이다. 전반적으로 내적타당도 저해요인을 통제할 수 있기 때문에 내적타당도가 높다. 그러나 2회에 걸친 검사로 인해 반복하여 검사를 실시할 경우 두 번째 검사에는 첫 번째 검사가 영향을 미치는 검사효과가 발생할 가능성이 있다.

O_1	X	O_2
O_3		O_4

D_1(실험집단의 사전사후검사비교)=(O_2-O_1)

D_2(비교집단의 사전사후검사비교)=(O_4-O_3)

실험처치효과=D_1-D_2

(2) 통제집단 후비교설계(posttest-only control group design)

이 설계는 고전적 설계인 통제집단 전후비교설계를 변형해서 만든 것으로, 사전조사만 뺀 형태이다. 무작위할당(randomization)이나 독립변수의 조작 등의 특성은 그대로 반영한다. 사전조사를 실시하지 않기 때문에 검사효과를 통제할 수 있으며, 무작위할당을 통해 선택적 편의를 통제하고, 실험집단과 통제집단을 비교합으로써 성숙요인에 대해서도 통제할 수 있다.

X	O_1
	O_2

실험처치효과=O_1-O_2

(3) 솔로몬식 4집단설계(solomon four-group design)

이 설계는 위의 두 가지 설계를 혼합한 것이다. 무작위할당을 통해 실험집단과 통제집단을 구분하고 사전검사를 한 실험집단과 통제집단, 하지 않은 실험집단과 통제집단의 네 개 집단을 비교하는 것이다. 이렇게 되면 외적타당도 및 내적타당도를 저해하는 요인을 대부분 제거할 수 있고, 외적타당도에 영향을 미치는 요인들도 주효과, 주시험효과, 상호작용시험효과 등으로 정확하게 분리해 낼 수 있는 장점이 있다. 주효과란 실험처치의 고유한 효과를 말하고, 주시험효과는 실험대상이 사전검사에 영향을 받아 나타날 수 있는 효과이며, 상호작용효과는 사전검사와 실험처치가 상호작용을 일으켜 발생하는 효과이다. 인과관계를 가장 잘 설명할 수 있지만, 네 개 집단을 무작위로 선정하는 것이 현실적으로 어렵고 복잡하며 비용도 많이 든다는 단점이 있다.

O_1	X	O_2
O_3		O_4
	X	O_5
		O_6

O_2-O_1 = 주시험효과 + 상호작용시험효과 + 주효과 + 기타 변수효과

O_4-O_3 = 주시험효과 + 기타 변수효과

$O_5-1/2(O_1+O_2)$ = 주효과 + 기타 변수효과

$O_6-1/2(O_1+O_3)$ = 기타 변수효과

(4) 요인설계

이 설계는 독립변수가 두 개 이상일 때 적용되는 설계이다. 독립변수 속성에 따라 할당행렬(quata matrix)을 만들고, 행렬상의 각 범주에 따라 실험 및 통제집단을 설정하고, 개별 독립변수와 종속변수 간의, 그리고 두 개 이상의 독립변수가 상호작용하여 종속변수와 갖게 되는 인과관계를 검증하기 위한 설계이다.

- '청소년에게 도예프로그램(A)과 음악프로그램(B)을 실시하면, 청소년들의 감성지수가 향상된다'라는 가설을 검증하고자 할 때
- 요인설계 할당행렬을 만들면 각 범주에 따라 네 개의 범주가 생긴다.

		도예프로그램(A)	
		A1=참여	A0=불참
음악프로그램(B)	B1=참여	G1	G3
	B0=불참	G2	G4

- 조사대상자들을 네 개 각 집단에 무작위 배치
- 할당행렬상의 범주 특성에 맞게 실험집단(G1, G2, G3)에 대해 해당하는 실험처치를 실시
- 두 프로그램 모두에 불참하는 집단(G4)을 통제집단으로 선정
- 실험처치 후 사후검사를 통해 각 집단 간의 종속변수 변화를 비교 ⇒ 가설 검증
  도예프로그램의 효과=G2−G4/음악프로그램의 효과=G3−G4/상호작용효과=G1−G4

요인설계에서 각 집단 간의 차이는 변량분석(ANOVA)과 같은 통계적 기법을 활용하여 통계적 유의도를 파악한다. 한 개 이상의 독립변수가 개별적으로 또는 두 개 이상의 독립변수가 상호작용하면서 종속변수에 미치는 영향을 파악하는 것이므로 조사결과의 일반화 정도가 높다. 다만, 고려해야 할 독립변수의 수가 많은 경우, 많은 범주가 생기게 되고 그에 따라 많은 실험집단들이 만들어지게

되어 복잡하고 시간과 비용과 인력이 많이 드는 단점이 있다.

(5) 가실험(플라시보, 위약) 통제집단설계

통제집단 사전사후검사 설계나 통제집단 사후검사설계에 가실험효과(placebo effect) 내지 위약(가짜)효과를 측정할 수 있는 한 집단을 추가로 결합해 만든 설계이다. 플라시보(placebo, 가실험) 혹은 위약이란 실제적인 내용은 없으나 마치 실험처치를 받은 것처럼 여겨지도록 만들어진 실험처치를 말한다.

순수한 실험효과 = 실험집단의 사후검사치 – 가실험집단의 사후검사치

(O_1)	X	O_2
(O_3)		O_4
(O_5)	Xp	O_6

* 사전검사는 할 수도 있고, 안 할 수도 있음

2) 유사실험설계: 의사실험설계, 준실험설계

유사실험설계는 실험설계에 준하는 설계방식으로 실험설계에서처럼 엄격한 통제집단을 갖거나, 무작위할당을 할 수는 없지만 대안적인 방법을 사용해 통제집단을 갖는 것과 비슷한 효과를 갖게 해준다. 실험설계에 준한다는 것은 실험설계의 기본요소인 통제집단, 무작위할당, 독립변수의 조작, 사전사후검사 중 한두 가지가 결여되었다는 것이다. 실험변수에 대해 조작이 가능한 것, 조작된

것과 같은 것으로 간주하며, 여러 번 관찰한다.

유사실험설계는 조사가 실제 상황에서 이루어지므로 다른 상황에 대한 일반화 가능성이 높다. 또한 이론검증 및 현실 문제해결에 유용하며 복잡한 사회적 · 심리적 영향과 과정변화연구에 적절하며, 독립변수의 조작 및 측정대상의 무작위 선택이 가능하므로 실제 상황에서도 이론검증 및 과학적 조사가 가능하다는 장점이 있다.

반면에, 측정대상의 무작위화는 가능하지만 실제 상황에서의 실험이므로 독립변수 효과와 외생변수 효과를 분리해서 파악하기 어려우며, 실험실 상황보다 독립변수의 조작 및 외생변수의 통제가 불가능하다. 측정과 외생변수의 통제가 어려우므로 연구결과의 정밀도가 떨어진다. 따라서 내적타당도는 실험설계에 비해 떨어진다.

유사실험설계에는 다음과 같은 유형이 있다.

(1) 비동일 통제집단설계(nonequivalent control group design)

고전적 실험설계와 유사하지만, 무작위할당에 의해 실험집단과 통제집단 배분이 되지 않는다. 일반적으로 통제집단이 무작위할당에 의해 구성되기 어려운 경우, 실험집단의 구성원과 가장 유사한 성격을 가지고 있다고 가정되는 집단을 임의로 선정하여 두 집단을 비교해 보는 방식이다. 그러나 무작위할당을 하지 않기 때문에 선택적 편의가 발생하여 양 집단 초기 상태의 동질성을 확신할 수 없다. 따라서 O_1과 O_3 간 동질성부터 확인하는 것이 필요하다. 이 설계는 검사요인(내적타당도)과 실험상황에 대한 민감성(외적타당도)이 문제가 될 수 있다.

O_1	X	O_2
O_3		O_4

실험처치의 효과=D_1-D_2

$D_1=O_2-O_1$

$D_2=O_4-O_3$

(2) 단순시계열설계(time series design)

단순시계열설계는 통제집단을 구하기 어려운 경우 사용할 수 있는 방법이다. 비교대상을 실험대상으로 선정된 집단 내 시계열적 자료에서 찾는다. 실험개입에 노출되기 전과 후에 여러 차례 정기적으로 종속변수에 대한 측정을 실시하여 변화의 추세를 파악함으로써 실험효과를 검증할 수 있다. 통상 전후 각 3회 이상 측정하여 절댓값의 합의 차 혹은 평균값의 차를 비교한다. 예를 들면, 종단분석 연구와 단일사례연구가 여기에 포함될 수 있다. 비교적 높은 내적타당도를 갖지만 통제집단을 사용하지 않기 때문에 시간이 흐름에 따라 자연히 변화하는 역사요인이나 검사 및 도구효과를 배제하기 어렵다.

O_1 O_2 O_3 O_4 X O_5 O_6 O_7 O_8

실험처치의 효과=D_2-D_1

$D_1=(O_1-O_2+O_3+O_4)$

$D_2=(O_5-O_6+O_7+O_8)$

(3) 복수시계열설계

단순시계열설계가 통제집단을 사용하지 않아 역사요인을 통제하지 못하는 문제점을 개선하기 위해 단순시계열설계에 통제집단을 추가한 설계이다. 통제집단과 실험집단에 무작위할당을 하는 것이 아니기 때문에 선택적 편의가 발생할 수 있으며, 두 집단을 비슷한 집단으로 구성하지만 이질적일 가능성도 있다. 또한 검사를 여러 번 실시함으로써 검사와 독립변수, 검사와 검사대상 사이에 상호작용(확산과 모방)의 가능성도 있다.

O_1	O_2	O_3	O_4	X	O_5	O_6	O_7	O_8
O_9	O_{10}	O_{11}	O_{12}		O_{13}	O_{14}	O_{15}	O_{16}

실험처치의 효과=D_2-D_1

$D_1=(O_{13}-O_{14}+O_{15}+O_{16})-(O_9+O_{10}+O_{11}+O_{12})$

$D_2=(O_5-O_6+O_7+O_8)-(O_1+O_2+O_3+O_4)$

(4) 분리표본 전후비교설계(분리표본 후비교 설계)

이 설계는 현실적인 이유로 인해 실험집단과 통제집단에 사전검사나 사후검사를 동시에 실시할 수 없어서 통제집단에 사전검사 후 독립변수가 도입되는 것을 배제할 수 없는 상황에서 채택되는 설계이다. 무작위방법으로 집단을 나누지만, 사전검사나 사후검사가 동시에 이루어지지 않고 통제집단에서 독립변수를 의식적으로 배제할 수 없는 점 등이 실험조사와 다르다.

통제집단	O_1	(X)	
실험집단		X	O_2

실험처치의 효과=O_2-O

3) 전실험설계: 원시설계

전실험설계(pre-experimental design)는 원시설계, 선실험설계라고도 한다. 통제집단과 무작위할당이 없는 설계방식으로 인과관계 및 상관관계를 밝히기는 어렵다. 실험설계의 이상적인 조건은 무작위로 구성된 실험집단과 통제집단을 대상으로 한 사전사후검사인데, 이 설계는 이런 조건을 거의 충족하지 못한다. 무작위할당에 의해 대상자를 선정하지 않고, 비교집단이 선정되지 않거나 선정되어도 집단 간 동질성이 확보되지 않는다. 또한 독립변수의 조작에 의한 변화를 관찰하는 횟수가 적어 내적 · 외적타당도 저해요인이 거의 통제되지 않아 인과관계를 추정하였을 때 신빙성이 대단히 낮다.

(1) 일회사례연구(one shot case study)

단일집단에 실험적 개입을 가하고 그 효과에 대한 사후조사만 실시하는 방법으로 내적 · 외적타당도가 모두 결여되어 있다. 대개 시간적 우선성은 파악 가능하기 때문에, 본 조사에 앞서 탐색적 목적으로 수행하는 조사에 활용된다.

$$X \qquad O_1$$

(2) 단일집단 사전사후(검사)설계

설계는 실험처치를 하기 전에 변수를 사전에 측정한 다음, 실험처치 후에 측정한 것과 비교하여 실험처치와 종속변수 간의 인과관계를 추론하는 것이다. 예를 들면 우울증 상담을 하기 전에 우울증 정도를 측정하고, 상담 후에 다시 측정하여 그 차이를 통해 상담의 결과를 추정하는 것이다. 그러나 우울증에 영향을 미쳤을 다른 변수들을 전혀 통제할 수가 없기 때문에 우울증 정도의 변화가 다른 요소에 의한 것이 아닌 상담에 의한 것이라고 확신 있는 결론을 내리기 어렵다. 즉, 많은 내적 · 외적타당도 저해요인들이 작용할 수 있어 인과관계 추론이나 일반화에 어려움이 따르는 것이다.

$$O_1 \quad X \quad O_2$$

실험처치의 효과$=O_2-O_1$

(3) 정태적 집단비교설계/비동일집단 사후검사설계

위의 단일집단 사전사후검사설계가 동일한 집단을 대상으로 사전사후검사를 실시하여 비교하였다면, 정태적 집단비교설계는 두 개의 집단을 선정한 후 하나의 집단에 대해서는 실험조치를 하고 다른 집단에는 실험조치를 하지 않은 후 두 집단 간의 종속변수의 차이를 비교하는 것이다.

X	O_1
	O_2

실험처치의 효과$=O_2-O_1$

이 설계는 통제집단 사후검사설계에서 무작위할당만 제외된 설계로 실험집단과 통제집단을 무작위할당과 같은 방식으로 선정하지 않기 때문에 두 집단의 동질성을 보장하지 못한다. 배합 등의 방법을 통해 혹은 이미 형성된 비슷한 특성의 집단으로 양 집단을 선정하기 때문에 선택적 편의가 발생할 수 있다.

4) 비실험설계

비실험설계(non-experimental design)는 독립변수가 연구자에 의해 인위적으로 조작될 수 없는 상태로, 독립변수와 종속변수의 관계를 사후적으로만 파악할 수 있는 방법이다. 인과관계를 밝힐 수 없으며, 상관관계 파악만 가능하다. 대개 독립변수와 종속변수를 동시에 관찰하는 경우가 해당한다. 선정된 표본으로부터 질문지 또는 면접 등에 의해 직접적으로 자료를 수집하는 설문조사에 주로 적용된다. 비실험설계에는 일원적 설계, 상관관계 설계, 비실험적 요인설계, 종단적 연구설계 등이 있다.

(1) 일원적 설계

한 번의 관찰로 조사하여 개개 변수들의 관찰값의 분포를 파악하는 데 이용된다. 주로 기술적 분석에서 사용되며, 두 개 이상의 변수 간 인과관계나 상관관계 추론에는 적합하지 않다. 예를 들면, 지역사회복지관 욕구조사는 특정 시점에 조사된 자료값의 분포만 파악하여 현황을 조사할 뿐이지 특정 변수에 대해 인과관계를 파악하는 것은 아니다.

(2) 상관관계 설계

독립변수로 간주될 수 있는 한 변수와 종속변수로 간주될 수 있는 한 변수의 속성을 분류하거나 교차시켜 상관관계를 추정하는 방법이다. 통계분석 기법을 통해 독립변수로 간주되는 변수가 도입된 집단과 그렇지 않은 집단을 동시에 관찰하여 변수값의 차이를 비교하는 것이다. 사전사후검사에 의한 비교나 무작위 할당이 없으므로 조사결과에서 나타난 두 변수 간의 상관관계를 인과관계로 비약시키면 곤란하다.

(3) 비실험적 요인설계

무작위할당을 실시하지 않는 것을 제외하고는 요인설계와 거의 유사한 설계이다. 두 개 이상의 독립변수와 한 개의 종속변수 관계 및 독립변수 상호작용 관계를 교차분석을 통해 확인하려는 것이다. 두 개 이상의 독립변수 각각의 독립적 효과(주효과, main effect)와 두 개 이상의 독립변수가 결합되어 생기는 상호작용 효과(interaction effect)[02] 를 동시에 알 수 있기 때문에, 독립변수들의 종속변수에 대한 영향 정도를 더 명확히 알 수 있다

(4) 종단적 연구설계(longitudinal research design)

앞서 살펴본 세 가지 방법은 한 시점에서 관찰하는 횡단적 연구인 반면에 이 설계는 여러 시점에 걸쳐 관찰하는 종단적 설계이다. 여기에는 이미 2장에서 살펴본 경향연구설계, 동류집단 연구설계, 패널 연구설계 등이 포함된다.

① 경향 연구설계

② **동류집단(cohort) 연구설계:** 특정 경험을 한 사람들을 대상으로 여러 번에 걸쳐 조사하되 각 조사시점에서 조사응답자는 서로 다른 경우로 각 표본의 최초 상태를 알 수 없다. 변화의 결과가 시간의 변화 때문인지 아니면 동류집단 특유의 효과 때문인지 구별하기 어렵다. 성숙, 우연한 사건 등 내적 타당도 저해요인의 작용 가능성이 있기 때문이다.

③ **패널 연구설계:** 특정 경험을 한 사람들에게 여러 번에 걸쳐 조사하되, 계속 같은 조사응답자를 추적 관찰하는 설계이다. 시간의 흐름에 따라 나타나는 특정 현상이나 표본특성의 역동적 변화를 정확히 관찰할 수 있다는 장점이

02 상호작용효과가 있다는 것은 독립변수의 종속변수에 대한 영향은 다른 독립변수의 값에 따라 달라진다는 것을 의미한다.

있지만, 동일 표본을 대상으로 여러 번 조사해야 하므로 조사에 자발적으로 응하는 사람들로 표본이 구성될 가능성이 있다. 이는 곧 선택적 편의를 발생시키며, 연구기간이 길어지면 연구대상자의 상실(탈락)이 발생할 가능성도 있다.

요약

1. 조사설계

1) 조사설계의 개념

- 넓은 의미의 조사설계: 연구문제 선정부터 연구결과의 일반화까지 모든 절차
- 좁은 의미의 조사설계: 연구문제에 대한 해답을 얻기 위해 연구대상인 변수간의 관계의 논리적 구조를 설정하고, 가설설정부터 일반화에 이르는 과정에 필요한 모든 활동에 대해 계획을 세우는 것

2) 조사설계의 평가기준

- 이 설계는 연구문제에 대한 해답을 줄 수 있는가?
- 조사시행 전에 실험집단과 통제집단의 동질성을 확보하였는가?
- 변수 간의 관계에 영향을 미치는 다른 요인(제3변수)이 잘 통제되었는가?
- 전후의 차이(변화)를 분석할 수 있는가?
- 조사결과를 일반화할 수 있는가?

3) 내적타당도

- 내적타당도: 독립변수의 변화가 종속변수의 변화를 야기시키는 정도
- 내적타당도를 저해하는 요인들
  - 역사(우연한 사건, history)
  - 성장(시간적 경과, 성숙과 성장, maturation or the passage of time)
  - 검사요인(검사효과, 시험요인, 주시험효과, testing)
  - 도구요인(도구, 도구화, instrumentation)
  - 통계적 회귀(statistical regression)
  - 피험자의 상실(실험대상의 변동, 탈락, 소멸, experimental mortality)
  - 선택적 편의(선택과의 상호작용, 선택 편중, selection biases)
  - 인과적 시간과 순서의 모호함
  - 치료(실험변수)의 확산 및 모방(diffusion or imitation of treatments)
- 내적타당도 저해요인 통제방법
  - 무작위할당(random assignment)
  - 배합(matching)

– 통계적 통제(statistical control)

4) 외적타당도

- 외적타당도: 조사결과를 일반화할 수 있는 정도
- 외적타당도를 저해하는 요인들
  - 대표성 없는 표본을 표집
  - 실험조사나 상황에 대해 민감하게 의식하고 반응하는 경우 자연적 상황에서는 같은 결과가 나타나지 않을 가능성

5) 조사설계에서 고려해야 할 반응효과

보상적 경쟁효과 / 조사원 기대효과 / 위약효과 / 호손효과 / 후광효과

2. 실험설계의 구조

- 실험설계: 자연과학에서의 인과관계 탐구방법 원리를 도입해 사회현상에서의 인과관계를 탐구하는 과학적 연구방법
- 실험설계의 원리를 중시하는 이유
  - 모든 조사연구의 논리적 구조를 이해할 수 있게 하여 다른 조사설계를 평가하는 기준모델이 됨
  - 변수 간의 관계의 인과성을 확인할 수 있게 하며 다른 조사설계의 제한점을 파악할 수 있음
- 기본구조 및 특징
  - 무작위할당을 통해 실험집단과 통제집단을 구분
  - 독립변수의 조작
  - 종속변수의 사전사후 비교
  - 외생변수의 통제
- 인과관계 증명을 위한 실험설계의 기본요소
  - 비교(comparison)
  - 조작(manipulation)
  - 통제(control)

3. 조사설계의 유형

구분	종류	비교집단 설정여부	독립변수 조작가능성	외적변수 통제가능성
실험설계	통제집단 전후비교설계(통제집단 사전사후설계)	무작위할당으로 설정	가능	가능
	통제집단 후비교설계			
	솔로몬식 4집단설계			
	요인설계			
	가실험 통제집단설계(플라시보/위약통제집단설계)			
유사실험설계	비동일 통제집단 설계	무작위할당으로 설정	가능	가능
	단순시계열설계			
	복수시계열설계			
	분리표본 전후비교설계			
전실험설계	일회사례연구	무작위할당 이외의 방법으로 설정/비설정	가능/불가능	거의 불가능
	단일집단 사전사후(검사)설계			
	정태적 집단비교설계/비동일집단 사후검사설계			
비실험설계	일원적 설계	무작위할당 이외의 방법으로 설정/비설정	불가능	거의 불가능
	상관관계설계			
	비실험적 요인설계			
	경향연구설계			
	동류집단연구설계			
	패널연구설계			

연습문제

01 조사설계를 실험설계, 유사실험설계, 전실험설계로 구분할 수 있는 기준에 대해 설명하시오.

02 조사설계를 구성할 때 내적타당도를 높이는 방법을 기술하시오.

03 외적타당도를 저해하는 요인에 대해 기술하시오.

사회복지사 1급자격시험 기출문제

01 순수실험설계에 필요한 요건으로 바른 것은?

> 가. 무작위 할당　　나. 통제집단
> 다. 독립변수조작　　라. 기초선 설정

① 가, 나, 다　　② 가, 다
③ 나, 라　　④ 라
⑤ 가, 나, 다, 라

02 사회적응도를 측정하고자 할 때 장애아동을 두 집단으로 무작위 할당한 후, 한 집단에만 사회적응 프로그램을 실시한 후 두 집단의 적응도를 측정한 것은 어떠한 방법인가?

① 통제집단 사전사후검사
② 사례관리
③ 사후관리
④ 통제집단 사후검사
⑤ 시계열 조사

03 실험집단과 통제집단의 차이는 무엇인가?

① 집단 크기의 차이
② 집단성원의 차이
③ 집단구성 시기의 차이
④ 검사 여부의 차이
⑤ 실험처치 유무

04 내적타당도 저해요인이 아닌 것은?

① 우연한 사건　　② 선택의 편의
③ 표본의 수　　④ 성숙
⑤ 도구

05 솔로몬 4집단설계의 특징으로 옳은 것은?

> 가. 검사효과는 계산하지 못한다.
> 나. 통제집단 사전사후검사설계와 통제집단 사후검사설계를 한꺼번에 한다.
> 다. 내적 타당도 저해요인은 계산하지 못한다.
> 라. 설계의 타당도는 높으나 실험의 어려움이 있다.

① 가, 나, 다　　② 가, 다
③ 나, 라　　④ 라
⑤ 가, 나, 다, 라

06 다음에서 설명하는 것은?

> • 인과관계를 파악하기 위한 가장 보편적인 방법
> • 연구대상을 실험집단과 통제집단에 무작위로 배치
> • 개입 전후 두 집단에 대한 검사 실시

① 통제집단 사전사후검사설계
② 통제집단 사후검사설계
③ 솔로몬 4집단설계
④ 시계열설계
⑤ 단일사례사전사후설계

정답　01 ①　02 ④　03 ⑤　04 ③　05 ③　06 ①

07 다음 사례에서 해당되는 평가유형은?

> 장애인 200명을 무작위 표집하여 실험집단과 통제집단으로 나누었다. 두 집단에게 사전검사 없이 프로그램을 실시하고 프로그램 효과성을 평가하였다.

① 통제집단 사후평가
② 통제집단 사전사후평가
③ 단일사례연구
④ 시계열조사
⑤ 솔로몬 4집단설계

08 인과관계의 시간적 우선성을 파악하기 어려운 조사설계는?

① 시계열설계
② 상관관계설계
③ 1회검사사례연구
④ 통제집단 전후비교설계
⑤ 비동일 통제집단 비교설계

09 조사설계에서 내적타당도를 저해한다는 의미는 무엇인가?

① 양적분석을 한다.
② 인과관계추론을 어렵게 만든다.
③ 사전사후검사를 비교한다.
④ 도구효과를 배제한다.
⑤ 일반화가 어렵다.

10 다음 가설을 검증하기 위해 적합한 실험설계방식은?

> ADHD 아동에게 프로그램 유형(놀이치료/음악치료)과 실시시기(낮시간/밤시간)를 달리함에 따라 개입의 효과가 달라질 것이다.

① 1회 검사사례설계
② 통제집단 사후검사설계
③ 요인설계
④ 복수시계열설계
⑤ 단일집단 사전사후검사설계

11 검사효과(testing)를 통제할 수 있는 실험설계를 모두 고른 것은?

> ㄱ. 통제집단 사전사후검사설계
> ㄴ. 솔로몬 4집단설계
> ㄷ. 비동일 통제집단설계
> ㄹ. 통제집단 사후검사설계

① ㄱ, ㄴ, ㄷ　　② ㄱ, ㄷ
③ ㄴ, ㄹ　　④ ㄹ
⑤ ㄱ, ㄴ, ㄷ, ㄹ

12 다음이 공통적으로 설명하는 조사설계는?

> • 일회 사례연구보다 진일보한 설계이다.
> • 시간적 우선성과 비교의 기준이 존재한다.
> • 내적타당도 저해요인을 통제하지 못한다.

① 통제집단 사후검사설계
② 단일집단 사전사후검사설계
③ 비동일 통제집단설계

정답 07 ① 08 ② 09 ② 10 ③ 11 ③ 12 ②

④ 플라시보 통제집단설계
⑤ 통제집단 사전사후검사설계

13 실험설계가 적합한 상황은?
① 지역사회 욕구를 파악하기 위해 서베이하고자 할 때
② 무료급식 서비스를 받은 노인의 변화를 분석하고자 할 때
③ 국제결혼가족의 이혼율을 파악하고자 할 때
④ 지역아동센터의 지리적 접근성을 분석하고자 할 때
⑤ 정신장애인의 인권 민감도를 측정하고자 할 때

14 어떤 연구를 진행한 결과 호손(Hawthorne)효과가 발생했을 경우, 이후 연구에서 연구결과의 정확성을 높이기 위해 취해야 할 조치로 가장 적절한 것은?
① 대상자수 증가
② 실험자극 강화
③ 전조사와 후조사의 간격 축소
④ 통제집단 추가
⑤ 신뢰도분석 강화

15 단순시계열(simple time-series)설계에 관한 설명으로 옳은 것은?
① 실험효과를 파악하기 위해 개입 이후에는 1회만 관찰한다.
② 검사(test)와 개입의 상호작용 효과에 대한 통제가 용이하다.
③ 선실험(pre-experimental)설계 중 하나다.
④ 통제집단을 포함하여 비교한다.
⑤ 종속변수의 변화를 추적 · 비교할 수 있다.

16 실험설계에 관한 설명으로 옳지 않은 것은?
① 순수실험설계는 무작위할당을 활용해야 한다.
② 순수실험설계가 준(유사)실험설계에 비해 내적타당도가 높다.
③ 준(유사)실험설계에는 사전 측정이 있어야 한다.
④ 준(유사)실험설계에는 두 개 이상의 집단이 필요하다.
⑤ 단일집단 사전사후검사설계는 전실험설계이다.

17 실험설계에서 무작위할당으로 예방할 수 있는 문제는?
① 낮은 응답률
② 과다한 연구비용
③ 과다한 표본추출오차
④ 연구 일정의 지연
⑤ 우연한 사건의 영향

18 다음 연구에 관한 설명으로 옳지 않은 것은?

> 요가가 노인의 우울감에 미치는 영향을 조사하기 위해 우울감을 호소하는 노인 100명을 모집하였다. 이들 중 50명을 무작위로 선정하여 화요일에 요가강좌를 실시하고 이틀 후인 목요일에 100명을 대상으로 우울감 정도를 측정하였다.

정답 13 ② 14 ④ 15 ⑤ 16 ④ 17 ⑤ 18 ④

① 요가강좌가 실험자극이다.
② 통제집단이 존재한다.
③ 요가강좌에 참여한 50명과 참여하지 않은 50명의 동질성을 확보하는 것이 중요하다.
④ 유사실험설계에서 사전조사가 생략되었다.
⑤ 내적타당도 저해요인이 존재한다.

19 다음에 해당하는 설계로 옳은 것은?

> 학교폭력 예방프로그램의 효과를 평가하기 위해 ○○시 소재 중학교 중에서 학교와 학생들의 특성이 유사한 A학교와 B학교를 선정하였다. 두 학교 학생들을 대상으로 사전검사를 실시한 다음 A학교에서 학교폭력 예방프로그램을 실시한 후 다시 한 번 두 학교 학생들을 대상으로 사후검사를 실시하였다.

① 비동일 통제집단설계
② 통제집단 사후검사설계
③ 정태적 집단(고정집단)비교설계
④ 일회검사사례연구
⑤ 솔로몬 4집단설계

20 다음 연구설계에 관한 설명으로 옳지 않은 것은?

> 노인복지관의 노노케어 프로그램 자원봉사자 40명을 무작위로 골라 20명씩 두 집단으로 배치하고, 한 집단에는 자원봉사 교육을 실시하고 다른 집단에는 아무런 개입을 하지 않았다. 10주 후 두 집단 간 자원봉사만족도를 비교 · 분석하였다.

① 사전조사를 실시하지 않아 내적타당도를 저해하지 않는다.
② 무작위 선정으로 내적타당도를 저해하지 않는다.
③ 통제집단을 확보하기 어려울 때 사용할 수 있는 설계이다.
④ 사전검사를 하지 않아도 집단 간 차이를 어느 정도 통제할 수 있다.
⑤ 통제집단 전후비교에 비해 설계가 간단하여 사회조사에서 많이 활용된다.

정답 19 ① 20 ③

CHAPTER

05 어떤 방법으로 검증할 것인가?

1. 단일사례설계의 특성
2. 단일사례설계의 구조와 과정
3. 단일사례설계의 유형
4. 단일사례설계에 기초한 개입의 평가

1. 나는 사례관리를 담당하는 사회복지사이다.
   당사자가 분명히 변하고 있는 것 같은데 그걸 어떻게 팀장님에게 보고해야 할지 모르겠다.

2. 나는 우리 기관 이용자들을 대상으로 프로그램이 효과가 있는지 확인해 보고 싶다.
   그런데 실험설계는 너무 복잡하고 시간도 많이 걸린다.
   조금 더 용이하게 변화를 확인할 수 있는 방법은 없을까?

이 장에서 학습할 내용

1. 사회복지현장에서 지속적으로 상담한 내 클라이언트(한 사람)의 변화를 알고 싶을 때는 어떤 연구설계를 하면 좋을까?
2. 내 연구대상과 비교할 만한 대상이 없을 때는 어떤 방법으로 효과를 확인할 수 있을까?

연구과정

연구문제 선정 → 가설설정 → **조사설계** → 표집 → 측정 → 자료수집 → 자료분석

1. 단일사례설계의 특성

1) 단일사례설계의 개요

단일사례설계[01]는 유사실험설계에 속하는 시계열설계를 단일 대상에 적용한 것으로, 이때 단일 대상이라고 하는 것은 개인이나 가족, 기관, 지역사회 모두 가능하지만 중요한 것은 표본의 수가 1이라는 것이다. 즉, 한 사람, 한 가족, 한 기관 등이 연구대상이 된다. 이렇게 과학적 연구에서 표본을 하나로만 설정할 경우에는 그 연구의 결과를 다른 대상에게도 적용하는 일반화의 어려움이 발생할 수 있다. 그런 경우 연구의 타당성을 의심하게 된다. 그럼에도 불구하고 하나의 표본만을 사용하는 연구를 진행하는 것은 사회복지실천의 속성과 관련이

---

01 단일사례설계는 단일사례연구, single case design, single subject design, single case study 등 다양한 용어로 사용되기도 한다.

있다. 사회복지실천의 다양한 방법 중 개인을 대상으로 하는 실천이 있다는 점과 개별화라는 실천의 원리를 적용하다 보면 독특한 사례에 대해 연구하는 것이 실천의 유용성을 증가시키는 방법도 될 수 있기 때문이다. 또한 변화하는 사회에서 새롭게 등장하는 사회문제나 클라이언트의 어려움을 다룰 때에도 단일사례설계는 유용할 수 있다.

2) 단일사례설계의 도입 배경

단일사례설계는 행동연구조사의 역사에 중요한 기여를 했다. 단일사례설계는 인간행동에 대한 연구조사에서도 행동수정연구가 싹트던 1960년대에 번창하기 시작하여, 1970년대 말 사회복지 연구조사자와 교육자 중 점점 많은 사람들이 연구조사와 실천을 통합하고, 실천지향의 연구조사를 증가시키며, 궁극적으로 사회사업실천의 경험적 기반을 발전시키기 위한 방안으로 단일사례설계를 더욱 강조하기 시작했다.

3) 단일사례설계의 유용성

단일사례설계는 새로운 통찰을 발견하기 위해 소규모 표본을 대상으로 비교적 유연한 방법을 사용하는 탐색적 연구에 유용하다. 또한 후속연구에서 일반화할 가능성에 대해 검증할 수 있는 개입방법을 파악할 수 있도록 하며, 단일사례실험 결과를 축적하면 특정한 개입의 과학적 기반 또는 특정한 실천가의 효과성의 과학적 기반을 확대할 뿐 아니라 전체 기관 또는 프로그램을 평가하는 데도 가치가 있다. 또한 원래 다른 상황에서 집단실험으로 효과를 인정받은 개입이 자신들의 특정한, 독특한 맥락에서도 효과가 있을 것인지 확인하기 위해서도 사용할 수 있다.

4) 단일사례설계의 논리와 특성

단일사례설계는 하나의 사례에 대해 특정한 표적행동을 시계열적으로 반복 관찰하여, 개입 전과 개입 후의 상태를 비교하여 개입의 효과를 분석하는 것이다. 단일사례설계의 기본적인 논리는 시계열설계의 논리를 개별사례 또는 체계에 대입한 것으로 클라이언트의 체계를 반복해서 측정하는 것이다. 기초선과 개입단계기간에 반복측정을 하면 치료를 시작하기 전에 벌어지고 있던 과정이라고 할 수 있는 내적타당도에 대한 위협을 통제할 수 있다. 또한 클라이언트의 변화가 우연한 사건일 가능성을 완전히 배제할 수는 없더라도, 기초선과 개입단계기간의 관측점이 일반적으로 장기간 떨어져 있는 단순 사전사후검사 집단설계에서보다 우연한 사건의 가능성이 낮다고 알려져 있다. 또한 변화가 안정되기 시작한 날에 주목하여 클라이언트에게 그 시점에서 일어난 중요한 사건 등을 물어볼 수도 있고, 기초선단계와 개입단계를 둘 이상 설정하여 우연한 사건에 대한 통제를 증대시켜 변화에 대한 명확한 확인을 할 수 있다.

단일사례설계는 사회복지실천의 효과성을 평가하기 위해 많이 사용되는 설계방법으로 클라이언트에 대한 즉각적인 연구가 필요할 때나 통제집단을 구하기 어려운 경우 적용될 수 있는 가장 효과적인 방법이기도 하다. 특히, 개입 도중 자료를 검토할 수 있어 개입방법을 수정하여 효과적인 개입을 할 수 있고, 개입의 지속 또는 사후계획을 세울 수 있다. 클라이언트가 가지고 있는 문제에 대해 실제로 변화가 일어났는지 아닌지에 관계없이 사회복지실천가와 클라이언트가 문제를 점검하여 피드백을 주고받을 수 있으며, 개입과 관찰된 변화 사이의 관계를 점검하는 데 특별히 개입된 기술이나 서비스 프로그램의 단독효과 시험이 가능하다.

2. 단일사례설계의 구조와 과정

1) 단일사례설계의 구조

단일사례설계의 구조는 기초선 국면과 개입 국면으로 구성되어 있다. 기초선(baseline) 국면은 계획된 개입을 실시하기 전 표적행동의 상태를 관찰하는 기간으로 설계에서는 대개 A기간으로 표시된다.

기초선 국면은 집단실험에서 통제집단과 같은 기능을 수행하며, 개입국면과 차이, 변화, 경향, 유형 등을 비교할 수 있도록 한다. 나타난 결과가 안정적일 때까지 기록하는 것이 좋다. 관찰 횟수는 최소 3회 이상을 실시하되, 개입 전 표적행동이 변화가 심할수록 기초선에서의 관찰 횟수를 증가시켜야 한다. 굳이 기초선을 설정하는 이유는 개입이 없는 상태에서 문제의 정도를 정확히 파악하고, 개입으로 그러한 상태가 어떻게 변화되고 있는지를 알아보기 위한 것이다.

개입(intervention) 국면은 클라이언트의 변화를 위해 사회복지사가 사용하는 여러 형태의 개입을 적용하는 기간으로 흔히 B기간으로 표시되며, 표적행동의 상태에 대한 관찰을 병행한다.

2) 단일사례설계의 과정

단일사례설계의 과정은 먼저 문제를 확인하고, 그에 따른 개입목표를 설정하며 기초선을 측정하는 순서로 진행된다.

먼저, 문제를 확인하고 정의하여 초점화해야 한다. 해결되어야 할 문제가 복잡하고 다양한 경우 1차적으로 한두 가지 정도에 초점을 맞추도록 한다. 이때 문제는 구체적이고 명확히 규정되어야 한다. 그 다음에는 개입목표를 설정한다. 개입목표는 구체적이고, 명확하며, 측정 가능해야 한다. 때에 따라서는 장기적인 최종목표, 단기적인 중간목표로 세분화하여 수립할 수도 있다. 그 다음 단계는 조사설계인데, 구체적인 개입계획 수립과 병행하여 조사설계 및 계획이 수립되어야 한다. 구체적인 설계형태를 결정하고, 기초선 관찰(자료수집)의 시기, 횟수, 개입의 시기 및 기간, 자료수집방법을 결정한다. 대개 자료는 클라이언트 자신, 사회복지사, 혹은 제3자 등의 행동을 직접 관찰하거나 면접, 질문지법을 사용하여 조사한다. 그 다음으로는 실제로 조사를 실시하여 자료를 수집하고, 마지막으로는 변화의 높낮이, 경향, 수준 등에 대해 자료를 분석함으로써 개입을 평가한다.

3) 자료의 관찰과 기록

단일사례설계는 '관찰'을 기반으로 한다. 그런데 자료를 관찰하기 전에는 미리 자료기록과 관련된 규정을 준비해야 한다. 이것은 조사 전에 미리 결정되어야 하고 표준화된 양식에 의해 관찰되고 기록되어야 한다. 따라서 표적행동에 대한 구체적인 판단기준과 자료기록에 관한 행동관찰 규정을 미리 마련해야 한다. 여기에는 관찰되어야 할 행동의 조작적 정의, 기록원칙, 기록의 예 등이 포함되어야 한다. 그 다음에는 관찰기록자를 선정하고, 자료 관찰 및 기록방법을 결정한다. 기록방법은 다음과 같다.

① 시간간격기록(등간기록, interval recording)

일정한 관찰기간을 같은 간격의 짧은 시간으로 나누어 조사대상자의 표적행동을 직접 관찰하고 기록하는 것이다. 다시 말하면, 정해진 시간 간격 내에 표적행동 발생 여부를 기록하는 것으로 빈도가 아주 높은 행동의 관찰에 적합하다. 시간간격은 일반적으로 10초 정도를 하는데, 시간간격은 짧을수록 더 정확히 관찰될 수 있다. 관찰의 신뢰도를 높이기 위하여 두 명의 관찰자를 두는 것이 바람직하다.

② 빈도기록(frequency recording)

정해진 관찰기간 동안 표적행동의 발생 횟수를 기록하는 것이다. 시간간격기록보다는 쉬운 기록방법이고 빈도가 높거나 낮은 행동의 관찰에 적절하다.

③ 지속기간기록(duration recording)

정해진 관찰기간 동안 일어난 모든 단위행동의 지속시간을 직접 관찰하여 기록하는 것이다. 이 방법은 표적행동의 지속시간이 관심이 되는 경우에 사용되며 대개 빈도도 같이 측정된다.

④ 정도기록(강도기록, magnitude recording)

정해진 관찰기간 동안 발생한 표적행동의 양, 수준, 정도를 관찰하여 미리 만들어진 정도 측정 척도에 따라 정도를 나타내는 수치를 기록하는 것이다. 예를 들면, 아동이 화를 내는 것의 정도를 다음과 같은 척도를 만들어 판단하여 기록할 수 있다(최성재, 2005).

행동의 정도	행동의 내용
1	낮은 소리로 울거나 흐느껴 운다.
2	크게 소리친다.
3	물건을 치거나 던진다.
4	물건을 다른 사람에게 던지거나 다른 사람이나 자신을 때린다.

⑤ 간헐점검기록(시점체크기록, spot-check recording)

간헐적으로 특정의 관찰시간을 정하여 관찰하는 순간에 표정행동 여부를 기록하는 것이다. 점검시간은 연속되는 시간 중 몇몇 시점을 택할 수도 있고, 출근시간, 점심시간, 퇴근시간 등으로 정할 수도 있다. 이 방법은 사회적 상호작용, 놀이, 일 등 오래 지속되는 행동이나 빈도가 높은 행동을 관찰하는 데에 적합하다.

⑥ 영구적 생산물기록(항구산물절차기록, permanent product procedures recording)

이 방법은 반드시 직접관찰을 해야 하는 것은 아니며 표적행동에 의해 만들어진 것을 관찰하여 표적행동의 발생을 확인하는 것이다. 즉, 직접 관찰하지 않고도 남아 있는 산출물만으로 행위를 판단하는 것이다. 예를 들면, 사회복지서비스의 이용기록, 생활기록부, 비워진 쓰레기통, 청소된 방, 범죄기록 등을 점검하는 것이다. 이 방법은 환경을 변화시키는 행동이나 기록이 남는 행위를 관찰하는 데 적합하다.

3. 단일사례설계의 유형

1) AB설계

A는 기초선, B는 개입 국면이라고 할 때 AB설계는 기초선과 개입의 두 국면으로 이루어진 가장 기본적인 유형이다. 이 설계는 여러 유형의 문제와 장소에 적용할 수 있지만, 다른 변수의 영향을 통제할 수 없으므로 개입의 효과를 파악하기 힘들다.

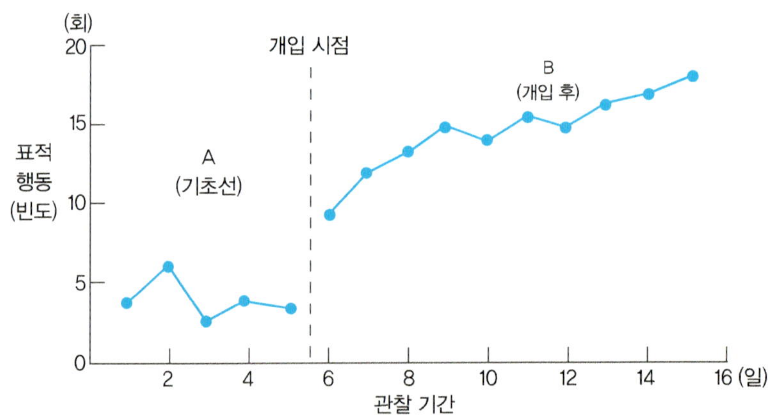

| 그림 5-1 | AB설계의 예

2) ABA설계

ABA설계는 가장 기본적인 설계인 AB설계에 개입을 중단하는 제3국면 A를 추가하여 변화의 개입효과성을 확인할 수 있게 만든 설계이다. 개입하지 않은 상태에서 문제상황의 정도, 빈도 등을 파악하고(A) 필요한 개입을 하면서 변화상태를 살피고(B), 다시 개입을 멈추고 상태가 다시 나빠지는지, 아니면 변화가 없는지 등(A)을 살피는 것이다. 만약 B의 개입이 효과가 있었다고 했을 때, 논리상 개입을 멈추면 상태가 나빠질 수 있다. 개입이 효과가 없었다면 클라이언트의 상태가 더 좋아지거나 변화가 없을 것이다. 이 경우 개입이 효과적이었다는 것을 입증하기 위해 개입을 중단하는 것은 비윤리적일 수 있다. 이 설계를 통해 변화의 개입효과성을 파악하는 것은 가능하지만, 변화가 일어난 클라이언트에게 개입을 중단함으로써 그를 다시 문제상황에 빠뜨릴 수 있다는 점에서 윤리적 문제가 발생하는 것이다. 또한 개입을 철회해도 개입효과가 지속될 수 있고, 조사기간이 길어진다는 단점이 있다. 실제로 약물실험의 경우에는 두 번째 A국면에서 증상이 다시 나빠졌다면 확실히 약물의 효과 때문에 B기간 동안 증상이 좋아졌다고 할 수 있지만, 사람의 정서나 행동을 변화시키는 사회복지프로그램이나 개입의 경우에는 프로그램이 중단되어도 그 프로그램이 정말 효과가 있었다면 두 번째 A국면에서도 개입효과가 유지되는 경우가 많다. 이런 경우에는 ABA설계상의 논리가 적용되기 곤란하다.

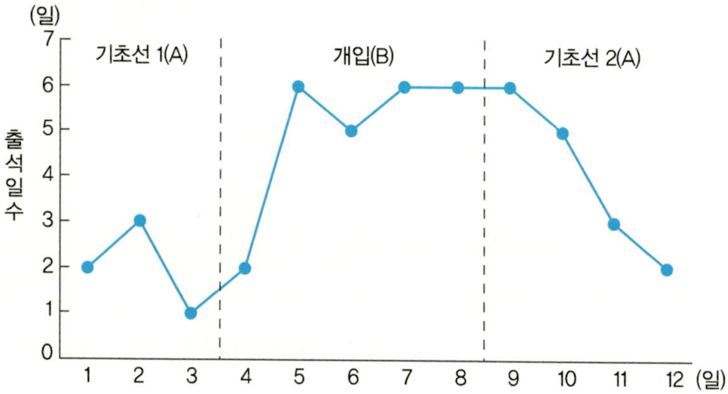

| 그림 5-2 | ABA설계의 예

3) ABAB설계

ABAB설계는 ABA설계에 다시 개입을 재개하는 B국면을 추가한 설계이다. 이 설계는 개입의 효과에 대한 인과관계 파악이 용이하고, 특정한 문제를 가진 클라이언트에 대한 특정개입효과를 알 수 있으므로 해당 분야의 이론축적에도 용이하다. 클라이언트와 사회복지실천가의 관계가 지속되고 있는 상황에서 두 번째 기초선이 설정되고 개입이 이루어지므로 지속적인 관찰이 가능하다. 그러나 ABA설계보다 시간이 오래 걸리므로 두 번에 걸친 기초선, 개입기간을 모두 일정하게 유지하기 어려우며, ABA설계와 마찬가지로 개입지속효과(carry over effect)로 인해 개입의 효과가 무의미하게 될 경우가 발생한다는 단점이 있다.

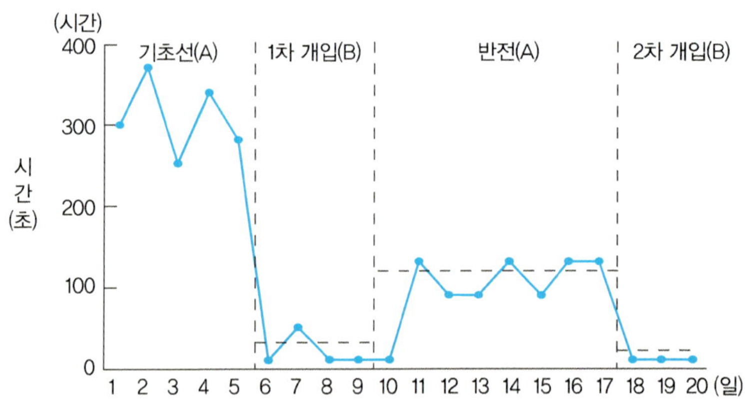

| 그림 5-3 | ABAB설계의 예

〈그림 5-4〉처럼 ABA설계와 ABAB설계에서 개입중단 후 개입상태처럼 계속 효과가 지속될 수 있다는 점에서 이 두 조사설계의 단점이 지적된다. 개입을 중단했는데도 계속 효과가 유지되는 것은 클라이언트에게 좋은 상황이다. 또 그렇다면 효과가 지속되니 이 개입방법이 좋은 방법이라고 생각할 수 있다. 그러

나 이때 단점이라고 하는 것은 개입방법에 대해 이야기하는 것이 아니라, 조사설계상의 단점을 이야기하는 것이다. 즉, ABA · ABAB조사설계에서는 개입효과에 대한 논리가 명확해지지 않는다는 점을 지적하는 것이다. 클라이언트에게 미친 영향과 개입의 효과를 설명하는 논리를 나누어 생각해야 한다. 개입 이후에 클라이언트의 변화가 유지된다고 해서 개입의 효과가 있었다는 것을 확증하기는 어렵다는 것이다. 변화에 영향을 미친 다른 요인에 대해 의심할 수 있다면 개입의 효과가 있었다고 단언할 수 없다.

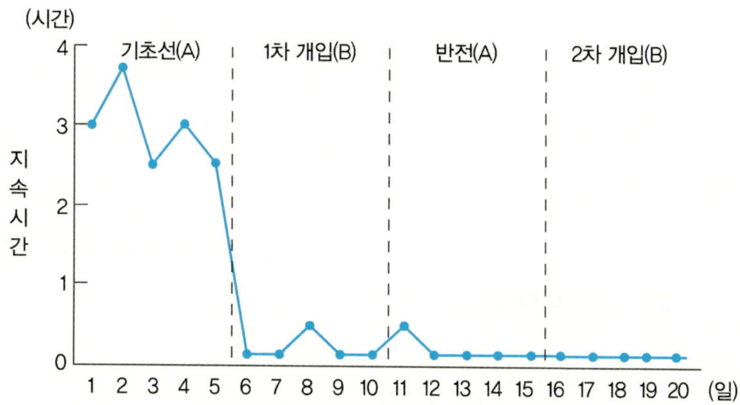

| 그림 5-4 | ABAB설계에서 1차 개입 후의 행동변화가 지속적인 경우

4) BAB설계

AB설계의 순서를 바꾸어 BA나 BAB설계가 될 수 있다. 이 설계는 주로 실천현장에서 응급 상황에 사용하기 적절한 설계이다. AB 등의 설계는 문제상황이나 행동, 상태에 대한 자료를 안정적으로 확보하기 위해 일정 기간 동안 개입을 하지 않고 자료를 구해야 한다. 그러나 응급을 요구하는 상황에서는 자료를 확보하기 위해 기다릴 수 없기 때문에 거꾸로 적용한다. 개입부터 하고, 개입단계의 자료가 안정 성향을 보일 때에 A단계의 자료를 확보하는 것이다. 그러나 B의 변화가 개입 때문인지 다른 이유 때문인지 명확하게 논리적으로 명쾌하게 해결되지 않는 문제가 있으며, 인위적으로 개입을 중단하는 것에 대한 윤리적인 논쟁이 있을 수 있다.

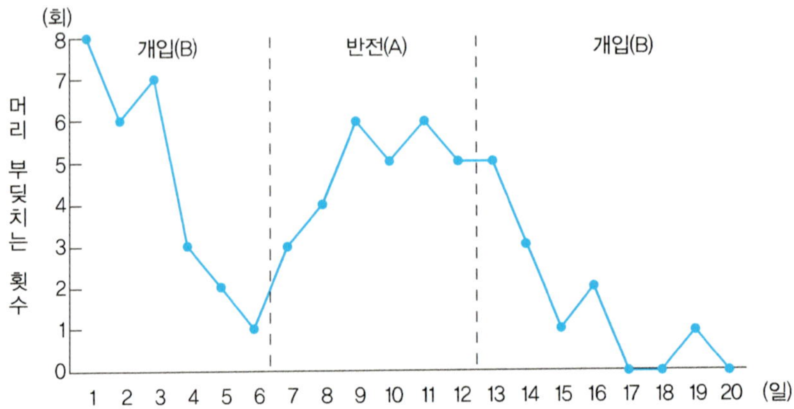

| 그림 5-5 | 머리를 부딪치는 버릇의 치료에 적용한 BAB 사례

5) ABCD설계

ABCD설계는 AB설계에서 개입을 가해도 효과가 나타나지 않을 때 다시 개입을 철회하기보다는 새로운 개입방법 C와 D를 적용하는 설계(C까지만 적용하는 경우도 있음)이다. 클라이언트에게 적합한 새로운 개입방법을 적용할 수 있다는 점은 장점이지만, 비교효과통제가 어렵다는 단점이 있다. 각 개입방법의 효과를 개별적으로 입증하기보다는 클라이언트의 표적행동이 원하는 방향으로 변하는 것을 통해 개입효과를 입증하기 때문에, 각 단계의 효과가 그 단계의 개입효과인지, 이전 단계의 개입효과가 늦게 영향을 미치고 있는 것인지 구분하기 어렵다.

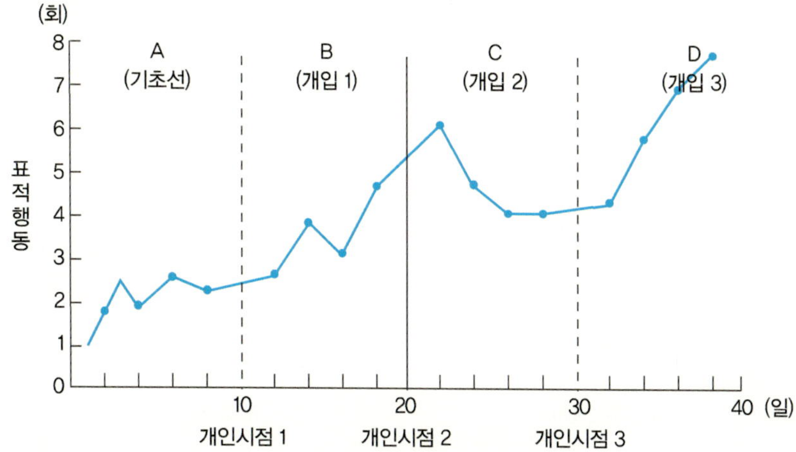

| 그림 5-6 | ABCD설계의 예

6) 복수기초선설계

복수기초선설계는 단순 AB설계를 복수의 사례나 표적행동 각각 다른 상황에 반복적으로 적용해 보는 것이다.

ABAB설계가 AB설계를 반복하는 것이라면 복수기초선설계는 하나의 개입방법을 여러 문제, 상황, 사례에 반복적으로 적용하여 그 효과를 확인하는 것이다.

(1) 문제 간 복수기초선설계

하나의 특수한 개입방법이 같은 상황하에 있는 같은 대상자의 다른 문제해결에 효과가 있는지를 평가하기 위한 설계방식이다. 이때, 문제는 상호독립적이어야 한다.

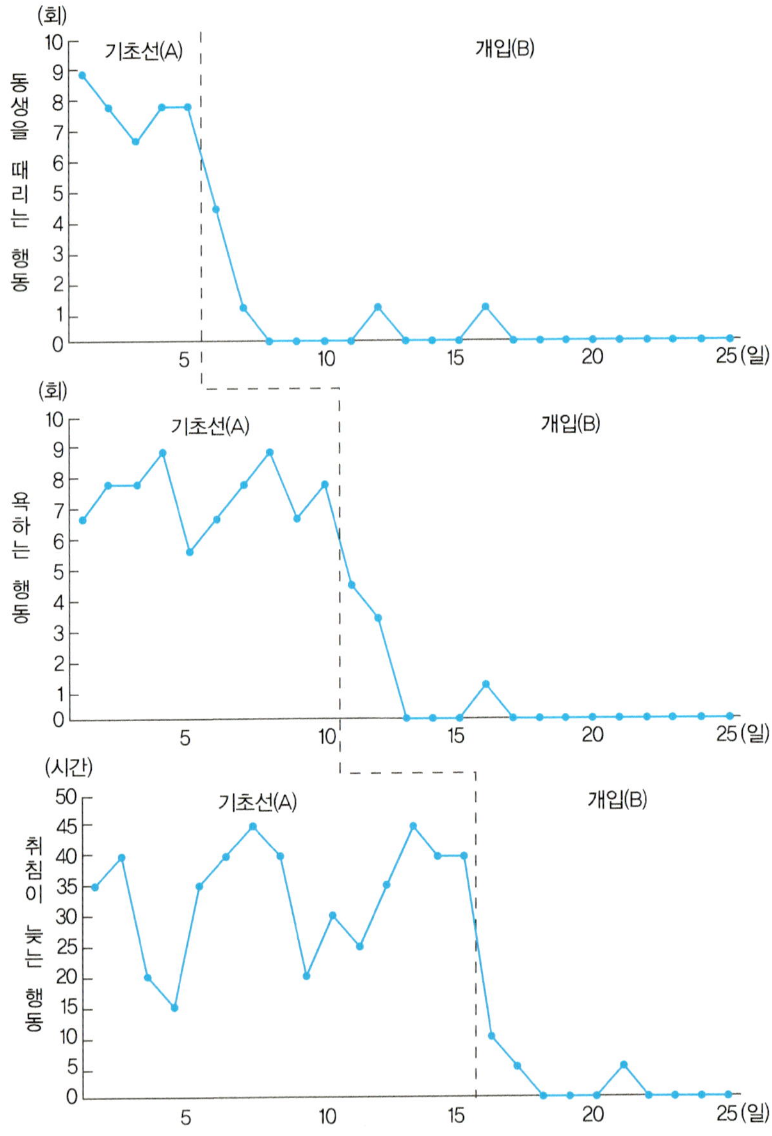

| 그림 5-7 | 문제 간 복수기초선설계의 예

(2) 상황 간 복수기초선설계

하나의 특수한 개입방법이 같은 대상자의 같은 문제를 두 가지 이상의 다른 상황에서 치료하는 데 효과가 있는지를 평가하는 설계이다.

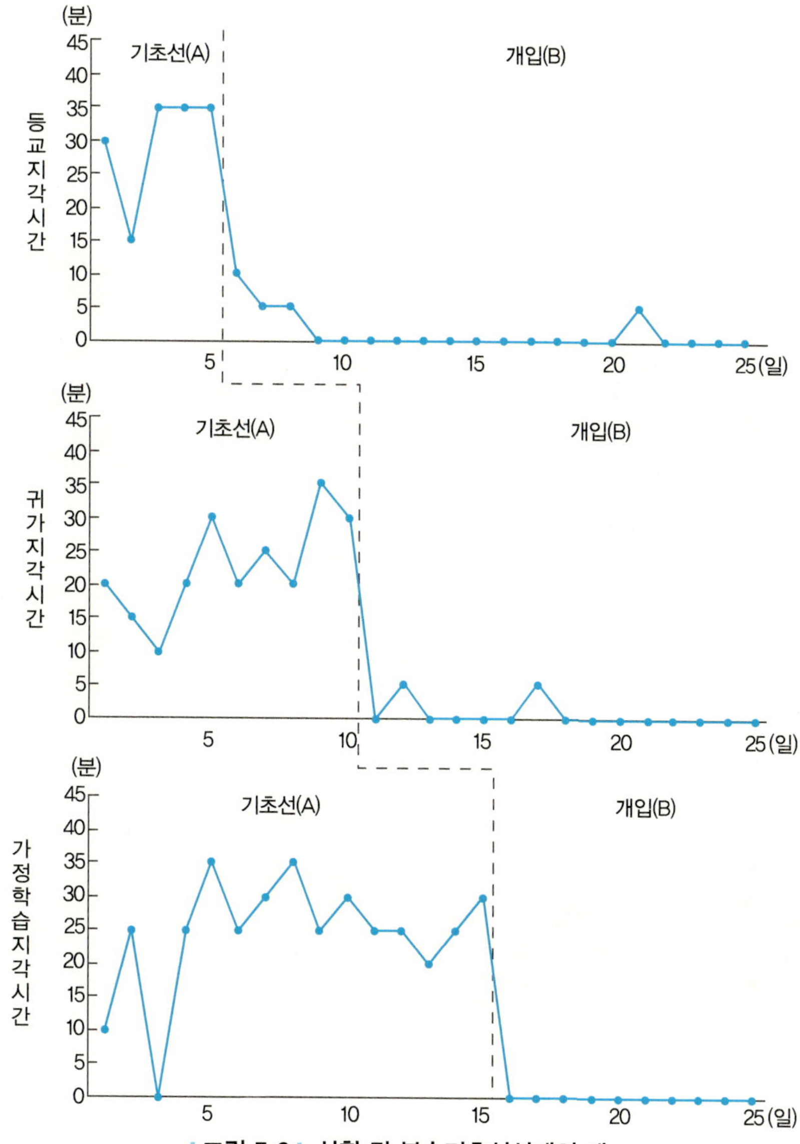

| 그림 5-8 | 상황 간 복수기초선설계의 예

(3) 대상자 간 복수기초선설계

같은 상황에서 같은 문제를 가진 여러 사람에게 특정개입방법을 실시해 그 개입방법이 효과가 있는지 알아보기 위해 사용하는 설계이다.

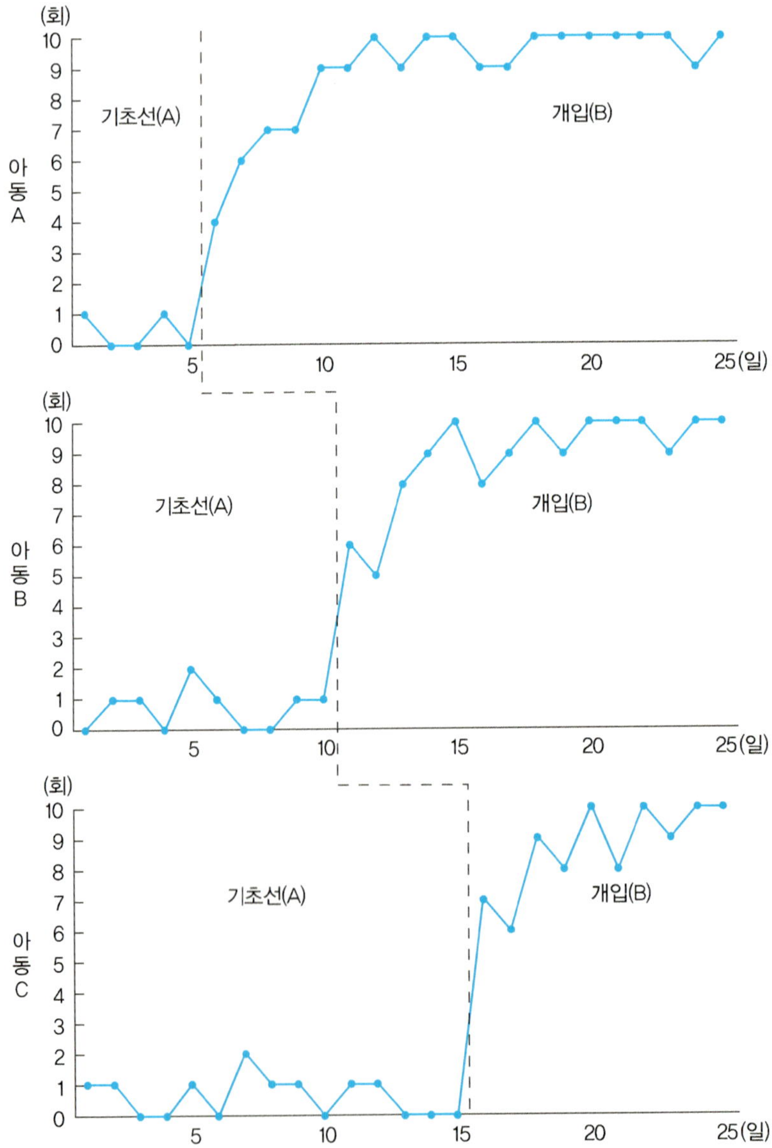

| 그림 5-9 | 대상자 간 복수기초선 설계의 예

〈그림 5-7〉, 〈그림 5-8〉, 〈그림 5-9〉를 유심히 살펴보았다면, 한 가지 공통적인 특징을 발견하였을 것이다. 그것은 각각 세 가지 문제, 상황, 사례의 개입 시점이 각기 다른 시점이라는 것이다. 이는 AB설계의 단점을 보완하기 위한 것이다. 하나의 개입 시점에 우연히 외부 사건이나 변수가 개입에 영향을 줄 수 있지만, 기초선 국면과 개입 국면의 모든 사례에서 각기 다른 개입 시점마다 외부 요인이 개입되었다고 말하기는 어렵기 때문이다.

복수기초선설계에서 각각 개입 이후의 변화가 일관성 있게 나타났을 때 독립변수(개입)가 효과가 있었다고 추정하게 된다. 〈그림 5-7〉은 각기 다른 문제에 대해 개입이 효과가 있었다는 것을 보여주고, 〈그림 5-8〉은 지각이라고 하는 문제가 발생하는 각각의 상황에 대해서도 개입이 효과가 있었다는 것을 보여준다. 〈그림 5-9〉 역시 각기 다른 아동에게 적용했을 때 개입방법이 효과가 있어서 표적행동이 증가한 것을 나타내고 있다. 이렇게 그래프상에서 개입이 효과성 여부를 판별할 수도 있다. 여기서는 모두 효과가 있었던 것으로 예를 들었지만, 나타난 변화 양상을 잘 분석해 보면, 한 개입방법이 어떤 문제나 어떤 상황에서는 잘 적용되고, 어떤 경우에는 잘 안되는지 확인할 수 있다. 예를 들어, 〈그림 5-7〉에서 동생을 때리는 행동이나 욕하는 행동에는 효과가 있었지만, 취침이 늦는 행동에는 효과가 없었다고 하면 공격적인 행동에는 효과가 있는 개입이지만 시간관리나 자기규율에 대해서는 효과가 적었다고 해석할 수 있다. 이렇게 복수기초선설계는 개입방법의 적용범위와 한계를 명확히 하는 데에 도움이 된다.

복수기초선설계에서는 ABAB나 BAB설계에서 지적되었던 비윤리적인 문제도 해결된다. 인위적인 개입 중단이 없고, 여러 가지 문제, 상황, 사례에 대해 개입 효과를 보여줄 수 있기 때문에 비용적인 면에서도 효율적일 수 있고, 다양한 조건에서 효과성을 평가하는 것이기 때문에 개입방법의 일반화 가능성도 높일 수 있다.

4. 단일사례설계에 기초한 개입의 평가

단일사례설계에 입각해 개입을 하였다면, 개입 결과에 대해 효과가 있었는지, 유의미한 결과가 나왔는지 평가해야 한다. 이러한 평가는 크게 시각적 분석, 통계적 분석, 실질적 분석 등 세 가지 부분에서 분석이 가능하다.

1) 시각적 분석(Reid & Smith, 1981)

(1) 변화의 파동(variability)

관찰된 표적행동의 특성이 시간경과에 따라 파동을 일으키며 변화되는 정도

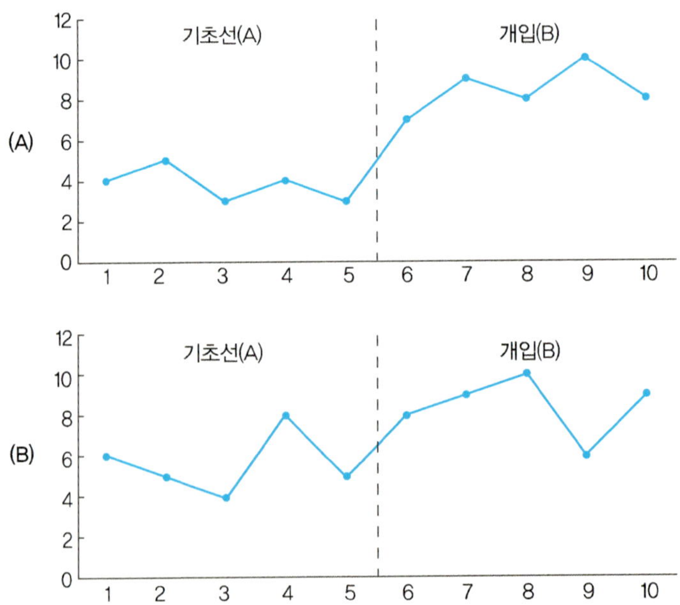

| 그림 5-10 | 관찰의 횟수 및 변화의 파동에 따른 개입효과 비교

로, 설계 각 국면에서 변화의 파동이 적고 관찰 횟수가 많을수록 개입의 효과를 확실히 알 수 있다.

〈그림 5-10〉의 (A)와 (B)를 비교하여 살펴보면, (A)에 비해 (B)는 변화의 파동이 심하여 개입의 효과를 판단하기가 쉽지 않다. 이런 경우에는 관찰의 횟수가 더 많았다면 좀더 명확해졌을 것이다.

(2) 변화의 경향(trend)

기초선 변화의 경향을 개입기간 변화의 경향과 연결시켜 검토하는 것으로, 기초선기간과 개입기간 경향의 방향이 일치되면 개입 영향을 판단하기 어렵고 상반되면 개입영향 판단이 쉽다. 〈그림 5-11〉은 기초선 기간의 경향과 개입기간의 경향이 점점 늘어나거나 감소하는 등 방향이 일치하여 효과를 판단하기 어려운 경우이고 〈그림 5-12〉는 기초선 기간의 변화방향과 개입기간의 변화방향이 일치하지 않아 개입의 영향을 추정하기 용이한 경우이다.

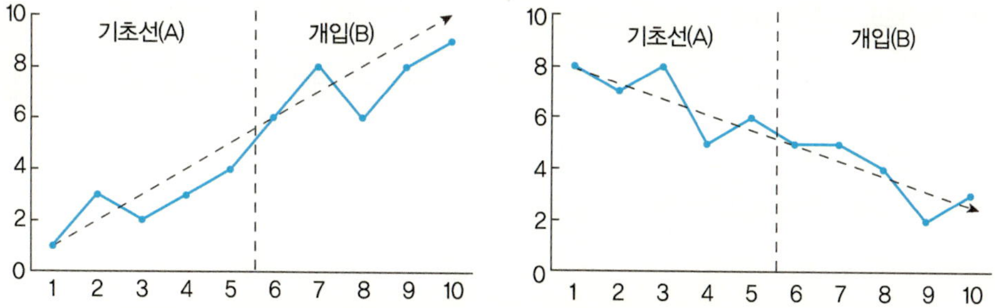

| 그림 5-11 | 기초선 과정의 증진 및 감퇴 경향이 개입과정과 연결되는 경우

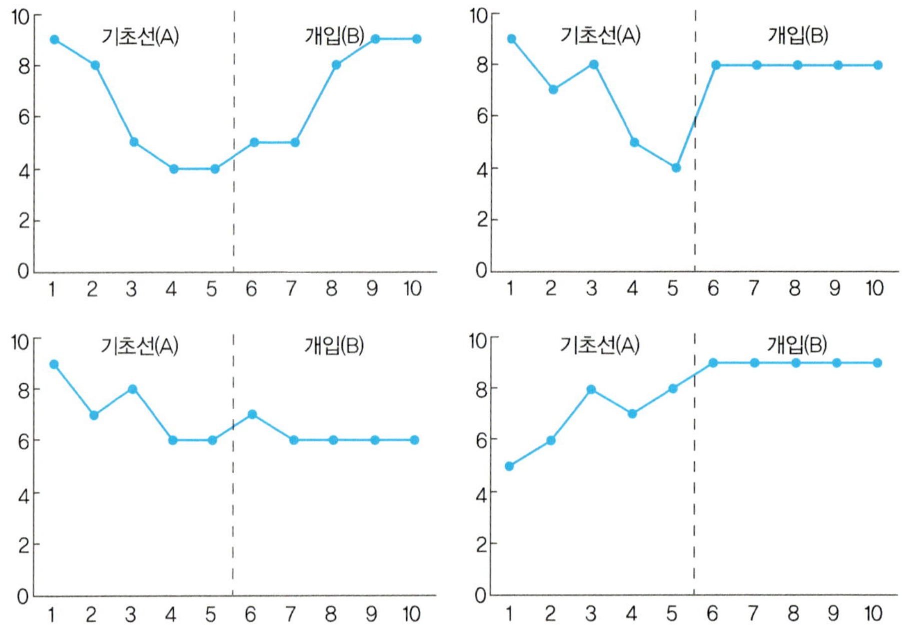

| 그림 5-12 | 기초선 기간의 변화경향과 개입기간의 변화경향이 다른 경우

(3) 변화의 수준(level)

관찰된 행동특성의 점수의 위치를 말하며, 기초선 점수의 수준과 개입기간 점수의 수준 간 차이가 클수록 개입의 효과에 대한 확신이 높아진다. 〈그림 5-13〉에서는 (A)의 개입효과가 제일 명확하지 않다.

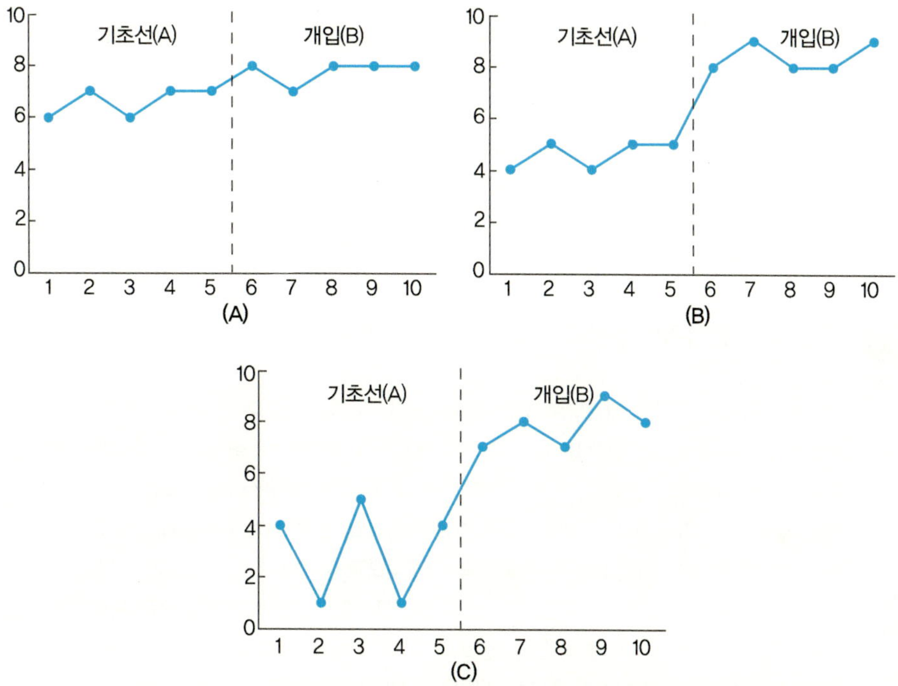

| 그림 5-13 | 기초선 기간 및 개입기간의 변화수준에 따른 세 가지 경우

2) 통계적 분석

앞서 살펴본 시각적 분석 외에 통계를 활용할 수 있다. 두 표준편차 밴드 접근, 경향성 접근 등 다양한 통계적 방법으로 개입의 효과를 검증한다.

3) 실질적(실용적, 임상적) 유의성 분석

클라이언트의 변화가 통계적으로는 유의미하지 않았지만, 임상적으로 정해놓은 기준보다 낮았던 기준점이 개입 이후 기준보다 높아졌다면 임상적으로는 의미가 있을 수 있다. 이런 경우 실질적인 유의성 분석은 변화의 크기를 임상적인 기준에서 판단해 보는 것으로, 개입으로 인한 표적행동의 변화 양이 실질적이거나 임상적 관점에서 볼 때 중요한가를 판별한다.

보충자료 증거기반실천과 단일사례설계의 활용

사회복지사는 개인을 대상으로 하는 임상 실천의 일부로 증거기반실천과정의 최종단계에서 단일사례설계를 실행할 수 있다. 사회복지사가 클라이언트를 돕고자 할 때 일반적으로 클라이언트의 변화 정도가 궁금할 것이다. 따라서 표적문제의 변화를 측정하는 것은 클라이언트의 진전(혹은 부족) 등의 변화를 검토할 수 있으며, 표적문제를 악화시키거나 개선할 수 있는 사건 또는 상황을 더욱 체계적으로 이해하기 위한 도구가 된다.

그러나 보통은 사회복지사가 단일사례설계를 직접적인 실천의 한 부분으로 통합하는 데는 많은 어려움이 있다. 대개 클라이언트의 위기상황으로 인해 기초선의 경향을 확인할 수 있는 반복측정의 시간이 충분하지 않을 수 있으며, 또 어떤 기관이나 사회복지사의 경우에는 사회복지사의 실천효과성을 조사하는 것에 큰 의의를 두지 않기도 하며, 계속된 모니터링으로 클라이언트가 불편해할 수도 있다.

좀더 구체적으로는 많은 클라이언트의 문제는 반복측정이 불가능한 것들이다. 반복측정이 가능하다면 어느 정도의 기간 동안 어느 정도 간격으로 측정할 것인가? 또한 누가 측정할 것인가? 무엇을 측정할 것인가? 등의 질문에 대답이 쉽지 않다. 서비스를 제공하는 사회복지사의 판단과 관찰을 절대적으로 믿을 수 있는지도 의문이고, 클라이언트의 문제가 쉽게 관찰가능하도록 조작적 정의를 내리기 어려운 것도 많다.

그럼에도 불구하고 사회복지사는 가능한 한 단일사례설계를 실행하려고 노력해야 한다. 사회복지사가 자신의 일을 진실로 전문적인 일이라고 생각한다면, 검증받지 않은 개입방법 혹은 서비스가 클라이언트에게 도움을 주는지, 해가 되는지, 혹은 부족한 자원을 잘 활용할 수 있음에도 불구하고 낭비만 하고 있는 것은 아닌지 단일사례설계를 통해 평가해 볼 수 있다. 이 과정을 통해 사회복지사는 자신의 실천을 변경해야 하는 여부에 대한 즉각적인 피드백을 얻을 수 있다.

요약

1. 단일사례설계의 특성

1) 단일사례설계의 특징

- 사례가 하나임
- 어떤 표적행동에 대한 개입의 효과를 관찰하여 분석함
- 시계열적으로 반복적인 관찰을 함
- 개입 전(baseline)과 개입 후(intervention periods)의 상태를 비교함
- 개입 도중 자료를 검토할 수 있어 개입방법을 수정하여 효과적인 개입을 할 수 있고, 개입의 지속 또는 사후계획을 세울 수 있음

2) 단일사례설계의 장점

- 사회복지실천의 효과성을 평가하기 위해 가장 많이 사용되는 설계방법임
- 클라이언트에 대한 즉각적인 연구가 필요할 때나 통제집단을 구하기 어려운 경우 적용될 수 있는 가장 효과적인 방법임
- 클라이언트가 가지고 있는 문제에 대해 실제로 변화가 일어났는지 아닌지에 관계없이 사회복지실천가와 클라이언트가 문제를 점검하여 피드백을 주고받을 수 있음
- 개입과 관찰된 변화 사이의 관계를 점검하는 데 특별히 개입된 기술이나 서비스 프로그램의 단독효과 시험이 가능함

2. 단일사례연구의 구조와 과정

1) 구조

(1) 기초선 국면

- 계획된 개입을 실시하기 전 표적행동의 상태를 관찰하는 기간(A)
- 집단실험에서 통제집단과 같은 기능을 수행함
- 기초선을 설정하는 이유: 개입이 없는 상태에서 문제의 정도를 정확히 파악하고 개입으로 그러한 상태가 어떻게 변화되고 있는지를 알아보기 위함

(2) 개입 국면
- 클라이언트의 변화를 위해 워커가 사용하는 여러 형태의 개입들의 적용기간(B)
- 표적행동의 상태에 대한 관찰을 병행함

3. 단일사례연구의 유형

1) AB설계

- AB설계: 기초선과 개입의 두 국면으로 이루어진 가장 기본적인 유형
- 장점: 여러 유형의 문제와 장소에서 적용이 가능함
- 단점: 다른 변수의 영향을 통제할 수 없으므로 개입의 효과 파악이 곤란함

2) ABA설계

- ABA설계: AB설계에 개입을 중단하는 제3국면 A를 추가하여 변화의 개입효과성을 확인할 수 있게 만든 설계
- 장점
  - 변화의 개입효과성 파악이 가능함
- 단점
  - 변화가 일어난 클라이언트에게 개입을 중단함으로써 그를 다시 문제상황에 빠뜨릴 수 있다는 점에서 비윤리적임
  - 개입을 철수해도 개입효과가 지속될 수 있음
  - 조사기간이 길어짐

3) ABAB설계

- ABAB설계: ABA설계에 다시 개입을 재개하는 B국면을 추가한 설계
- 장점
  - 개입의 효과에 대한 인과관계의 파악이 용이함
  - 특정한 문제를 가진 클라이언트에 대한 특정개입효과를 알 수 있으므로 해당 분야의 이론축적에 용이함
  - 클라이언트와 사회복지실천가의 관계가 지속되고 있는 상황에서 두 번째 기초선이 설정되고 개입이 이루어지므로 지속적인 관찰이 가능함
- 단점
  - ABA설계보다 시간이 오래 걸리므로 2번에 걸친 기초선과 개입기간을 모두 일정하게 유지하기 어려움
  - 개입지속효과(carry over effect)로 인해 개입의 효과가 무의미하게 될 경우가 발생함

4) ABCD설계

- ABCD설계: ABA설계에서 개입을 가해도 효과가 나타나지 않을 때, 다시 개입을 철회하기보다는 새로운 개입방법 C와 D를 적용하는 설계(C까지만 적용하는 경우도 있음)
- 장점: 클라이언트에게 적합한 새로운 개입방법의 적용이 가능함
- 단점: 비교효과통제가 어려움

5) BAB설계

- BAB설계: 주로 실천현장이나 응급상황에서 사용하기에 적절한 설계
  - AB설계의 순서를 바꾸어 BA 혹은 BAB로 설계가 가능함

6) 복수기초선설계

- 문제 간 복수기초선설계: 하나의 특수한 개입방법이 같은 상황하에 있는 같은 대상자의 다른 문제 해결에 효과가 있는지를 평가하기 위한 설계
- 상황 간 복수기초선설계: 하나의 특수한 개입방법이 같은 대상자의 같은 문제를 두 가지 이상의 다른 상황에서 치료하는 데 효과가 있는지를 평가하는 설계
- 대상자 간 복수기초선설계: 같은 상황하에서 같은 문제를 가진 여러 사람에게 특정개입방법을 실시해 그 개입방법이 효과가 있는지 보기 위해 사용하는 설계

4. 단일사례설계에 기초한 개입의 평가

- 시각적 분석: 변화의 파동 / 경향 / 수준
- 통계적 분석: 두 표준편차 밴드 접근 / 경향성 접근
- 실질적(실용적 · 임상적) 유의성 분석

연습문제

01 단일사례설계의 각 유형과 장단점을 논하시오.

02 단일사례연구의 특징을 기술하시오.

03 <그림 5-12>의 각각의 그래프를 보고 개입의 효과를 추정해 보시오.

사회복지사 1급자격시험 기출문제

01 하나의 문제에 대해서 여러 가지 각기 다른 방식을 개입하는 설계방법은?

① AB ② ABA
③ ABAB ④ ABCD
⑤ BAB

02 위급한 상황에 즉시 개입을 하고 문제가 호전되면 기초선을 설정하고 다시 개입단계로 돌아가는 설계는?

① AB ② BAB
③ ABAB ④ ABA
⑤ 복수기초선

03 다음 중 단일사례연구설계의 특징으로 옳지 않은 것은?

① ABAB설계는 윤리적 문제가 야기될 수 있다.
② 단일사례의 질적연구를 한다.
③ 기초선 설정이 필요하다.
④ 하나의 사례를 가지고 반복적인 관찰을 한다.
⑤ 개입 전과 개입 후의 상태를 비교함으로써 개입의 효과를 증명한다.

04 다음 중 ABAB설계에 대해 맞는 것은?

① AB설계에 두 번째 개입단계 (B)를 추가한 것이다.
② 두 가지 이상의 사례를 가지고 개입의 효과성을 평가한다.
③ ABAB설계는 ABA설계와 함께 윤리적 문제를 발생시킨다.
④ 기초선 단계와 개입이 한 번에 이루어진다.
⑤ 복수기초선설계라고도 한다.

05 단일사례설계 중 ABCD설계에 관한 설명으로 옳은 것을 모두 고른 것은?

ㄱ. 기초선 형성 후 서로 다른 복수의 개입방법을 연속적으로 도입한다.
ㄴ. 우연한 사건은 개입효과에 영향을 미치지 않는다.
ㄷ. 서로 다른 개입방법의 효과성을 비교한다.
ㄹ. 다중기초선설계는 순서효과(order effect)를 통제할 수 있게 한다.

① ㄱ, ㄴ, ㄷ ② ㄱ, ㄷ
③ ㄴ, ㄹ ④ ㄹ
⑤ ㄱ, ㄴ, ㄷ, ㄹ

06 단일사례연구의 설명으로 옳지 않은 것은?

① 단일사례로서 개인, 가족, 단체 등이 분석대상이다.
② 여러 명의 조사대상들에게 개입시기를 다르게 하면 우연한 사건효과를 통제할

정답 01 ④ 02 ② 03 ② 04 ③ 05 ② 06 ⑤

수 있다.
③ 기초선으로 성숙효과를 통제할 수 있다.
④ 측정을 위한 비관여적 관찰도 가능하다.
⑤ 비반응성 연구의 한 유형이다.

07 다음에서 설명하는 것은?

> 단일사례설계에서 기초선이 불안정하게 형성되어 있는 경우, 기초선의 변화의 폭과 기울기까지 고려하여 결과를 분석한다.

① 평균비교 ② 시각적 분석
③ 경향선 접근 ④ 임상적 분석
⑤ 이론적 분석

08 단일사례설계의 설명으로 옳지 않은 것은?
① 기초선 국면과 개입 국면이 있다.
② 연구대상과 개입방법은 여러 개가 될 수 없다.
③ 조사연구과정과 실천과정의 통합이 가능하다.
④ 경향과 변화를 파악하도록 반복 관찰한다.
⑤ 통계적 원리를 적용하여 분석할 수 있다.

09 단일사례설계 중 다중기초선설계에 관한 설명으로 옳지 않은 것은?
① 내적타당도 저해요인을 통제하기 위한 주요 수단으로 개입의 철회를 사용한다.
② 일부 연구대상자에게 개입의 제공이 지연되는 문제를 갖는다.
③ 연구대상자의 수가 증가할수록 내적타당도는 증가한다.
④ 동일한 개입을 특정 연구대상자의 여러 표적행동에 적용하여 개입의 효과를 평가할 수 있다.
⑤ 수집된 자료의 분석을 위해 통계적 방법이 사용되기도 한다.

10 단일사례설계의 개입효과에 관한 설명으로 옳지 않은 것은?
① 개입 후 변화의 파동이 심하면 효과 판단이 어렵다.
② 기초선이 불안정할 경우 기초선의 경향선을 이용하여 통계적으로 개입효과를 판단한다.
③ 기초선에서 개입기간까지의 경향선을 통해 시각적으로 개입효과를 판단한다.
④ 기초선과 개입기간 두 평균값의 통계적 검증을 통해 개입효과를 판단한다.
⑤ 개입 후 상당한 기간이 지나 최초의 변화가 발생할 경우 개입효과가 있다고 판단한다.

11 단일사례연구에 관한 설명으로 옳지 않은 것은?
① 개인과 집단뿐만 아니라 조직이나 지역사회도 연구대상이 될 수 있다.
②외적 타당도가 높다.
③ 개입효과에 대한 즉각적인 피드백이 가능하다.
④ 조사연구과정과 실천과정이 통합될 수 있다.
⑤ 반복측정으로 통제집단 효과를 볼 수 있다.

정답 07 ③ 08 ② 09 ① 10 ⑤ 11 ②

CHAPTER 06

누구/무엇을 대상으로 조사할 것인가?

1. 표본추출
2. 표본추출의 원리
3. 표본추출의 방법

여론조사의 대명사 '갤럽'

출처: WorthPoint website

정치여론조사와 관련하여 빼놓을 수 없는 이름 가운데 하나가 리터러리 다이제스트(Literary Digest)이다. 이 잡지는 1890년부터 1938년까지 발행된 미국의 유명한 대중 시사잡지인데, 1936년 대통령선거에서 회사의 명예를 걸고 엄청난 기획을 하였다. 자사 잡지의 애독자 명부 및 자동차 등록명부에서 1,000만 명의 유권자를 찾아 우편조사를 실시한 것이다. 237명이 응답하였는데, 공화당의 앨프 랜던(Alf Landon) 후보가 57%대 43%의 득표비율로 현직의 프랭클린 루즈벨트(Franklin Roosvelt) 대통령을 누르고 전국에 걸쳐 압승할 것이라고 예측하였다. 그러나 실제 결과는 루즈벨트 대통령의 압승으로 나타나 다이제스트사가 야심작으로 내놓았던 여론조사는 얼토당토않은 결과를 내놓은 꼴이 되었고, 이 여파는 다이제스트사의 사운에 영향을 미치게 되었다. 실제 선거에서 루즈벨트 대통령은 61%의 득표율로 523명의 선거인단을 확보하였고 랜던은 단지 8명의 선거인단밖에 얻지 못하였다.

이 같은 결과가 나타난 이유는 무엇일까?

그 이유는 조사대상자, 즉 표본 선정이 잘못되었기 때문이다. 다이제스트사가 사용했던 전화번호부와 자동차 소유자 명단은 부유층에 치우쳐 있었기 때문에 문제가 되었다. 대공황의 끝에 치뤄진 선거인 점을 감안하면 쉽게 이해할 수 있다. 가난한 계층의 사람들은 루즈벨트 대통령이 경기회복책으로 내놓았던 뉴딜정책을 압도적으로 지지하고 있었는데, 가난한 사람보다 부유층에 편중된 표본을 대상으로 한 조사에서는 이 같은 현실이 나타나지 않았던 것이다.

한편, 같은 해 미국 대통령선거 여론조사에서 조지 갤럽(George Gallup)이라는 사람은 선거결과를 정확하게 예측하여 명성을 날리게 되는데, 갤럽은 다이제스트사와는 달리 할당표집(quota sampling)을 하였다. 유권자의 성별, 소득, 연령, 인종, 거주지역(도시/농촌) 등과 같은 응답자의 특성을 바탕으로, 각계 각층의 사람을 실제 분포에 따라 표집함으로써 특정 집단에 치우치지 않고 '대표성'이 높은 표본을 뽑아 고른 의견을 조사한 결과 정확하게 예측할 수 있었다. 갤럽은 이 같은 할당표집을 이용하여 1940년과 1944년의 선거에서도 대선 승리자를 정확하게 집어냄으로써 여론조사의 대명사로 명성을 날리게 되었다.

이 장에서 학습할 내용

1. 많은 사람들 중에 내가 연구하고 싶은 사람들은 어떻게 뽑을 수 있을까?
2. 내가 조사대상으로 선정한 사람들은 내가 궁금한 사람들 전체를 대표할 수 있을까?

연구과정

연구문제 선정 → 가설설정 → 조사설계 → **표집** → 측정 → 자료수집 → 자료분석

이 장에서는 표본추출(표집)에 관해서 살펴보려고 한다. 표집은 크게 보면 관찰과정에 해당하기도 하지만, 좀더 구체적으로는 조사설계에 의해 누구를 대상으로 자료를 수집할 것인지 대상자를 결정하는 과정이다.

1. 표본추출

1) 표본추출의 개요

우리가 어떤 특정 집단에 대해 알고자 한다면 그 집단 전체를 조사하면 된다. 조사대상을 전부 조사하는 방법을 전수조사라고 한다. 사회복지기관에서 노인여가프로그램에 참여한 이용자가 80명이고, 이들의 프로그램 만족도를 알고 싶다면 이들 전체를 대상으로 조사할 수 있다.

그런데 관할지역의 주민 18,325명의 욕구에 대해서는 전체를 조사하기 어렵다. 이런 경우 모집단(우리가 궁금한 대상)으로부터 표집과정을 통해 표본을 뽑아 조사하는 방법을 표본조사라고 한다. 표본조사 결과로 나타난 통계치들을 통해 모집단의 특성(모수)를 추정하게 된다. 따라서 정확한 모수 추정을 위해서는 표본을 추출할 때 모집단의 특성을 잘 대변할 수 있는 대표성 있는 표본을 선정하는 것이 중요하다. 표본조사는 국의 간맞추기로 비유하면 이해하기 쉽다. 우리가 국의 간을 볼 때 국물 전체를 맛보지 않는다. 국물의 일부만 맛을 보고 국 전체의 간을 예상한다. 이때 국물 전체는 모집단, 국의 간을 보기 위해 뜬 국물의 일부가 표본이 된다. 그런데 소금이나 간장이 잘 섞이지 않은 상태에서 국의 간을 보면 정확한 간을 예측할 수 없다. 이는 한 곳에 소금이 덜 녹아 가라앉아 짠 부분과 소금물이 아직 섞이지 않는 부분에 대한 특성이 반영되지 않았기 때문이다. 이는 표본추출이 대표성을 띠지 못하는 상황이라고 할 수 있다.

2) 표본추출의 기본구조

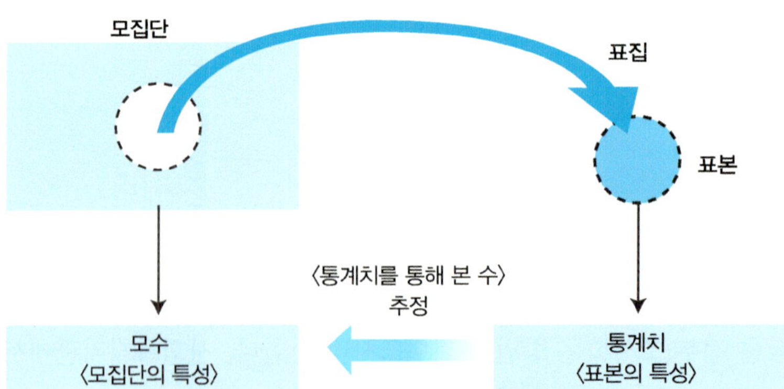

그림 6-1 표본조사의 기본구조

앞에서 설명한 모집단으로부터 일부인 표본을 추출하여 표본을 통해 모집단 전체의 특성을 추정해 보는 과정을 〈그림 6-1〉과 같이 그려볼 수 있다.

3) 표본조사의 장단점

(1) 장점

모집단 전체를 조사하는 전수조사가 현실적으로 불가능한 경우에 표본조사를 사용한다. 표본조사는 전수조사에 비해 돈과 시간, 조사원 등 물적 · 인적 자원이 절약된다. 시간이 많이 걸리지 않기 때문에 연구가 지체되지 않고 조사기간 동안에 상황이 변하는 일이 적다. 비표본오차가 전수조사보다 적어 보다 더 정확한 정보를 획득하는 것이 가능하고, 응답자로부터 높은 응답률과 협조를 받을 수 있다.

전수조사를 하기 위해서는 상당수의 면접자 또는 조사자가 필요한데, 이럴 경우 조사자 간의 신뢰도 문제가 발생할 가능성이 높다. 그러나 표본조사는 그럴 가능성이 상대적으로 낮다.

(2) 단점

그러나 표본집단이 늘 장점만 있는 것은 아니다. 표본조사를 하기 위해서는 표본을 어떻게 추출할 것인가가 관건이라고 할 수 있다. 그러나 모집단을 대표할 수 있는 표본을 찾는 것이 쉬운 일이 아니다. 표본은 모집단의 부분집합으로서 대표성을 가져야 하는데, 표본이 모집단을 대표하지 못할 경우 일반화 가능성이 낮아진다. 또한 모집단이 작으면 모집단을 조사하면 되기 때문에 표집을 하여 조사하는 것의 의미가 없어진다. 표본설계가 복잡한 경우에는 시간과 비용이 더 소요될 수 있고, 표본설계가 잘못된 경우에는 오차가 발생할 수 있다.

4) 표집과 관련한 용어들

(1) 모집단(population)과 표본(sample)

모집단은 연구자가 관심을 갖고 조사하려는 대상 전체를 이론적으로 규정한 것으로 '누구를 대상으로 한 연구인가'에서 그 대상을 규정한 것이다. 즉, 우리가 알고자 하는 집단이 바로 모집단이다. 그런데 때에 따라 모집단 전체를 대상으로 조사하기 어려운 경우가 많다. 예를 들어, 모집단이 대한민국 국민이라고 했을 때, 실제로 전체 국민을 대상으로 조사하기 어렵다. 그 수가 많을 뿐 아니라, 갓 돌 지난 아이도 포함되어 있고, 성인일지라도 몸이 아파 누워 있으면 조사에 응하지 못할 수도 있다. 만약, 국민의 대표적인 모습에 대해서 조사를 하겠다고 의도한다면 선택된 일부에 대해서만 조사가 가능한 것이다. 이때 선택된 일부를 표본이라고 한다.

| 표 6-1 | 모집단과 표본

사례	모집단	표본
국의 간 맞추기	솥 전체의 간 정도	휘저은 뒤 국자에 담긴 국의 간 정도
대통령 후보에 대한 유권자들의 선호도 조사	한국의 모든 유권자	각 지역 시도별로 200명씩 선정된 전화설문 대상자
새로운 치료법에 대한 임상연구 대상 선발 및 적용	새로운 치료법을 적용받을 수 있는 해당 특정 질병을 앓고 있는 모든 환자	새로운 치료법을 적용받을 수 있는 특정 질병을 앓고 있는 환자들 중 임상연구의 조건에 따른 81명의 환자
공정에서 생산되는 부품의 품질 검사	공정에서 생산할 수 있는 모든 부품	무작위로 추출한 25개의 부품

출처: 최제호(2007).

(2) 표집(sampling)

표집은 조사대상자로 누구를 선택할 것인지 모집단에서 표본을 선택하는 과정이다.

(3) 모수(parameters)와 통계치(statistics)

모수는 모집단의 변수를 요약하여 기술한 수치로 보통 표본에 대한 분석 결과를 통해 모수를 추정한다. 예를 들면, 국민기초생활 수급권자 대상 가구의 평균소득의 경우, 수급권자 가구 전수의 소득을 알아서 그 평균치나 분포값을 측정하여 기술한 것이다. 그러나 표본조사에서 관찰된 값은 통계치라고 한다. 즉, 표본에서 어떤 변수가 갖고 있는 특성을 요약하여 기술한 수치로, 전체가 아닌 일부 조사대상의 분포값이다.

(4) 표집단위(sampling unit)

표집단위는 표본조사 시 무엇(누구)을 선택하여 조사하는지 그 대상의 단위를 말한다. 예를 들어, 우리나라 가구당 소득을 조사한다면 우리나라 전체 가구가 모집단이 되고 가구가 표집단위가 된다. 다른 예를 든다면, 연구대상이 18~30세 여성이라면 모집단은 '전체 18~30세 여성'이 된다(때에 따라서는 우리나라 18~30세 여성, 혹은 서울시 거주 18~30세 여성 등으로 한정될 수도 있다). 이때 시간과 비용의 문제로 전체 18~30세 여성을 모두 조사하기 어렵기 때문에, 1,000명만 표본추출하여 조사하면 그 '실제 조사대상자 1,000명'이 표본(표본집단)이 된다. 이때 조사대상자가 될 수 있는 '18~30세의 여성'에 해당하는 개인이 표집단위(추출의 기준)가 된다.

표집단위는 대개 관찰단위, 분석단위와 동일하지만 아닌 경우도 있다. 집단따돌림 가해자 아동의 가족 간 의사소통에 대해 조사한다고 하면, 모집단은 전체

집단따돌림 가해자 아동이고, 그중 몇몇만 표본으로 추출하여 조사할 것이므로 표집단위는 집단따돌림 가해자 아동이 될 것이고, 관찰단위는 그 가족의 구성원 모두, 분석단위는 해당 가족이 된다. 의사소통은 개인만 관찰하는 것이 아니라 가족 간에 어떤 방식으로 이루어지는지 관찰하게 되기 때문이다.

(5) 표집틀(sampling frame)

표본추출 단위가 수록된 실제 명단으로 표집틀은 모집단과 같을 수도 있지만 다를 수도 있다. 표집 목록이라고도 하며 전화번호부, 회원명단 등이 이에 해당한다.

(6) 표본오차(sampling error)

표집과정에서 발생하는 오차로 표본평균과 모집단 평균의 차이를 말한다. 즉, 모수와 통계치간의 차이로 이 둘 간의 평균차이가 크면 표집이 잘못된 것이고, 통계치로 모집단의 특성을 추정하기 어려워지거나 잘못 추정하게 된다.

(7) 표본크기(sample size)

표본의 사례 수를 말한다. 표본의 수가 많으면 표본의 크기가 크다고 말한다.

2. 표본추출의 원리

1) 대표성 확보

모집단에서 표본을 추출할 때 가장 중요한 쟁점은 추출된 표본이 모집단의 특성을 정확하게 반영하는가 하는 점이다. 대표성은 표본이 모집단을 정확하게 반영하는 정도를 말한다. 표본의 특성을 통해 모집단을 추정하는 경우 표본이 모집단의 특성을 정확하게 대표하느냐에 따라 연구결과에 중대한 영향을 미치기 때문에 대표성 있는 표본을 구성하는 것이 중요하다. 그렇다면 바람직한 표본으로 대표성 있는 표본은 어떤 특성을 갖고 있는지 살펴보기로 한다.

(1) 편향되지 않은 표본

표본이 모집단과 동일하지 않는 이상, 모집단의 특성을 완전히 똑같이 반영하는 표본구성은 현실적으로 불가능하다. 이 이야기는 표본은 어딘가 편향되어 있다는 의미이다. 표본이 모집단의 특정한 성향만 반영할 경우 이것을 편향된(biased) 표본이라고 한다. 바람직한 표본은 모집단의 특성을 완벽히 반영하지는 못할지라도 최대한 편향이 적은 표본이어야 한다. 이렇게 모집단의 모든 특성을 골고루 반영하며, 연구자가 관심을 갖고 있는 변수 및 이 변수들과 관련된 여타의 변수들의 특성을 거의 비슷하게 반영하고 있는 표본을 대표성 있는 표본이라고 할 수 있다.

(2) 표준오차가 적은 표집분포

실제 연구과정에서 표집은 여러 번 수행되는 것이 아니라 한 번만 수행되며 그 결과로서 모집단의 특성을 추정하게 된다. 이때 추출된 표본은 모집단에서 추출될 수 있는 무수히 많은 표본들 중 하나에 불과하고, 이 표본이 모집단과 다른 특성을 갖고 있을 가능성도 존재한다. 이때 표본이 모집단과 어느 정도 차이가 있는지를 알아볼 수 있는 것이 표집분포와 표준오차이다. 모집단의 표준편차가 작으면 작을수록, 표본의 크기가 크면 클수록 표준오차는 작아지게 된다. 이 경우, 모집단의 표준편차를 연구자가 통제할 수는 없으므로(이미 고정되어 있음), 표준오차를 줄이기 위한 가장 효과적인 방법은 표본의 크기를 증가시키는 것이다.

(3) 표본의 대표성에 영향을 미치는 요인들

대표성이 높은 표본을 추출하기 위해서는 무작위표집방법을 통해 표본을 구성하는 것과 함께 두 가지 조건이 더 필요하다. 첫째 조건은 표본의 크기이다. 모집단의 구성요소들이 동일한 확률로 무작위표집이 이루어진다고 해도 표본의 크기가 너무 작으면 모집단의 특성을 정확하게 반영할 수 없다. 둘째 조건은 모집단의 동질성이다. 모집단을 구성하는 개별 요소들이 어느 정도 동일한 속성을 가지고 있는지의 여부가 표본의 대표성에 직접적인 관련을 갖는다.

2) 확률이론

이쯤이면 '어떻게 표본조사로 모수를 추정할 수 있을까?'가 궁금해져야 한다. 이를 설명해 주는 것이 확률이론이다.

확률이론에 의하면, 동일한 크기의 무작위 표본이 독립적으로 수없이 추출되면 이들 표본들의 평균치는 각기 다르게 나타나고, 동시에 무수한 표본들의 평균치들은 모집단 평균치를 중심으로 고루 분포되어 정상분포를 이룬다. 이때,

표집분포의 평균은(표본 평균치들 분포의 평균) 모집단의 평균치와 동일하다. 예를 들어, 1에서 100까지의 수에서 다섯 개의 수를 뽑아 평균을 낸다면 어떤 경우에는 평균이 3일 수도 있고, 어떤 경우에는 98일 수도 있으며, 어떤 경우에는 50일 수도 있다. 그런데 다섯 개를 어떻게 뽑아내느냐에 따라 평균은 다르지만 나온 평균의 빈도는 평균이 50인 경우가 제일 많고, 3이나 98인 경우는 1, 2, 3, 4, 5인 경우와 96, 97, 98, 99, 100인 경우 한 경우씩 밖에 없다. 다섯 개의 수가 추출되는 모든 경우를 시행했을 때 그 다섯 가지 수의 평균 그래프를 그리면 〈그림 6-2〉와 같은 정상분포를 나타낸다. 정상분포는 ① 좌우대칭의 종모양이며, ② 평균값, 중앙값, 최빈값이 분포의 중앙에서 일치하고, ③ 평균선은 종모양의 분포를 완전히 절반으로 나누는 특징이 있다. 이러한 정상분포를 이루는 표집분포의 모양을 정상분포곡선(normal distribution curve)이라고 하며, 정상분포곡선을 활용하여 실제조사에서 얻은 표본의 통계치와 모집단의 모수 간 차이, 즉 표준오차를 계산할 수 있다.

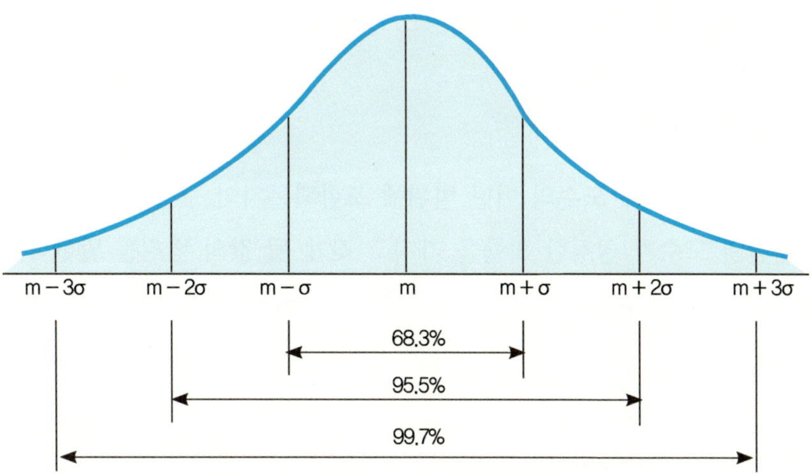

| 그림 6-2 | 정상분포

(1) 표준점수(standard score)

Z-score라고도 하며, 산술평균치로부터 특정 점수의 편차를 표준편차 단위로 나타낸 것을 말한다(Xi-X/s). 어떤 점수가 실제 의미를 갖기 위해서는 어떤 준거집단의 점수분포와 비교되어야 하는데, 비교할 수 있도록 조정해 놓은 점수이다. 표준점수의 분포는 평균이 0이고 표준편차가 1인 표준정상분포(standard form of normal distribution)를 이룬다.

(2) 신뢰수준

신뢰수준이란 통계치가 모수의 특정 구간 내에 위치하는 것을 말하는 것으로 통계치의 정확성을 표현한다. 표본의 결과를 통해 추정하려는 모수의 신뢰성 정도를 말하는데, 보통 95%의 신뢰수준을 사용한다. 어떤 조사에서 95%의 신뢰수준의 결과라고 보고한다면, 그것은 100번 조사를 하면 다섯 번 정도 같은 결과가 나오지 않음을 의미한다. 95%의 신뢰수준은 5%의 유의수준에서 통계적으로 유의미함을 말하며, 95%의 신뢰수준은 ±1.96 표준편차이다.

(3) 신뢰구간(급간)

표본 통계치가 실체 모수의 어떤 범위에 포함되는지의 구간을 나타내는 지수로, 모집단의 모수가 일정한 확률을 가지고 갖게 될 값의 범위를 말한다. 앞의 〈그림 6-2〉에서 95%의 신뢰구간이라고 한다면, m−2σ부터 m+2σ까지의 구간을 말한다.

(4) 표준오차(standard error)

표준오차는 표본평균의 표준편차로서 표준오차가 적을수록 통계치의 신뢰도

증가한다.

표준편차란 변수들의 값이 평균으로부터 얼마나 떨어져 있는가를 나타내는 변량(variance)의 제곱근으로 변수들의 값이 평균에서 떨어진 거리를 명확히 해준다. 어떤 집단의 요소들이 지니는 특성, 속성이 꼭 같지 않고 널리 분포되어 있을 때 각 요소의 값이 전체 평균치로부터 떨어진 거리를 편차라고 하며, 각 값의 편차들의 제곱을 평균하여 다시 제곱을 씌운 값을 표준편차라 한다.

$$s=\sqrt{\frac{pq}{N}}$$ (s=표준오차, p=한 범주의 %, q=다른 범주의 %, N=표본크기)

표준오차의 값은 이론상 표본의 크기와 반비례한다. 즉, 표본크기가 커질수록 표준오차는 줄어든다. 또한 모집단의 구성비에 대한 표본의 대표성이 클수록, 그리고 모집단에 대한 표본의 유사성이 높을수록 오차는 감소한다. 그러나 신뢰수준이 높아지면 표집오차는 커진다. 예를 들어, 우리나라 전체 국민의 평균 키를 조사한다고 했을 때 현실적으로 모든 국민의 키를 측정할 수는 없다. 따라서 표본을 추출해서 전체 모집단의 키를 추정하게 된다. 표본을 통해 추정된 모집단의 평균 신장이 170cm라고 했을 때 신뢰수준(신뢰구간)이 95%, 표본오차는 2cm라는 결과가 나왔다고 한다면, 우리나라 국민들의 평균 키는 168cm부터 172cm일 확률이 95%라는 것이다.

그런데 만일 전체 국민 중에서 무작위로 300명씩 뽑아서 평균 키를 100번 잿다고 했을 때, 100번 중에서 95번이 168cm에서 172cm 사이에 위치한 결과가 나왔다고 한다면, 이때 모집단의 평균 키는 170cm라고 추정할 수 있고, 이때의 신뢰수준은 95%, 오차는 2cm, 신뢰구간은 168~172cm이다. 신뢰수준을 99%로 올리면 오차 범위가 좀더 넓어진다. 예를 들어 300명씩 100번의 표본을 추출해서 각각의 경우의 평균 키 중에서 99개가 모집단의 평균으로 인정받을 수 있기 위해서는 앞의 신뢰수준 95%에서의 168~172cm 사이의 범위보다 넓은 범위를 잡아야 하기 때문이다. 모집단의 평균 키는 변하지 않기 때문에, 그것을 99개 모두 모집단의 평균으로 인정하려면 기준을 넓히는 수밖에 없다. 그러면 오차는 3cm로 커지고, 167~173cm로 신뢰구간은 넓어지지만 그만큼 표본에서 나온 평균 키(낮은 신뢰수준에서는 평균으로 인정되지 않았던)가 그 범위 안으로 들어갈 확률이 더 높아진 것이다. 신뢰수준 95%인 경우 제외되었던 다섯 번의 경우 중에 네 번의 경우가 새롭게 모집단의 평균 키 추정구간, 즉 신뢰구간으로 들어오게 되는 것이다. 그렇기 때문에 신뢰수준을 높게 잡는다는 것은 범위를 넓게 하여 설명력을 높이려 했지만, 낮은 신뢰수준에서는 버렸던 오차가 큰 평균들도 포함시키게 되면서 표집오차가 커지는 것이다. 표준오차는 표본의 추정치가 어느 정도 모집단의 모수 근처에 분포될지 그 정도를 알려주며, 신뢰구간을 계산하는 데 사용된다.

68%의 신뢰수준 μ0 ± 1s: 모수 ± 1s 사이의 범위에 속할 확률이 68%
95%의 신뢰수준 μ0 ± 1.96s: 모수 ± 1.96s 사이의 범위에 속할 확률이 95%

(5) 중심극한정리(central limit theorem)

중심극한정리는 세 가지로 정리된다.

① 모집단이 정상분포(normal distribution)를 이루고 있으면, 표본의 크기에 관계없이 표본평균의 표집분포도 정상분포를 이룬다.

② 모집단이 정상분포를 이루고 있지 않더라도 표본의 크기가 증가하면 표본평균의 분포는 거의 정상분포를 이룬다.

③ 무작위표집에 의한 표본평균들의 평균은 모집단이 유한모집단이든 무한모

집단이든 관계없이 항상 모집단의 평균과 같다.

3. 표본추출의 방법

1) 표집과정

그렇다면 어떻게 표집을 하는 것이 좋을까? 모집단을 잘 대표하는 표본을 구하는 방법을 알아보기로 한다.

(1) 모집단의 확정

연구목적에 부합되는 자료를 얻기 위해서는 먼저 가능한 모집단을 정확하게 규정해야 한다. 이를 위해 연구대상, 표본단위, 범위, 시간의 네 가지 요소를 명확히 해야 한다. 예를 들면, 18세에서 30세까지의 대한민국 여성이라고 했을 때 표집단위는 18세부터 30세까지의 여성 개인이며 범위는 전국이고 시간은 조사시점(예: 2022년 3월 현재)을 기준으로 하여 모집단을 규정할 수 있다.

(2) 표집틀 선정

표집틀이란 연구대상이나 표집단위가 수록된 목록이며 여기서 최종적인 표본이 추출된다. 좋은 표집틀은 모집단의 구성요소 모두를 포함하면서 어떠한 요소도 이중으로 포함되지 않는 목록이다. 예를 들면, 출석부, 보건복지부에 등록된 시설목록, 회원명부 등이 포함될 수 있다.

(3) 표집방법 결정

표집틀이 선정되면 어떤 방법으로 모집단을 대표할 수 있는 표본을 확보할지 결정해야 하는데, 대개 확률표집방법과 비확률표집방법 중에서 선택한다.

(4) 표본크기 결정

적절한 표본크기는 신뢰구간 및 통계기법 등을 고려해 결정할 수 있으나 실제로는 표집방법, 모집단의 성격, 시간과 비용, 연구자 및 조사원 능력, 연구목적 등을 고려해 결정한다. 그러나 일반적으로 표본의 크기를 결정할 때, 표본의 크기는 클수록 좋다. 또한 분석에 투입되는 개념 및 변수들의 수가 많으면 그에 따라 표본의 크기도 늘어나야 한다. 그렇기 때문에 표본의 크기는 처음 생각보다 크게 잡는 것이 좋으며, 사용하려는 통계분석 방법의 성격을 고려하여 표본의 크기를 결정한다.

(5) 표본추출

결정된 지침에 따라 실제로 표집을 실행하여 표본을 확보한다.

지금까지 설명한 표본추출 과정을 정리하면, 〈그림 6-3〉과 같다.

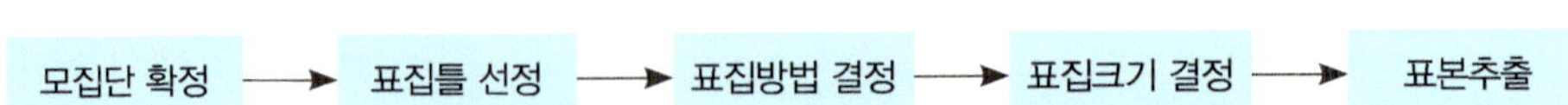

| 그림 6-3 | 모집단으로부터 표본을 추출하는 과정

2) 표집방법

표집방법은 크게 확률표집과 비확률표집으로 구분할 수 있다. 확률표집과 비확률표집의 차이는 〈표 6-2〉에서 설명하고 있다.

| 표 6-2 | 확률표집과 비확률표집의 비교

확률표집	비확률표집
• 연구대상이 표본으로 추출될 확률이 알려져 있을 때 • 무작위적 표본추출 • 모수추정에 편이(bias)가 없을 때 • 표본분석결과의 일반화 가능성 • 표본오차의 추정 가능 • 시간과 비용이 많이 듦	• 연구대상이 표본으로 추출될 확률이 알려져 있지 않을 때 • 인위적 표본추출 • 모수추정에 편이(bias) 존재가능 • 표본분석결과의 일반화 제약 • 표본오차 추정 불가능 • 시간과 비용이 적게 듦

(1) 확률표집

확률표집은 먼저 모집단 규모를 알 수 있으며, 표집틀 내의 각 표집단위들이 표본으로 추출될 확률이 알려져 있고, 모두가 추출될 동일한 기회를 갖고 있으며, 각 단위들이 연구자의 의도가 없는 무작위적으로(random) 추출되는 표집방법이다. 확률표집에 해당하는 방법은 단순무작위표집, 계통표집, 층화표집, 집락표집, 층화집락표집이 있다.

① 단순무작위표집(simple random sampling: SRS)

확률표집의 가장 기본적인 유형으로 모집단 및 표집틀을 확정하고 일련번호를 부여하여 표본의 크기를 결정한 다음 무작위적으로 정해진 표본의 수만큼 표본을 추출하는 방법이다. 이때 무작위표본에서 전체 대상의 각 단위는 표본으로 선택될 동일한 확률을 가진다. 무작위적으로 표본을 추출하기 위해서는 난수표, 통계프로그램 등을 이용할 수도 있고 제비뽑기를 할 수도 있다.

최근에는 무작위표집을 해주는 사이트(http://www.randomizer.org/form.htm)도 있다.

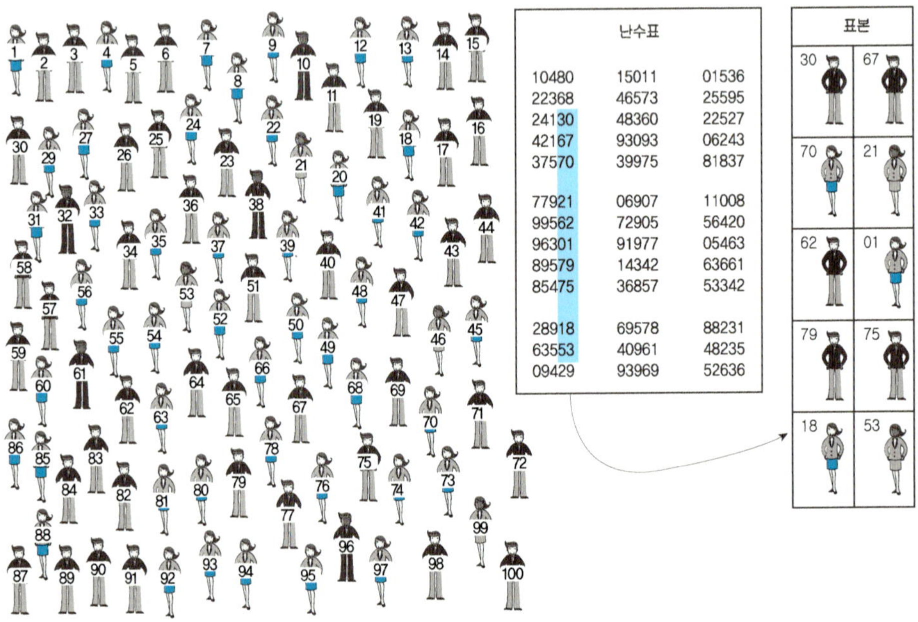

| 그림 6-4 | 난수표 이용법

출처: Rubin, A., & Rubin, E. (1997)에서 재구성.

② 계통표집(체계적 표집, systemic sampling)

계통표집은 모집단을 구성하는 요소들이 자연적 순서 또는 일정한 질서에 따라 배열된 목록에서 매 k번째 요소를 추출하여 표본을 형성하는 표집방법이다. 절차는 먼저 표집틀을 마련하고, 표집틀에 포함된 모든 표집단위에 순서대로 번호를 매긴다. 모집단 총수를 필요한 표본의 수로 나누어 표집간격을 구하고, 최초의 표집간격 내에서 하나를 무작위로 표집한다. 최초의 표집간격 내 무작위로 선택된 숫자에 표집간격을 계속 더해가면서 그 번호에 해당되는 요소를 선택한다. 예를 들면, 모집단 600명 중에서 표본 60명을 계통표집으로 뽑고자 한다면, 모집단 600명을 표본수 60으로 나누어 표집간격 10을 구한다. 표집틀의 첫 열 명 중에서 한 명을 무작위로 추출한다. 이때 만약 3이 나왔다면, 계속해서 10을 더해 3, 13, 23, 33, … 583, 593까지 총 60개의 번호를 추출하여 각 번호에 해당하는 사람을 대상으로 조사를 수행하는 것이다. 이때 표집틀 내에 주기성이나 순환성이 있다면 계통표집을 사용하지 않는 것이 좋다.

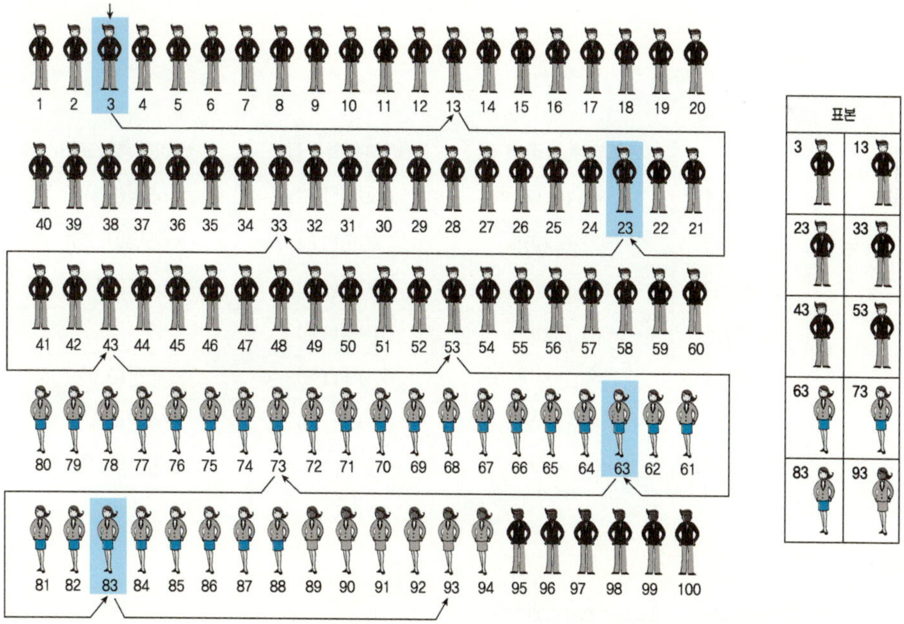

| 그림 6-5 | 체계적 표본추출의 예

출처: Rubin, A., & Rubin, E. (1997)에서 재구성.

③ 층화표집(유층표집, stratified sampling)

층화표집은 유층표집이라고도 하는데 비례층화표집과 비비례층화표집으로 구분할 수 있다. 이 표집방법은 동질적인 집단 내의 표집오차가 이질적인 집단의 표집오차보다 더 작다는 확률분포 논리에 기초한다. 먼저 조사대상 모집단을 상호배타적이고 포괄적인 소집단들로 나누어, 각 소집단들이 모집단 내에서 차지하는 상대적 비율을 정하고, 각 소집단별로 추출할 표본의 수를 정한다. 각 소집단별로는 단순무작위표집방법이나 체계적 표집방법을 사용하여 표본을 추출한다. 예를 들어, 서울시 초등학생을 대상으로 층화표집한다면 다음과 같이 표본을 추출한다.

■ 층화표집의 예

		서울시 초등학생 수	비례층화표집	비비례층화표집
남	1–2학년	66,000명	660명(1%)	665명(1%)
	3–4학년	72,000명	720명(1%)	665명(0.9%)
	5–6학년	69,000명	690명(1%)	665명(0.9%)
여	1–2학년	61,000명	610명(1%)	665명(1%)
	3–4학년	67,000명	670명(1%)	665명(0.9%)
	5–6학년	64,000명	640명(1%)	665명(1%)
계		399,000명	3990명(1%)	3990명(1%)

④ 집락표집(군집표집, cluster sampling)

집락표집은 군집표집이라고도 하며 모집단을 상호배타적인 집락 또는 소집단으로 분류하여 표본을 추출하는 방법이다. 먼저, 소집단을 분류한 뒤, 분류된 소집단 중에서 무작위로 일부 소집단을 선정한다(1단계 집락표집). 선정된 각각의 집락 또는 소집단에서 표본구성요소를 무작위적으로 선정한다(2단계 집락표집). 집락표집이 여러 단계에 걸쳐 실시될 때 이를 다단계 집락표집이라고 한다.

이 표집방법은 모든 표집요소들을 대상으로 개인단위의 표집틀인 모집단의 목록을 만드는 것이 현실적으로 어렵거나 불가능할 때 사용한다. 예를 들어, 서울시 초등학생을 대상으로 표집을 한다고 했을 때 사실상 초등학생의 명단을 구하는 것은 현실적으로 어렵다. 이런 경우, 먼저 서울시의 지자체 중에서 몇 개를 무작위로 추출한다. 추출된 지자체 중에서 몇 개의 동을 무작위로 추출한다. 몇 개의 동에 소재한 초등학교을 무작위로 추출한다. 추출된 학교에서 일부 학급을 무작위로 추출하거나 모든 학생을 표본으로 조사할 수 있다.

이렇게 모든 계층이나 소집단들이 골고루 표집되어야 하는 층화표집과 달리 집락표집은 먼저 집락들을 표집하고 그후 선택된 각 집락 내에서 표집을 진행한다.

⑤ **층화집락표집**(stratified-cluster sampling)

층화집락표집은 먼저 계층을 층화표집과 마찬가지로 선택하고, 각 계층 내에서 집락표집 절차를 시행하는 것이다. 예를 들면, 전국 광역자치단체(특별시, 광역시, 도)들을 계층으로 선정하고, 모든 계층(광역자치단체)에 대해 해당 시 · 군 · 구를 하위계층 삼아 이들을 모두 포함하는 목록을 구하고, 모든 시 · 군 · 구 각각에 해당하는 읍 · 면 · 동 목록을 구해 이들로부터 일부 읍 · 면 · 동을 표집하고, 표집된 읍 · 면 · 동으로부터 일부 가구들을 표집하고, 표집된 가구로부터 최종적으로 성인 여성을 선택하는 방법이다.

(2) 비확률표집

비확률표집에는 편의표집, 유의표집, 할당표집, 눈덩이식표집 등이 있다.

① 편의표집(임의표집, 우발적 표집)

편의표집은 임의표집 혹은 우발적 표집이라고도 하는데, 연구자가 쉽게 접근할 수 있거나 이용 가능한 대상들을 표본으로 선정하는 방법이다. 예를 든다면, 학교 정문이나 길거리를 지나가는 사람들에게 질문한다든지 특정 장소에 모인 사람들만을 중심으로 질문하는 방법이다. 복지관에 근무하는 사회복지사가 특정한 날에 복지관을 방문한 사람들을 응답자로 선정하는 경우도 여기에 해당한다.

② 유의표집(의도적 표집, 판단표집)

유의표집은 의도적 표집, 판단표집이라고도 하는데, 연구자가 모집단 및 요소들에 대해 풍부한 사전지식이 있는 경우 자신의 판단과 연구목적에 의해 표본을 구성하는 방법이다. 예를 든다면, 본 조사를 실시하기 전에 설문지의 내용 및 수준을 검토하고 타당도를 향상시키기 위해 예비조사를 실시할 때 조사대상을 선정하는 과정에서 유의표집을 사용할 수 있다. 모집단에 대한 사전 지식을 기초로 하는 경우 표집이 편리하고 시간과 비용도 적게 드는 장점이 있다.

③ 할당표집

할당표집은 추출된 표본이 모집단을 잘 대표할 수 있도록 미리 모집단의 특성을 나타내는 하위집단별로 표본 수를 배정한 다음 표본을 추출하는 방법이다.

■ 모집단 할당표

학력	종교 유무	
	있음	없음
대졸 이상	300	200
고졸 이상~대졸 미만	200	100
고졸 미만	100	100

➡

■ 20% 할당표집 후 할당표

학력	종교 유무	
	있음	없음
대졸 이상	60	40
고졸 이상~대졸 미만	40	20
고졸 미만	20	20

이 방법은 층화표집과 유사하지만 무작위표집이 아니라 임의표집을 한다는 점에서 다르다. 즉, 표본을 선택할 때 편의(bias)가 개입될 가능성이 있다.

④ 눈덩이식표집

눈덩이식표집은 처음에 연구자가 임의로 선정한 표본에 해당하는 사람들로부터 추천을 받아 다른 표본을 선정하는 과정을 되풀이하여 표본을 누적적으로 쌓아가는 방법이다. 마치 눈덩이를 굴려 가며 크게 만드는 것과 비슷하다고 하여 눈덩이식표집이라고 한다. 조사대상자를 파악하기 어렵거나, 표집틀을 만들기 어려울 때 실시한다. 예를 들어 특정 경험을 한 사람을 주변에서 쉽게 만날 수 없다면 임의로 한 사람을 선정하여 자료를 수집하고 그 사람으로부터 자신과 같은 경험을 한 다른 사람을 소개받고 그 사람으로부터 자료를 수집하고 또 다른 사람을 소개받는 형식으로 이루어진다. 눈덩이식표집의 장점은 조사에 응하는 사람의 신분이 노출되지 않고 사생활을 보호할 수 있으며, 비용절감효과가 있고, 시간을 절약할 수 있다(한희선, 2009). 반면, 최초의 표본을 구하는 것이 쉽지 않고 일반화의 한계가 있으며, 표본틀을 작성하지 못하기 때문에 한쪽으로 치우친 표본추출 가능성도 있다. 따라서 일반화를 목적으로 하는 양적연구보다는 질적연구에서 더 많이 사용된다.

3) 조사연구의 편향성: 표본오차와 비표본오차

조사연구는 편향성이 없어야 하는데, 표본오차와 비표본오차에 의해 오류가 발생될 가능성이 있다.

(1) 표본오차(sampling error, 표집오차)

표본오차는 모집단을 정확하게 반영해 주지 못하는 표본을 선정해 발생하게 되는 오류로 표본크기가 크고 표본의 분산이 작을수록 표집오차는 작아지며, 표본에 근거한 모집단 추정의 정확성이 높아진다.

(2) 비표본오차(non-sampling error, 비표집오차)

표집과정에서 유발되는 오차가 아니라 자료를 수집하는 과정에서 발생하는 오류로, 조사자나 응답자가 질문항목을 제대로 이해하지 못했거나 인터뷰 과정에서 발생하는 오류, 자료를 집계하고 분석하는 과정에서 발생하는 오류, 질문지 작성이나 조사표 작성을 잘못해서 발생하는 오류, 선정된 표본 중 접촉이 되지 않거나 응답거부자들이 응답자들과 특성에 차이가 있을 경우 발생하는 오류이다.

요약

1. 표본추출의 개요

1) 특징

- 표본조사 결과로 나타난 통계치들을 통해 모집단의 모수를 추정(추리)하게 됨
- 정확한 모수 추정을 위해 표집 시 모집단 특성을 잘 대변할 수 있는 대표성 있는 표본을 선정하는 것이 중요함

2) 표본조사의 장/단점

- 장점
  - 전수조사에 비해 물적 · 인적 자원이 절약됨
  - 시간이 많이 걸리지 않기 때문에 연구가 지체되지 않음
  - 전수조사는 현실적으로 불가능한 경우가 많아 표본조사를 사용함
  - 전수조사보다 비표본오차가 적어 더 정확한 정보를 얻을 수 있음
  - 응답자로부터 높은 응답률과 협조를 받을 수 있음
- 단점
  - 모집단을 대표할 수 있는 표본을 찾기 어려움
  - 모집단의 크기가 작은 경우에는 표집의 큰 의미가 없음
  - 표본설계가 복잡한 경우에는 시간과 비용이 더 소요될 수 있음
  - 표본설계가 잘못된 경우에는 오차가 발생할 수 있음

2. 표본추출의 방법

1) 확률표집

- 특징 : 표집틀 내의 각 표집단위들이 표본으로 추출될 확률이 알려져 있음
  - 모두가 추출될 기회를 가짐
  - 각 단위들이 무작위적으로(random) 추출되는 표집

(1) 단순무작위 표집

- 확률표집의 가장 기본적인 유형
- 모집단 및 표집틀을 확정하고 일련번호를 부여하여 표본의 크기를 결정한 다음 난수추출방법 등

을 사용하여 무작위적으로 정해진 표본의 수만큼 표본을 추출하는 방법

(2) 계통표집(체계적 표집)

- 집단을 구성하는 요소들이 자연적 순서 또는 일정한 질서에 따라 배열된 목록에서 매 k번째 요소를 추출하여 표본을 형성하는 표출방법
- 표집틀 내에 주기성(순환성)이 있다면 계통표집을 사용하지 않는 것이 좋음

(3) 층화표집

- 조사대상 모집단을 상호배타적이고 포괄적인 소집단들로 나눔
- 각 소집단들이 모집단 내에서 차지하는 상대적 비율과 각 소집단별로 추출할 표본의 수를 정함
- 각 소집단별(동질적으로 구성된)로 단순무작위 표집방법이나 체계적 표집방법을 사용하여 표본을 추출함

(4) 집락표집(군집표집)

- 모집단을 상호배타적인 집락 또는 소집단으로 분류함
- 1단계 집락표집: 분류된 소집단 중에서 무작위로 일부 소집단을 선정함
- 2단계 집락표집: 선정된 각각의 집락 또는 소집단에서 표본구성요소를 무작위적으로 선정함

2) 비확률표집

(1) 편의표집

- 임의표집, 우연표집, 가용표집, 우발적 표집(availability sampling, convenience sampling)
- 연구자가 쉽게 접근할 수 있거나 이용 가능한 대상들을 표본으로 선정하는 방법
- 학교 정문이나 길거리를 지나가는 사람들에게 질문한다든지 특정 장소에 모인 사람들만을 중심으로 질문하는 방법

(2) 유의표집

- 의도적 표집(purposive sampling), 판단표집(judgemental sampling)
- 연구자가 모집단 및 요소들에 대해 풍부한 사전지식을 가지는 경우 자신의 판단과 연구목적에 의해 표본을 구성하는 방법
- 모집단에 대한 사전지식을 기초로 하는 경우 표집이 편리하고 시간과 비용도 적게 듦

(3) 할당표집(quota sampling)

- 할당표집: 추출된 표본이 모집단을 잘 대표할 수 있도록 미리 모집단의 특성을 나타내는 하위집단별로 표본수를 배정한 다음 표본을 추출하는 방법
- 층화표집과 유사하나 무작위표집이 아니라 임의표집을 한다는 점에서 다름(selection bias 개입)

(4) 눈덩이표집

- 처음에 연구자가 임의로 선정한 표본에 해당하는 사람들로부터 추천을 받아 다른 표본을 선정하는 과정을 되풀이하여 표본을 누적적으로 쌓아가는 방법
- 질적연구에 적합함

연습문제

01 전수조사가 아닌 표본조사를 하는 이유를 설명하시오.

02 층화표집법과 군집표집법을 비교하여 설명하시오.

03 모집단에서 대표성이 높은 표본을 추출할 수 있는 조건을 제시하시오.

04 비확률표집법을 사용할 수밖에 없는 경우는 어떤 경우인지 설명하시오.

사회복지사 1급자격시험 기출문제

01 다음 중 표집오차에 직접적 영향을 주는 것은?

① 표본의 크기 ② 표본의 대표성
③ 자료수집방법 ④ 표집틀
⑤ 표집 간격

02 표본의 크기를 결정하는 요소가 아닌 것은?

① 조사가설의 내용
② 연구자의 수
③ 조사비용의 한도
④ 모집단의 동질성
⑤ 모집단의 크기

03 표본오차를 설명한 것 중 옳은 것은?

가. 표본의 크기가 크면 줄어든다.
나. 표본오차는 표본값과 모수의 차이이다.
다. 표준오차로 추정할 수 있다.
라. 신뢰수준을 높게 잡으면 표본오차가 크다.

① 가, 나, 다 ② 가, 다
③ 나, 라 ④ 라
⑤ 가, 나, 다, 라

04 눈덩이표집에 대한 설명으로 옳은 것을 모두 고르시오.

가. 일반화가 어렵다.
나. 표본의 대표성을 확보하기 어렵다.
다. 연결되어 있는 사람들의 특성을 파악하기 용이하다.
라. 모집단에서 고르게 표집할 수 있다.

① 가, 나, 다 ② 가, 다
③ 나, 라 ④ 라
⑤ 가, 나, 다, 라

05 표집과 관련된 용어설명으로 옳지 않은 것은?

① 통계치: 모집단 전체에 대한 변수의 값
② 모집단: 연구하려는 이론상의 전체 집단
③ 표본: 모집단 중 추출한 일부
④ 표본오차: 표본수치와 모집단수치의 차이
⑤ 연구모집단: 표집의 기준이 되는 집단

06 다음에서 표본추출과 관련된 용어와의 연결이 틀린 것은?

서울시 소재 4개 종합사회복지관 이용자 중에서 2004년부터 2008년 2월 1일까지 부부 대상 프로그램을 이용한 경험이 있는 20~40세 미만 남녀를 대상자로 하였다. 조사대상자 선정을 위해 해당 종합사회복지관의 부부 대상 프로그램 참여자 명부로부터 이용남녀의 성비에 따라 할당표집(quota sampling)하여, 종합사회복지관마다 50명씩 200명의 남녀를 표본으로 추출하였다.

정답 01 ① 02 ② 03 ⑤ 04 ① 05 ①

① 모집단: 서울시 소재4개 종합사회복지관 이용자
② 표집틀: 프로그램 참여자 명부
③ 표집방법: 할당표집
④ 관찰단위: 20~40세 미만 남녀
⑤ 표집단위: 200명

07 A지역의 지역아동센터를 이용하는 초등학생들을 대상으로 만족도를 조사하고자 한다. A지역의 지역아동센터 이용자명부에서 K명 간격으로 300명을 추출하여 조사를 실시하였을 때 다음에 해당하는 내용 중 틀린 것은 무엇인가?

① 모집단: A지역의 지역아동센터를 이용하는 초등학생
② 표집틀: 지역아동센터 이용자명부
③ 표집방법: 체계적 표집
④ 분석단위: 개인
⑤ 표집단위: 지역아동센터

08 다음 중 확률표집을 할 수 없는 경우는?

① 국회의원 선거 여론조사 – 선거인 명부
② 사회복지협회 가입자 중 회비를 납부한 사람 비율 조사 – 사회복지협회 가입자 명단
③ 서울시 복지사업에 대한 만족도 조사 – 서울역에서 만난 사람
④ 수능시험의 체감 난이도 조사 – 수험생 명단
⑤ 기부의식 조사 – 전화번호부

09 다음에 해당하는 표집방법은?

> 성인의 정치의식을 조사하기 위해 소득을 기준으로 최상, 상, 하, 최하로 구분한 다음 각각의 계층이 모집단에서 차지하고 있는 비율에 맞추어 1,500명의 표본을 4개의 소득계층별로 무작위표집하였다.

① 층화(stratified)표집
② 군집(cluster)표집
③ 할당(quota)표집
④ 체계적(systematic) 무작위표집
⑤ 단순(simple) 무작위표집

10 다음 사례에서 표집 관련 용어의 연결이 옳지 않은 것은?

> 아동양육시설에 거주하는 아동을 대상으로 설문조사를 실시하기 위해 아동복지협회에 등록된 전체 대상자명부에서 초등학생, 중학생, 고등학생으로 모집단을 구분하고 모집단의 비율에 맞게 무작위로 표본을 추출하였다.

① 모집단 – 아동양육시설 거주 아동
② 표집틀 – 대상자명부
③ 표집방법 – 비례적 군집(cluster)표집
④ 표집단위 – 개인
⑤ 관찰단위 – 개인

11 표집오차(sampling error)에 관한 설명으로 옳지 않은 것은?

① 표본의 통계치와 모수 간의 차이를 의미한다.

정답 06 ⑤ 07 ⑤ 08 ③ 09 ① 10 ③ 11 ④

② 일반적으로 표본규모가 클수록 감소한다.
③ 표본의 선정과정에서 발생하는 오차이다.
④ 모집단의 크기에 비례한다.
⑤ 모집단의 동질성에 영향을 받는다.

12 비확률표집에 관한 설명으로 옳은 것을 모두 고른 것은?

> ㄱ. 표집틀이 없는 경우 사용된다.
> ㄴ. 연구자의 편견이 개입될 수 있다.
> ㄷ. 질적연구에 빈번히 활용되는 방법이다.
> ㄹ. 연구결과를 일반화할 수 있다.

① ㄱ, ㄴ, ㄷ　② ㄱ, ㄷ
③ ㄴ, ㄹ　④ ㄹ
⑤ ㄱ, ㄴ, ㄷ, ㄹ

13 다음 사례에 해당하는 표집방법은?

> 서울의 지역사회복지관에 근무하는 종사자의 직무만족도를 조사하기 위하여 설문조사를 실시하였다. 표본은 서울시 각 구별 복지관 종사자 비율에 따라 결정된 인원수를 무작위적으로 모집하였다.

① 할당표집
② 군집표집
③ 계통적 표집
④ 비비례층화표집
⑤ 눈덩이표집

14 다음 조사에 해당하는 표집방법은?

> 한국산업인력공단은 2015년 사회복지사 1급 국가시험 합격자 명단에서 수험번호가 가장 앞 쪽인 10명 중 무작위로 첫 번째 요소를 추출하였다. 그 후 첫 번째 요소로부터 매 10번째 요소를 추출하여 합격자들의 특성을 파악하였다.

① 체계적 표집
② 단순무작위표집
③ 층화표집
④ 할당표집
⑤ 다단계 집락표집

15 표집오차(sampling error)와 표준오차(standard error)에 관한 설명으로 옳지 않은 것은?

① 표집오차는 모집단의 모수와 표본의 통계치 간의 차이다.
② 표본오차는 무수히 많은 표본평균의 통계치가 모집단의 모수로부터 평균적으로 떨어진 거리를 의미한다.
③ 동일한 조건이라면 이질적 집단보다 동질적 집단에서 추출한 표본의 표집오차가 작다.
④ 동일한 조건이라면 표준오차가 클수록 검정통계값이 통계적으로 유의할 가능성이 높아진다.
⑤ 동일한 조건이라면 표본의 크기가 커질수록 표집오차가 감소한다.

정답　12 ①　13 ①　14 ①　15 ④

16 신뢰수준에 관한 설명으로 옳은 것을 모두 고른 것은?

ㄱ. 99% 신뢰수준은 1% 유의수준을 사용한다는 의미이다.
ㄴ. 신뢰수준을 95%에서 99%로 높이면 1종 오류를 줄일 수 있다.
ㄷ. 95% 신로수준은 100번 조사하면 5번 정도는 오차가 허용될 수 있다는 의미이다.
ㄹ. 99% 신뢰수준에서 모집단의 평균값이 신뢰구간 내에 존재한다는 것을 99% 확신할 수 있다.

① ㄱ, ㄴ, ㄷ ② ㄱ, ㄴ, ㄹ
③ ㄱ, ㄷ, ㄹ ④ ㄴ, ㄷ, ㄹ
⑤ ㄱ, ㄴ, ㄷ, ㄹ

17 표본의 대표성에 관한 설명으로 옳지 않은 것은?

① 무작위로 추출된 표본의 크기는 표본의 대표성과 관계가 있다.
② 층화표본추출은 단순무작위 표본추출보다 대표성이 높은 표본을 추출하는 방법으로 알려져 있다.
③ 표본의 대표성은 표본의 질을 판단하는 주요 기준이다.
④ 동일확률선정법으로 추출된 표본은 모집단을 완벽하게 대표한다.
⑤ 모집단의 동질성은 표본의 대표성과 관계가 있다.

18 표본추출과정을 올바르게 나열한 것은?

ㄱ. 모집단 확정
ㄴ. 표본크기 결정
ㄷ. 표본추출
ㄹ. 표본추출방법 결정
ㅁ. 표집틀 선정

① ㄱ → ㄹ → ㅁ → ㄷ → ㄴ
② ㄱ → ㅁ → ㄹ → ㄴ → ㄷ
③ ㄴ → ㅁ → ㄱ → ㄹ → ㄷ
④ ㄹ → ㄱ → ㅁ → ㄷ → ㄴ
⑤ ㅁ → ㄱ → ㄹ → ㄴ → ㄷ

정답 16 ⑤ 17 ④ 18 ②

CHAPTER 07 무엇을 가지고 조사할 것인가?

1. 측정과 척도
2. 측정수준에 따른 척도의 구성
3. 척도의 유형

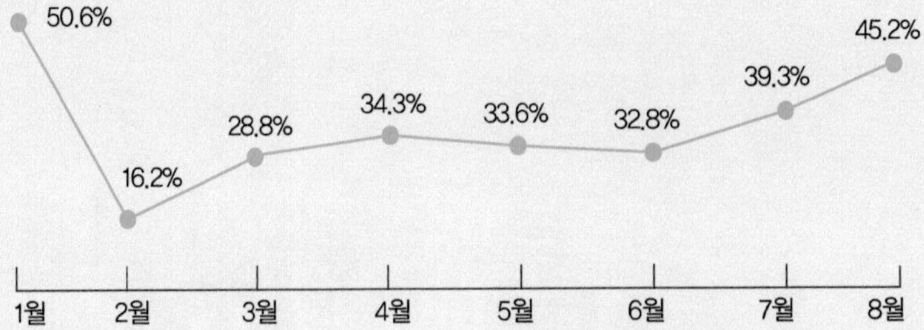

| 그림 7-1 | 가상 정치인의 월별 지지도 추이

위 그래프는 가상의 어떤 정치인의 월별 지지도 추이를 나타낸 것이다. 이 정치인에 대한 지지도는 1월에는 50.6%였지만, 2월에는 16.2%로 뚝 떨어졌다. 그 이후 3월부터 다시 오르기 시작했다. 이 정치인이 속한 정당에서는 이 자료를 근거로 이 정치인의 정책에 대해 유권자들이 이해하고 동참하고 있다고 주장했다. 하지만 반대쪽 정당과 이 정치인의 정책에 반대하거나 지지하지 않는 많은 사람들은 뭔가 이상하다고 생각했다. 특별히 지지율이 높아질 이유는 전혀 없었기 때문이다.

과연 이 정치인 쪽의 주장처럼 진짜 지지율이 높아진 것일까? 만약, 반대쪽 사람들의 생각처럼 지지율이 높아진 것이 아니라면 이 정치인은 어떤 방법으로 지지율이 높아진 결과를 나타냈을까? 수치를 거짓으로 변경하지 않고 여론조사 과정에서 결과가 달라지게 할 수 있을까?

결론부터 말하자면 가능하다.

▶2월까지는 정치인에 대해서 이렇게 조사한다.

(1) 매우 잘한다고 생각한다(6.2%).
(2) 잘하는 편이라고 생각한다(10%).
(3) 잘못하는 편이라고 생각한다(70%).
(4) 매우 잘못한다고 생각한다(13.8%).

▶이를 3월부터 이렇게 조사한다.

(1) 매우 잘한다고 생각한다(5%).
(2) 잘하는 편이라고 생각한다(10%).
(3) 보통이다(13%).
(4) 잘못하는 편이라고 생각한다(60%).
(5) 매우 잘못한다고 생각한다(10.7%).

이럴 경우, '보통이다'는 잘한다고 보는 긍정적인 쪽에 속하는가? 아니면 잘못한다고 보는 부정적인 쪽에 속하는가? 어떻게 선택하느냐에 따라 잘한다는 쪽과 잘못한다는 쪽의 비율은 달라진다.

이 장에서 학습할 내용

1. 내가 알고자 하는 것을 어떻게 측정할 수 있을까?
2. 이미 고안되어 있는 측정도구들은 무엇이 있고 어떻게 사용할 수 있을까?

연구과정

연구문제 선정 → 가설설정 → 조사설계 → 표집 → **측정** → 자료수집 → 자료분석

1. 측정과 척도

측정은 과학적 연구 및 조사에 몇 가지 가장 기본적이며 중요한 역할을 담당한다. 첫째, 측정은 이론적 · 관념적인 세계와 구체적 · 경험적인 세계를 연결한다. 앞에서 살펴본 바와 같이 눈으로 직접적인 관찰을 하지 못하는 추상적인 개념들을 구체적인 측정도구를 통해 우리가 인식하고 관찰할 수 있는 구체적인 대상으로 바꾸어 준다. 둘째, 추상적이고 주관적인 개념을 객관화하여 표준화하는 역할을 한다. 마지막으로 측정은 자료를 수집하고 조직화하는 가장 기본적인 단계로 후속연구를 가능하게 하고, 다른 연구자들이 반복실험을 할 수 있도록 하여 연구과정 및 결과에 대해 논의할 수 있도록 한다.

1) 측정의 개념

측정이란 측정하고자 하는 대상의 속성에 존재하는 일정한 규칙에 따라 숫자나 기호를 부여하는 과정으로, 측정을 통해 추상적인 개념들이 경험적으로 관찰 가능하게 된다. 측정은 아무렇게나 하는 것이 아니라 규칙에 따라 숫자나 기호를 배정하는 것이기 때문에 측정의 질은 규칙의 질에 좌우되며, 측정절차가 실재와 경험적으로 합치될 때 그 측정이 의미가 있다.

사회과학에서는 많은 경우 개념을 측정하기 위해 특질 자체를 측정하기보다는 특질을 나타내는 지표를 사용하여 간접적으로 측정하는 경우가 많다. 예를 들면, 소속감, 만족도 등은 눈에 보이는 특성이 아니기 때문에 이러한 특질을 나타내는 지표를 만들어 측정한다. 지표를 사용한 측정의 경우에는 직접적인 측정에 비해 측정규칙이나 절차가 복잡하다. 따라서 자칫 잘못하면 최종 측정결과는 원래 의도하던 개념 측정과는 전혀 엉뚱한 것으로 변질될 가능성이 있다.

2) 개념화와 조작화

사회복지연구에서 측정의 대상이 되는 현상, 대상, 개념은 무척 다양하다. 이에는 고용된 사회복지사의 수, 이용자 수, 가정방문 횟수, 폭력사용 빈도 등 직접적인 관찰이 가능하여 측정이 쉬운 것도 있지만, 이타심, 조직에 대한 헌신도, 자존감 등 직접적인 관찰이 쉽지 않기 때문에 측정이 어려운 개념들도 있다. 이러한 개념을 효과적으로 측정하기 위해서는 우선 그 개념들이 의미하는 바를 분명하게 확정하는 개념화 작업과 이렇게 확정된 개념을 실제 측정할 수 있도록 조작화하는 것이 필요하다.

개념화와 조작화는 조사연구에서 측정의 규칙과 절차를 구체화하기 위한 과정이다. 연구문제의 서술과정에서 개념적 정의를 통해 변수에 대한 개념화가 이루어져야 하며, 개념적 정의에 기초한 조작적 정의를 통해 조작화가 성립된다. 개념화와 조작화 모두 변수의 성격과 변수를 구성하는 속성들을 구체화하는 것이다. 개념화는 추상적인 상태의 구체화, 조작화는 경험적 차원에서의 구체화라는 점에서 차이가 있을 뿐이다. 예를 들어 '학교적응'이라는 개념은 학교 환경에 맞추어 학생 스스로가 변화하는 과정으로 개념화될 수 있으며, 이것을 조작화한다면 '학교출석률이 80% 이상이다', '친한 학교친구가 있다' 등으로 제시될 수 있다.

3) 척도의 요건

측정도구(척도)는 개념을 측정하는 수단이나 도구를 말한다. 예를 들어 몸무게를 체중계로 측정한다고 했을 때 몸무게는 '개념'이고, 체중계는 '측정도구'이다. 이 척도는 어떤 조건이 갖추어져 있어야 개념을 정확하고 신뢰성 있게 측정할 수 있다. 첫 번째는 상호배타성과 포괄성이 있어야 한다. 상호배타성은 변수의 분류된 각 항목(카테고리)이 서로 겹치지 말아야 한다는 것으로 어떤 한 항목에 포함되면 다른 항목에는 포함될 수 없어야 하는 것이다. 포괄성은 변수의 모든 값이 제시된 항목 중 하나에 반드시 포함될 수 있어야 한다는 것을 말한다. 예를 들어, 다음과 같은 질문이 있다고 하자.

당신이 기르는 애완동물의 종류를 다음 중에서 선택하시오.
① 개 ② 물고기 ③ 새 ④ 고양이

이 경우 햄스터를 기르는 사람은 어디에 응답을 해야 하는가? 이 질문은 포괄성에 위배되는 질문이다. 또한, 개도 기르고 물고기도 기르는 사람도 응답할 수가 없다. 상호배타성에도 문제가 생긴다. 또 다른 예를 보자.

귀하의 월평균 소득은 얼마입니까?
① 100만원 이상~200만원 이하
② 200만원 이상~300만원 이하
③ 300만원 이상~400만원 이하
④ 400만원 이상~ 500만원 이하
⑤ 500만원 이상

위 질문에 대해 80만원의 월급을 받는 사람은 어디에 응답해야 하는가? 여기에서 위 질문은 응답이 가능한 항목을 총망라하지 못하고 있어 포괄성의 원칙을 지키지 못했다. 또한, 월급이 300만원인 사람은 어디에 응답해야 하는가? ②와 ③ 중 어디에 응답해야 하는가? 이런 의문이 생기는 것은 이 질문의 구성이 상호배타성의 원칙도 위배하고 있기 때문이다.

두 번째는 척도는 단일차원성이 확보되어야 한다는 것이다. 다시 말하면, 모든 지표가 한 개념을 측정하는 것이어야 한다는 것으로 논리적 연관성을 가져야 한다. 때에 따라서 특정한 한 개념의 다른 측면을 측정할 수도 있기 때문에 구성된 지표들이 한 개념의 다른 측면을 측정하는 것인지, 전혀 다른 두 개념을 측정하는 것인지 잘 판단하여야 한다.

세 번째는 척도의 지표들은 개념의 여러 측면(형태나 정도)을 고르게 포함하여 다양하게 구성되어야 한다. 예를 들어, '학대피해'에 대한 척도를 만들 때에는 신체적, 심리적, 사회적 측면이 고루 반영되어야 하며, 정도가 약한 피해와 심각한 피해도 모두 포함해야 한다.

네 번째는 신뢰도와 타당도가 확보되도록 해야 한다. 신뢰도와 타당도에 대해서는 다음 장에서 좀더 자세히 논의하기로 하겠다.

다섯 번째는 척도는 여러 개의 지표로 구성되어야 한다. 특히 추상적인 개념은 하나의 지표로 그 의미를 정확히 측정할 수 없기 때문에 몇 가지 다양한 복수 지표로 구성하는 것이 바람직하다.

4) 표준화된 척도의 활용

표준화된 척도란 타당도와 신뢰도가 검증되어 비교적 안전하게 사용할 수 있는 척도를 말한다. 표준화된 척도를 활용할 때 중요한 것은 '무엇을 측정할 것이며, 왜 그것이 측정되어야 하는가?'를 고민하고 그에 적합한 척도를 찾는 것이다(권구영 · 김영란, 2010). 다음에서 표준화된 척도를 활용하기 위해 알아야 사항들을 하나씩 짚어보기로 한다.

(1) 표준화된 척도의 장점

표준화된 척도의 장점은 일반적으로 신뢰도나 타당도가 검증되어 있다는 점이다. 그리고 대부분 표준화된 척도들은 사용하기가 쉽고 비용과 노력이 적게 드는 효율적인 방법이다. 다양한 수준에서 많은 척도들이 개발되고 있기 때문에 척도를 적용해야 하는 상황에 따라 적합한 것을 쉽게 골라 쓸 수 있는 것도 장점이다.

(2) 표준화된 척도 선택 시 주의할 점

표준화된 척도는 장점이 많지만 모든 상황에서 사용할 수 있는 것은 아니기 때문에 선택 시 다음과 같은 것을 주의한다.

첫째, 척도의 명칭만으로 무엇을 측정하는지 알 수 없는 경우가 많아 측정대상과 척도의 연관성을 확인하는 것이 필요하다. 둘째, 이미 과거에 여러 연구자들이 믿고 활용한 척도라 할지라도 이번에도 믿을 수 있는 결과를 나타낸다는 보장이 없다. 대개 표준화된 척도는 제한된 조건(예를 들어, 환경이나 상황)이 제시되기 때문에 이 조건에 부합하지 않는 측정은 적절하다고 보기 어렵다. 셋째, 여러 개의 척도가 같은 개념을 측정한다고 해서 이 척도들을 혼합하여 사용할 수 없다. 넷째, 같은 개념을 측정하는 여러 개의 척도 중 어느 하나가 다른 것과 비교했을 때 더 잘 측정할 수 있는지 검토해야 한다. 각 비교되는 척도별로 척도가 개발된 목적, 사용방법, 적용대상, 척도구성 문항의 수 등 다양한 요인을 검토하여야 한다. 다섯째, 표준화된 척도는 일반적인 수준에서 정의된 표적을 측

| 표 7-1 | 표준화된 측정도구의 선택 시 고려할 점

A. 일반적 정보
   척도의 이름, 저자, 출판일, 검사(응답)시간
   형식(소책자, 응답지, 기타 검사도구, 채점 서비스 이용가능성)

B. 척도의 목적 및 특성에 대한 개요
   척도의 일반적인 유형(예를 들어, 개인 혹은 집단, 체크리스트)
   대상인구(연령 범위, 조사대상자 유형)
   내용의 특성(예를 들어, 언어, 수리 등)
   하위차원 및 차원별 점수
   항목의 유형

C. 직접적 관련성

D. 개입계획과의 관련성

E. 기술적 평가
   신뢰도, 타당도

F. 사용의 용이성

G. 접근성

출처: 권구영 · 김영란(2010).

정하므로 상황의 특수성을 반영하기 어렵다는 점을 고려하고, 클라이언트의 표적을 정확하게 측정하기 위해 노력해야 한다. 마지막으로는 클라이언트에게 무조건 많은 양의 척도를 적용하지 않도록 해야 한다. 마치 종합검사처럼 척도를 사용하기보다는 클라이언트의 표적이나 상황에 적합하게 사용해야 한다.

5) 척도와 지수

조사를 할 때 어떤 개념은 하나의 설문문항으로 충분하다. 조사대상자의 성별이나 수입과 같은 개념은 "당신의 성별은 무엇입니까?" 혹은 "당신의 일 년 수입은 얼마입니까?"와 같이 각각 하나의 문항으로 충분히 측정할 수 있다. 그러나 복지의식, 임파워먼트와 같이 사회과학에서 사용하는 개념 중 상당수는 하나의 문항으로 그 내용을 충분히 측정하기 어려운 것이 많다.

이런 경우, 단일 개념을 측정하기 위해 여러 개의 지표(복수 문항)를 사용하는 지수나 척도를 사용할 수 있다. 지수와 척도는 둘 다 복수의 설문문항으로 이루어진 복합적인 측정도구라는 점 외에도 둘 다 측정수준이 서열측정 이상이라는 공통점이 있다.

그러나 지수는 해당 개념을 측정하기 위해 사용하는 개별 지표들이 구체적이며, 각 지표들을 비교적 객관적인 자료로 확인할 수 있다. 간혹 태도를 측정하면서 태도지수라는 말을 쓰기도 하는데, 이 경우는 척도와 구별되지 않는다(최성재, 2005). 또한 지수를 구성하는 복수의 설문문항은 모두 동일한 비중을 갖는다. 대개 비율이나 백분율로 표시된다. 지수는 사회현상을 간단히 요약하여 측정할 수 있는 측정도구지만, 실제로 구성절차가 복잡하고 비용이 많이 들기 때문에 개인적 조사연구에서는 구성하기 어려운 경우가 많다.

반면에 척도는 해당 개념을 측정하기 위해 사용되는 개별 지표들의 성격이 추상적이다. 그래서 개별지표들에 대해 응답자의 주관적 판단을 요하기 때문에 측정의 일관성과 안정성이 필요하다. 대개 일정한 규칙에 따라 연속선상에 표시된 숫자나 기호의 배열이 있으며, 척도를 구성하는 각각의 설문문항들 간에 가중치를 두어 중요도와 강도에 일정한 차이를 줄 수도 있다.

예를 들어 설명한다면, 어떤 연구자가 신앙심이라는 개념을 측정하기 위해 기도 여부, 일요일 예배참석 여부, 헌금 여부, 교회단체 참가 여부 등 네 개의 하위항목으로 지수를 구성하였다고 하면, 지수는 이 네 가지 항목이 모두 중요도가 동일하다고 여기기 때문에 각 항목의 응답한 숫자의 합이 응답자의 신앙심이 된다. 따라서 네 개 모두 응답한 사람은 두 개 응답한 사람보다 신앙심이 더 깊다고 할 수 있다. 그러나 헌금을 내는 사람은 기도도 열심히 하고 일요일 예배참석도 잘 한다고 한다면, 헌금 내는 사람이 기도 여부와 일요일 예배참석 여부보다 더 강한 신앙심을 표현하는 설문이라고 할 수 있다(김태성 외, 2005).

이럴 때 헌금 여부 문항에 더 가중치를 부여하면 이것은 척도가 된다. 흔히 사용되는 지수의 예로는 소비자물가지수, 종합주가지수, 삶의 만족도지수 등이 있고, 척도의 예로는 대인관계척도, 우울척도, 자존감척도, 정신건강척도 등이 있다. 이러한 척도나 지수를 사용하는 이유는 연구자에게 여러 가지 중요한 이점이 있기 때문이다. 첫 번째는 한 문항으로 정확히 측정하기 어려운 추상적이고 복합적인 개념을 여러 개의 복수 질문을 통해 다양한 측면을 측정하는 경우, 측정의 타당도와 신뢰도를 높일 수 있다. 두 번째는 측정하기 힘든 추상적인 개념을 척도나 지수를 사용하여 측정하면 해당 개념에 대해 손쉽게 서열척도를 만들 수 있다. 앞에서 예를 든 신앙심 문항에서 네 개에 모두 응답하면 신앙심이 높고, 두세 개면 중간, 1~0개는 낮다고 처리할 수 있는 서열척도를 만들 수 있다. "당신의 신앙심은 어느 수준입니까?"로 질문하고, 상, 중, 하로 서열적인 응답을 하게 할 수 있지만 이 경우 응답이 매우 주관적이기 때문에 측정이 신뢰할 만하다고 보기는 어렵다. 세 번째는 척도와 지수는 여러 개의 지표로 측정된 결과를 하나의 요약점수로 전환하기도 쉽다. 네 개의 문항 값을 더하거나 평균값을 계산하여 간단히 하나의 총괄적인 값을 얻을 수 있는 것이다.

2. 측정수준에 따른 척도의 구성

측정수준은 크게 네 가지로 구분한다. 범주만 측정할 수 있는 명목측정과 범주와 순서를 측정할 수 있는 서열측정, 범주와 간격이 동일한 순서를 측정할 수 있는 등간측정, 절대영점을 기준으로 동일한 간격의 순서를 측정할 수 있는 비율측정 등이 있다. 명목측정이 가장 낮은 수준의 측정이고, 비율측정이 가장 높은 수준의 측정이다. 높은 수준의 척도는 낮은 수준으로 변경이 가능하지만, 역관계는 성립하지 않는다. 또한 측정수준에 따라 사용가능한 통계분석방법이 다르므로 측정 시에는 통계방법에 대해서도 고려해야 한다.

| 표 7-2 | 측정의 수준

구분	범주(category)	서열(order)	등간격(interval)	절대영(absolute zero)
명목측정	○	×	×	×
서열측정	○	○	×	×
등간측정	○	○	○	×
비율측정	○	○	○	○

1) 명목측정(명목수준, 명목데이터, 명목변수)

명목측정은 가장 낮은 수준의 측정이며 단순한 범주만 구분하는 측정이다. 예를 들어, 성별이나 종교, 결혼상태 등이 여기에 해당한다. 명목측정에서도 측정대상에 숫자가 부여되지만 이 숫자는 아무런 계량적 의미는 없고 단지 범주를 구분 · 구별하는 목적을 갖는다.

■ 명목측정의 예

1. 귀하의 성별은?
   ____남 ____여

2. 귀하의 학력은?
   ____① 무학 ____② 초졸 ____③ 중졸 ____④ 고졸 ____⑤ 대졸 이상

앞의 예에서 학력은 무학부터 대졸 이상까지 1부터 5까지 숫자를 부여받지만 이 숫자는 1+1, 5−1과 같은 연산이 아무런 의미가 없다. 명목측정에서 주의할 것은 각 숫자의 부여가 각 범주를 구별하기 위한 것이기 때문에 측정대상을 구별하기 위한 범주는 포괄적이고 배타적이어야 한다.

2) 서열측정(서열수준, 서열데이터, 서열변수)

서열측정은 범주를 구분할 뿐만 아니라 구분된 범주 사이에 서열관계가 존재하는 것이다. 즉, 순서의 의미가 있다. 하지만 1, 2, 3, 4라는 숫자가 서열과 순서의 의미를 갖지만 명목측정과 마찬가지로 수학적 연산이 가능하지 않고, 의미

도 없다. 앞에서 언급한 바와 같이 네 가지의 측정수준은 가장 낮은 수준의 측정인 명목측정부터 가장 높은 수준의 측정인 비율측정까지 높은 수준의 척도는 낮은 수준의 척도의 속성을 모두 포함하는 누적적인 특성이 있다. 따라서 서열측정은 명목측정의 특성을 모두 포함하고 거기에 서열적 정보가 더 추가된 것이다. 이러한 서열측정의 예로는 학점이나 경제적 수준 등을 들 수 있다.

■ 서열측정의 예

1. 귀하 가정의 경제수준은 다음 중 어디에 속한다고 생각됩니까?
____① 하 ____② 중 ____③ 상

2. 귀하의 지난 학기 평균 학점은 어떠합니까?
____① A ____② B ____③ C ____④ D ____⑤ F

3) 등간측정

등간측정은 각 범주와 항목이 서열뿐 아니라 동일한 간격으로 구분될 수 있는 측정이다.

앞에서 살펴본 서열측정은 각 측정값 사이에는 서열과 순서만 존재하는 반면, 등간측정에서는 각 측정값 사이에 순서뿐 아니라 각 순서 사이의 간격이 일정한 크기로 동일하다. 예를 들면, 지능지수나 온도가 여기에 해당한다. 지능지수가 100, 110, 120, 130이라고 했을 때 110과 100의 차이와 130과 120의 차이는 동일한 간격의 차이이다. 그렇기 때문에 (110−100)=(130−120)과 같은 등식이 성립하고 연산도 가능해진다.

그러나 등간측정에는 절대적 · 자연적 영(0)의 개념이 성립하지 않는다. 등간측정에서 사용되는 0점은 임의로 정한 0점이지 절대적인 0점이 아니다. 지능지수나 온도는 '없는 상태'가 불가능하다. 온도계가 0을 가리킨다고 해서 따뜻함이 전혀 없는 상태는 아니다. 온도계를 사용하는데 편리하도록 임의로 정한 0의 기준일 뿐이다. 그래서 등간측정에서 더하기나 빼기의 연산은 가능하지만 절대 0점이 없어 곱하기와 나누기의 연산은 불가능하다. 실제 사회과학에서 사용되는 많은 변수들이 등간측정에 의해 측정되고 통계처리된다.

4) 비율측정

비율측정은 등간측정 수준에 절대 영(0)이 성립하는 측정이다. 무게, 키, 연령, 거주기간, 근무기간 등이 해당한다. '전혀 없다'는 것이 가능한 측정수준이다. 가장 고차원적인 형태의 측정수준이며, 사칙연산 모두 적용될 수 있다.

■ 비율측정의 예

귀하의 출생년도는 언제입니까? 19_____년도

귀하는 정규교육을 몇 년간 받으셨습니까? 귀하가 학교교육을 받은 연수에 해당하는 숫자에 ○표하세요.

(중학교 졸업) (전문대 졸업)

0 1 2 3 4 5 6 7 8 9 10 11 12 13 14 15 16 17 18 19 20 21

(초등학교 졸업) (고등학교 졸업) (4년제대 졸업)

지금까지 살펴본 명목, 서열, 등간, 비율측정의 특성을 〈표 7-3〉과 같이 정리할 수 있다.

| 표 7-3 | 각 측정변수 수준에 따른 특성과 예

변수	특성	예
명목 변수	• 최소한 두 범주 이상 • 속성의 동질성이나 유무에 따른 분류 • 분류는 포괄성과 상호배타성이 있어야 한다. • 계량적 의미는 없다.	종교, 직업, 국적, 성별, 인종, 직업 등
서열 변수	• 속성의 대소/다소에 따른 순서적 분류 • 연속된 숫자 간 간격의 비동일성 • 상대적 위치 규정	학점(A, B, C, D, F) 정도(매우 그러함, 그런 편, 보통……) 경제수준(상, 중, 하) 등
등간 변수	• 속성 간 간격/차이의 동일성 • 임의적 0 설정 • 산술적 조작은 유의미하지만 배수관계는 성립하지 않는다	IQ, 온도, 시간 (사회과학에서는 예를 찾기 어려움)
비율 변수	• 비율의 동일성(배수의 동일성) • 자연적 0 설정	수입, 길이, 무게, 시간 등

3. 척도의 유형

1) 총화평정척도

서열척도 중 하나인 총화평정척도는 하나의 변수를 표현하는 여러 개의 질문 문항, 즉 지표에 대한 응답자의 응답을 합산하여 측정값을 구하는 척도이다. 예를 들어, 복지에 대한 태도를 측정하기 위한 목적의 연구라면, 복지에 대한 우호적인 태도와 행위에 대해 열 개의 문항을 제시하고 동의하면 1점, 동의하지 않으면 0점을 부여한 뒤 각각의 질문에서 얻은 점수를 총합하여 최종점수를 산정하는 것이다. 이 경우 응답자가 얻을 수 있는 최종점수는 최저 0점에서 최고 10점이다.

이 척도는 구성이 간단하고 점수의 계산이 용이해서 많이 사용된다. 흔히, 신문이나 잡지 등에서 간단히 자가진단척도가 제시되는 경우가 많은데 그 경우도 점수를 합하여 점수에 따라 정도의 차이를 보이는 것이라면 총화평정척도이다.

그러나 이 척도는 구성된 문항들 사이에 존재하는 강도의 차이를 반영하지 못한다. 무조건 각 문항에 가중치가 똑같이 부여되기 때문에, 강도가 약한 문항 다섯 개의 점수보다 강도가 강한 문항 네 개의 점수가 오히려 더 정도가 낮은 것으로 평가된다.

■ 총화평정척도의 예

피로도 측정 설문지

1. 피로하면 의욕이 떨어진다.
2. 운동을 하면 피곤해진다.
3. 쉽게 피곤해진다.
4. 피로 때문에 신체활동이 감소된다.
5. 피로로 인해 종종 문제가 생긴다.
6. 피로 때문에 지속적인 신체활동이 어렵다.
7. 피로 때문에 업무나 책임을 다하는 데 지장이 있다.
8. 내가 겪고 있는 가장 힘든 문제 세 가지를 뽑는다면 그중에 피로가 포함된다.
9. 피로 때문에 직장, 가정, 사회활동에 지장을 받는다.

▷각 문항 중 1~3개 해당이면 보통, 4~6개 해당이면 중증도 피로, 7~9개 해당하면 위험한 단계로 의사와 상담 필요

출처: SBS CNBC news(http://sbscnbc.sbs.co.kr/read.jsp?pmArticleId=10000108402)를 수정.

2) 리커트척도(Likert scale)

리커트(Likert)가 개발한 이 방법은 총화평정척도에서 각 문항이 같은 개념을 측정한다고 확신할 수 없는 문제점을 개선하고 변수의 값을 더 다양하게 만들어 개념을 보다 정밀하게 측정하려는 의도에서 만들어진 것이다.

리커트척도는 설문조사에서 가장 보편적으로 사용하는 것으로 단순합계척도의 대표적인 방법이다. 척도에 포함되어 있는 각각의 항목들에는 동일한 가치를 부여하여, 개별문항에 응답자가 답한 점수를 합산해 해당 개념의 점수를 산출할 수 있다. 복잡한 개념을 측정할 때 하나의 지표보다는 여러 개의 지표를 사용하는 것이 측정의 신뢰도와 타당도를 높인다는 측면에서 다른 척도와 유사하지만, 다른 척도보다 활용이 더 용이하다.

■ 리커트척도의 예: 자존감 척도

	검사항목	전혀 그렇지 않다	대체로 그렇지 않다	보통이다	대체로 그렇다	항상 그렇다
1	나는 내가 다른 사람들처럼 가치 있는 사람이라고 생각한다.					
2	나는 좋은 성품을 가졌다고 생각한다.					
3	나는 대체적으로 실패한 사람이라는 느낌이 든다.					
4	나는 대부분 다른 사람들과 같이 일을 잘 할 수가 있다.					
5	나는 자랑할 것이 별로 없다.					
6	나는 내 자신에 대하여 대체로 만족한다.					
7	나는 내 자신을 좀더 존경할 수 있으면 좋겠다.					
8	나는 내 자신에 대하여 긍정적인 태도를 가지고 있다.					
9	나는 가끔 내 자신이 쓸모가 없는 사람이라는 느낌이 든다.					
10	나는 때때로 내가 좋지 않는 사람이라고 생각한다.					

3) 거트만척도(Guttman scale)

앞서 살펴본 리커트척도가 구성이 간편하고 측정이 용이하지만 척도를 구성하는 지표들 간의 위계를 파악하기는 어렵다. 그래서 거트만(Guttman)이 개발한 이 척도는 척도를 구성하는 과정에서 어떤 개념에 대하여 약한 정도를 측정하는 문항에서 강한 정도를 측정하는 문항의 순으로 일차원적으로 척도를 배열하여 강한 정도를 측정하는 문항에 긍정적인 답변을 한 경우에는 당연히 약한 정도의 문항에도 긍정적이어야 한다는 논리를 확인할 수 있도록 한다. 그래서 이 척도를 누적척도라고도 한다. 누적척도라는 의미는 계단을 건너뛰지 않고 한 계단 한 계단 착실히 올라가는 것과 같이 각 문항이 1번부터 10번까지 구성되어 있다면, 각 문항은 순서가 있고 순서대로만 점수를 취득할 수 있다는 것이다. 예를 들어, 10개 문항으로 이루어진 거트만척도에서 6점이라는 점수를 취득했다면, 이 점수는 척도구성 항목의 내용의 순서에 따라 1, 2, 3, 4, 5, 6번 문항의 점수로만 이루어진 것이다. 각 문항은 항목의 순위에 따라 높은 순위의 점수는 낮은 점수의 순위를 포함하기 때문에 1, 3, 4, 5, 7, 8번 문항으로 6점이 생성될 수 없다.

이렇게 거트만척도는 개별항목들이 일정한 기준에 의해 일관성 있게 서열을 이루고 있는 것이 특징이다. 보가더스(Bogadus)의 사회적 거리척도(social distance scale)가 대표적인 예이다. 이 척도는 개인이나 집단 사이에 사회적 거리가 존재한다는 것을 전제로 인종적 편견의 강도, 사회집단이나 국가에 대한 친밀감, 무관심, 혐오감 등을 측정하기 위한 것이다. 보통 5~7개의 진술문으로 구성된다.

■ 거트만척도의 예: 정신장애인 사회복귀시설 설치에 대한 태도

귀하는 정신장애인 사회복귀시설 설치와 관련해 어떻게 생각하십니까?
다음 각 질문에 응답해 주십시오

1	정신장애인 사회복귀시설이 우리나라에 있는 것은 괜찮다.	그렇다	아니다
2	정신장애인 사회복귀시설이 서울에 있는 것은 괜찮다.	그렇다	아니다
3	정신장애인 사회복귀시설이 우리 동네에 있는 것은 괜찮다.	그렇다	아니다
4	정신장애인 사회복귀시설이 우리 옆집에 있는 것은 괜찮다.	그렇다	아니다

4) 서스톤척도(thurstone scale, 유사등간척도)

이 척도는 얻어 낸 자료가 등간측정의 성격을 갖는다는 것을 보장할 수 없는 리커트척도의 단점을 보완하는 척도이며, 어떤 사실에 대해 가장 우호적인 태도와 가장 비우호적인 태도를 나타내는 양 극단을 등간격으로 구분하여 여기에 척도값(수치)을 부여하는 등간척도이다. 그래서 유사등간척도라고도 한다. 태도에 대한 척도에서 각 범주 간 거리를 같게 하려는 것이다(한희선, 2009).

이 척도를 구성하려면 먼저 측정하고자 하는 변수를 명확히 규정하고, 이 변수와 관련된 의견을 문헌이나 여러 사람을 면접하면서 광범위하게 수집한다. 이렇게 수집된 자료를 가능한 한 모든 의견을 포함하여 100개 정도의 간단한 진술로 압축한다. 선정된 진술을 하나씩 200~300명의 평가자들에게 제시하여 긍정적인 것과 부정적인 것으로 묶어 평가자의 판단을 바탕으로 각 진술의 척도값을 계산한다. 마지막으로 척도구성에 포함시킬 문항을 구성하는데, 척도상 각 점들이 등간격으로 나타나도록 약 20~30개 진술을 선택하여 구성한다(한희선, 2009).

이 척도를 사용하고자 할 때 단점은 방법이 번거롭고 평가자들 간에 불일치도가 높은 문항은 제외해야 하며, 평가자의 주관 개입 가능성이 높고 과다한 시간과 노력이 필요하다는 점이다.

■ 서스톤척도의 예: 사형에 대한 태도

척도치	문항
0.0	사형은 절대 정당화될 수 없다.
1.5	사형제도는 문명화되지 않았음을 나타내는 것이다.
2.4	사형은 범죄를 다루는 현명한 방법이 되지 않는다.
3.4	사형보다는 종신형이 더 효과적인 방법이다.
3.9	사형보다는 태형이 더 효과적인 방법이다.
5.5	사형제도의 유무는 나에게 중요한 문제가 아니다.
6.2	사형제도는 필요한 것이지만 없기를 바란다.
7.9	사형은 계획적인 살인죄에만 적용되어야 한다.
8.5	특정범죄에만 사형이 적용되어야 한다.
9.1	지금보다 사형은 더욱 많이 시행되어야 한다.
9.6	사형은 정당하고 또한 필요하다.
11.0	모든 범인은 사형당해야 한다.

출처: 한희선(2009).

5) 의미분화척도(semantic differential scale)

의미분화척도는 의미차별척도, 의미차이척도, 어의차이척도, 어의차별척도, 어의변별척도 등 다양한 명칭으로 사용되기도 한다. 이 척도는 어떤 개념에 함축되어 있는 의미를 평가하기 위해 고안된 것으로, 하나의 개념을 주고 응답자들이 여러 가지 의미의 차원에서 이 개념을 평가하도록 한다. 일직선으로 도표화된 척도의 양극단에 서로 상반되는 형용사를 배열하며, 양극단 사이에서 해당 속성에 대한 평가를 하도록 한다. 인물, 개념 혹은 어떤 대상에 대한 평가를 하는 데 자주 이용되며, 두 개의 극단을 표현하는 형용사들의 중간에 척도점을 놓는다.

■ 의미분화척도의 예

(1) 싫다 1----2----3----4----5----6----7 좋다
(2) 불쾌하다 1----2----3----4----5----6----7 유쾌하다
(3) 불안하다 1----2----3----4----5----6----7 안전하다
(4) 한심하다 1----2----3----4----5----6----7 현명하다
(5) 두렵다 1----2----3----4----5----6----7 편안하다
(6) 피하고 싶다 1----2----3----4----5----6----7 다가가고 싶다
(7) 혐오스럽다 1----2----3----4----5----6----7 마음이 간다
(8) 나쁘다 1----2----3----4----5----6----7 좋다
(9) 무가치하다 1----2----3----4----5----6----7 소중하다

보충자료 **표준화된 척도란**

하나의 측정도구(척도)가 개발되어 공인되면 '표준화된 척도'가 된다. 공인을 받는 방법은 타당도와 신뢰도 분석의 결과를 보여주거나, 다른 연구들에서 소개되거나 채택되어 사용되는 과정을 통해 이루어진다. 사회과학에서도 많은 표준화된 척도들이 개발되어 있다. 개인, 가족, 집단 등과 관련된 개념을 측정하는 많은 검사도구들이 이미 널리 알려져 있고, 표준화된 척도를 소개하는 참고 서적들도 많이 나와 있다.

그러나 대다수의 표준화된 척도는 미국 등 서구적 환경에 적합하도록 만들어진 것으로 이를 우리나라에서 사용하려면 한 번 더 타당도와 신뢰도 검증을 해야 한다. 그럼에도 불구하고 자원과 시간의 불충분성이나 필요성 인식 부족으로 검증절차 없이 척도가 사용되는 경우가 많은데 이는 잘못된 것이다.

사회복지계에서 많이 활용되는 표준화된 척도를 소개하는 도서는

- 반포종합사회복지관, 서울대학교 실천사회복지연구회(편) (2007). 실천가와 연구자를 위한 사회복지척도집. 나눔의집.
- 이봉주, 김선숙, 조상은 (2014). 아동척도집. 나눔의집.

등이 있다.

요약

1. 측정과 척도

1) 측정의 정의

- 측정: 측정하고자 하는 대상의 속성에 존재하는 일정한 규칙에 따라 숫자나 기호를 부여하는 과정
- 측정을 통해 추상적인 개념들이 경험적으로 관찰이 가능하게 됨
- 사회과학의 경우, 개념을 측정하기 위해 특질 자체를 측정하기보다는 특질을 나타내는 지표를 사용하여 간접적으로 측정하는 경우가 많음
- 지표를 사용한 측정의 경우, 직접적인 측정에 비해 측정규칙이나 절차가 복잡하기 때문에 자칫 잘못하면 최종 측정결과는 원래 의도하던 개념 측정과 달리 전혀 엉뚱한 것으로 변질될 가능성이 있음

2) 개념화와 조작화

- 개념화와 조작화는 조사연구에서 측정의 규칙과 절차를 구체화하기 위한 과정

3) 척도(측정도구)의 요건

- 개념화와 조작화의 과정에서 반드시 지켜져야 하는 2가지 원칙
  - 포괄성의 원칙: 변수를 구성하는 모든 속성들의 집합이 포괄적으로 나타날 수 있어야 한다는 원칙
  - 상호배타성의 원칙: 각기 다른 속성들은 서로가 엄격히 구분될 수 있어야 한다는 원칙

4) 표준화된 척도란?

- 하나의 측정도구(척도)가 개발되어 공인된 것
- 공인을 받는 방법은 타당도와 신뢰도 분석의 결과를 보여주거나, 다른 연구들에서 소개되거나 채택되어 사용되는 과정을 통해 공인됨
- 사회과학에서도 많은 표준화된 척도들이 개발되어 사용되고 있음
- 장점
  - 일반적으로 신뢰도나 타당도가 검증되어 있음
  - 대부분 표준화된 척도들은 사용하기가 쉬워 비용과 노력이 적게 드는 효율적인 방법임
  - 골라 쓸 수 있음
- 유의점
  - 척도의 명칭만으로 무엇을 측정하는지 알 수 없는 경우가 많아 측정대상과 척도의 연관성을 확인할 필요가 있음

– 이미 과거에 여러 연구자들이 믿고 활용한 척도라 할지라도 이번에도 믿을 수 있는 결과를 나타낸다는 보장이 없음
– 여러 척도를 혼합해서 사용할 수 없음
– 한 개념을 측정하는 여러 척도가 있으므로, 척도별로 척도가 개발된 목적, 사용방법, 적용대상, 척도구성 문항의 수 등 다양한 요인을 검토하여 사용해야 함
– 표준화된 척도는 일반적인 수준에서 정의된 표적을 측정하므로 상황의 특수성을 반영하기 어렵다는 점을 고려해야 함
– 클라이언트에게 무조건 많은 양의 척도를 적용하지 않도록 해야 함

5) 척도와 지수

• 공통점: 단일 개념을 측정하기 위해 복수의 지표들(문항들=항목들)을 사용함
• 차이점
– 척도는 해당 개념을 측정하기 위해 사용되는 개별 지표들의 성격이 추상적이며, 개별 지표들에 대해 응답자의 주관적 판단을 요함
– 지수는 해당 개념을 측정하기 위해 사용되는 개별 지표들의 성격이 구체적이며, 지표들을 비교적 객관적인 자료로 확인할 수 있음

2. 측정수준에 따른 척도의 구성

1) 명목측정(명목수준, 명목데이터, 명목변수)

• 가장 저차원적인 측정수준임
• 단순히 범주만 구분함(최소한 두 범주 이상)
• 속성의 동질성이나 유 · 무에 따른 분류
• 분류는 포괄성과 상호배타성이 있어야 함
• 계량적 의미는 없음

2) 서열측정(서열수준, 서열데이터, 서열변수)

• 범주를 구분할 뿐만 아니라, 구분된 범주 사이에 서열관계가 존재함
• 속성의 대소/다소에 따른 순서적 분류
• 연속된 숫자 간 간격은 동일하지 않음
• 상대적 위치 규정

3) 등간측정

• 절대영(0) 개념이 성립되지 않음. 등간측정의 0은 임의적 0임
• 사칙연산 중 +와 –만 가능함

- 리커트척도는 서열수준의 개별문항의 값을 합산하는 방식으로 등간화한 대표적인 형태임
- 속성 간 간격/차이의 동일성
- 산술적 조작은 유의미하지만 배수관계는 성립하지 않음

4) 비율측정

- 절대영(0)/자연적 0 개념이 성립함
- 사칙연산이 모두 적용됨
- 가장 고차원적인 형태의 측정수준임
- 비율의 동일성(배수의 동일성)

3. 척도의 유형

1) 총화평정척도

- 하나의 변수를 표현하는 여러 개의 질문문항
- 지표에 대한 응답자의 응답을 합산하여 측정값을 구하는 척도

2) 리커트척도

- 단순합계척도의 대표적인 방법
- 설문조사에서 가장 보편적으로 사용함
- 개별문항에 응답자가 답한 점수를 합산해 해당 개념의 점수를 산출함
- 이때 척도에 포함되어 있는 각각의 항목들에는 동일한 가치를 부여함

3) 거트만척도

- 누적척도의 대표적인 방법
- 개별 항목들이 일정한 기준에 의해 일관성 있게 서열을 이루고 있음
- 누적적이라는 것의 의미는 강한 태도를 갖는 문항에 긍정적인 견해를 표명한 사람은 약한 태도를 나타내는 문항에 대해서도 긍정적이라는 논리를 적용하여 문항을 배열하는 것

4) 서스톤척도

- 얻어낸 자료가 등간측정의 성격을 갖는다는 것을 보장할 수 없는 리커트척도의 단점을 보완함
- 어떤 사실에 대해 가장 우호적인 태도와 가장 비우호적인 태도를 나타내는 양 극단을 등 간격으로 구분하여 여기에 수치를 부여하는 등간척도임

5) 의미분화척도(의미차별, 의미차이, 어의차이, 어의차별, 어의변별척도)

- 어떤 개념에 함축되어 있는 의미를 평가하기 위해 고안됨
- 하나의 개념을 주고 응답자들이 여러 가지 의미의 차원에서 이 개념을 평가함

연습문제

01 신문이나 잡지에서 설문이나 설문지를 찾아보고 각 문항이 어떤 수준의 측정인지 구별해 보시오.

02 각 척도의 종류와 장단점을 설명하시오.

03 리커트척도의 형식을 사용하여 서비스 전달에 대한 클라이언트의 만족도를 측정하는 간단한 척도를 만들어 보시오.

사회복지사 1급자격시험 기출문제

01 '사회적 거리감'을 측정하기에 가장 적당한 척도는?

① 명목척도 ② 서열척도
③ 등간척도 ④ 비율척도
⑤ 거트만척도

02 다음 척도의 측정 수준은?

매우 찬성 다소 찬성 보통 다소 반대 매우 반대

① 명목 ② 서열
③ 비율 ④ 거트만
⑤ 등간

03 다음은 설문지의 예이다. 이 설문지의 질문이 가지고 있는 문제점은?

Q. 당신의 직업군은?
1. 전문직 2. 서비스직
3. 사무직 4. 정규직
5. 주부 6. 기타

① 규칙성 ② 포괄성
③ 일반화 ④ 상호배타성
⑤ 상호규제

04 다음 중 척도에 대한 설명이 잘못된 것은?

① 높은 수준의 척도일수록 많은 정보를 담고 있다.
② 온도는 등간수준의 척도이다.
③ 운동선수의 등번호와 같은 것은 명목척도이다.
④ 비율척도는 절대영의 개념이 존재한다.
⑤ 지능지수(IQ)는 가감승제가 가능하다.

05 측정방식과 척도의 수준이 바르게 연결된 것은?

① 화씨온도 – 비율척도
② 선호하는 색상 – 서열척도
③ 10점 만점의 직업만족도 – 비율척도
④ 사회복지사 1등급/2등급/3등급 – 등간척도
⑤ 사회복지사 1급 시험 응시율 – 비율척도

06 다음은 소득에 대한 설문문항이다. 이에 대한 설명으로 타당하지 않은 것은?

질문: 다음 중 당신의 소득에 해당하는 것을 고르시오.
ⓐ 100만 원 이상 ~ 200만 원 이하
ⓑ 200만 원 이상 ~ 400만 원 이하
ⓒ 400만 원 이상 ~ 500만 원 이하
ⓓ 500만 원 이상 ~ 800만 원 이하

① 간격이 일정하지 않다.
② 의미가 불분명하다.
③ 선택항목 간에 상호 관련성이 없다.
④ 범주가 모든 범위를 포함하지 않는다.
⑤ 상호 중복되는 범위가 있다.

정답 01 ⑤ 02 ② 03 ④ 04 ⑤ 05 ⑤ 06 ③

07 서스톤의 유사등간법에 대해 맞는 것은?
① 한 개념을 여러 개의 문항을 통해 조사한다.
② 조사자가 다른 사람의 도움을 필요로 하지 않고 스스로 평가할 수 있다.
③ 문항 중 사분편차가 적은 문항을 조사한다.
④ 부정 · 긍정이 확실한 문항들이 나온다.
⑤ 모든 문항에 대해 동일한 척도값을 부여한다.

08 척도구성 요건으로 틀린 것을 고르시오.
① 응답범주들은 상호 배타적이어야 한다.
② 응답범주들은 응답 가능한 상황을 포괄하고 있어야 한다.
③ 응답범주들은 논리적 연관성이 있어야 한다.
④ 여러 문항들로 구성될 경우, 문항들 간에 내적 일관성이 있어야 한다.
⑤ 응답범주들은 측정하고자 하는 것 이외의 다른 개념도 포함해야 한다.

09 사회복지기관 평가에 대해 주민들을 평가 주체로 하려고 한다. 형용사를 양 극단에 배치하여 (예, 합리–비합리) 속성에 대한 평가를 내리는 척도는 무엇인가?
① 이미지척도
② 거트만척도
③ 서스톤척도
④ 사회적거리척도
⑤ 어의분화척도

10 연구주제와 분석단위의 연결로 옳지 않은 것은?
① 사회복지 지출의 국가 간 비교 – 국가
② 발달장애인 가족구성원 대처전략 – 개인
③ 사회복지사 직무만족도에 미치는 영향 – 개인
④ 지역에 따른 재정 자립도 – 지역
⑤ 직원구성원에서의 사회복지관 유형별 차이 – 개인

11 측정수준에 관한 설명으로 옳지 않은 것은?
① 대학수학능력시험 점수는 비율변수이다.
② 명목변수의 수치에는 서열이나 양적 의미가 없다.
③ 온도 1도와 2도의 차이는 10도와 11도의 차이와 동일하다.
④ 비율변수 0은 경험세계에서 속성이 존재하지 않는다.
⑤ 100kg은 50kg보다 두 배 무겁다.

12 척도의 종류가 각각 바르게 짝지어진 것은?

ㄱ. 교육수준 – 중졸이하, 고졸, 대졸이상
ㄴ. 교육연수 – 정규교육을 받은 기간(년)
ㄷ. 출신 고등학교 지역

① ㄱ: 명목척도 ㄴ: 서열척도 ㄷ: 등간척도
② ㄱ: 등간척도 ㄴ: 서열척도 ㄷ: 비율척도
③ ㄱ: 등간척도 ㄴ: 비율척도 ㄷ: 명목척도
④ ㄱ: 서열척도 ㄴ: 등간척도 ㄷ: 명목척도
⑤ ㄱ: 서열척도 ㄴ: 비율척도 ㄷ: 명목척도

정답 07 ① 08 ⑤ 09 ⑤ 10 ⑤ 11 ① 12 ⑤

13 다음은 무엇에 관한 설명인가?

> A연구소가 정치적 보수성을 판단할 수 있는 문항들의 상대적인 강도를 11개의 점수로 평가자들에게 분류하게 한다. 다음 단계로 평가자들 간에 불일치도가 높은 항목들을 제외하고, 각 문항이 평가자들로부터 받은 점수의 중위수를 가중치로 하여 정치적 보수성 척도를 구성한다.

① 거트만(Guttman)척도
② 서스톤(Thurstone)척도
③ 리커트(Likert)척도
④ 보가더스(Borgadus)척도
⑤ 의미차이(sematic differential)척도

14 다음 변수의 측정수준을 고려하여 변수의 유형을 순서대로 나열한 것은?

> • 장애 유형 – 정신장애, 지체장애 등
> • 장애 등록 후 기간 – 개월 수
> • 장애 등록 연령 – 나이
> • 장애인의 건강 정도 – 상, 중, 하

① 비율변수, 비율변수, 서열변수, 명목변수
② 명목변수, 비율변수, 비율변수, 서열변수
③ 명목변수, 등간변수, 명목변수, 서열변수
④ 등간변수, 비율변수, 서열변수, 비율변수
⑤ 명목변수, 비율변수, 비율변수, 명목변수

15 측정에 관한 설명으로 옳지 않은 것은?

① 일정한 규칙에 따라 측정대상에 값을 부여하는 과정이다.
② 이론적 모델과 사건이나 현상을 연결하는 방법이다.
③ 사건이나 현상을 세분화하고 통계적 분석에 활용할 수 있는 정보를 제공한다.
④ 측정도구의 신뢰도를 높이기 위해서는 설문문항 수가 적을수록 좋다.
⑤ 측정의 수준에 따라 명목, 서열, 등간, 비율의 4가지 유형으로 분류한다.

16 척도에 관한 설명으로 옳은 것을 모두 고른 것은?

> ㄱ. 명목척도는 응답범주의 서열이 없는 척도이다.
> ㄴ. 비율척도의 대표적인 유형은 리커트척도이다.
> ㄷ. 비율척도는 절대0점이 존재하는 척도이다.
> ㄹ. 서열척도는 변수의 속성에 따라 일정한 범주로 분류한다.

① ㄱ, ㄴ　　② ㄴ, ㄹ
③ ㄷ, ㄹ　　④ ㄱ, ㄴ, ㄷ
⑤ ㄱ, ㄷ, ㄹ

정답 13 ② 14 ② 15 ④ 16 ⑤

CHAPTER

08 조사한 것을 그대로 믿을 수 있을까?

1. 연구과정에서 일어나는 다양한 오류
2. 연구의 오류를 줄일 수 있는 방법: 신뢰도
3. 연구의 오류를 줄일 수 있는 방법: 타당도

이제까지 통계를 전제로 한 양적연구에 대해 배웠다. 발표된 통계결과를 살펴볼 때, 과연 믿을 수 있는 통계인지 여기 소개하는 다섯 가지 기준을 통해 통계자료를 선별해 보기 바란다.

1) 누가 그런 말을 했는가? 통계의 출처는?

어떤 연구소가 무엇을 증명했다고 할 때 그 증명은 이론의 완벽성을 제시하기 위해서인지, 명예나 유명세, 관심을 끌기 위해서인지, 혹은 수수료를 받기 위해서인지 연구의 목적을 고려해야 한다. 또한 고의적인 왜곡이 들어 있지 않은지 조사해 볼 필요도 있다. 사용된 통계방법 중에는 고의적으로 잘못 표현한 것도 있고 일부러 애매하게 표현하기도 한다. 또 어쩌면 형편에 맞는 데이터만 골라 쓰고 불리한 데이터는 제외했을지도 모른다. 측정이 잘못되었을지도 모르며 평균이란 말로 정확한 산술평균치를 대신할 수도 있다. 또 신문기사의 경우 데이터는 다른 기관의 것을 활용하지만 해석이나 결론은 기자가 내리는 경우가 있는데, 이때 오류가 있을 가능성도 많다는 점을 기억하고 스스로의 해석과 비교해 본다.

2) 어떤 방법으로 알게 되었나? 조사방법은?

표본이 왜곡되어 있지는 않은지, 표본의 수가 충분히 컸는지, 결론을 도출할 정도로 충분히 많은 사례가 있었는지 검토한다.

3) 모자라는 데이터는 없는가? 숨겨진 자료는 없는가?

몇 개의 사례, 표본이 대상인지 밝혀지지 않았다거나 신뢰성(확률오차, 표준편차 등)에 대한 수치가 제시되지 않은 상관관계는 신뢰하기 어렵다. 산술평균과 중앙치가 다름에도 불구하고 명확히 명시하지 않는 경우에도 문제가 될 수 있다.

4) 내용이 뒤바뀐 것은 아닌가? 쟁점이 바꿔치기 된 것은 아닌가?

예를 들어, 어떤 병의 환자가 늘었다고 해서 그 병이 증가한 것이 아니다. 또한 인식과 실제 행동의 차이도 무시해서는 안 된다. 목욕 횟수와 관련한 영국의 조사에서 영국의 남성은 여성보다 목욕을 많이 한다는 결과가 나왔다. 하지만 이 조사는 '얼마나 자주 목욕을 했다고 말했는가'에 대한 조사결과이지 '실제 얼마나 목욕했는가'에 대한 조사결과가 아니다. 이와 비슷하게, 회사들은 저마다 고객평가 1위를 주장한다(때가 되면 신문마다 각종 고객평가를 발표한다). 이때, 고객평가는 단순만족도일 수도 있고, 서비스만족도일 수도 있으며, 제품만족도일 수도 있다. 과연 무엇에서 1위일까?

5) 통계수치의 의미가 적절한가? 어딘가 이상하지 않나?

조사결과를 대할 때에는 행간을 읽을 수 있어야 한다. 그러려면 조사방법에 대한 지식이 필요하다.

① 누가 무슨 목적으로 조사했는가 따져 보아야 한다. 담배회사가 담배와 폐암과의 관련성 연구에 기금을 제공했다면 그 연구결과는 어떠할 것 같은가?

② 표본이 적절한가?

③ 설문에 대해 질문과 응답항목을 만들 때 조사자의 주관적 의도가 개입되지 않았는가?

④ 해석을 할 때 구체적인 해석의 명확한 근거가 제시되었는가?

▌이 장에서 학습할 내용

1. 연구조사 결과는 늘 정확하고 믿을 수 있을까?
2. 우리가 연구하려는 대상에 대해 정확하고 믿을 만한 연구를 진행하려면 어떻게 하면 될까?

연구과정

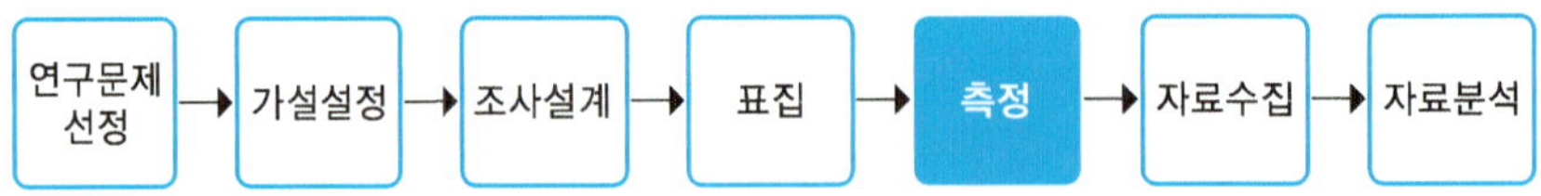

1. 연구과정에서 일어나는 다양한 오류

연구의 오류는 주의를 기울이지 않으면 연구의 전 과정에서 발생할 수 있다. 연구문제와 가설을 설정할 때는 애매한 개념이나 불명확한 조작적 정의 때문에 오류가 발생할 수 있고, 연구설계 단계에서는 측정도구 때문에 오류가 발생할 수 있다. 자료수집 단계에서는 표집이 잘못 되거나 관찰이나 면접 등 자료수집 과정에서도 오류가 있을 수 있다. 측정과정에서도 많은 측정오차가 발생하는데, 측정오차는 측정대상의 실제값과 측정도구를 사용하여 얻어진 측정값과의 차이로 다음과 같이 표현할 수 있다.

측정값(관찰값) = 참값 + 오차

앞의 공식에서 오차에 해당하는 것을 측정오차라고 하며 그 값은 양(+)의 값

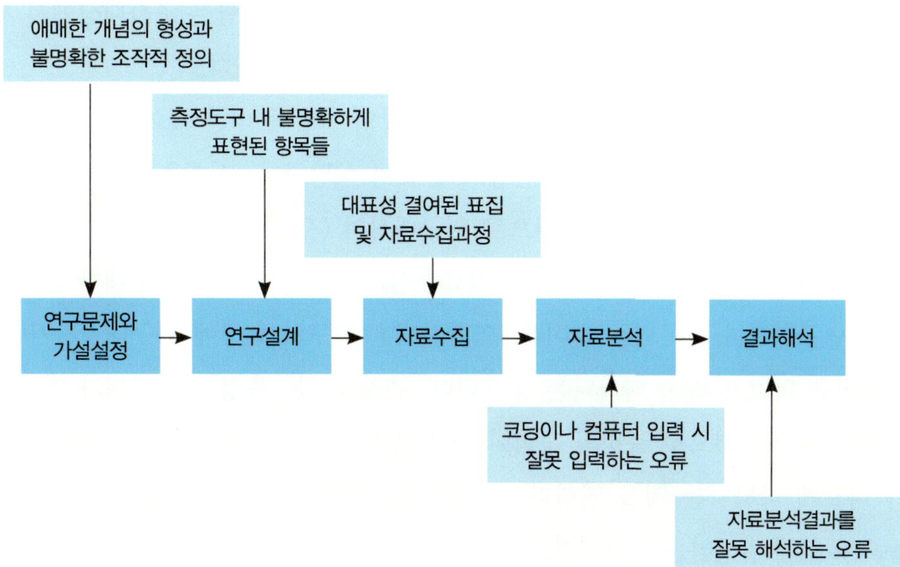

| 그림 8-1 | 연구과정에서 발생할 수 있는 오류

일 수도 있고, 음(−)의 값일 수도 있다. 자료분석과정에서는 자료입력과정에서 오류가 발생할 가능성이 있으며, 결과를 해석할 때에도 생태학적 오류나 환원주의적 오류 등이 발생할 수 있다.

이러한 연구과정 각각의 단계에서 오류뿐 아니라 연구하는 사람이나 연구대상에 따라 야기되는 오류도 있다. 연구자 혹은 조사자에 의해 발생하는 오류는 면접자 효과, 조사도구의 변화, 모집단의 제한 등이 여기에 해당한다. 면접자 효과는 면접자의 성별, 인종, 연령과 같은 특성이 응답자의 대답에 영향을 미쳐 발생하는 오류이다. 조사도구의 변화는 조사자의 기술, 태도 등의 변화로 인해 발생하는 오류이다. 조사자가 경험이 쌓이면서 면접기술도 향상되고 응답자와 친밀감 형성도 쉽게 하게 되면 초기조사와 후기조사의 응답결과가 다르게 나타나는 요인이 될 수 있다. 모집단의 제한은 특정 자료수집방법이 연구모집단의 범위를 제한하여 발생하는 오류이다. 예를 들어, 온라인 설문조사를 실시하는 경우에는 원천적으로 컴퓨터를 사용하지 못하거나 이용하지 않는 사람은 조사대상에서 제외되기 때문에 모집단의 구성에 오류가 발생하게 되는 것이다.

연구대상에 의해 나타나는 오류는 연구대상의 반응에 따른 것이다. 여기에는 실험효과, 역할선택, 측정효과, 반응효과 등이 해당한다. 실험효과는 측정과정 자체가 결과에 영향을 미치는 것으로 연구대상이 (자신이) 실험대상이라는 것을 알고 좋은 인상을 남기려고 하거나, 자료수집과정에서 연구 주제에 대한 관심이 생겨 연구결과가 왜곡되는 것이다. 역할선택은 연구의 요구에 연구대상자가 특정역할을 하고자 하여 나타나는 오류이다. 측정효과는 측정과정 자체가 연구에 영향을 미치는 것으로 측정의 경험이 다음 측정에 영향을 미쳐 다음의 측정결과가 다르게 나타나는 것을 말한다. 반응효과는 질문의 용어 구성이나 질문순서 등으로 인해 발생하는 오류이다.

그중 연구설계와 자료수집 단계에서 발생할 수 있는 측정오류가 있는데, 체계적 오류와 무작위 오류로 나누어진다.

1) 체계적 오류

체계적 오류(systemic error)는 측정도구가 잘못되어 수집하고자 하는 정보를 얻을 수 없을 때 발생하는 오류이다. 이 오류는 일정한 양태나 일관성을 띠는 것으로 주로 응답스타일이나 표본의 인구학적 특성과 관련된다. 예를 들어, 미국 중산층이 사용하는 용어로 구성된 지능검사도구는 측정대상이 미국인인가 아닌가, 중산층인가 저소득층인가에 따라 일정하게 체계적인 방향으로 측정오차를 발생시킬 것이다. 이러한 체계적 오류가 커지면 타당도가 떨어진다.

체계적 오류가 발생하는 대표적인 경우를 살펴보면, 인구학적 혹은 사회경제적 특성으로 인한 오류로 고학력자일수록 응답문항 중 앞쪽에 있는 답을 선택하는 경향(응답의 선행효과), 저학력자일수록 응답문항 중 뒤쪽에 있는 답을 선택하는 경향(응답의 후행효과)이 나타난다. 개인적 성향으로 인한 오류도 있는데, 자기 자신과 상반되는 것으로 다른 사람을 평가하려는 오류(대조오류), 측정대상의 한 가지 속성에 강한 인상을 받아 그것으로 전체 속성을 평가하는 데 영향받는 성향(후광효과), 무조건 긍정적인 입장을 보이는 호의적 경향과 관용 오류, 무조건 부정적인 입장의 가혹 · 엄격성 오류, 무조건 중립적인 입장인 중앙집중경향의 오류 등이 있다.

2) 무작위 오류

무작위 오류(random error)는 일정한 패턴 없이 나타나는 비체계적인 오류로 체계적 오류에 비해 통제하기 힘들다. 그러나 비체계적 오류는 연속되는 여러 번의 측정에도 일정하게 영향을 미치는 체계적 오류와 달리, 여러 번 반복측정을 하면 그 과정에서 서로 상쇄되어 소멸하는 오류이다. 그러므로 비체계적 오류를 포함하고 있는 측정은 측정 횟수를 늘려 여러 번 반복측정하여 그 측정값들의 평균값을 구하면 측정대상의 참값과 거의 동일해진다.

무작위 오류가 발생하는 대표적인 경우는 건강, 사명감, 기분, 관심사 등과 같은 측정자와 측정대상자의 신체적 · 정신적 요인으로 인한 오류가 있고, 측정장소, 측정시간, 좌석배열, 소음, 조명 등과 같은 측정 상황으로 인한 오류나 측정도구에 대한 사전 교육이 충분하지 않을 때 발생할 수 있는 측정도구로 인한 오류 등이 있다.

3) 측정수준과 측정오차의 관계

연구자가 대상을 측정할 때 가능한 한 측정수준이 높은 척도를 사용하는 것이 좋다. 측정수준이 높을수록 더 엄밀한 정보를 얻을 수 있기 때문이다. 예를 들어, 성인남녀의 키를 측정할 때 크다, 보통이다, 작다와 같은 범주로 서열측정을 하기보다는 미터법을 사용하여 같은 비율로 측정을 하면 측정대상에 대해 더 엄밀하고 높은 수준의 정보를 얻을 수 있다. 또한 측정대상을 측정할 때 높은 수준으로 측정한 경우에는 후속연구에서 낮은 수준의 정보로 변환하는 것이 가능하지만, 낮은 수준으로 측정한 경우라면 나중에 필요에 의해 높은 수준으로 변환하고자 할 때 그렇게 할 수가 없다. 180cm, 160cm, 140cm의 키는 각각 크다, 보통이다, 작다로 변환할 수 있지만 그 반대는 현실적으로 불가능한 것이다. 하지만 높은 수준의 측정이 항상 바람직한 것은 아니다. 측정수준을 높이면 그 측정값에는 측정오차가 포함될 확률도 높아진다. 160cm를 기준으로 크다와 작다로 구분할 경우 그 오차는 작지만, m나 cm 단위로 측정하여 구분할 경우에는 측정과정에서 오차를 범할 확률은 높아진다.

이러한 오류를 피하기 위해서는 다음과 같은 방법이 있다.

① 설문도구 제작 시 편견이 담긴 언어 사용은 피하고, 동시에 응답자가 이해할 수 있는 언어를 사용한다.

② 조사자의 사전 훈련을 철저히 시행한다.

③ 관찰조사의 경우 클라이언트가 관찰당하고 있다는 사실을 모르는 것이 오류를 상대적으로 줄일 수 있다.

④ 다각적 자료수집방법을 사용한다.

⑤ 신뢰도와 타당도를 가진 도구를 사용한다.

⑥ 응답환경에 대한 세심한 배려가 필요하다.

2. 연구의 오류를 줄일 수 있는 방법: 신뢰도

신뢰도란 도구의 안정성, 즉 같은 대상에 반복적으로 적용된 특정 기법이 매번 같은 결과를 가져오는지의 여부로 일관성(consistency)과 관련된다. 즉, 저울로 체중을 쟀을 때 몇 번을 재든지 항상 같은 무게가 표시되면 우리는 그 저울을 신뢰하는 것과 마찬가지이다. 따라서 연구의 오류를 줄이기 위해서는 측정의 신뢰도를 높이는 것이 하나의 방편이 된다.

신뢰도를 향상시킬 수 있는 방법은 척도의 항목을 명확히 서술하는 것이다. 지시문을 명확히 이해하도록 서술하고, 항목 수를 늘이면 신뢰도를 높일 수 있다.

1) 신뢰도를 평가하기 위한 방법

신뢰도를 평가하기 위한 방법으로는 조사자 간 신뢰도 조사, 재검사법, 대안법, 내적 일관성 분석법 등이 있다.

(1) 조사자(관찰자, 평가자) 간 신뢰도 조사

둘 이상의 조사자가 동일한 내용을 측정할 경우 그 결과가 동일하거나 유사하게 나왔거나 각 결과의 상관관계가 높을 때 신뢰도가 확보된다. 예를 들어 사회복지시설에 대한 평가에서 평가팀을 구성할 때 대개 교수, 공무원, 실무자 1인씩 구성되는 경우가 많은데, 이들이 동일시설에 대해 평가했다면 서로 비슷한 평가점수가 나와야만 조사자 간 신뢰도가 있다고 할 수 있다(황성동, 2015).

(2) 검사-재검사법(재검사법)

재검사법은 동일한 상황에서 동일한 측정도구로 동일한 대상을 다시 측정하여 그 결과를 비교하는 방식이다. 이때 도출된 상관계수가 높으면 신뢰도가 높다고 할 수 있다. 예를 들어, 공격성 감소 프로그램에 참여할 청소년들에게 개입 전 2주 간격으로 공격성 수준을 두 번 조사하였다면 그 결과가 비슷하게 나왔을 때 신뢰도가 있다고 판단하는 것이다. 이 방법은 적용이 간편하고 측정도구 자체를 직접 비교할 수 있지만, 두 검사 시점 사이에 외생변수(시험효과) 등이 측정값에 영향을 미칠 가능성이 있기 때문에 신뢰도 측정에 한계가 있다. 시험효과는 첫 검사에서 자신이 한 응답을 기억해 내고 두 번째 검사에 반영하거나, 자신이 변했다는 것을 보여주기 위하여 의도적으로 두 번째 검사에서는 첫 번째 검사의 응답과 반대로 응답하는 등, 검사를 두 번 실시함으로써 발생하는 효과이다.

(3) 대안법(유사양식법, 평행양식법, 동형방법)

이 방법은 조사도구와 같은 형태나 대안적 조사도구를 개발하여 두 가지를 모두 시행하고 나서 그 결과의 상관관계를 비교하는 것이다(황성동, 2006). 측정수단이나 관찰방법은 비슷하지만 서로 다른 형태의 측정도구로 동일 대상을 차례로 측정하고 그 점수들 사이의 상관관계를 통해 신뢰도를 검증하는 방법이다. 이는 재검사법의 시간적 간격문제를 해결하고 거의 동시에 측정하되, 서로 다른 도구로 측정한다. 따라서 재검사법의 외생변수 문제를 극복하는 데 유용하지만, 동일한 현상을 측정하는 데 사용될 두 개의 동등한 측정도구를 개발하는 것이 어렵다.

(4) 내적 일관성 분석법

내적 일관성이라는 것은 척도의 각 개별 항목이 전체 척도와 얼마나 상호 연관되어 있느냐를 나타내는 것이다. 이것을 분석하는 데에는 두 가지 방법이 있다.

① 반분법(이분절 기법)

반분법은 측정도구를 반으로 나누어 같은 시간에 각각 독립된 두 개의 척도로 사용함으로써 신뢰도를 측정하는 것이다. 반분된 측정도구로 동시에 측정이 가능하므로 재검사법의 단점이 보완된다. 또한 서로 다른 측정시점으로 인해 파생되는 외생변수의 영향을 배제할 수 있으며, 동일 대상의 속성을 한 번만 측정함으로써 반복검사에서 나타나는 시험(검사)효과를 배제할 수 있다. 그러나 반으로 나누어진 각각의 측정문항들을 완전히 동등하게 만들기 어려우며, 측정문항이 적은 경우에는 사용할 수 없다. 이 방법을 사용하기 위해서는 최소 8~9개의 문항이 필요하다.

② 알파계수 산출

알파계수 산출은 통계에 의한 분석이다. 주로 SPSS와 같은 통계패키지에서 신뢰도 측정기법으로 가장 널리 쓰이는 방법으로 한 측정에서 가능한 모든 반분법 신뢰도들의 평균값을 구하는 것이다. 특히, 크론바하의 알파값을 이용한다. 그런데 문항 수가 많아지면 알파값은 커지는 경향이 있기 때문에, 적절한 수의 문항을 선별하는 것이 중요하다. 이때, 문항들 중 전체 신뢰도를 떨어뜨리는 문항을 찾아 신뢰도가 높은 문항들만 선별하면 된다.

3. 연구의 오류를 줄일 수 있는 방법: 타당도

타당도(vailidity)란 측정하고자 하는 것, 즉 개념을 측정도구가 제대로 측정하고 있느냐를 나타내는 것으로 정확성(accuracy)과 관련된다. 어떤 저울로 체중을 측정하고자 할 때 실제 내 체중이 60kg일 때 60kg으로 측정결과가 나타나는가 하는 것이다.

1) 타당도를 확인하는 방법

타당도를 확인하는 방법에는 표면타당도, 내용타당도, 기준타당도, 구성체타당도 등이 있다.

(1) 표면타당도(face validity)

안면타당도, 액면타당도라고도 하며, 연구자가 측정하고자 하는 것을 외견상 어느 정도 나타내 주고 있느냐와 관련된 것이다. 대개 전문가에 의해 결정되며, 가장 낮은 수준의 타당도이다.

(2) 내용타당도(content validity)

측정하고자 하는 개념을 내용적으로 잘 담고 있는가를 나타내는 것으로 전문가의 동의에 의해 결정되며, 측정도구의 문항들이 측정대상이 된다. 현상의 속성을 골고루 반영해야 내용타당도가 확보될 수 있다.

(3) 기준타당도(criteria validity)

기준관련 타당도라고도 하며, 사용하고 있는 측정도구의 측정값과 기준이 되는 측정도구의 측정 값과의 상관관계를 확인하는 방법이다. 중요한 것은 도구의 값을 비교하는데 사용하는 외적 또는 독립적 기준이 하나 또는 그 이상 있다는 것이다. 즉, 타당도는 측정 절차에 기초하여 마련된 외적 기준에 대한 예견의 정확도에 따라 판단된다. 기준타당도는 또다시 사용하는 기준에 따라 다음 두 가지로 구분된다.

- **동시적 타당도:** 현재 개발된 측정도구의 측정값과 이미 전문가가 만들어 낸 측정도구의 측정값과의 비교를 통해 타당도를 진단하는 것이다.
- **예측적 타당도:** 어떤 도구가 현재의 상태를 통해 미래의 차이를 예측해 낼 수 있는 정도와 관련된 타당도이다. 예를 들어, 적성검사가 타당하려면 적성검사의 측정치가 장래의 성공적인 직무수행을 잘 예측해 내야 한다는 것이다.

(4) 구성체타당도(construct validity)

구성체란 특정한 연구조사의 목적을 위해 연구자가 개념들을 체계적으로 조직화한 것이다. 매우 추상적이기 때문에 직접적인 관찰의 대상으로 삼기 어렵다. 예를 들어, '권위주의'는 하나의 구성체로서, 연구자는 인습, 복종, 냉소, 미신 등 여러 개의 개념들로 이뤄진 하나의 복합체로 이를 취급할 수 있다. 사회정의, 정신건강, 불안, 지능, 응집력, 소외, 순응, 성취동기, 사회계층, 범죄, 편견, 조직갈등 등이 모두 구성체의 예이다.

구성체타당도란 도구가 실제로 측정하고자 하는 개념을 측정하는지를 이론적 관련성을 가지고 나타내는 것으로 도구가 의미하는 바, 즉 무엇을 측정하고 있으며 왜 어떻게 그렇게 작용하는가와 관련된다. 도구 자체만이 아니라 그 밑에 깔려 있는 이론을 포함하기 때문에, 도구의 의미에 대한 이해는 물론이고 이론이 여러 구성체 간의 관계에 대해 가지고 있는 명제를 찾아내야만 한다. 이들 명제에 기초하여 예측할 수 있는 것은 무엇이며, 이 도구를 사용한 측정결과가 예측한 것과 일치할 것인지를 알아야 한다. 구성체타당도의 검증은 구성체를 둘러싼 이론에서 가설을 도출하여 이 가설들을 경험적으로 시험해 보는 것이다.

구성체타당도는 수렴타당도, 판별타당도, 이해타당도로 구분할 수 있다. 수렴타당도는 집중타당도라고도 하는데, 동일한 개념을 서로 다른 두 가지 도구로 측정했을 때 얻어진 측정치들 간에는 상관관계가 높아야 함을 의미한다. 즉, 한 구성체에 대해 다르게 측정했다 하더라도 결과는 유사해야 한다는 것이다. 판별타당도는 서로 다른 개념을 측정했을 때 얻어진 측정치들 간에는 상관관계가 낮아야 한다는 것을 의미한다. 한 구성체는 다른 구성체와 경험적으로 구분될 수 있기 때문에, 한 도구가 이론으로 보아 상이해야 하는 다른 구성체와 관계가 있는지 없는지를 살펴보는 것이다. 이해타당도는 척도가 이론적 기대에 들어맞는지 검증하는 것이다.

2) 신뢰도와 타당도의 관계

신뢰도가 없으면 타당도도 없지만, 타당도 없는 신뢰도는 있을 수 있다. 저울로 체중을 측정하는 예에서, 바늘이 항상 30kg을 가리키는 저울은 고장난 것으로 체중을 정확히 표시해 주지 못한다. 즉, 타당도는 없는 것이다. 그러나 몇 번을 측정해도 항상 30kg을 가리키고 있기 때문에 신뢰도는 있다고 볼 수 있다. 이 경우에는 타당도는 없지만 신뢰도는 있다고 볼 수 있다. 그러나 바늘이 제멋대로 돌아가는 저울인 경우에는 체중을 정확히 측정하지도 못하고 측정할 때마다 바늘이 제멋대로 눈금을 표시한다면 이 경우는 타당도도 없고 신뢰도도 없다고 볼 수 있다. 그러나 정확히 체중을 반영하는 저울은 몇 번을 측정해도 실제 체중을 정확히 표시할 것이며, 이 경우는 타당도가 있어서 신뢰도도 확보되는 경우이다.

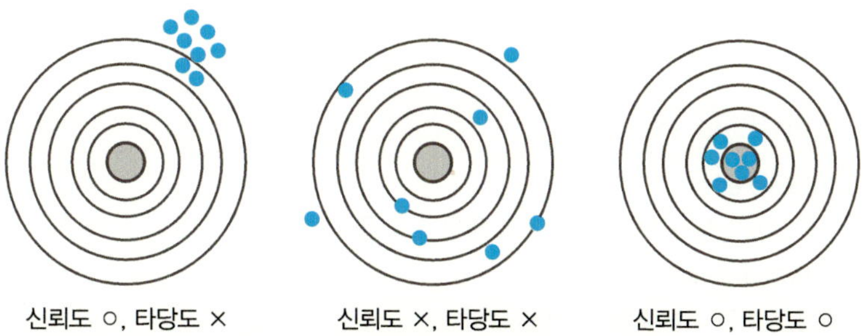

| 그림 8-2 | 신뢰도와 타당도의 관계

출처: Rubin & Rubin (2002).

보충자료 신뢰도 분석과 크론바하의 알파(cronbach's α) 계수

동일한 개념을 측정하는 여러 항목들에 대한 항목분석과 신뢰도 계수를 계산하는 것이 신뢰도 분석(reliablity analysis)이다. 즉, 몇 개의 질문을 하나의 개념에 대한 측정도구로서 사용하고자 할 때 그 질문들에 대한 응답들이 동일한 개념을 측정하였기 때문에 비슷하게 나타나야 한다는 것을 전제로 하는 분석이 신뢰도 분석이다. 신뢰도 분석은 크론바하 알파계수(Cronbach's α)와 같은 신뢰도 계수를 계산해서 각 변수에 대한 항목분석(item analysis)과 한 개념에 대한 전체 변수의 신뢰도를 제공한다.

신뢰도 분석에는 크론바하 알파계수만 있는 것은 아니다. 여러 가지 분석방법이 있지만 가장 널리 사용되는 것이 크론바하 알파계수이므로 용어와 개념 정도는 알아두는 것이 좋다.

이 알파계수는 0과 1 사이의 값으로서 1에 가까울수록 문항들에 대한 응답이 서로 유사해서 신뢰성이 높음을 나타낸다. 신뢰도 값이 어느 정도여야 괜찮은 것인지에 대한 일률적인 기준은 없다. 그러나 대체로 0.8 이상이면 상당히 신뢰할 만한 측정이라고 본다. 신뢰도가 0.6 이상인 경우는 아쉬운 대로 쓸 만하다고 할 수 있고, 그 이하의 신뢰도에 대해서는 측정방식을 개선해야 한다.

요약

1. 연구과정에서 일어나는 다양한 오류

1) 체계적 오류(systemic error)

- 측정도구가 잘못되어 수집하고자 하는 정보를 얻을 수 없을 때 발생하는 오류
- 체계적 오류가 발생하는 대표적인 경우
  - 인구학적 혹은 사회경제적 특성으로 인한 오류
  - 개인적 성향으로 인한 오류
  - 대조오류: 자기 자신과 상반되는 것으로 다른 사람을 평가하려는 오류
  - 후광효과: 측정대상의 한 가지 속성에 강한 인상을 받아 그것으로 전체 속성을 평가하는 데 영향을 받는 성향
  - 호의적 경향, 관대성(관용) 오류: 무조건 긍정적인 입장
  - 가혹/엄격성 오류: 무조건 부정적인 입장
  - 중앙집중경향의 오류: 무조건 중립적인 입장

2) 무작위 오류(random error)

- 일정한 패턴 없이 나타나는 오류
- 무작위 오류가 발생하는 대표적인 경우
  - 측정자로 인한 오류: 건강, 사명감, 기분, 관심사 등과 같은 신체적 · 정신적 요인
  - 측정대상자로 인한 오류: 긴장, 피로, 불안 등과 같은 신체적 · 정신적 요인
  - 측정상황으로 인한 오류: 측정장소, 측정시간, 좌석배열, 소음, 조명, 부모참석 등
  - 측정도구로 인한 오류: 측정도구에 대한 사전교육이 충분치 않을 때

3) 측정수준과 측정오차의 관계

- 측정수준이 높을수록 더 엄밀한 정보를 얻을 수 있기 때문에 가능한 한 측정수준이 높은 척도를 사용하는 것이 좋음

2. 연구오류를 줄일 수 있는 방법들: 신뢰도

1) 신뢰도(reliability)

- 도구의 정확성, 즉 같은 대상에 반복적으로 적용된 특정 기법이 매번 같은 결과를 가져오는지의 여부. 일관성과 관련됨

2) 검증방법

- 조사자(관찰자, 평가자) 간 신뢰도 조사
- 검사-재검사법(재검사법)
- 대안법(유사양식법, 평행양식법, 동형방법)
- 내적 일관성 분석법
- 알파계수 산출

3) 신뢰도를 향상시킬 수 있는 방법

- 항목의 서술을 명확히 할 것(모호성, 추상성 배제)
- 항목 수를 늘릴 것
- 지시문을 명확히 이해하도록 쓸 것

3. 연구오류를 줄일 수 있는 방법들: 타당도

1) 타당도(validity)

- 측정하고자 하는 것, 즉 개념을 측정도구가 제대로 측정하고 있느냐를 나타내는 것으로 정확성(accuracy)과 관련이 있음

2) 타당도를 확인하는 방법

- 표면타당도(face validity): 안면타당도, 액면타당도
- 내용타당도(content validity)
- 기준타당도(criteria validity): 기준 관련 타당도
  - 동시적 타당도 / 예측적 타당도
- 구성체타당도(construct validity)
  - 수렴타당도(집중타당도) / 판별타당도 / 이해타당도

4. 신뢰도와 타당도의 관계

- 신뢰도 없이 타당도를 가질 수는 없지만, 타당도 없이도 신뢰도를 가질 수 있음

연습문제

01 연구과정에서 일어날 수 있는 오류의 유형을 설명하시오.

02 측정오류를 줄일 수 있는 방법에 대해서 설명하시오.

03 척도의 타당도와 신뢰도의 관계를 설명하여 보시오.

사회복지사 1급자격시험 기출문제

01 측정오류를 최소화하는 방법 중 옳은 것은?
① 표본의 수를 늘린다.
② 측정도구에 대한 사전교육을 충분히 한다.
③ 측정도구 내의 항목들을 포괄적으로 표현한다.
④ 측정시간을 최소한으로 줄인다.
⑤ 측정문항을 최소한으로 줄인다.

02 신뢰도 평가방법으로 외생변수, 반복검사로 인한 주시험 효과가 큰 방법은?
① 검사-재검사법 ② 반분법
③ 질문지법 ④ 크론바하 알파계수
⑤ 대안법

03 측정의 신뢰도와 타당도에 관한 설명으로 옳은 것은?
① 신뢰도는 일관성으로 표현될 수 있는 개념이다.
② 측정도구의 문항 수가 적을수록 신뢰도는 높아진다.
③ 검사-재검사 방법은 타당도를 측정하는 방법이다.
④ 편향(bias)은 측정의 비체계적 오류와 관련된다.
⑤ 측정도구의 신뢰도가 높아지면 타당도도 높아진다.

04 다음 ( ) 안에 알맞은 것은?

> 종합사회복지관 채용시험에서 A의 성적은 높았고 B의 성적은 낮았지만 두 사람 모두 같은 복지관에 입사했다. 입사 후에 B가 A보다 업무능력이 뛰어난 것으로 나타난다면 이 복지관에서 사용한 채용시험의 ( ) 타당도는 낮다고 할 수 있다.

① 내용(content) ② 동시(concurrent)
③ 수렴(convergent) ④ 판별(discriminant)
⑤ 예측(predictive

05 신뢰도 측정방법 중 크론바하 알파(Cronbach-α)에 대한 설명 중 옳은 것은?
① 한 척도에 여러 개의 크론바하 알파값이 있다.
② 신뢰도가 높을수록 크론바하 알파값이 높다.
③ 신뢰도가 낮은 문항을 제거하면 크론바하 알파값이 낮아진다.
④ 문항들 간 평균 상관계수가 높을수록 크론바하 알파값이 낮다.
⑤ 각 문항들이 서로 상관관계가 없다는 것을 기초로 하고 있다.

06 신뢰도 측정방법 중 반분법에 대한 설명으로 옳은 것은?

정답 01 ② 02 ① 03 ① 04 ⑤ 05 ② 06 ⑤

① 두 가지 양식에서 척도의 동질성을 확보하는 것이 어려운 과제이다.
② 두 번의 검사로 검사효과가 나타날 수 있다.
③ 대안법이라고도 한다.
④ 어떻게 반분하여도 상관계수가 달라지지 않는다.
⑤ 하나의 척도를 둘로 나누어 동일한 대상에 동시에 측정을 실시한다.

07 다음 중 틀린 것을 고르시오.

> 지역주민 1,000명을 대상으로 시의원이 지지율을 조사하였을 때 지지율이 23.0%가 나왔다. 신뢰도는 93% 표본오차 ±3의 타당도가 있는 척도를 사용하였다.

① 표본을 500명으로 줄이면 표본오차가 증가한다.
② 90~96% 범위에서 지지율이 23%란 뜻이다.
③ 표본을 2,000명으로 늘리면 신뢰도가 높아진다.
④ 조사하는 사람이 늘어나면 신뢰도가 높아진다.
⑤신뢰도 93%와 지지율 23%는 관계가 없다.

08 구성체 타당도에 해당하는 내용은?
①동시 타당도와 예측 타당도가 있다.
②전반적인 이론의 틀 속에서 측정도구의 타당성을 경험적으로 검증한다.
③ 기존의 척도를 기준으로 새로운 척도를 사용하여 측정한다.
④ 측정결과로 나타난 점수나 척도평가치가 조사대상자의 차후 태도나 행위를 예견할 수 있다.
⑤ 자신이 측정하고자 하는 개념이 포함하고 있는 의미의 범위를 담고 있는 정도를 말하는 것이다.

09 신뢰도를 측정하기 위한 방법으로 틀린 것은 무엇인가?
① 반분법은 척도의 문항을 둘로 나누어 동시에 측정한다.
② 대안비교법은 같은 척도를 두 번 측정한 값의 상관관계를 측정하는 것이다.
③ 재검사법은 절차가 간단하다.
④ 반분법은 검사효과를 제거할 수 있다.
⑤ 크론바하 알파계수는 문항들 간의 상관관계를 측정한 값이다.

10 연구자가 설문조사를 하는 과정에서 대상자 집단이 한 방향으로 편향된 응답을 하였다. 이 사례에서 연구자가 주의해야 할 점을 고르시오.
① 검사효과를 제거해야 한다.
② 응답자의 익명성을 보장해야 한다.
③ 가설을 일반화할 때 주의해야 한다.
④ 설문지의 회수율을 높일 수 있는 방법을 고려해야 한다.
⑤ 호손효과를 고려해야 한다.

정답 07 ⑤ 08 ② 09 ② 10 ③

11 다음 사례의 내적타당도 저해요인은?

> 사전검사에서 우울점수가 지나치게 높은 5명의 노인을 선정하여 우울감소 프로그램을 제공한 후 동일한 도구로 사후검사를 실시하였더니 이들의 우울점수가 낮아졌다.

① 후광효과 ② 통계적 회귀
③ 실험대상 변동 ④ 도구효과
⑤ 인과적 시간 순서

12 ( ) 안에 알맞은 것은?

> 우울척도 A의 측정치가 우울척도 B보다는 자아존중감 척도 C의 측정치와 더 일치할 때 척도 A의 ( )는 문제가 된다.

① 내용타당도
② 판별타당도
③ 액면타당도
④ 예측타당도
⑤ 기준관련타당도

13 측정도구의 신뢰도에 관한 설명으로 옳지 않은 것은?

① 신뢰도는 무작위 오류와 관련이 있다.
② 재검사법을 사용하여 신뢰도를 평가할 경우 측정대상이 동일해야 한다.
③ 측정하고자 의도한 것을 측정하는 능력을 말한다.
④ 크론바하 알파(Cronbach's α)는 신뢰도 측정의 대표적인 방법이다.
⑤ 측정결과가 일관된 정도를 말한다.

14 외적타당도에 관한 설명으로 옳은 것을 모두 고른 것은?

> ㄱ. 연구대상의 대표성이 외적타당도에 영향을 준다.
> ㄴ. 연구대상의 조사반응성은 외적타당도를 저해할 수 있다.
> ㄷ. 연구결과의 일반화와 관련이 있다.
> ㄹ. 인과관계의 정도와 관련이 있다.

① ㄱ, ㄴ, ㄷ ② ㄱ, ㄷ
③ ㄴ, ㄹ ④ ㄹ
⑤ ㄱ, ㄴ, ㄷ, ㄹ

15 ( ) 안에 알맞은 것은?

> A초등학교는 4학년 수학능력시험의 ( )타당도를 확보하기 위해 수학교사들의 회의를 통해 연산, 논리, 기하 등을 포함하기로 결정하였다.

① 내용 ② 동시
③ 예측 ④ 판별
⑤ 기준

16 측정의 신뢰도와 타당도에 관한 설명으로 옳은 것은?

① 동일인이 한 체중계로 여러 번 몸무게를 측정하는 것은 체중계의 타당도와 관련되어 있다.
② 편향은 측정의 무작위 오류와 관련되어 있다.
③ 측정도구의 높은 신뢰성이 측정의 타당성을 보증하지 않는다.

정답 11 ② 12 ② 13 ③ 14 ① 15 ① 16 ③

④ 측정도구의 타당도를 검사하기 위해 반분법을 활용한다.
⑤ 기준관련 타당도 검사를 위해 해당 개념과 관련된 이론적 모형이 필요하다.

17 매우 건강한 90대 남성노인들에게 건강서비스를 1년 동안 제공한 후 건강상태를 측정한 결과, 이들의 상태가 나빠졌고 통제집단인 여성노인들에 비해서도 낮게 나타났다. 이 연구에서 영향을 미칠 수 있는 내적타당도 저해요인을 모두 고른 것은?

> ㄱ. 성숙효과
> ㄴ. 선택(selection)과의 상호작용
> ㄷ. 통계적 회귀
> ㄹ. 위약(placebo)효과

① ㄱ, ㄴ, ㄷ ② ㄱ, ㄷ
③ ㄴ, ㄹ ④ ㄹ
⑤ ㄱ, ㄴ, ㄷ, ㄹ

18 다음 연구의 내적타당도에 영향을 미칠 수 있는 요인은?

> 아동학대 예방을 위한 부모교육의 효과성 검증을 위해 아동보호전문기관을 통해 교육 참여를 희망하는 부모를 모집하고 교육을 실시하였다. 교육 종료 후 1년 동안, 교육을 받은 부모집단과 받지 않은 부모집단에서 아동학대 사례로 확인된 부모의 비율을 비교하였다.

① 통계적 회귀
② 편향된 집단선택
③ 반복된 검사
④ 동시타당도
⑤ 인과관계 방향성의 모호함

19 다음 사례에 기술된 '표준화된 척도'의 타당도 평가방법은?

> 사회복지사가 클라이언트 100명의 약물남용 정도를 두 가지 방법으로 측정하였다. 첫째, 약물남용으로 인해 상담이나 치료를 받은 경험이 있는지를 질문하였고, 둘째, 표준화된 척도로 약물남용 정도를 측정하였다. 측정 결과, 상담이나 치료 경험이 있는 집단의 척도 평균 점수가 그렇지 않은 집단의 점수보다 통계적으로 유의미하게 높았다. (단, 척도의 점수가 높을수록 약물남용 정도가 심하다고 해석한다.)

① 기준타당도 ② 수렴타당도
③ 판별타당도 ④ 개념구성타당도
⑤ 액면타당도

20 A시설 어린이들의 발달상태를 조사하기 위해 체중계를 이용하여 몸무게를 측정했는데 항상 2.5kg이 더 무겁게 측정되었다. 이 측정에 관한 설명으로 옳은 것은?
① 타당도는 높지만 신뢰도는 낮다.
② 신뢰도는 높지만 타당도는 낮다.
③ 신뢰도도 높고 타당도도 높다.
④ 신뢰도도 낮고 타당도도 낮다.
⑤ 신뢰도나 타당도를 평가할 수 없다.

정답 17 ① 18 ② 19 ① 20 ②

CHAPTER

09 어떤 방법으로 조사할 것인가? (1)

1. 설문조사(서베이 연구)
2. 설문지 작성법

신문기사에 발표되는 조사결과들에 대해 가끔 조사의 조작가능성, 여론조사의 호도 등이 문제로 제시되고는 한다. 과연 연구자의 목적에 따라 유리한 조사결과를 만드는 것이 가능할까? 조엘 베스트(2003)는 다음과 같은 질문을 통해 어떻게 의도적인 조사결과를 만들어낼 수 있는지 보여주고 있다.

다음의 질문에 대해 대답해 보자.

– 당신은 불가피한 경우, 합법적인 낙태에 찬성하십니까?

– 당신은 불가피한 경우라도 합법적인 낙태에 반대하십니까?

당신의 대답은 두 질문에 모두 동일했는가?

동일했을 수도 있고, 아닐 수도 있다. 혹은 지금도 대답하기 주저하고 있을지도 모른다.

그 이유는 바로 '불가피한 경우'에 있다.

다음은 미국에서 그 '불가피한 경우'에 해당하는 상황을 구체적으로 명시하여 조사한 결과이다.

• 건강이 임신에 의해 심각하게 위협을 받을 경우	92% 찬성
• 강간을 당하고 임신을 한 경우	83% 찬성
• 아기에게 심각한 장애의 가능성이 큰 경우	82% 찬성
• 결혼한 여성으로 더 이상 자녀를 원하지 않는 경우	47% 찬성
• 가족의 수입이 매우 적어서 더 이상 자녀를 부양할 수 없는 경우	47% 찬성
• 미혼여성으로 상대 남자와 결혼을 원하지 않는 경우	45% 찬성
• 어떤 이유에서든 여성이 원하는 경우	45% 찬성

그런데 다르게 문항을 바꾸면 아래와 같이 조사결과가 달라진다.

• 여성이 원하는 경우	45% 찬성
• 상황에 따라	47% 찬성
• 절대 반대	8% 찬성

위 조사결과에서 '상황에 따라'라고 답한 47%의 사람들은 설문의 어구에 따라 찬성과 반대가 달라질 수 있는 사람들로, 이들의 향방을 연구자의 의도에 따라 문항을 구성함으로써 얼마든지 조사결과를 다르게 만들 수 있다. 따라서 설문조사 역시 표준을 지켜야 정확하고 정직한 조사가 가능하다.

이 장에서 학습할 내용

1. 우리가 얻고자 하는 자료를 수집하기 위한 설문지는 어떻게 만들어야 하는가?
2. 설문조사를 기반으로 하는 조사방법들은 무엇이 있는가?

연구과정

연구문제 선정 → 가설설정 → 조사설계 → 표집 → 측정 → **자료수집** → 자료분석

1. 설문조사(서베이 연구)

1) 설문조사에 대한 이해

설문조사는 응답자가 질문에 답하도록 하는 형태의 자료수집방법이다. 사회과학분야에서 대단위 모집단의 태도와 성향을 측정할 때 적합하며 가장 많이 사용되는 방법이기도 하다. 과학적 방법으로 설문조사의 위상이 정립된 것은 다양한 지수와 척도가 개발되고, 기업이나 언론기관, 정부 등 많은 영역에서 설문조사가 활용되기 시작하면서이다. 연구자들 역시 설문조사를 많이 활용하면서 실증주의 패러다임에 근거한 강력한 사회조사 방법이 되었다. 그러나 최근에는 실증주의 패러다임에 입각한 양적 사회조사에 대한 비판이 대두되면서 도전을 받고 있다.[01] 그러나 아직까지 설문조사는 사회복지뿐 아니라 사회과학 각 영역에서

01 이 점에 대해서는 13장에서 더 자세히 설명하기로 한다.

가장 많이 활용되는 사회조사방법이다.

(1) 설문조사의 특징

설문조사는 규모가 너무 커서 직접 관찰할 수 없는 모집단에 대해 기술하기 위해 최초의 자료를 수집하고자 하는 사회과학자가 이용할 수 있는 최선의 방법이다. 설문조사를 위해서는 주의 깊은 확률표집을 실시하여 모집단 특성을 반영하도록 해야 하고, 주의 깊게 구성한 표준화된 설문지를 통해 동일한 형태의 자료를 산출할 수 있도록 해야 한다.

(2) 설문조사의 장단점

설문조사는 대규모 모집단의 특성을 기술하는 데 유용하다. 큰 규모의 표본도 가능하기 때문에 실험결과보다 일반화에 용이할 수 있다. 또한 여러 변수를 동시에 분석할 수 있으며, 한 주제에 대해 많은 질문을 할 수 있어서 분석하는 데 상당한 유연성이 있다. 측정에 있어서도 모든 대상에게 동일한 질문을 할 수 있다는 장점이 있다.

반면에, 최소한으로 적절한 질문을 설계함으로써 많은 응답자들에게 가장 적절한 질문은 빠뜨릴 소지가 있으며, 사회생활의 맥락을 다룰 수 없다. 현장연구의 경우에는 연구진행 도중 새로운 변수를 발견하면 이를 깊게 관찰할 수 있지만, 설문연구는 당초 계획된 틀을 끝까지 변형 없이 고수해야 한다. 또한 설문지상에 표기된 응답으로 '그 사람-응답자'를 있는 그대로 해석할 수 있을까 하는 것도 의문이다. 응답과 행동은 다를 수 있기 때문이다. 설문조사연구는 일반적으로 타당도에 대해 약하고, 신뢰도에 대해 강하다는 특징도 있다.

(3) 설문조사 전 확인 사항

- 조사에 투입할 인적, 물적, 시간적 자원의 준비 여부
- 조사와 관련된 정보, 자료, 기존의 유사 주제 연구자료, 전문가집단의 자문, 조사대상에 대한 정보 파악 등에 대한 검토
- 조사대상에 대한 선정 및 이해
- 조사내용 및 조사설계
- 조사의 실무적 요구 반영 정도
- 질문지 배포방식 및 응답방식 결정

2) 설문조사의 유형

(1) 우편설문조사

우편설문조사는 우편을 통해 설문조사하는 것이다. 대개 우편조사는 응답률이 높지 않다. 따라서 응답동기를 높이기 위해, 몇 가지 조치가 필요하다. 우선 이해할 수 있는 용어로 설문조사의 목적과 중요성을 설명하고, 응답자가 존경하는 조직 또는 인사의 추천을 받거나 적당한 후원자가 되어줄 사람을 명기할 수도 있으며, 응답자가 관심을 갖고 있는 문제를 해결하는 데 응답자의 응답이 왜 중요한지 설명하는 것이 필요하다. 또한 응답거부감을 낮추기 위해 익명성 보장을 밝히고, 어떻게 조사대상자로 선정되었는지를 설명하며, 설문작성 소요시간을 표시한다. 이때 소요시간은 짧을수록 좋다. 우편분배와 회수는 최대한 반송이 용이한 방법을 고안하여, 설명하는 편지, 설문지, 우표가 붙은 반송봉투를 함께 발송한다. 설문표지 역시 응답자의 응답동기를 높이고 거부감을 낮출 수 있게 구성한다. 설문지를 배포하고 나서는 설문지 회수에 신경 써야 한다. 설문지 회

수율의 변화에 주의를 기울여 응답률 그래프를 당일분과 누적분으로 구분하여 그려볼 수도 있다. 어떤 경우에는 회수된 설문지를 검토하고 일련번호를 부여하여 반송된 설문지를 관리한다. 설문지가 회수되지 않은 곳에는 다시 추적(follow-up) 설문지를 발송할 수 있다. 후속조치는 질문지를 발송하고 나서 회신이 가장 많이 들어오는 일주일에서 10일 정도 기다렸다가 우편엽서로 응답을 정중히 촉구하고, 2차로는 후속서신과 함께 질문지를 재발송하는 것을 생각해 볼 수 있다. 회수율을 높이기 위해 후속서신을 보낼 때 모든 조사대상자에게 보내게 되면 번거롭고 비용도 많기 들기 때문에 질문지에 일련번호를 매기기도 한다. 이 경우 그 번호 때문에 익명성이 보장되지 않는다고 생각하는 응답자도 있을 수 있기 때문에 번호는 회신확인용이라는 설명을 넣는 것도 고려해 볼 수 있다.

응답에 대한 의지유도는 응답자를 설득하여 질문지에 응답해야겠다고 생각하도록 최대한 노력하는 것을 말한다. 대개는 응답자의 도움이 꼭 필요하다는 점을 호소하는 것이다. 또 다른 방법은 약간의 보상으로 간단한 선물을 주는 것이다. 선물이나 돈을 통해 조사가 가치 있고 중요하다고 생각하게 하는 것이다. 또 응답자에 따라서는 조사결과에 대해 알려주겠다는 약속도 응답에 대한 의지를 유도하는 데에 도움이 되기도 한다. 연구주관자 및 후원자를 표시하는 것도 응답률에 영향을 준다. 연구를 실제로 수행하는 사람이나 기관, 연구를 재정이나 행정적으로 지원해 주는 기관이나 단체를 표시함으로써 이 조사가 합당한 것이고 가치 있는 것이라는 느낌을 주는 것이 중요하다. 일반적으로 정부기관이나 대학연구소 등이 연구주관자가 되는 경우 회수율이 높은 편이다. 응답률은 적어도 50%는 되어야 분석과 보고를 하기에 적절하며, 60% 이상이면 좋고, 70%가 되면 매우 좋은 응답률이라고 볼 수 있다.

우편설문조사의 장점은 저렴한 비용이다. 면접자도 필요 없고, 조사대상자들이 지리적으로 멀리 떨어져 있어도 저렴한 비용으로 조사가 가능하다. 사람이 아닌 질문지를 통해 조사하기 때문에 면접자의 특성(언어, 외모, 성별 등)에 의한 응답의 차이나 응답상의 편의(bias)를 줄일 수 있다. 질문 내용이 민감하다 할지라도 응답자 신원을 밝히지 않기 때문에 면접조사보다는 훨씬 솔직한 응답이 가능하다. 또한 바로 응답하지 않기 때문에 편리한 시간에 응답할 수 있고 시간 여유를 두고 생각한 후에 확실한 응답을 할 수도 있으며, 응답자에 대한 접근도 용이하다.

반면에 질문지는 글자로 전달되어야 하기 때문에 복잡하거나 어려운 질문보다는 간단한 질문에 적합하고, 응답자의 응답이 불분명하거나 빠진 문항이 있을 경우 확인할 기회가 없다는 문제가 있다. 또한 다른 사람이 대신 응답할 가능성도 있다. 가장 문제가 되는 것은 응답률이 낮다는 것인데, 질문지를 분실하거나 바빠서, 관심이 부족해서 응답을 하지 않을 수도 있고, 응답을 했다 하더라도 반송하는 것을 귀찮아하거나 잊을 가능성도 있다. 그런데 이런 낮은 응답률은 응답의 체계적 특성과 관계가 있을 수 있기 때문에 응답률이 낮은 조사결과는 응답자 특성에 따른 체계적 오류가 발생할 가능성이 높다.

(2) 면접설문조사

면접설문조사는 응답자와 직접 대면하여 설문조사를 실시하는 것이다. 조사대상자와 대면하여 필요한 자료를 수집하는 면접은 설문조사뿐 아니라 질적연구에서도 널리 사용된다. 설문조사의 면접은 질적연구조사의 면접보다 일반적으로 대상자가 더 많다.

면접조사를 수행할 때에는 표본이 소규모인 경우는 연구자가 직접, 많은 경우는 훈련된 면접원을 통해 진행되기도 한다. 이때 면접원이 질문에 대한 응답자의 인식이나 대답에 영향을 미칠 가능성이 있기 때문에 중립성을 지키도록 교육을 철저히 실시해야 한다. 면접에 대한 일반적인 규칙은 다음과 같다.

- 설문지에 대한 숙달
- 질문의 표현을 정확하게 따라 하기
- 응답을 정확하게 기록하기(아울러 언어적, 비언어적 반응도)
- 응답에 대한 심층규명
- 조사원과 응답자 간의 친숙한 분위기(rapport) 형성
- 외관과 태도: 응답자에게 이질감을 느끼지 않게 하는 것이 중요하다. 피면접자들과 비슷하게 옷을 입거나, 다르더라도 수수한 옷차림에 깨끗하고 깔끔한 것이 좋다. 면접원의 태도는 염탐조가 아니면서 응답자에 대한 진정한 관심을 전달하는 것이 바람직하며, 응답자가 가장 편하게 느끼는 유형의 사람, 응답자가 가장 얘기하기를 즐겨할 유형의 사람을 빨리 판단해야 한다.

면접조사의 장점은 질문을 반복할 수도 있고 더 구체적인 응답을 얻기 위해 융통성을 발휘하여 더 자세한 질문을 할 수도 있다. 읽고 쓰지 못하는 사람도 응답할 수 있으며, 우편설문조사보다 더 높은 응답률을 확보할 수 있다. 면접이 방해받지 않도록 면접환경을 통제할 수도 있고 응답자의 비언어적 행위를 직접 관찰할 수 있다. 또 더 복잡한 질문지를 사용할 수도 있다.

반면에, 시간과 비용이 많이 든다는 것은 가장 큰 단점이다. 면접을 실시할 때 따르는 시간과 경비뿐 아니라 면접에서 얻은 자료를 정리하는 데에도 많은 시간과 경비가 필요하다. 또한 면접자의 존재는 응답의 완성도를 높일 수도 있지만, 동시에 오류를 일으킬 가능성도 있다. 응답을 잘못 이해할 수도 있고, 이해는 했다 하더라도 잘못 기록할 수도 있다. 때로는 면접자의 성별, 연령, 외모, 말투 등이 응답자에게 영향을 미치기도 한다. 응답자의 상황에 따라 응답에 영향을 줄 수도 있고, 질문에 대해 숙고할 시간이 없다. 또 익명성을 보장한다고는 하나, 이미 면접자는 응답자에 대해 알게 되고, 관찰도 가능하며 때에 따라서는 집 주소, 가족 등에 대해서도 알게 된다.

(3) 전화설문조사

설문조사를 전화로 실시하는 것이다. 전화가 일반적으로 보급되기 시작하면서 전화를 통한 설문조사가 부상했는데, 이 방법은 전화가 있는 사람에만 한정되어 빈곤층을 배제하게 되고 그에 따라 사회계층에 따른 편견이 발생하였다. 특히 1930년대 미국의 대통령 선거에 대한 여론조사에서 전화설문조사는 부유층만을 포함시키게 됨으로써 조사결과가 부유층에 국한되는 결과가 나타났다. 현대에 와서 전화는 보편화되었지만, 전화 자체보다는 전화번호부의 특성에서 기인되는 표집상의 문제가 발생되고 있다. 전화번호부 수록을 거부한 사람들이 원천적으로 배제된 채, 모집단이 구성될 가능성이 있는 것이다. 그래서 무작위 전화걸기 방식으로 이러한 단점을 극복하고 있다.

전화설문조사는 시간과 돈이 절약되고, 응답에 영향을 미칠 가능성 때문에 면접원의 복장에 제한을 두지 않아도 되며, 응답자를 직접 대면하는 게 아니어서 좀더 솔직한 대답을 할 수도 있다. 또한 설문조사 중 어떤 조사방법보다 가장 신속하다. 면접원에 대한 조정과 통제가 상대적으로 용이하며, 면접원과 피면접원의 안전이라는 측면에서 면접설문보다 장점이 있다.

하지만 상품판매성 설문이 증가하면서 전화설문이 어려워지고 있으며, 면접의 일방적이고 갑작스런 종료 가능성이 있다. 그렇기 때문에 면접처럼 오랜 시간 진행하기는 곤란하다. 특별한 경우를 제외하고는 조사질문 수가 많지 않은 경우에 이용한다. 또한 응답자를 직접 볼 수 없기 때문에 비언어적 표현을 전혀 관찰할 수 없어 언어적 표현의 신뢰성과 의미를 파악하기가 쉽지 않다. 표집상의 문제를 해결하기 위해 무작위발신법 등을 사용하기는 하지만 이 경우에도 전화는 있지만 연결이 되지 않는 사람도 있기 때문에 여전히 표집상의 편의 가능성은 남는다.

(4) 온라인설문조사

온라인설문조사는 인터넷을 활용하여 설문조사를 실시하는 가장 최근에 개발된 방법이다. 인터넷을 활용하는 설문조사는 특정 사이트의 회원 데이터베이스를 활용하는 회원조사, 방문자조사, 전자우편조사, 전자설문조사들의 유형으로 나누어 볼 수 있다. 각 유형의 특징은 〈표 9-1〉에서 설명하고 있다. 그러나 이 조사도 전화설문과 마찬가지로 컴퓨터 사용능력이나 보유 여부 등에 따라 많은 사람들이 배제될 가능성이 있다.

표 9-1 온라인설문조사의 유형

유형	표집틀	통지방법	설문지 형태	질문길이	응답편의
회원조사	회원 DB	전자우편(전화)	웹문서	20분 정도	보통
방문자조사	포털사이트 방문자	전자우편/게시판	웹문서/전자설문	10분 정도	높음
전자우편조사	이메일 리스트	전자우편	텍스트문서/일반문서	30분 정도	중간
전자설문조사	가입자 DB	전자우편(전화)	전자설문(텍스트)	20분 정도	보통

(5) 배포조사

배포조사는 조사자가 응답자가 있는 곳을 방문하여 질문지를 배포하고 응답자로 하여금 질문지에 답하도록 한 후 일정 기간이 지난 후에 질문지를 회수하는 방법이다(김환준, 2004).

(6) 집합조사

집합조사는 조사대상자를 동일 장소에 모이게 하여 질문지를 배포하고 대상자가 직접 질문지에 응답하게 한 후 질문지를 회수하는 방법이다. 특정 집단을 대

| 표 9-2 | 설문조사 유형에 따른 장단점

	장점	단점
우편 조사법	1. 대인면접법에 비해 상대적으로 비용이 적게 듦 2. 접근성이 높아질 수 있음 3. 면접자의 편견에 의한 오류를 줄일 수 있음 4. 익명성 보장을 통해 민감한 쟁점을 다루기 유리 5. 응답자에게 충분한 시간적 여유를 줄 수 있음 6. 면접원의 수가 상대적으로 적음	1. 질문내용이 제한됨 2. 응답내용이 모호한 경우 확인 어려움 3. 응답자들에 대한 통제가 어려움 4. 회수율이 낮음
면접 조사법	1. 질문과정의 우연성이 큼 2. 응답률이 높음 3. 면접상황을 통제할 수 있음 4. 보충적인 정보수집이 가능 5. 복잡한 쟁점을 다루기 더 유리 6. 관찰 병행	1. 비용이 많이 듦 2. 조사원에 의한 편견이 개입되기 쉬움 3. 익명성이 보장되지 않음
전화 조사법	1. 조사가 간편하고 신속 2. 비용이 적게 듦 3. 자료정확성이 대인면접에 비해 떨어지지 않음 4. 일관된 자료의 획득이 용이함	1. 응답자가 면접상황을 더 쉽게 통제할 수 있음 2. 조사내용의 분량이 상대적으로 제한되어 있고 상세한 정보의 획득이 불가능 3. 부수적 정보에 대한 수집이 불가능
전자 조사법	1. 설문발송과 회수에 따른 비용이 안 들어 경제적 2. 자료입력이 편리 3. 전자메일을 통한 후속 독촉이 용이 4. 응답의 질을 높일 수 있음	1. 표집대상이 아직은 제한적 2. 응답률과 회수율은 보장하지 못함
배포 조사	1. 접근성을 높일 수 있음 2. 응답률을 높일 수 있음	1. 모두 방문해서 배포해야 하므로 시간과 노력이 많이 듦
집합 조사	1. 접근성을 높이고 응답률을 높일 수 있음 2. 빠르게 응답을 회수할 수 있음 3. 질문에 대한 추가적인 설명이 가능 4. 응답에 영향을 미칠 가능성이 있는 환경적 요인이 동일	1. 응답의 편의(bias)가 발생할 수 있음

상으로 할 때 자주 이용되는 방법이다. 예를 들어 사회복지기관의 새로운 프로그램에 대한 자료를 수집하고자 할 때 이 프로그램에 참여한 클라이언트를 대상으로 조사하는 경우에 유용하다.

이 방법은 동일한 장소에서 비교적 짧은 시간에 여러 명의 응답자를 동일한 환경조건에서 확보할 수 있기 때문에 시간과 비용이 적게 들고, 응답에 영향을 미칠 수 있는 조건을 통일하기 쉬울 뿐 아니라 이해하기 힘든 질문에 대해 추가적인 설명이나 정보를 제공하기도 쉽다. 그러나 조사 자체를 위한 것이 아니라 다른 목적으로 집단이 구성되어 있는 경우에는 이 방법을 사용하기가 좋지만, 지역적으로 멀리 떨어져 있거나 협조를 구하기 어려운 경우에는 모으기 쉬운 사람만 응답자에 포함되어 응답의 편의가 발생할 가능성이 있다.

이상과 같은 각 설문조사 유형 간 장단점을 〈표 9-2〉와 같이 정리할 수 있다.

2. 설문지 작성법

1) 설문지 작성

설문지의 작성은 대개 다음과 같은 순서로 이루어진다. 먼저 정해진 연구목적과 연구문제와 관련된 질문 내용을 결정한다. 설문지에 수록하는 질문내용은 크게 네 가지로 분류해 볼 수 있다. 사실에 대한 질문, 행동에 대한 질문, 의견이나 태도를 묻는 질문, 지식을 묻는 질문 등이다. 이러한 질문 내용에 따라 질문 형태 및 질문방법을 결정하고 질문의 어구와 순서를 구성하여 질문을 배열한다. 질문을 배열할 때는 응답이 일정한 형태를 띠어 응답자가 무의식적으로 응답하지 않도록 유의한다. 연구의 내용, 비밀보장, 연구자 등 설문에 대한 안내를 기술한 설문표지를 작성한다. 여기까지 완성되면 사전조사를 실시하여 설문문항의 삭제나 첨가, 질문의 진술이나 문항의 배열 등을 수정하여 설문지를 인쇄한다.

2) 질문형식의 분류

(1) 개방형 질문

개방형 질문은 응답자에 따라 응답 내용이 달라지는 질문을 말한다. 따라서 개방형 질문을 사용할 경우 얻을 수 있는 정보가 풍부하지만, 정보를 분류하고 정리하기 위해서는 많은 노력이 필요하다. 대개 조사하고자 하는 대상에 대해 알려진 바가 별로 없을 때 많이 사용한다.

개방형 질문은 응답을 제한하지 않기 때문에 새로운 사실을 알게 될 수 있어 조사자가 질문에 대한 모든 쟁점을 알지 못하거나 연구된 내용이 많지 않아 정보가 부족할 때, 예비조사, 탐색적 조사 등에 유용하다. 다만, 조사단위의 수가 적을 때 더 적합하다. 조사단위의 수가 너무 많으면 자료처리를 위한 시간이 너무 많이 소요될 수 있으며 통계적 비교나 분석이 어려워진다. 또한, 개방형 질문이 많으면 응답에 걸리는 시간이 많이 걸리고, 즉각적인 응답이 어려워 응답률이 낮아지거나, '잘 모르겠다'와 같은 응답으로 의미 있는 정보를 얻기 어려울 수 있다.

- 귀하의 사회복지사 경력은 몇 년입니까?
- 귀하는 졸업 후 취업 준비를 어떻게 하고 있습니까?

(2) 폐쇄형 질문

폐쇄형 질문은 정해진 답 중에서 하나를 선택하게 하는 질문이다. 가장 간단한 것은 '예'와 '아니오' 중에서 선택하여 응답하는 질문이다. 폐쇄형 질문은 나올 수 있는 응답 항목을 미리 정하여 질문하기 때문에 응답 항목이 나올 수 있는 응답의 범위를 모두 포함하는 것이 중요하다. 때로는 이 과정이 쉽지 않을 수 있다. 그러므로 조사하고자 하는 대상이나 내용에 대해 충분히 알고 있을 때 사용하는 것이 좋다.

폐쇄형 질문은 응답이 비교적 용이하며, 선택 범위가 정해져 있으므로 무응답 확률이 적다. 자료처리도 신속하게 할 수 있으며, 측정에 통일성이 있어 응답의 해석도 쉽다.

반면, 응답의 범주를 정해 놓았기 때문에 중요한 자료를 버리게 될 수도 있다. 응답범주를 잘 구성하지 않으면 응답자가 적절한 응답범주가 없다고 생각할 가능성도 있고, 응답자가 한 번도 생각해 보지 않은 것에 대해서도 의견이 있는 것처럼 응답하게 될 수도 있다.

귀하의 사회복지사 경력은 몇 년입니까?

① 5년 미만 ② 5년 이상~10년 미만

③ 10년 이상 15년 미만 ④ 15년 이상

폐쇄형 질문은 몇 가지 유형으로 나누어 볼 수 있다.

① 이분법적 질문(양자택일형 설문)

이 질문은 경험 유무나 찬성, 반대 등의 의견을 물을 때 사용하는 것이다. 응답자가 대답하기도 쉽고, 연구자가 응답결과를 자료처리하기도 쉽다. 그러나 응답을 양극단으로 유도하게 되고 응답의 범위를 제한함으로써 보다 더 중요한 정보를 잃을 가능성이 있다.

> 당신은 실습지도 경험이 있습니까?
> ① 예　　　　　　② 아니오

② 선다형 질문

이 질문은 응답이 가능한 선택항목에 응답 가능한 모든 내용이 포함되어야 하며, 선택 항목의 내용이 구체적이어야 하고, 선택 항목 간 의미가 중복되지 않아야 하고 하나의 기준으로 제시되어 논리적이어야 한다.

> 귀하가 졸업 후 취업을 위해 준비하고 있는 것은 무엇입니까? 모두 선택해 주세요.
> ① 외국어 공부　② 전공분야 자격증 취득　③ 컴퓨터 배우기
> ④ 학점관리　⑤ 관련 분야 아르바이트　⑥ 사회봉사　⑦ 기타(　　)

③ 수반형 질문

수반형 질문은 응답자가 한 질문에 응답하면 그에 따라 다른 질문을 해야할 경우에 사용되는 질문이다. 대개 여과질문과 부수질문으로 구성된다.

여과질문은 추가질문을 하기 위해 거르는 질문으로 아래 예시의 1번 질문에 해당한다. 이 질문에 대한 응답에 따라 뒤따르는 질문이 다르다. 이때 뒤따르는 질문을 부수질문이라고 하며 여과질문을 통해 특정 범주에 응답하면 그에 따라 추가로 제시되는 질문이다. 아래 예시의 1-1번, 1-2번 질문이 여기에 해당한다.

1. 당신은 사회복지현장실습을 이수했습니까?
 ___① 이수했다(1-1 과 1-2 질문에 답해 주세요)
 ___② 이수하지 않았다(2번으로 넘어갑니다)

 1-1. 실습을 시작한 시기는 언제입니까? _____년 _____월
 1-2. 실습 유형은 어떠한 것입니까?
 ___① 학기 중 평일 실습 ___② 방학실습 ___③ 학기 중 주말실습

④ 평가척도식(평정형) 질문

평정식 질문은 리커트척도의 일종으로 볼 수 있으며 응답항목은 질문에 대한 대답의 항목 종류가 다른 것일 수도 있고, 한 종류의 강도가 다른 대답을 나열하여 응답자의 의견을 표시하는 것일 수도 있다.

평정식 질문을 표로 구성한 것을 매트릭스형 질문(행렬형 질문)이라고 하는데, 선택항목은 평정식 질문이나 매트릭스 질문이나 동일하다. 매트릭스형 질문은 동일한 응답 카테고리를 사용할 수 있는 여러 개의 질문문항들을 한데 묶어서 하나의 질문세트를 만드는 형태이다. 이 질문은 응답의 범주가 동일하기 때문에 응답자가 신속하게 답할 수 있다는 장점도 있지만, 동일한 응답 범주로 인해 응답자가 질문의 내용을 상세히 검토하지 않고 응답할 가능성이 있는 단점도 있다.

■ 평가척도식 설문의 예

※ 다음 각 문항에 대해 귀하 자신에 대해 느끼는 대로 체크하세요.

	문 항	매우 아니다	아닌 편이다	중간	그런 편이다	매우 그렇다
1	나는 항상 내 미래에 대해 낙관적이다.					
2	결과가 불확실한 상황일 때, 나는 주로 최선의 결과를 기대한다.					
3	나는 늘 사물의 밝은 측면을 보려 한다.					
4	일이 꼬일 것 같다 싶으면 꼭 그렇게 된다.					
5	나는 쉽게 긴장을 푸는 편이다.					

3) 질문문항 작성지침

① 질문은 명확해야 한다.

당신은 지난번 선거에 투표를 하였습니까?
→ 지난번이란 언제?

② 어려운 용어나 학술적인 용어를 사용하지 않는다.

③ 유행어나 은어의 사용을 자제한다.

④ 개인적 감정이나 편향된 질문을 하지 않는다.

- 요즈음 서울 소재 사립대학교들의 등록금이 너무 비싸다고 많은 사람들이 말하고 있는데, 당신은 이 말에 대해 찬성합니까, 반대합니까?
- 홍길동이 대통령 입후보자들 중의 하나인데, 당신은 어떤 후보자에게 투표를 하겠습니까?
  → 이미 연구자의 개인적 의견이 포함되어 있다.

⑤ 이중질문을 피하라.

- 당신은 국가예산 중 국방비를 줄이고 서민들의 주택 건립에 사용해야 한다고 생각하십니까?
  → 국방비를 줄이는 것은 찬성하지만 주택건립에는 반대한다면?
- "사회복지조사론은 중요하고 배우기 쉬운 과목이다. 당신은 이 말에 동의하십니까?"
  → 조사론은 중요하지만 배우기 쉽지 않다면?

⑥ 이중부정 표현을 하지 않는다.

- 당신은 〈거짓말〉이라는 영화가 상영될 수 없다고 생각하지 않습니까?
- 교사는 학교 밖에서 학생들의 풍기를 단속하지 말아야 한다고 생각하지 않습니까?
  → 너무 복잡하게 느껴진다.

⑦ '와', '과'의 사용에 유의한다.

사회복지조사론과 사회복지실천론을 수강하는 학생들의 실습 성과는 탁월합니까?
→ 사회복지조사론을 수강하는 학생들과 사회복지실천론을 수강하는 학생들의 실습 성과를 묻는 것인가, 사회복지조사론과 사회복지실천론을 동시에 수강하는 학생들의 실습 성과를 묻는 것인가?

⑧ 응답자의 자존심을 건드리는 표현은 피한다.

> 당신은 대부분의 가정이 가지고 있는 승용차를 가지고 있습니까?
> → 정말 대부분 가정이 승용차를 보유하고 있는가? 또 그렇다 하더라도 대부분이 갖고 있는 승용차를 응답자만 갖고 있지 못하다면?

⑨ 기간이나 내용이 광범위한 표현을 피한다.

> 일 년에 소주를 몇 병 정도 마십니까? 일 년에 술을 어느 정도 마십니까?
> → 통상적으로 일 년 동안 마신 소주를 계산하는가?

⑩ 특정 방향으로 유도하는 표현을 사용하지 않는다. 유도질문이나 편견적 문항과 용어를 피하라.

> – 담배가 임산부에게 매우 해롭다고 하는데 여자가 담배를 피는 것에 찬성하십니까?
> – 대부분의 한국인들처럼 당신도 매일 뉴스를 봅니까?
> → 담배를 피더라도 찬성하기 어렵고, 뉴스를 보지 않아도 봐야 할 것같이 느낄 수 있다.

⑪ 응답 항목의 중복을 피한다.

> 이 제품이 어떤 점에서 마음에 들어 선택하셨습니까?
> (1) 디자인이 좋아서 (2) 스타일이 좋아서 (3) 멋있어서
> (4) 가격이 적당해서 (5) 실용적이어서
> → 스타일이 좋은 것과 멋있는 것은 어떻게 다른가?

⑫ 응답자의 능력을 고려하라.

⑬ 질문은 관련이 있어야 한다.

⑭ 짧고 간결한 문장을 사용한다.

⑮ 부정적인 문항을 피하라.

그 외에도 연구의 목적을 항상 염두에 두어야 하며, 너무 상세한 정보를 묻는 설문은 하지 말아야 한다. 특별히 필요한 경우가 아니면 응답자를 당혹스럽게 하는 설문은 삼간다.

4) 질문 배열

잘 만들어진 질문을 어떻게 배열하느냐에 따라서도 응답률이 달라질 수 있다. 질문은 다음과 같이 배열한다.

① 흥미 있거나 쉬운 질문을 먼저 한다.

② 질문을 논리적으로 배열한다.

③ 일정한 유형의 응답군이 발생하지 않도록 문항을 배치한다.

④ 신뢰도 검사를 염두에 둔 문항들은 분리하여 배치한다.

⑤ 질문항목의 길이와 유형을 다양하게 배치하여 응답자의 지루함을 방지한다.

보충자료 설문의 응답률

좋은 설문지를 작성했다고 해서 모든 사람들이 충실히 응답해 주는 것은 아니다. 대개 응답률은 30~60%가 가장 많으며 60%가 넘어가면 응답률이 꽤 좋은 편에 속한다. 이러한 점은 해석에 유의해야 하는 상황이기도 하다. 왜냐하면 응답률이라고 하는 것은 목소리 큰 소수와 침묵하는 다수의 대결이기 때문이다.

한때 모 방송국에서 10대 가수를 선정하면서 인터넷투표에 의해 시상자를 선정한 경우가 있었다. 과연 이 방법은 적절한 것이었을까? 많은 사람들이 이 방식이 적절하지 않음을 지적했다. 인터넷투표에는 과연 누가 참여할까? 이 경우에는 특정가수의 팬클럽 회원들이 자신이 좋아하는 가수를 선정시키기 위한 온갖 방법을 다 동원하여 원하는 결과를 얻어냈다. 그 결과 시상자는 국민 대다수의 의견이 아닌 일부의 의견만 반영하여 선정한 꼴이 되었다(최제호, 2007).

마찬가지로 설문조사에 있어서도 응답을 한 경우에는 그 주제와 관련하여 할 말이 많은 사람이거나 연구결과에 영향을 받는 사람일 가능성이 많다. 대답하지 않은 나머지의 의견은 어떠한지 연구자는 알 방법이 없다. 예를 들어, 100명을 대상으로 특정 정치인에 대한 지지율을 묻는 조사에서 무응답이 52%(52명), 응답률은 48%(48명)라고 했을 때, 응답한 사람 중 지지한다는 51%(25명), 반대한다 35%(17명), 잘 모르겠다 14%(6명)라고 하자. 이때 특정 정치인의 지지율은 51%라고 단정할 수 없다는 것이다. 응답한 사람 중에서 51%이기 때문에, 조사대상 전체에 대해서는 실제로는 그보다 훨씬 낮은 지지율로 추정해야 한다. 25명보다는 많을 수 있기 때문에 25% 이상은 되리라 짐작하지만 51%라고 단정지어 생각할 수는 없다는 것이다(최제호, 2007).

따라서 이와 같은 엉뚱한 결론이 나기 쉽다는 점을 미리 고려하여 조사결과를 해석하는 데에 신중해야 한다.

요약

1. 설문조사에 대한 이해

1) 설문조사의 특징

- 설문조사(서베이 연구): 규모가 너무 커서 직접 관찰할 수 없는 모집단에 대해 기술하기 위해 최초의 자료를 수집하고자 하는 사회과학자가 이용할 수 있는 최선의 방법
- 주의 깊은 확률표집(모집단 특성을 반영하는 응답)과 주의 깊게 구성한 표준화된 설문지(동일한 형태의 자료 산출)가 필요함

2) 설문조사의 장단점

- 장점
  - 대규모 모집단의 특성을 기술하는 데 유용함
  - 큰 규모의 표본이 가능함 실험결과보다 일반화에 용이할 수 있음
  - 여러 변수를 동시에 분석할 수 있도록 해줌
  - 한 주제에 대해 많은 질문을 할 수 있어서 분석하는 데 상당한 유연성이 있음
- 단점
  - 최소한으로 적절한 질문을 설계함으로써 많은 응답자들에게 가장 적한 질문을 빠뜨릴 소지가 있음
  - 사회생활의 맥락을 다룰 수 없음(질적연구와의 차이)
  - 덜 유연함

2. 설문조사의 유형과 장단점

	장점	단점
우편조사법	• 대인면접법에 비해 상대적으로 비용이 적게 듦 • 접근성이 높아질 수 있음 • 면접자의 편견에 의한 오류를 줄일 수 있음 • 익명성 보장을 통해 민감한 쟁점을 다루기가 유리함 • 응답자에게 충분한 시간적 여유를 줄 수 있음 • 면접원의 수가 상대적으로 적음	• 질문내용이 제한됨 • 응답내용이 모호한 경우 확인하기 어려움 • 응답자들에 대한 통제가 어려움 • 회수율이 낮음
전화조사법	• 조사가 간편하고 신속함 • 비용이 적게 듦 • 자료 정확성이 대인면접에 비해 떨어지지 않음 • 일관된 자료의 획득이 용이함	• 응답자가 면접상황을 더 쉽게 통제할 수 있음 • 조사내용의 분량이 상대적으로 제한되어 있고 상세한 정보의 획득이 불가능함 • 부수적 정보에 대한 수집이 불가능
온라인조사법	• 설문발송과 회수에 따른 비용이 들지 않아 경제적임 • 자료입력이 편리함 • 전자메일을 통한 후속 독촉이 용이함 • 응답의 질을 높일 수 있음	• 표집대상이 아직은 제한적임 • 응답률과 회수율은 보장하지 못함
면접조사법	• 응답률이 높음 • 면접상황을 통제할 수 있음 • 보충적인 정보수집이 가능함 • 복잡한 쟁점을 다루기에 더 유리함 • 관찰을 병행할 수 있음	• 비용이 많이 듦 • 조사원에 의한 편견이 개입되기 쉬움 • 익명성이 보장되지 않음

3. 설문지 작성법

1) 설문지 작성순서

① 연구목적 및 연구문제와 관련된 질문내용을 결정함

② 질문내용에 따라 질문형태 및 질문방법(척도)을 결정함

③ 질문을 구체적인 수준까지 작성하고, 문장표현 방식 및 순서를 구성함

④ 질문배열 및 설문표지를 작성함

⑤ 사전검사(PRE-TEST)를 거쳐 설문지를 수정함

⑥ 설문지를 인쇄함

2) 개방형 질문과 폐쇄형 질문의 비교

	개방형 질문	폐쇄형 질문
장점	• 모든 응답의 범주를 모를 때 사용 • 응답자가 원하는 방향으로 응답이 가능하므로 연구자가 생각하지 못한 응답 범주를 발견할 가능성 • 응답 범주가 너무 많을 때도 사용가능 • 예비조사에서 유용	• 응답의 표준화로 응답자 간 비교가능 • 코딩과 분석이 용이 • 적합하지 않은 응답을 최소할 수 있음
단점	• 응답이 표준화되어 있지 않아 비교나 통계분석이 어려움 • 코딩 작업이 어렵고 코딩하는 사람마다 차이가 발생할 가능성이 있음 • 응답자가 자신의 생각이나 견해를 말이나 글로 잘 표현할 수 있는 능력이 있어야 가능 • 모호한 응답, 무응답 등의 가능성도 높음	• 자신의 의도가 응답 범주에 없거나 특별한 견해가 없는 경우에도 아무것에나 응답할 가능성이 있음 • 동일한 응답 범주라 할지라도 응답자마다 의미가 다를 수 있는데, 이 점이 무시됨

3) 질문문항 작성지침

- 질문은 명확해야 함
- 어려운 용어나 학술적인 용어를 사용하지 말아야 함
- 유행어나 은어의 사용을 자제해야 함
- 이중질문을 피해야 함
- '와', '과'의 사용에 유의해야 함
- 기간이나 내용이 광범위한 표현을 피해야 함
- 특정 방향으로 유도하는 표현을 사용하지 않아야 함
- 응답 항목의 중복을 피해야 함
- 응답자의 능력을 고려해야 함

연습문제

01 개방형 질문과 폐쇄형 질문의 장단점을 비교하시오.

02 질문 문항을 작성할 때 고려하여야 할 사항을 설명하시오.

03 응답률을 높이기 위한 방법을 설명하시오.

04 자기기입식 조사의 장점과 단점을 서술하시오.

사회복지사 1급자격시험 기출문제

01 다음 중 면접조사의 장점이 아닌 것은?
① 응답률이 상대적으로 높다.
② 예정 이외의 질문이 가능하다.
③ 무의식적인 응답을 기록할 수 있다.
④ 환경을 통제할 수 있다.
⑤ 익명성 보장으로 민감한 쟁점을 물어볼 수 있다.

02 설문지 작성방법 중 옳지 않은 것은?
① 되도록 짧게 한다.
② 전문 용어를 사용한다.
③ 선질문이 후질문에 영향을 미치지 않도록 한다.
④ 쉬운 질문부터 한다.
⑤ 신뢰성을 알기 위한 문항은 서로 떨어뜨려 놓는다.

03 설문조사에 관한 설명으로 옳은 것을 모두 고른 것은?

ㄱ. 대단위 모집단의 태도와 성향을 측정할 때 적합한 방법이다.
ㄴ. 개인, 집단, 사회적 가공물 등을 분석단위로 사용한다.
ㄷ. 표본의 소재에 관한 정보가 부족할 때 눈덩이 표집으로 할 수 있다.
ㄹ. 현상의 기술을 목적으로 사용할 수 있다.

① ㄱ, ㄴ, ㄷ　② ㄱ, ㄷ
③ ㄴ, ㄹ　④ ㄹ
⑤ ㄱ, ㄴ, ㄷ, ㄹ.

04 전자서베이(e-mail survey)의 장점이 아닌 것은?

가. 비용절감
나. 자료수집의 용이성
다. 부가적 질문의 용이성
라. 표본의 특정성

① 가, 나, 다
② 가, 다
③ 나, 라
④ 라
⑤ 가, 나, 다, 라

05 설문지 작성과정 중 사전검사(pre-test)를 실시하는 이유로 옳지 않은 것은?
① 연구하려는 문제의 핵심적인 요소가 무엇인지 확인
② 응답내용 간에 모순 또는 합치되지 않는지 확인
③ 응답이 한쪽으로 치우치지 않는지 확인
④ 질문 순서가 바뀌었을 때 응답에 실질적 변화가 일어나는지 확인
⑤ 무응답, 기타 응답이 많은 경우를 확인

정답　01 ⑤　02 ②　03 ⑤　04 ④　05 ①

06 인터넷 중독에 대해 인터넷 설문조사를 실시하려고 한다. 이 방법의 장점으로 옳지 않은 것은 무엇인가?

① 비용이 적게 든다.
② 표본의 수가 많아져도 추가적인 비용이 발생하지 않는다.
③ 통계처리가 편리하다.
④ 대표성을 확보할 수 있다.
⑤ 응답자의 접근이 용이하다.

07 면접 설문조사와 비교할 때 자기기입식 설문조사가 갖는 장점은?

① 복잡한 쟁점을 다룰 때 효과적이다.
② 설문의 응답률이 높다.
③ 혼동을 일으키는 질문에 대한 추가설명이 가능하다.
④ 개인의 민감한 문제를 다루는데 유리하다.
⑤ 일반적으로 시간이 덜 걸리지만, 비용면에서는 별 차이가 없다.

08 우편조사, 전화조사, 대면면접조사에 관한 비교 설명으로 옳은 것은?

① 일반적으로 우편조사의 응답률이 가장 높다.
② 우편조사와 전화조사는 자기기입식 자료수집방법이다.
③ 대면면접조사에서는 추가질문하기가 가장 어렵다.
④ 원거리 응답자에게는 우편조사보다 대면면접조사가 더 적절하다.
⑤ 어린이나 노인에게는 대면면접조사가 가장 적절하다.

09 설문지 작성에 관한 설명으로 옳지 않은 것은?

① 폐쇄형 질문의 응답범주는 포괄적이어야 한다.
② 응답자의 이해능력을 고려하여 설문문항이 작성되어야 한다.
③ 폐쇄형 질문의 응답범주는 상호배타적이지 않아도 된다.
④ 심층적이고 질적인 면접은 대부분 개방형 질문으로 구성된다.
⑤ 이중질문은 배제되어야 한다.

10 설문지 문항의 작성방법에 관한 설명으로 옳지 않은 것은?

① 이중질문과 유도질문은 피하는 것이 좋다.
② 신뢰도 측정을 위해 짝(pair)으로 된 문항들은 함께 배치하는 것이 좋다.
③ 응답하기 쉬운 문항일수록 설문지의 앞에 배치하는 것이 좋다.
④ 일반적인 것을 먼저 묻고 특수한 것을 뒤에 묻는 것이 좋다.
⑤ 객관식 문항의 응답 항목은 상호배타적이어야 한다.

11 다음에 제시된 질문의 응답범주에 관한 설명으로 옳은 것은?

정답 06 ④ 07 ④ 08 ⑤ 09 ③ 10 ② 11 ⑤

사회복지사 1급 국가시험 영역 중 당신이 가장 좋아하는 영역은 무엇입니까?
ㄱ. 인간행동과 사회환경
ㄴ. 사회복지조사론
ㄷ. 사회복지실천론
ㄹ. 지역사회복지론
ㅁ. 사회복지정책론

① 상호배타적이지 않다.
② 양적 의미를 갖는다.
③ 내적 일관성이 부족하다.
④ 범주들 사이에 서열이 있다.
⑤ 총망라적이지 않다.

12 서베이(survey)조사에 적절한 주제가 아닌 것은?

① 신규 프로그램 개발을 위한 주민욕구 측정
② 기초생활보장제도의 대국민 만족도 측정
③ 틱(tic)현상을 가진 아동에 대한 단일사례 분석
④ 한국 청소년의 약물남용 실태조사
⑤ 노숙자들의 쉼터 이용 거부원인 분석

13 A대학교는 전체 재학생 중 5백 명을 선정하여 취업욕구조사를 하고자 한다. 비용 부담이 가장 적고 절차가 간편한 자료수집방법은?

① 우편조사　② 방문조사
③ 전화조사　④ 온라인조사
⑤ 면접조사

정답 12 ③　13 ④

CHAPTER

10 어떤 방법으로 조사할 것인가? (2)

1. 관찰법
2. 비반응성 자료수집
3. 면접법

출처: Geoffrey shoesmith (2003). Psychology; A Complete GCSE Course의 표지

이 그림에는 11명의 사람이 그려져 있다고 한다. 모두 보이는가? 이 장의 주제는 바로 관찰과 자료수집이다. 우리의 생활 가운데 가장 일상적인 정보수집방법이 관찰이지만, 연구에 있어서도 중요한 자료수집방법이기도 하다. 그런데 이 관찰이라는 것은 완전하지가 않다. 우리는 때로는 보고 싶은 것만 보고, 많은 것들을 놓친다. 그렇기 때문에 이 방법으로 자료수집을 할 경우 많은 오류의 가능성이 있다는 것을 미리 인지하고 오류를 줄이려는 노력이 필요하다.

이 장에서 학습할 내용

1. 우리가 무엇인가를 알기 위해 가장 먼저 사용하는 방법은 무엇일까?
2. 그 방법은 항상 신뢰할 수 있는 것인가?
3. 우리 주변의 다양한 '이야기'와 이미 정리되어 있는 자료 등을 활용하여 새로운 것을 알게 되는 방법은 없을까?

연구과정

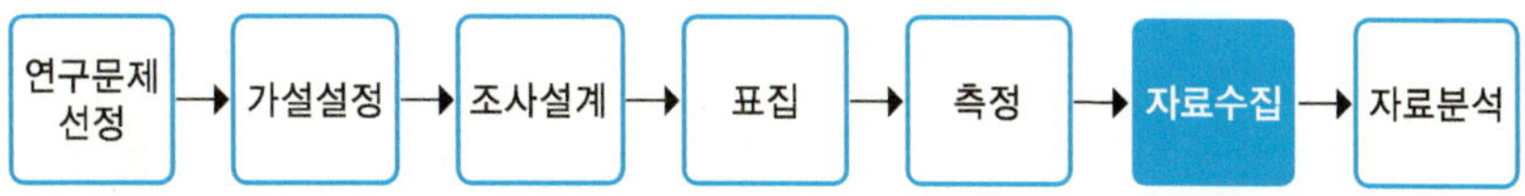

1. 관찰법

우리가 무엇인가를 알게 되는 것은 무엇인가를 '보는 것'에서부터 시작한다. 관찰은 주변의 상황에 대해 인간의 감각기관을 통해 지식을 얻어 이를 인식하게 하는 가장 기초적인 방법(김태성 외, 2004)이다. 넓은 의미에서 관찰은 관심 있는 대상이나 현상에 대해 자료를 수집하는 모든 행위를 일컬을 수도 있으나, 설문지법이나 면접법과 같은 조사대상에 대한 자료수집방법의 하나로 국한되기도 한다(김태성 외, 2004).

연구조사에 있어 자료수집방법으로서 관찰법은 응답자가 행동을 통해 나타내는 태도나 의견 등을 조사하고 분석하는 것으로 조사대상의 특성, 언어적 또는 비언어적 행동 등을 지켜보는 방법이다. 관찰법을 사용할 때에는 누구를 관찰대상으로 할 것인지, 관찰과정이나 결과는 어떻게 기록할 것인지, 정확한 관찰이 되도록 하기 위해서는 어떤 노력을 할 것인지, 관찰대상자와의 관계는 어떻게 형성할 것인지 등에 대해 유의해야 한다.

1) 관찰법의 장단점

자료수집방법으로서 관찰법은 주로 언어적인 표현에 의존하는 설문조사에 비해 언어적 행동과 비언어적 행동에 대한 자료를 모두 수집할 수 있다. 특히, 어린이나 언어장애가 있는 성인처럼 언어표현이 부족한 경우나 연구대상의 태도가 모호한 경우에 효과적이다. 응답자에게 일상적이거나 의례적이어서 무의식적으로 이루어지는 행동에 대한 측정이 매우 용이하며, 연구대상이 비협조적일 경우에도 유용하다. 가족이나 집단구성원 간 의사소통의 형태를 연구하는 방법으로도 적절하다. 면접을 거부하거나 비협조적일 때에도 관찰을 통해 자료를 수집할 수 있다.

또한 관찰이 이루어지는 상황이나 관찰자의 위치에 따라, 있는 그대로의 자연적 환경에서 발생하는 자연스러운 행동을 관찰할 수도 있고, 장기간에 걸친 종단적 자료수집도 가능하다. 응답자의 행위가 일어나는 현장에서 즉시 사실을 포착할 수 있고, 보다 진실된 모습을 포착할 수 있으며, 응답자의 태도나 선호 정도, 협력하는 정도에 따라 조사에 영향을 받지 않고 행동으로 나타난 것을 관찰하기 때문에 응답과정의 오류를 줄일 수 있다.

또한, 관찰법은 연구자가 직접 관찰자가 되는 경우가 많다. 다른 자료수집방법의 경우에는 연구자는 조사과정을 통제하거나 훈련된 조사원을 감독하는 데 그쳐 자료에 대한 이해가 '간접적'인 경우가 많은 반면에, 관찰법은 직접 자료를 수집함으로써 자료에 대한 이해와 해석이 더 풍부해질 수 있다. 이는 다른 자료수집방법에 비해 더 심층적이고 통찰력 있는 자료를 수집할 수 있어 사회현상을 더 정확히 이해하는 데 도움이 된다. 예를 들어, 참여관찰의 경우에는 관찰자가 관찰대상자와 상호작용하는 정도가 많아 관찰대상자의 입장에서 행동과 의미를 이해할 수 있다.

반면, 대부분의 관찰은 현장연구인데 사실상 응답자로부터 조사를 승낙받는 것 자체가 어렵다. 자연적인 환경에서 자료를 수집하기 때문에 외생변수를 거의 통제할 수 없다는 문제점이 있으며, 관찰되는 내용의 어떤 특성을 미리 예측하고 측정할 척도를 미리 준비하기보다는 사건이 발생될 때 단순히 관찰하고 기록하게 된다. 관찰에서 표본은 설문조사보다는 훨씬 작다. 관찰법은 주관적이고, 둘 이상의 관찰자가 수집한 자료가 쉽게 비교될 수 없고, 비계량적이므로 신뢰성을 쉽게 검증할 수 없다. 또한 관찰법에서는 응답자의 익명성을 유지하기 어렵기 때문에 타인에게 드러내기 곤란한 행위는 관찰하기 어려울 수 있으므로 민감한 내용을 다루는 데에는 매우 제한적이며, 설문조사보다 신뢰성이 떨어진다. 응답자는 관찰당하고 있다는 것을 느낄 때 같은 상황에서 평소와 다른 행동을 보일 수 있기 때문에 자료수집의 결과가 일시적인 것일 수도 있다. 이는 일반화에 제동을 걸게 된다. 게다가 관찰자 자신의 주관이나 편견이 개입될 가능성이 있기 때문에 객관성 상실의 우려도 있다. 또한 조직화된 관찰을 제외하고 자료수집 과정을 똑같이 반복할 수 없기 때문에 과학조사로서 조사절차의 표준화와 객관화를 기하기 어려우며, 관찰환경을 통제할 수 없기 때문에 많은 내적타당도 저해요인이 발생하여 인과적 추론이 어렵다. 과정상의 어려움도 단점이 된다. 관찰대상이 되는 행위가 발생할 때까지 기다려야 할 경우도 생기고, 인간의 인지적 한계로 주목하고 있는 것 외의 중요한 내용은 관찰에서 제외될 수 있다. 따라서 관찰법은 대개 다른 자료수집방법과 병행하는 경우가 많으며, 시간과 경비도 많이 소요된다.

| 표 10-1 | 관찰법의 장단점

장점	단점
① 언어적 및 비언어적 행동관찰 ② 종단적 자료의 활용 ③ 심층적이고 통찰력 있는 자료수집 ④ 접근이 어려운 집단과 행동조사 ⑤ 조사자의 자료수집 직접 참여	① 관찰자의 편의 ② 조사자의 객관성 상실 ③ 관찰을 의식한 피관찰자 행위의 왜곡 ④ 조사과정 반복의 어려움 ⑤ 자료의 계량화 곤란 ⑥ 익명성 보장의 어려움 ⑦ 관찰되는 환경통제의 어려움 ⑧ 소수 사례만 관찰

2) 관찰법의 유형분류

관찰법은 〈표 10-2〉와 같은 분류기준에 따라 관찰 유형을 구분해 볼 수 있다.

| 표 10-2 | 관찰 유형과 분류기준

관찰유형	분류기준
조직적 관찰 vs. 비조직적 관찰	관찰대상과 관찰방법을 조직화하는가, 아닌가?
직접관찰 vs. 간접관찰	관찰시기가 행동발생과 일치하는가, 일치하지 않는가?
공개적 관찰 vs. 비공개적 관찰	응답자가 관찰된다는 사실을 아는가, 모르는가?
인간의 관찰 vs. 기계적 관찰	관찰도구가 무엇인가? 인간인가, 기계인가?
참여관찰 vs. 준참여관찰 vs. 비참여관찰	조사자가 관찰대상 속에 참여하는 정도는 어느 정도인가?

(1) 조직적 관찰과 비조직적 관찰

조직적 관찰은 사전에 준비된 관찰도구나 기준 또는 범주를 가지는 관찰법으로 체계적인 서술을 한다거나 인과관계에 관한 가설을 실험하려는 목적을 지닌

조사연구에서 주로 사용한다. 체계적인 연구는 연구대상에 대해 많이 알고 있어서 자료수집 이전에 무엇을 관찰할 것이며 관찰한 기록을 어떻게 할 것인지를 구체적으로 계획할 수 있는 상황일 때 가능하다.

반면에 비조직적 관찰은 사전에 준비된 관찰도구나 기준 또는 범주를 가지지 않는 관찰법으로 전통적으로 인류학자들이 많이 활용해 왔다. 탐색적 연구에서 흔히 사용되며, 조사자의 감수성, 편견 그리고 선택적 지각 등의 문제에 항상 주의를 기울임으로써 객관적 태도를 유지하는 것이 중요하다.

(2) 직접관찰과 간접관찰

직접관찰은 행동이 실제 일어난 때에 관찰하며, 연구자 또는 조사자가 조사대상을 직접 보고 그 관찰한 바를 기록하여 자료로 사용하는 것이다. 간접관찰은 과거 행동의 결과로 나타난 흔적을 관찰하는 것으로, 연구대상인 행동이나 사건 등의 사회현상을 직접 관찰할 수 없는 상황이나 조건 속에서 기록이나 문헌 또는 사후적인 흔적 등을 이용하는 방식으로 간접관찰을 하게 된다.

(3) 공개적 관찰과 비공개적 관찰

공개적 관찰은 응답자가 자신이 관찰된다는 사실을 아는 상태에서 관찰하는 것으로 미리 응답자에게 관찰된다는 사실을 알려주고 관찰을 하므로 응답자들의 행동이 실제와는 다를 가능성도 있다. 비공개적 관찰은 응답자가 자신이 관찰된다는 사실을 모르는 상태에서 관찰하는 것으로 인위적인 결과가 나오지는 않으나 완전히 모르게 하기는 힘들다. 조사자로서는 윤리적 측면에서 문제가 발생할 수도 있다. 한때 인기 있었던 TV 프로그램인 몰래카메라와 같은 것이 여기 해당한다고 하겠다. 많은 경우 카메라를 몰래 설치하거나, 일면경(one way mirror–한쪽은 유리, 한쪽은 거울) 혹은 변장한 조사원을 통해 관찰한다.

(4) 참여관찰, 준참여관찰, 비참여관찰

① 참여관찰

참여관찰(participant observation)은 조사자가 자신의 신분을 밝히지 않고 관찰대상 집단의 구성원이 되어 사회적 과정에 완전히 참여하면서 관찰하는 것이다. 이때 관찰자는 완전참여자(complete participant)로 조사대상으로 설정한 집단, 조직 또는 지역 등에 진정한 참여자이거나, 관찰자로서의 신분을 노출시키지 않고 실제로 특정 역할을 담당하거나 또는 담당하는 것처럼 처신하면서 관찰조사를 실시하는 것이다. 겉으로 보기에는 연구자보다는 참여자로 보인다. 완전참여자로서 참여관찰자는 연구대상 집단의 한 성원이 되어 여러 가지 집단활동에 참여하고 집단활동 속에 내포되어 있는 중요한 문제들을 포착하여 집단 내에서 일어나고 있는 중요한 변동사실을 발견하며, 집단 내의 중요한 사람들과 접촉하여 그가 얻은 결론을 통해 집단 내에서 제기되고 있는 중요한 문제의 해결을 시도하게 된다. 어떤 특수한 행위의 동기나 미묘한 감정관계 등 외부로 나타나지 않는 사실까지 직접 경험할 수 있다. 관찰대상을 자연적인 상태에서 파악할 수 있다. 예를 들면 기자가 비정규직 근로자에 대한 르포 기사를 쓰기 위해 위장취업을 하는 경우 등이 여기에 해당한다. 이 방법은 관찰대상을 자연적인 상태에서 파악할 수 있다.

② 준참여관찰

준참여관찰(quasi-participant observation)은 조사대상의 생활 전부에 참여하는 것이 아니라 생활의 일부에만 참여하는 관찰법으로 조사대상자 자신이 관찰을 받고 있다는 것을 잘 알고 있는 경우이다. 이때 관찰자는 '관찰자로서의 참여자(participant-as-observer)'로, 연구대상에 속하는 사람들에게 자신이 관찰자라는 사실을 알려주고 조사대상 집단의 특정한 사회적 역할을 직접 담당하면서 관찰을 수행하는 것이다. 예를 들면, 사회복지학과 학생들이 사회복지실습을 기관에서 하면서 그 기관에 근무하는 사회복지사의 직무만족도를 관찰하는 경우에는 사회복지사들의 일상생활에 완전히 참여할 필요는 없으며, 기관에 근무하는 사회복지사들도 실습생들이 자신에 대해 관찰하고 있다는 것을 알고 있지만, 일상적 업무를 수행하는 데는 아무런 지장도 받지 않으며 관찰할 수 있다. 이 경우에는 연구대상이 되는 사람들이 관찰자를 의식하여 평상시의 행동양식을 갑자기 변화시켜 버릴 우려가 있으며, 조사자 자신이 지나치게 조사대상에 깊이 개입하여 자기주장대로 조사대상 행위를 이끌게 될 위험도 있다.

③ 비참여관찰

비참여관찰(non-participant observation)은 조사자라는 신분을 밝히고 관찰하는 방법으로 주로 조직적인 관찰방법이 많이 사용된다. 관찰대상과 접촉하거나 관여하지 않으면서, 제3자의 입장에서 관찰대상의 자연스럽고 정상적인 행동을 관찰한다. 이때 관찰자는 '참여자로서의 관찰자(observer-as-participant)'로 조사자가 조사대상에게 자신의 신분을 알려주지만, 조사대상들과 특정한 사회적 역할은 맡지 않은 상태에서 관찰을 수행한다. 이 방법은 어린이의 사회적 행동을 연구할 때 많이 활용한다. 어린이들은 관찰자의 존재에 관심을 두지 않기 때문이다.

④ 단순관찰

단순관찰에서 관찰자는 완전관찰자(complete observer)로서 조사대상으로 삼고 있는 사람들에게 자신의 신분을 노출시키지 않을 뿐 아니라, 이들과 어떠한 접촉도 갖지 않고 또 어떠한 역할도 맡지 않으면서 오로지 관찰만 수행하는 것이다. 관찰자가 전혀 관여를 하지 않기 때문에 연구대상이 자신이 연구대상이라는 것을 인식하지 못하므로 노출시킬 필요가 없다. 예를 들면, 구세군냄비에 기부하는 사람들의 행동을 멀리서 관찰하는 경우가 여기에 해당된다. 자선을 베푸는 사람들에 대해 자연스러운 상태에서 관찰하면서도 관찰자의 윤리적 문제를 야기하지는 않는다. 그러나 연구대상을 충분히 이해할 수 있는 깊이 있는 자료 수집에는 한계가 있다.

3) 관찰조사의 설계 형태

관찰은 관찰이 이루어지는 장이 조직화된 정도와 관찰 절차의 조직화 정도를 결합하여 네 가지로 구분할 수 있다.

표 10-3 관찰 장과 관찰 정도의 조직화에 따른 조사설계

구분		관찰 장의 조직화 정도	
		자연적 상황	인위적 상황
관찰 절차의 조직화 정도	비조직적 절차	비조직화 현지조사 Ⅰ	비조직화 실험실 조사 Ⅱ
	조직적 절차	조직화 현지조사 Ⅲ	조직화 실험실 조사 Ⅳ

출처: Bales(1952); 최성재(2005)에서 재인용.

비조직화 현지조사는 자연적 상황에서 융통성 있는(사전에 계획되지 않은) 절차를 사용하는 설계로 현지조사에서 가장 많이 사용되는 질적조사의 대표적 설계 형태이다.

비조직화 실험실조사는 조사절차, 즉 조사내용, 관찰원칙 및 기록방법 등을 사전에 정하여 절차에 따라 관찰하는 양적조사에 많이 활용되는 조사이다.

조직화 현지조사는 관찰대상자를 실험적 상황에 두고 비교적 오래 관찰하는 데는 현실적으로 어려움이 있기 때문에 짧은 기간 동안 치료요법에 활용될 수 있다.

조직화 실험실조사는 주로 특정 가설의 검정을 위한 실험조사에 많이 활용된다. 가장 대표적인 조직화 실험실조사는 베일스(Bales, 1952)가 개발한 집단상호작용 연구조사이다. 베일스는 많은 여러 가지 예비적 관찰조사를 통해 집단에서 의사결정이나 문제해결을 해야 하는 경우에는 예측가능한 일정한 형태의 공통적 상호작용 형태가 나타날 것이라 가정하고, 경험을 통하여 어떤 행동을 관찰할 것인가를 알고 관찰해야 할 행동 카테고리를 만들어 이를 행동관찰에 적용하였다. 이 실험적 연구에서 베일스의 상호작용 과정분석(Interaction Process Analysis: IPA) 행동관찰 목록이 개발되었는데, 이 목록은 조직화된 관찰의 대표적 측정도구로 활용되고 있다.

| 표 10-4 | 베일스의 IPA 범주들

문제영역	문제 유형	관찰범주
사회적-정서적 영역: 긍정적		1. 유대감 표출: 타인의 지위를 상승, 도움 제공, 보상
		2. 긴장 해소: 농담, 웃음, 만족감 표현
		3. 동의: 소극적 수용, 이해, 순응
과제 영역: 중립적	응답(Answers)	4. 제시: 타인의 자율성을 인정하며 지시
		5. 의견: 평가, 분석, 감정 표현, 소망
		6. 지침제시: 정보, 반복, 확인, 명확화
	질문(Questions)	7. 지침요청: 정보, 반복, 확인요청
		8. 의견요청: 평가, 분석, 감정 표현 요청
		9. 제시요청: 지시, 가능한 행동방법
사회적-정서적 영역: 부정적		10. 반대: 소극적 거부, 공식적 태도
		11. 긴장표출: 도움 청함, 현장에서 퇴장
		12. 적의표출: 타인의 지위 손상, 자신을 옹호/주장

출처: Nachmias & Nachmias(1981); 최성재(2005)에서 재인용.

4) 관찰 방법

(1) 관찰범주틀(observational paradigm)

관찰하고자 하는 행위와 현상에 대해 상세하게 구조화된 틀을 가지고 관찰할 수 있는 내용을 관찰범주틀이라고 한다. 여기에는 ① 언어적 지표, ② 언어외적 지표, ③ 신체적 움직임 지표, ④ 공간적 지표가 포함된다.

① 언어적 지표

앞서 살펴본 베일스의 IPA범주처럼 언어적으로 표현되는 것(유대감, 동의, 의견, 긴장, 반대 등)들의 내용과 맥락을 관찰할 수 있다.

② 언어외적 지표

- 소리: 음조, 크기, 음색
- 시간적 차원: 속도, 지속시간, 리듬
- 상호작용: 주저함, 중단, 말실수
- 언어양식: 발음, 단어, 사투리, 표현

③ 신체적 움직임 지표(비언어적 행위)

신체적 움직임은 비언어적 수단을 통해 의사소통의 흐름 및 감정을 반영해준다.

④ 공간적 지표

인간은 자기의 영역을 구축하고자 하는 욕구가 있어 다른 사람과의 거리를 유지함에 어떤 유형을 가지며, 단순히 거리라는 면에서 측정될 수 있을 뿐 아니라,

공간적 관계가 문화적, 사회심리적, 사회구조적 중요성을 반영하기도 한다.

(2) 관찰시기 및 상황

① 관찰시간

관찰단위가 시간적 차원과 밀접한 관련이 있기 때문에 시간단위표집이 필요하다. 시간단위표집에는 세 가지 유형이 있다.

가. 시점표집

관찰의 단위시간(예: 1분, 10분, 30분, 1시간 등)이 끝나는 시간에 특정한 내용의 행위, 사건, 또는 현상이 일어나는가를 관찰하여 계획된 전체 시간 동안 일어난 것을 모두 합쳐서 단위시간에 일어난 빈도를 밝히는 방법이다.

나. 시간간격표집

일정한 시간적 간격 동안 계속 관찰하되 그 간격 동안에 특정 행위나 사건 또는 현상의 발생 횟수에는 상관하지 않는다. 즉, 특정 간격 동안에 특정 행위가 일어났느냐 일어나지 않았느냐만 기록한다.

다. 초점개인표집

- 같은 시간에 여러 사람을 동시에 관찰하기 위해서 특정 개인의 행위를 집중적으로 관찰할 다수의 관찰자를 활용하는 방법이다.
- 이 경우 동일한 단위시간에 행동하는 다른 사람들은 일단 무시한 다음 다른 시간에 이들에 대해서 다시 같은 방법을 적용하여 관찰한다.

② 관찰의 상황

가. 인위적 실험실

- 장점: 실험실 상황은 외부요인을 고도로 통제한다.
- 문제점
  - 행위의 인위성에 대한 의문
  - 관찰과정이 관찰대상에 영향을 줄 가능성에 대한 문제

나. 자연적 현장

관찰대상이 관찰된다는 사실을 의식함으로써 일어날 수 있는 문제가 있기는 하지만 자연적 상황에서는 이 영향이 실험실 상황에 비해 보다 빨리 소멸된다고 기대된다.

5) 관찰의 기록

(1) 관찰노트(field note)

관찰노트란 관찰자가 관찰대상의 행동, 언어, 관련된 해석 및 느낌 등을 기록한 것으로, 다음 다섯 가지 요소를 관찰노트에 포함시키는 것이 바람직하다.

① 참여자

관찰대상에 참여하고 있는 사람의 신분, 상호관계, 수(數), 연령, 성별, 직업, 그리고 관찰상황에서 역할과 기능에 대해 파악하고, 나아가 서로가 잘 아는 사이인가 잘 모르는 사이인가? 어떤 모임의 회원인가? 그 모임은 어떤 것인가? 참여자들이 어떤 조직을 하고 있는가? 등에 대해 알아볼 필요가 있다.

② 환경적 배경

사회적 상황은 상이한 환경적 배경에서 발생한다. 복잡한 네거리, 백화점, 병원, 지역사회복지관, 청소년쉼터 등과 같은 환경적 배경에서 어떤 종류의 행위가 허용되고 격려되는지, 혹은 반대로 어떤 행위가 금지되는지 알아야 할 필요가 있다. 즉, 배경을 중심으로 사회적 기대를 파악하는 것을 말한다.

③ 목적

사람들이 모인 목적은 무엇인가? 모임은 우연한가? 참여자의 반응은 어떠한가? 긍정적인가 부정적인가? 공식적 목적 외에 다른 목적이 있는가? 참여자들의 목표가 상호 수용적인가 아니면 상호 배타적인가? 등을 파악한다.

④ 사회적 행위

행위의 원인과 자극, 행위의 목표, 행위의 방향, 행위의 유형(대화, 동작 등), 행위의 질(열성, 강도, 지속성, 희귀성, 적절성 등), 행위의 효과 및 영향이 여기에 해당한다.

⑤ 빈도와 지속도

행동이 언제 일어났으며 얼마나 계속되었나? 동일한 행동이 다시 일어나는가? 얼마나 자주 일어나나? 등을 살핀다.

(2) 기록의 방법

최근에는 관찰을 기록할 때 거의 대부분 기계적 수단을 활용한다. 가장 일반적으로 많이 활용되는 기록수단은 녹음으로 거의 디지털녹음방식을 사용한다. 이 방법은 지나간 사건을 재검토하고 기록을 영구히 보존하고, 활용할 수 있다.

그러나 여러 사람이 동시에 이야기했을 때 누구의 목소리인지 식별하기가 어려워 이들 간 언어적 상호작용을 판독할 수 없는 경우가 많다.

일반녹음방법 다음으로 많이 활용되는 기록수단은 녹화이다. 과거에는 장비의 가격 때문에 많이 활용되지는 않았지만 최근에는 가정용 캠코더나 핸드폰에 장착된 카메라 등 다양한 장비를 활용하여 녹화할 수 있다. 이 방법은 여러 각도에서 촬영할 수 있어서 신뢰도를 높일 수 있고, 관찰대상의 크기나 복잡성에 관계없이 기록될 수 있으며, 시간적 표집이 가능하다. 그러나 사건의 성격을 왜곡할 수 있다. 특히 원근조절이 가능함으로써 집단을 촬영하는 경우 서로 멀리 떨어져 서 있음에도 불구하고 매우 가깝게 서 있는 모습으로 나타나게 되기도 하고, 관찰자가 중요하다고 생각하는 것을 촬영하는 주관적 자료라는 점이 단점으로 작용하기도 한다. 또한 관찰대상자가 녹음보다는 녹화를 더 부담스러워 하는 경향도 있다.

기록 도구뿐 아니라 조사자가 결정해야 할 또 하나의 문제는 관찰한 것을 기록할 때 누구의 관점을 택하느냐의 문제와 관찰자에게 얼마만큼의 추리를 허용할 것인가의 문제이다.

① 기록자의 관점

관찰된 행위를 행위 주체자의 관점(의도한 바가 무엇인지)에서 작성해야 하는지, 그 행위에 반응하는 사람의 관점(그 행위를 어떻게 해석하는지)에서 기록해야 하는지, 아니면 제3자의 입장을 택해야 하는지가 문제인데 경우에 따라서는 이들의 관점이 동일할 수 있으나 실제로는 그렇지 않은 경우가 더 많다.

② 추리의 허용 정도

- 추리의 정도는 관찰자가 정확한 동작이나 행동을 일어난 그대로 정확하게 기록함으로써 최소화할 수 있다.

• 관찰의 틀이나 기록의 지침을 비교적 단순한 관찰로서 파악하기 쉽게 해줌으로써 일어난 행동을 확인하는 데 무리가 없도록 할 수 있다.
• 그러나 '적대감을 나타낸다'거나 '공격적 행위'와 같은 것은 관찰자의 추리의 여지가 많은 범주에 속한다. → 관찰하고자 하는 행위와 관찰자의 관찰 및 기록이라는 두 가지 행동 사이에는 관찰자의 추리가 작용한다. 이런 유형의 연구에서는 대부분 관찰자로 하여금 제3자의 관점을 택하도록 되어 있으며, 추리도 중간 정도만 하는 것이 좋다.

③ 기록의 형식

관찰된 자료는 여러 가지 형식으로 기록되는데 주된 것으로 설화적 서술, 척도에 따른 등급, 그리고 범주체계 등이 있다.

가. 설화적 서술

• 관찰자가 노트에 자기가 보고 느낀 대로 빠짐없이 서술하는 형식이다.
• 질적 접근에서 주로 사용하는 방법이다.
• 이때의 서술은 사실기록만 하도록 되어 있지만 일반적으로 행위에 대한 관찰자의 해석을 포함한다.
• 연구목적에 비추어 가장 중요한 행동, 상호작용, 사건 등에 초점을 두고 가능한 한 완전히 기록을 해야 한다.

나. 척도에 따른 등급

• 관찰한 결과를 점수화하거나 등급을 나누는 것이다. 척도에 따라 등급을 매길 경우 관찰이 완전히 끝난 후 기록하게 되며, 특정한 행위를 요약·평가하게 된다.

다. 범주체계

- 관찰하는 동안 행동에 대한 전반적 인상을 요약하는 대신 각 행위를 단위로 분리해서 각각 부호화하거나 유형화하는 것이다.
- 이때 관찰내용의 범주들은 분명하고 포괄적이면서 상호배타적이어야 하며, 관찰기록과 부호화의 지침은 구체적이고 특정적일수록 좋다.

6) 관찰법의 신뢰도와 타당도

(1) 신뢰도와 타당도 관련 요인

관찰법의 신뢰도와 타당도에 관련된 것은 관찰대상의 문제, 관찰기구의 문제, 관찰자의 문제로 정리해 볼 수 있다.

먼저 관찰대상과 관련된 신뢰도와 타당도의 문제는 관찰대상의 행위, 사건, 현상 등이 지속되는 것인지 여부와 반복되는지 여부에 따라 달라질 수 있다는 것이다. 관찰대상의 행위나 사건, 현상이 일시적이고 반복되지 않는 것인데, 관찰은 특정 시점이나 제한된 기간 동안만 이루어진다면 그 정도를 제대로 파악해내기 어렵다. 또 관찰자의 존재, 관찰자의 상황에 대한 개입, 관찰자와 관계 등의 영향에서 발생하는 피관찰자의 반작용도 문제가 될 수 있다. 예를 들면, 관찰을 기록하는 녹음기나 카메라를 의식하는 경우, 관찰자에게 동조하거나 잘 보이려고 하는 행위 등이 해당한다. 반면 관찰대상의 수가 적을수록, 그리고 관찰범위가 좁을수록 신뢰도는 증가한다.

관찰과 기록, 부호화(코딩)하기 위한 수단인 관찰기구도 신뢰도, 타당도와 관련될 수 있다. 관찰과 기록, 그리고 부호화의 틀에서 지정하는 범주체계와 이의 적용규칙이 애매모호하고 불분명하게 규정되어 있으면 타당도와 신뢰도를 기대할 수 없다. 즉, 관찰한 자료를 기록할 때 잘못 기록하거나 부호화를 하면서 잘못된 범주에 포함시키게 될 가능성이 있는 것이다.

관찰자로 인해 신뢰도 및 타당도에 문제가 발생할 수 있는 경우는 첫 번째, 관찰자의 긴장, 피로, 권태, 전혀 기대하지 않던 상황 전개에 대한 놀라움의 충격 등 심리적인 상태, 두 번째, 인간이 관찰 시에 활용하는 지각기관 자체가 갖는 한계, 세 번째, 관찰자의 개인적 욕구, 가치관, 과거의 경험 등이 관찰한 바를 왜곡하는 경우, 네 번째, 참여관찰의 경우 관찰대상인 상황에 관여하게 됨으로써 관찰의 객관성을 확보하지 못하는 경우 등이 있다.

이 중에서 지각기관 자체가 갖는 한계(지각적 오류)는 사람마다 감각적 명료성 정도가 서로 다르며, 한 개인의 감수성도 상황에 따라 다르기 때문에 발생하는 오류이다. 너무나 많은 감각적 자극이 있으면 관찰자의 감각이 둔해지는 것이다. 사람이 너무 많은 곳이나 시끄러운 곳에서는 실제로 관찰해야 할 것에 대해 지각하기가 어렵다. 이럴 때에는 기구나 도구를 사용하거나 보다 큰 관찰단위를 선택하고, 관심을 집중시키기 위해 관찰단위를 분명하고 정확하게 명세화한다. 또 혼란을 초래하게 하는 영향이나 자극을 제거하고, 관찰에 소요되는 시간과 기간을 가능한 한 짧게 한다.

관찰자의 욕구, 가치관, 과거의 경험에 따라 왜곡되는 인식적 오류는 사람들이 가진 서로 다른 각자의 과거 경험이 어떤 현상을 관찰하면서 반영되기 때문에 생기는 오류이다. 또 사람마다 감각적 인상을 다루는 지적 역량이 다르고, 경험한 것을 기억하는 능력이 사람마다 달라서 관찰한 바를 확인하는 데 문제가 있다. 이러한 오류를 감소시키기 위해서는 이론적 개념을 분명히 하고 경험적 개념을 정확히 규정하는 것이 좋다. 개념 간 관계를 한정해서 사고의 규칙성이 있게 하고, 관찰과 기록 간의 시간적 간격을 짧게 한다.

(2) 신뢰도와 타당도를 높이는 방법

관찰에서 신뢰도와 타당도를 높이는 데에는 무엇보다 관찰자가 제일 중요하다. 우선 누가 관찰할 것인가를 잘 결정해야 하는데, 관찰에 대해 실제 사건(사실)과 이에 대한 해석을 명백히 구분할 수 있도록 훈련을 받은 사람이라면 더 좋다. 또 두 사람 이상의 관찰자를 활용하여 개인적 오류의 가능성을 줄이는 것도 방법이다. 가급적 관찰한 내용의 모든 사실을 기록함으로써 객관성을 확보하는 것도 중요하다. 마지막으로 피관찰자를 활용할 수도 있다. 관찰자가 관찰한 어떤 상황 및 행위가 갖는 의미를 이론적으로 해석하지 못할 경우 타당성 문제가 발생하는데, 이때 피관찰자들로부터 설명을 듣거나 피관찰자와 함께 해석을 확인하는 과정이 있다면 크게 도움이 된다.

7) 관찰법, 질문지법, 면접법 비교

대표적인 자료수집방법인 질문지법과 면접법, 그리고 관찰법의 특성에 대해 서로 비교해 보면 〈표 10-5〉와 같이 정리해 볼 수 있다.

| 표 10-5 | 세 가지 자료수집방법의 장 · 단점 비교

구분	장 점	단 점
관찰법	• 현 시점의 행동을 현장에서 직접 포착, 기록할 수 있다. • 응답자의 특성 파악이 쉽다. –구두표현의 능력, 비협조적 · 면접거부 의사 확인, 일상적인 문제여서 관심을 갖기 힘든 경우의 자료수집 가능 • 응답자의 자연스러운 상태 파악	• 필요한 상황이 발생할 때까지 기다려야 한다. • 사적 생활, 사사로운 문제의 자료 수집 불가능 • 선택적, 제한적 포착으로 전부를 관찰할 수 없거나 편견이 작용하기 쉽다. • 시간, 경비 부담이 크다.

질문지법	• 시간, 비용 절약 • 응답자의 편의에 따른 대답의 완성 • 익명성 • 표준화된 언어구성으로 모든 응답자에게 동일하게 적용 • 면접자의 편의 배제 • 응답자가 답하기 전에 개인적 기록을 참조하거나 동료와 상담할 수 있어서 필요한 정보제공이 가능 • 보다 넓은 범위에서 보다 쉽게 응답자에게 접근 가능	• 융통성이 없다. • 질문지 회수율이 낮아질 가능성이 높다. • 비언어적 행위나 다른 개인적 특성이 기록될 수 없다. • 응답자를 보호하도록 환경 통제 불가능 • 질문순서에 대한 통제 불가능 • 많은 수의 질문이 빈칸으로 남아 있을 가능성이 높다. • 즉흥적 응답(첫인상, 첫 반응, 즉각적인 의견 등)의 기록 불가능 • 무응답의 이유 판별이 어렵다. • 질문에 대답할 일자 통제 불가능 • 복합적인 질문지 형식 사용불가 • 편의적 표본이 될 가능성이 있다.
면접법	• 융통성: 응답자의 필요에 맞춰 적절한 질문을 현장에서 결정 • 높은 응답률 확보 • 비언어적 행위 관찰가능 • 환경의 통제 • 자연스러움과 자발성 • 면접시간의 기록 • 복잡한 질문 사용 가능 • 높은 완성도 • 질문 순서를 지키고 질문지 구조를 방해하지 않게 통제 가능 • 응답자의 협조: 면접에 응하도록 동기화하는 분위기조성 가능 • 민감한 질문에도 응답을 얻을 수 있다. • 참고자료 확보 가능: 응답자의 환경조건, 개인적인 것	• 시간, 경비가 많이 든다. • 면접 편의: 면접자의 왜곡(질문오류, 캐묻는 오류, 기록 오류, 속임수) • 불편 • 참고기회 결여 • 익명성 결여 • 표준화 결여 • 응답자 확보의 부족

2. 비반응성 자료수집

이제까지 우리가 살펴본 자료수집방법은 대개 연구자가 연구대상과 상호작용을 함으로써 관여하게 되는 방법들이었다. 이 경우에는 연구자가 연구대상에게 직·간접적으로 영향을 미쳐 편의(bias)를 발생시킬 가능성이 있다. 예를 들면, 면접자의 성, 인종, 연령 등이 응답자의 대답에 영향을 미치기도 하고, 조사자의 숙련도가 더해짐에 따라 초기 조사와 후기 조사 간의 응답에 미치는 영향이 달라질 수도 있다. 이에 비해 비반응성 자료수집은 비관여적 조사라고도 하는데, 연구대상과 연구자가 아무런 상호작용을 하지 않아 연구대상자의 반응이나 반작용이 없다는 장점이 있다. 비반응성 자료수집방법에는 기존에 생성되어 있는 이용가능한 기록을 사용하는 방법이 있다. 내용분석, 기존통계의 분석, 역사/비교분석 등이 여기에 해당한다. 이 방법은 연구자가 연구대상에 관여하지 않는다는 점뿐 아니라 편의성, 과거에 발생했던 현상에 대한 연구가능성 등의 장점도 있다.

1) 비관여적 측정

비관여적 측정은 관찰대상에게 전혀 개입, 관여하지 않고 측정하는 것이다. 어떤 경우에는 관찰대상을 간접적으로라도 전혀 접촉하지 않는 경우도 있을 수 있다.

(1) 물리적 흔적조사

물리적 흔적조사는 조사에 이용되리라고 예상하지 못한 채 연구대상이 남겨 놓은 흔적을 분석하는 방법이다. 흔히 자연과학이나 고고학에서 사용하는 방법이다. 사람을 주된 연구대상으로 하는 사회과학에서도 이를 활용할 수 있다. 예를 들어, 도서관의 책 모서리가 닳은 정도를 보고 책의 인기도를 측정한다거나, 건물에 깔아 놓은 양탄자를 통해 사람들이 많이 다니는 경로를 예측하는 것이 가능하다. 이러한 특정사물이 마모된 흔적을 통해 분석하는 연구를 마모측정이라고 한다. 다른 방법으로는 누적측정이 있다. 이는 연구대상의 특정 행위나 태도를 나타내는 자료가 남아 있는 양을 통해 분석하는 방법이다. 예를 들어, 교실 뒤 담벼락에 쌓인 담배꽁초를 통해 학생들의 흡연율을 예측한다거나, 자동차 주행거리를 통해 영업사원의 영업활동 정도를 파악하는 것 등이 여기에 해당한다.

이러한 물리적 흔적조사는 특정 사회적 행위의 유무, 빈도, 분포를 파악하기에는 유용하지만, 연구대상과 물리적 흔적 간에 직접적인 연관성을 확보하는 것이 어려울 때가 있고, 주제와 관련 없는 요소들이 개입할 가능성 및 자료의 질 등에서 객관적으로 일반화할 수 있는 자료를 수집하는 것이 어렵다.

(2) 단순관찰

이 방법은 조사자가 관찰하고자 하는 행동이나 역할에 전혀 관여할 수 없다는 점에서 우리가 앞서 살펴본 관찰법과는 다르다. 단순관찰은 관찰대상에게 전혀 개입, 관여하지 않고 그들의 행동이나 표현 등을 관찰하는 방법이다. 신체 외부의 물리적 상징(예: 문신, 장신구, 배지 등)이나 몸짓에 대한 분석, 감정표현(예: 면접관의 웃음이나 찡그림), 물리적 위치분석(예: 수업시간의 자리배치), 언어적 행위 분석(예: 연설) 등의 유형이 있다.

2) 내용분석

내용분석은 대통령의 취임사, 교과서, 드라마, 신문기사에 나타난 특정 대상이나 문제 유형, 이슈에 대한 분석을 실시하는 것을 말한다. 신문기사에 나타난 장애인 이미지 분석이나 드라마에 나타난 이혼가족 유형 분석 등을 예로 들 수 있다.

과학적 방법으로서의 내용분석은 시온(Zion)의 노래라고 불리는 90개의 찬송가를 수집해서 분석한 학자와 성직자 그룹에 의해 18세기 스웨덴에서 시작되었다고 알려져 있다. 근대의 내용분석은 미국 정부가 제2차 세계대전에 참가하는 동안 전문가들이 독일 라디오 방송 내용을 연구하면서 본격적으로 시작되었다.

내용분석을 정의하면, 의사소통 기록물의 현재적 및 잠재적 내용을 객관적 · 체계적 · 양적으로 분석하기 위한 조사방법이라고 할 수 있다.

이 정의가 담고 있는 내용을 구체적으로 분석해 보면 다음과 같다.

첫째, 내용분석은 의사소통의 기록물, 즉 커뮤니케이션의 내용을 분석대상으로 하고 있다. 즉, 책, 잡지, 신문, 라디오, 텔레비전, 문서, 편지, 일기, 음악, 미술 등 상징을 통해 나타내는 기록물이 분석대상이다.

둘째, 분석의 속성 또는 측면은 명시적으로 나타나는 현재적인 내용과 문맥이나 내용 속에 숨어 있는 암묵적 · 잠재적인 내용도 포함한다. 즉, 단순히 외부에 나타난 내용뿐만 아니라 외부로 나타나지 않은 암묵적인 내용도 분석의 대상으로 한다.

셋째, 객관적 · 체계적 · 양적인 분석방법을 사용한다. 객관적이란 그 내용을 다른 사람도 같은 방법을 사용하여 분석하면 같은 결과를 얻을 수 있다는 것을 의미하며, 체계적이란 일정한 과학적 절차에 의해 분석하는 것을 의미한다. 또한 내용분석은 질적인 내용을 양적인 자료로 전환해서 분석한다.

내용분석 과정에서 중점적으로 고려되는 사안은 ① 샘플링, ② 범주설정, ③ 기록단위의 설정, ④ 맥락단위의 설정, ⑤ 계량화 체계, ⑥ 자료분석 및 해석 등이다.

(1) 내용분석의 절차

내용분석은 대개 다음과 같은 절차를 따른다.

① 연구문제 구성

내용분석 취지에 맞는 연구문제를 설정한다. 즉 내용분석법이 아니고는 탐구할 수 없거나 다른 자료수집방법보다는 내용분석법이 더 적절하거나 효율적인 그런 주제를 연구문제로 삼을 필요가 있다. '빈곤에 대한 언론의 묘사가 IMF 이후 어떻게 달라졌는가?', 'TV에서 정신장애인을 어떻게 묘사하고 있는가?', '교과서 내 성역할은 어떻게 묘사되고 있는가?' 등이 내용분석에 적합한 연구문제라고 할 수 있다.

② 연구대상이 되는 모집단 규정

모집단은 연구자가 분석대상으로 하고자 하는 모든 자료를 말한다. 모집단을 규정한다는 것은 고려의 대상이 되는 일체의 내용에 대한 경계선을 규정함을 의미한다. 이를 위해서는 관련된 모집단에 대해 적절히 조작적 정의를 내릴 필요가 있다. 예를 들어 "이 연구는 2020년 1월 1일부터 6월 30일까지 주요일간지 아동학대 관련 기사에 대해 연구한다."라고 명시해 주는 것은 모집단에 대한 간접적인 정의가 된다. 또한 내용분석을 위한 모집단의 결정에는 연구주제의 범위와 연구기간이라는 두 차원이 고려되어야 한다.

③ 표본 선정

표본추출방법은 다른 조사에서 사용되는 표본추출방법들이 모두 사용될 수 있다. 전체를 대표할 수 있는 일부를 표본으로 선정하고, 이 표본을 분석하여 결과를 모집단으로 일반화시키며, 이 단계에서는 먼저 표집단위와 사례 수를 결정하고 표집방법에 의해서 표본을 추출하게 된다. 표집단위는 단어, 구, 문장, 문단, 절, 장, 책 전체, 작가 등이 될 수 있고, 어떤 수준에서도 표집이 가능하다.

④ 분석단위 선정

분석단위는 주어진 범주로 구분하고자 하는 내용의 최소 단위이며, 부호화의 단위가 된다. 흔히 단어, 단락, 주제, 문단, 인물, 품목, 시간, 공간 등이 분석단위로 많이 사용되며, 기록단위(recording unit)와 맥락단위(context unit)가 있다. 예를 들어 단어가 기록단위라면 그 단어의 의미 파악을 위해 한 개 혹은 몇 개의 문장으로 된 단락을 맥락단위로 규정할 수 있다(강영걸 외, 2004).

⑤ 분석범주 구성

범주는 분석하고자 하는 내용의 전체를 분석하는 기준 또는 분류항목을 말한다.

일반적인 범주의 예로는 다음과 같은 것이 있다(차배근, 1996).

- **내용 자체에 대한 분석범주:** 주제, 방향, 기준, 가치, 수단, 속성, 행위자, 권위자, 원천, 대상자, 장소, 갈등, 결과, 시간 등
- **내용을 전하는 방법에 대한 분석범주:** 의사전달의 유형 및 형식, 서술의 형식, 수단 등

⑥ 자료를 체계적으로 수량화할 수 있는 체계 마련

내용분석에서 분석단위를 규정하고 나면 자료를 체계적으로 수량화할 수 있는

원칙을 마련해야 한다. 내용분석이 질적인 자료를 일단 계량화하여 분석하는 것이므로 다음의 계량화 체계 중 어느 한 가지를 택하여 체계적으로 자료를 분석할 수 있어야 한다.

- **시간-공간체계**: 내용범주 또는 분석단위의 상대적 강조의 정도를 알기 위하여 특정한 내용에 할애된 지면의 크기, 할애된 시간 길이 등을 측정하는 것을 말한다.
- **출현체계**: 분석의 단위가 연구자가 찾고자 하는 어떤 특정 속성이 나타나 있는지 아닌지를 이분법적으로 파악하는 것을 말한다.
- **빈도체계**: 분석의 단위에 주어진 속성이 나타나는 횟수를 파악하는 것을 말한다.
- **강도체계**: 어떤 진술의 강도를 측정하는 것으로 다문항으로 구성된 척도나 지수를 측정하거나 단일항목의 척도로 측정하는 것을 말한다.

⑦ 내용 코딩

코딩은 행태들이나 요소들을 앞서 단계에서 마련한 계량화 체계(원칙)에 따라 한정된 수의 범주들로 분류하는 것을 말한다. 분석의 대상이 되는 내용이나 주제는 코더(coder, 코딩하는 사람)에 따라 다른 해석의 여지가 많으므로 연구자는 정의를 분명하고 구체적으로 해야 한다. 코딩은 시간이 가장 많이 걸리며, 코딩을 담당하는 코더들을 잘 훈련시키는 일은 분석의 신뢰도를 높이는 데 매우 중요한 요인이 된다.

⑧ 신뢰도와 타당도 검정

신뢰도는 같은 내용을 한 사람이 여러 번 반복하거나 여러 사람이 각각 분석했을 때 동일한 결과를 가져오는 정도를 말하는 것으로, 분석자의 기능, 판단력, 경험 또는 범주화의 명확성, 부호화 및 자료 자체의 명확성 등에 의하여 크게 좌

우된다. 타당도는 어떠한 측정방법이 측정하고자 하는 것을 측정해 내는 정도를 말한다.

⑨ 자료분석

계량화된 자료를 통계적 방법을 이용하여 분석하고 그 결과가 제기된 연구문제에 대하여 어떠한 해답을 제공하는지를 해석한다.

(2) 내용분석의 장점과 단점

내용분석은 시간과 돈을 줄일 수 있고, 연구과정에서 잘못된 것이 있을 때 복구 가능성이 상대적으로 높아 안전하다. 연구자가 장기간에 걸쳐서 발생하는 과정을 연구할 수 있으며, 연구자가 연구대상에 미치는 영향이 거의 없다는 장점이 있다. 반면에, 기록으로 남은 것에 대해서만 조사가 가능하며, 신뢰도와 타당도 면에서 단점이 있을 수 있다.

3) 기존 통계의 분석: 2차 자료분석

2차 자료는 국제기구, 정부, 공공기관이나 연구기관들에서 제공하는 통계자료를 의미하며, 이들 자료를 이용하여 개인의 연구문제를 밝히는 것은 2차 자료분석이라고 한다(김태성 외, 2004). 국제연합(UN), 경제협력기구(OECD), 국제노동기구(ILO) 및 세계은행(World Bank)을 비롯한 대부분의 국제기구에서도 통계자료를 산출하여 국제 간 비교를 가능하도록 통계자료를 제공하고 있으며, 우리나라의 경우에도 통계청에서 주요한 정부통계를 산출하고 있고, 각 정부부처에서도 각종 사회보험 및 국민기초생활보장, 사회복지 시설현황 및 취약계층의 생활실태 등에 대한 다양한 통계를 제시하고 있다(김환준, 2004). 예를 들면, 5년에 한

번씩 실시하는 가구소비실태조사나 도시가계연보, 보건복지패널 등이 있다.

이러한 2차 자료분석은 연구자가 별도의 자료수집 노력을 하지 않아도 비교적 쉽게 연구를 진행할 수 있다는 장점이 있다. 그러나 연구자가 생각하는 변수의 정의와 자료수집기관에서 사용한 변수의 정의가 달라서 생기는 문제가 있을 수 있다. 공식통계가 갖는 한계, 기록관리과정에서 오는 영향 등 통계 자체의 질이 문제가 되는 신뢰도의 문제가 있을 수 있다. 2차 자료보다 1차 자료가 더 신뢰도와 타당도를 확보하기 쉽다는 의미는 정확한 조작적 정의, 변수설정, 연구설계 등에 있어 내가 원하는 인과관계를 좀더 명확하게 규명해 낼 수 있다는 뜻이다. 2차 자료는 내가 원하는 변수로 구성된 인과관계를 설명하기에 조작적 정의, 변수설정 등이 정확하게 일치하는 경우가 많지 않다. 정의도 다를 수 있고, 또 경우에 따라서는 변수 확보가 충분하지 않을 수 있다. 예를 들어, 결혼만족도에 영향을 미치는 변수가 열 개라면 2차 자료는 열 개 모두 포함되어 있지 않고 주요 변수 몇 개만 포함되어 있어 유사한 개념으로 대체되어 사용되기도 하기 때문에 꿩(1차 자료) 대신 닭(2차 자료)을 사용하는 것이나 마찬가지라서 어떤 '주제' 혹은 어떤 '인과관계'에 대해서 2차 자료 사용은 신뢰도와 타당도가 상대적으로 낮을 가능성이 많다. 따라서 사용하고자 하는 2차 자료에 대해서 있을 수 있는 문제를 사전에 파악하고, 그 잠재적 영향과 논리적 추론과 재현 등에 대해 미리 염두에 두어야 한다.

4) 역사/비교분석

역사분석은 주된 자료로 역사적 기록물이나 자료를 사용하며, 내용분석방법을 사용한다. 사회복지실천 분야의 대표적인 예로는 만성질환자 보호에 있어 개혁의 반복적 순환(Morrissey & Goldman, 1984)을 비롯하여 사회복지시설의 변천사나 구휼제도의 변천사, 아동보호서비스의 변천사 등이 있으며, 각종 사회복지제도의 변화를 다룬 연구들이 여기에 해당한다.

비교분석은 역사분석처럼 시대적인 흐름에 따른 비교뿐 아니라, 각 시설의 유형, 지역이나 나라 등 다른 주체들의 제도나 실천에 대한 비교도 가능하다.

3. 면접법

1) 면접의 의의와 역할

면접은 여러 가지 목적으로 사용되는데, 조사방법에서는 연구자료를 수집하기 위해 실시한다. 자료수집을 위한 면접법은 연구문제에 대한 적절한 해답을 구하기 위해 응답자와 대면하여 실시하는 언어적 상호작용을 의미하며, 대개 관찰법과 동시에 사용된다. 면접법은 연구 초기에 연구 분야나 대상을 한정시키고 가설도출에 도움을 줄 수 있으며, 조사도구의 타당성을 확인할 수 있으며, 관찰이나 질문지법 등의 방법으로 알아낸 내용이 맞는지 확인하기 위해서도 사용된다.

2) 면접법의 장단점

면접법은 개별적인 상황변화에 융통성 있게 대처할 수 있다. 상황에 따라 질문을 반복하거나 쉽게 다르게 표현한 질문도 가능하다. 응답의 태도까지 관찰할 수 있으며, 추가질문도 가능하다. 즉, 조사응답자 혹은 연구참여자의 의사소통

능력에 맞추어 진행이 가능하기 때문에 정확한 의도를 파악하기에도 유리하다.

반면, 면접법은 자연적 환경에서 조사하기 때문에 외생변수를 거의 통제할 수 없는 경우가 많고, 시간과 비용이 상대적으로 많이 소요된다. 면접원에 따른 편의(bias)가 발생할 가능성이 있다.

3) 면접의 유형

면접조사의 종류는 조사원과 응답자 간 상호작용 상황 및 응답자 응답형식의 구조화 정도에 따라 표준화된 면접과 준표준화된 면접, 비표준화된 면접으로 분류할 수 있다.

① 표준화(구조화) 면접

표준화된 면접은 면접조사표에 질문문항, 질문순서, 어조까지 정확히 제시되어 실시되는 면접이다. 이 방법은 부호화가 용이하고, 면접결과를 비교할 수 있다. 일관성과 신뢰성이 있으며, 질문의 언어구성에서 오는 오류를 최소화할 수 있다. 비교적 훈련이 덜 된 면접자에게 활용할 수 있다는 것이 장점이다. 반면에, 임의로 질문을 바꾸거나 새로운 문제를 도입하는 등의 수정을 할 수 없다. 피면접자의 특성이나 분위기에 따라 면접이 융통성 있게 수행되지 못하고, 응답을 확대하거나 탐색할 수 있는 면접자의 자율성이 없으며, 시간과 경비가 많이 소요된다는 단점이 있다.

■ 표준화(구조화) 면접 질문지의 예

면접자의 응답자에 대한 설명: 우리는 십대들이 부모님과의 사이에 생기는 문제에 대하여 관심이 많습니다. 우리는 얼마나 많은 십대들이 부모님들과의 사이에 갈등이 있고 그 갈등이 어떤 것인지를 알고 싶습니다. 여기 십대들에게 나타나는 그런 갈등의 종류를 생각해 본 목록이 있습니다. 학생의 경우에 어떤 종류의 갈등을 얼마나 자주 겪는지를 말해 주십시오. 목록에 나와 있는 모든 종류의 갈등에 대해 말해주기 바랍니다. 어떤 종류의 갈등은 한 번도 겪은 적이 없을 수도 있습니다. 그런 경우는 '전혀 없었음'으로 말해주면 됩니다.

(먼저 공부문제에 대해 다루는 카드 1을 학생에게 남겨주고 "학생이 여기 나와 있는 문제나 말을 이해하지 못하거나 여기 나와 있는 것 외에 다른 사항에 대해서 말하고 싶으면 말해 주세요. 그러면 다시 설명해 주고 어떻게 할 것인지 말해 주겠습니다."라고 말하십시오.)

공부문제	전혀 없었음	한 번	2~3번 정도	4번 이상
1. 공부장소				
2. 공부시간				
3. 과외방법				
4. 과외비용				
5. 과외공부 시간				
6. 학교성적 등수				
7. 담임과의 면담				
8. 대학전공 분야				
9. 지원대학				
10. 기타사항				

응답자가 처음 카드의 모든 사항에 대한 응답을 끝내면 카드 2를 넘겨주면서 "여기 십대들의 동성친구에 대해 부모님과 갈등을 보일 수 있는 사항입니다. 먼저와 같은 방법으로 응답해 주십시오."라고 말하십시오.

출처: Gorden(1980); 최성재(2005)에서 재인용.

② 준표준화(반구조화) 면접

준표준화된 면접은 표준화된 면접과 비표준화된 면접의 장점을 살리고 단점을 보완한 방법이다. 일정한 수의 주요한 질문은 구조화면접으로, 나머지는 비구조화면접으로 실시한다. 면접조사표 대신 면접지침을 사용하며, 구조화된 면접보다 더 숙련된 면접자를 필요로 한다. 어느 정도 융통성을 발휘하며 면접하는 방법으로 부수질문과 같은 방법을 흔히 사용한다.

■ 준표준화(반구조화) 면접표의 예

면접자에 대한 지시사항: 면접자는 자녀와 부모 사이에 생길 수 있는 갈등과 긴장의 종류를 가능하면 많이 발견할 것. 각각에 대한 설명이 더 구체적이고 더 상세할수록 좋음. 발견해 내려고 하는 갈등을 네 가지로 생각하고 있지만 (질문 3에 나열되어 있음) 처음 두 질문을 순서대로 한 후까지는 그 네 가지 분야의 갈등의 어느 것도 말해서는 안 됨. 처음 질문은 면접자와 피면접자 사이에 친밀한 관계를 맺기 위해 간접적 접근을 하기 위한 질문임.

1. 십대들은 부모들과 사이에 어떤 문제가 있다고 생각하나요? (가능한 캐묻기: 십대들은 항상 부모와 의견이 일치하나요? 친구들 가운데 문제부모가 있나요?)
2. 학생은 부모님과 어떤 종류의 의견차이가 있나요? (가능한 캐묻기: 그 의견차이가 학생에게 문제가 되나요? 부모님은 어떤 방법으로 학생을 간섭하나요? 부모님은 얼마나 자주 간섭을 하나요?)
3. 다음 사항 중에 어떤 것에서라도 부모님과 의견차이가 있었나요?
   (1) 공부문제?
   (2) 동성친구?
   (3) 데이트?
   (4) 흡연?

출처: Gorden(1980); 최성재(2005)에서 재인용.

③ 비표준화(비구조화, 비지시적) 면접

비표준화된 면접은 연구될 문제의 범위만 결정하고 질문의 순서나 내용은 미리 정하지 않는 것이다. 개방형 질문이 많으며 응답자의 내적 강점과 생각을 밝히는 데 사용한다. 이 방법은 면접조사표나 면접지침을 사용하지 않기 때문에 숙련된 면접자를 필요로 한다. 형식에 얽매이지 않으므로 보다 많은 자료를 얻을 수 있고 융통성이 있으나, 면접결과의 정리와 분류, 부호화에 시간, 인력, 비용이 많이 소요되며, 동일한 내용의 질문이 반복되면 응답 내용이 달라질 수도 있고, 가설검증이나 인과관계 규명은 부적당하다는 단점이 있다.

■ 비표준화(비구조화, 비지시적) 면접표의 예

면접자에 대한 지시사항

십대 청소년들이 부모와의 사이에서 생기는 갈등의 종류를 찾아낼 것. 갈등은 상호 의견 차이, 상호 의견 차이로 인한 과거, 현재 및 미래의 잠정적 긴장, 말다툼, 신체적 마찰 등을 포함하는 것으로 보고 가능하면 많은 종류의 갈등과 긴장을 찾아내도록 노력할 것.

출처: Gorden(1980); 최성재(2005)에서 재인용.

④ 심층면접

심층면접은 비구조화된 면접의 형식을 갖는다. 고정된 질문을 사용하지 않고, 응답자에게 응답방법이나 답변의 범위 등에 대해 최소한의 지시와 방향만 제시하여 응답을 듣는데, 면접방법 중 면접의 효과를 가장 잘 살리는 방법으로 평가된다. 심층면접의 장점은 비구조화된 면접과 마찬가지로 응답자 상황에 따라 질문의 어구나 순서를 조절할 수 있으며, 응답자와 라포를 형성한 후 필요한 자료를 자연스럽게 얻을 수 있으며, 민감한 주제에 대한 질문에 대해서도 답변을 받을 가능성이 높아지며, 타당도 높은 면접결과를 가져올 수 있다. 또한, 새로운 사실이나 아이디어가 발견될 가능성도 있다.

요약

1. 관찰법

(1) 개요

응답자가 행동을 통해 나타내는 태도나 의견 등을 조사하고 분석하는 방법

(2) 장점

- 비언어적 행동에 관한 자료수집이 용이함
- 자연적 환경에서 일어나는 자연스러운 행동을 관찰할 경우에는 관찰자 효과 최소화됨
- 종단적 분석이 가능함
- 조사의 현장성 및 즉시성
- 응답과정의 오류를 최소화함
- 연구대상의 태도가 모호하거나 거부적일 경우에 유용함

(3) 단점

- 상황을 통제하기 어렵고 관찰 당시의 상황의 특수성이 반영됨
- 계량화하기 곤란하고 해석하기 어려움
- 대규모 조사에 어려움
- 관찰대상자, 집단, 현장접근의 어려움
- 익명성의 결여
- 시간과 경비, 노력의 소요
- 관찰자 주관이나 편견의 개입(선택적 관찰)
- 관찰당하고 있는 것을 느낄 때 같은 상황에서 평소와 다른 행동을 보일 수 있음
- 인간행동의 다변성: 행동양식은 태도나 신념에 비해 쉽게 변할 수 있으므로 조사결과가 일시적인 것이 될 수 있음

(4) 관찰의 신뢰도와 타당도를 높이는 방법

- 관찰에 대해 실제 사건(사실)과 이에 대한 해석을 명백히 구분할 수 있도록 훈련을 받은 사람이 관찰함
- 두 사람 이상의 관찰자를 활용하여 개인적 오류의 가능성을 줄일 수 있음
- 가급적 관찰한 내용의 모든 사실을 기록하고, 피관찰자들로부터 설명을 듣거나 피관찰자와 함께 해석을 확인함으로써 객관성을 확보함

2. 비반응성 자료수집

- 비반응성 자료수집: 연구대상과 연구자가 아무런 상호작용을 하지 않고 기존에 생성되어 있는 이용가능한 기록을 사용하는 방법으로 연구대상자의 반응이나 반작용이 없음
- 비반응성 자료수집에는 물리적 흔적조사, 단순관찰, 내용분석, 2차 자료분석, 역사/비교분석, 문헌연구 등이 있음

3. 면접법

1) 면접의 의의와 역할

- 면접은 여러 가지 목적으로 사용되는 방법으로 조사방법에서는 연구문제에 대한 적절한 해답을 구하기 위해 응답자와 대면하여 실시하는 언어적 상호작용을 의미
- 면접은 대개 관찰과 동시에 사용되며 주로 질적조사에서 사용하는 자료수집방법

2) 장점

- 개별적인 상황변화에 적응
- 융통성있게 질문을 반복하거나 쉽게 달리 질문 가능. 태도까지 관찰하고, 추가질문도 가능
- 조사응답자(연구참여자)의 의사소통능력에 맞추어 진행 가능
- 응답자의 개별 상황에 맞도록 추가 질문이나 복잡한 질문도 가능

3) 단점

- 절차가 복잡하고, 자연적 환경에서 조사하기 때문에 외생변수를 거의 제할 수 없음
- 시간과 비용이 상대적으로 많이 소요
- 면접원에 따른 편의(bias) 발생 가능성

4) 면접의 유형과 장단점

	특징	장점	단점
심층면접	• 비구조화 면접을 흔히 심층면접이라고도 함	• 응답자 상황에 따라 질문의 어구나 순서를 조절할 수 있음(응답자와 라포를 형성한 후 민감한 주제 등의 질문으로 구성) • 새로운 사실이나 아이디어가 발견될 가능성 있음 • 모든 응답자에게 같은 질문이 아닌 동일의미가 전달되도록 질문의 순서나 어휘 조절가능 • 타당도 높은 면접결과	• 숙련된 면접자를 필요로 함 • 면접결과의 정리와 분류, 부호화에 시간, 인력, 비용이 소요됨 • 비일관성(동일한 내용의 질문이 반복되면 응답내용이 달라질 수 있음)
비표준화 (비구조화, 비지시적) 면접	• 연구될 문제의 범위만 결정하고 질문의 순서나 내용은 미리 정하지 않음 • 면접조사표나 면접지침을 사용하지 않음	• 융통성이 있음 • 형식에 얽매이지 않으므로 보다 많은 자료를 얻을 수 있음	• 심층면접과 유사한 단점을 가짐 • 가설검증이나 인과관계 규명은 부적당함
준표준화 (반구조화) 면접	• 일정한 수의 주요한 질문은 구조화 면접으로, 나머지는 비구조화 면접으로 실시함 • 면접조사표 대신 면접지침을 사용함	• 구조화 면접과 비구조화 면접의 장점을 살리고, 단점을 보완함 • 중요한 질문을 놓치지 않을 수 있음 • 부수적 질문이 가능함	–
표준화 (구조화) 면접	• 면접조사표에 질문문항, 질문순서, 어조까지 정확히 제시해야 함	• 부호화가 용이함 • 면접결과의 비교가 가능함 • 일관성과 신뢰성이 있음 • 질문의 언어 구성에서 오는 오류를 최소화할 수 있음 • 비교적 훈련이 덜 된 면접자에게 활용할 수 있음	• 피면접자의 특성이나 분위기에 따라 면접이 융통성 있게 수행되지 못함 • 응답을 확대하거나 탐색할 수 있는 면접자의 자율성이 없음 • 시간과 경비가 많이 소요됨

연습문제

01 관찰법의 구분기준과 구분된 각 관찰법의 특징을 기술하시오.

02 관찰법의 장단점을 기술하시오.

03 비관여적 조사가 가질 수 있는 오류에 대해 설명하시오.

04 내용분석의 장단점을 기술하시오.

05 동료와 함께 둘씩 짝지어 동일한 관찰대상을 선택하여 이들의 행위를 관찰, 기록하여 서로 비교하여 보시오.

사회복지사 1급자격시험 기출문제

01 신문사설, 일기, 편지 등 의사소통기록물을 분석의 대상으로 조사하는 방법은?
① 내용분석
② 관찰
③ 서베이조사
④ 솔로몬 4집단설계
⑤ 유사실험설계

02 내용분석의 장점은?

> 가. 시간과 비용에서 경제적인 경우가 있다.
> 나. 관여적인 연구이다.
> 다. 결과가 좋지 않아도 재연구가 가능하다.
> 라. 실제적인 타당도가 매우 높다.

① 가, 나, 다 ② 가, 다
③ 나, 라 ④ 라
⑤ 가, 나, 다, 라

03 관찰조사의 타당성을 높이는 방법이 아닌 것은?
① 관찰자를 충분히 훈련한다.
② 관찰자를 여러 명이 아니라 가능하면 한 명으로 한다.
③ 사실과 해석을 구분하여 기록하도록 한다.
④ 기록을 정기적으로 점검받도록 한다.
⑤ 유사한 내용은 동일한 용어로 처리하도록 한다.

04 관찰의 특징이 아닌 것은?
① 즉각적인 자료수집이 가능하다.
② 장기간 종단분석이 가능하다.
③ 도구효과를 줄일 수 있다.
④ 의사표현능력이 없는 조사대상에 대한 조사가 가능하다.
⑤ 비언어적 표현에 대한 조사가 가능하다.

05 청소년 쉼터에서 일하는 사회복지사가 쉼터에서 생활하는 청소년의 성적 호기심을 알아보기 위해 소장된 도서의 상태를 조사했다. 이때 사회복지사가 사용한 조사내용은?
① 참여관찰 ② 이차문헌
③ 내용분석 ④ 마모측정
⑤ 설문조사

06 1990~1999년 사이의 일간신문을 통해 사회복지 인식에 대한 연구를 하려고 한다. 이 연구방법에 대한 설명으로 틀린 것은?
① 코딩을 해야 한다.
② 메시지의 현재적 내용뿐만 아니라 잠재적인 내용도 분석의 대상이 된다.
③ 객관성, 체계성, 일반성 등 과학적 연구방법의 요건을 갖추고 있다.

정답 01 ① 02 ② 03 ② 04 ③ 05 ④ 06 ④

④ 결과에 오류가 있을 때 재검사가 어렵다.
⑤ 반응효과가 발생하지 않는다.

07 비반응성 혹은 비관여적 연구조사에 관한 설명으로 옳지 않은 것은?

① 관찰현상에 대한 연구자의 영향력을 줄인다.
② 드러난 내용과 숨어 있는 내용을 이해한다.
③ 연구자가 타당도와 신뢰도 간의 선택에 따른 딜레마로 고민할 수 있다.
④ 자료수집을 위해 다원측정의 원칙을 활용한다.
⑤ 명목수준의 측정에 국한되는 단점이 있다.

08 2차 자료분석(secondary analysis)에 관한 설명으로 옳은 것은?

① 비관여적 접근이다.
② 원자료(raw data) 수집과정이 필요하다.
③ 인간을 대상으로 하는 연구에는 적합하지 않다.
④ 원자료에서 누락된 변수와 결측값을 복구할 수 있다.
⑤ 간접적 자료수집방법이므로 변화의 추이 분석은 불가능하다.

09 사회복지사 1급 국가시험이 1회부터 10회까지 이동 관련 이슈를 얼마나 다루었는지를 분석할 때 사용된 연구방법에 관한 설명으로 옳지 않은 것은?

① 분석대상에 영향을 미치지 않는다.
② 필요한 경우 재분석이 가능하다.
③ 직접조사보다 경제적이다.
④ 양적 내용을 질적 자료로 전환한다.
⑤ 다양한 기록자료 유형을 분석할 수 있다.

10 내용분석에 관한 설명으로 옳지 않은 것은?

① 역사적 분석과 같은 시계열 분석에 어려움이 있다.
② 인간의 의사소통 기록을 체계적으로 분석한다.
③ 분석상의 실수를 언제라도 수정할 수 있다.
④ 양적조사와 질적조사에 공통으로 사용할 수 있다.
⑤ 기존 자료를 활용하여 타당도 확보가 어렵다.

11 내용분석(content analysis)에 관한 설명으로 옳지 않은 것을 모두 고른 것은?

ㄱ. 기존자료에 의존하기 때문에 연구의 범위가 무제한적이다.
ㄴ. 선정편향(selection bias)이 발생할 수 있다.
ㄷ. 연구대상자의 반응성을 배제할 수 있다.
ㄹ. 기존자료를 활용하는 질적조사이기 때문에 가설검증은 필요하지 않다.

① ㄴ　② ㄱ, ㄴ
③ ㄱ, ㄹ　④ ㄷ, ㄹ
⑤ ㄱ, ㄴ, ㄹ

정답 07 ⑤ 08 ① 09 ④ 10 ① 11 ③

12 관찰법에 관한 설명으로 옳지 않은 것은?

① 행위가 일어나는 현장에서 즉시 자료수집이 가능하다.
② 관찰자의 주관성이 개입될 수 있다.
③ 비언어적 상황에 대한 자료수집이 가능하다.
④ 서베이에 비해 자료의 계량화가 쉽다.
⑤ 질적연구나 탐색적 연구에 사용하기 용이하다.

13 다음 세 연구의 공통점으로 옳은 것은?

- 한부모 관련 기존통계의 분석연구
- 아동학대 관련 사례파일의 분석연구
- 물리적 흔적을 분석한 박물관 전시 공간 재배치 연구

① 비관여적 연구이다.
② 기초선 설정이 필요하다.
③ 도구효과가 존재한다.
④ 공통의 표본추출 단위를 활용한다.
⑤ 생태학적 오류에 취약하다.

정답 12 ④ 13 ①

CHAPTER

11 집단을 조사하는 방법은?

1. 집단의 상호작용을 관측하고 분석하는 방법
2. 집단의 상호작용을 통해 도출되는 견해를 구하는 방법

6단계만 건너면 전 세계 사람들은 모두 아는 사람

어느날 처음 만나는 사람과 이야기를 하다가 공통으로 아는 친구가 있는 경험을 해 본 적이 있는가? 그럴 때 우리는 '세상 참 좁다'라고 이야기한다.

그런데 이러한 경험을 실증적으로 검증한 실험들이 있다. 밀그램이 실시한 '좁은세상실험'은 무작위로 사람을 선정해서 먼 도시의 특정인물에게 편지가 배달되도록 지인을 통해 편지를 전달하는 실험이었다. 실험 결과 상담수의 편지가 특정인물에게 잘 전달되었는데 어떤 편지는 3번만에, 어떤 편지는 10번만에 배달되었지만 평균적으로 6명의 사람을 통해 전달되니 최종 특정인에게 편지가 배달된 것이다. 이 실험은 밀그램의 6단계 분리이론으로 알려져 있다. 유사한 또다른 실험으로는 영화배우 케빈 베이컨과 관련된 실험이다. 할리우드의 웬만한 배우들은 평균 6단계만 건너면 모든 배우와 연결된다는 것으로 우리나라의 송강호, 김윤진의 배우들도 3단계만 거쳐도 케빈 베이컨과 연결이 되었다.

이러한 5명의 중재자와 6개의 연결고리만 있으면 전 세계 사람들이 모두 연결된다고 했던 6단계 분리이론이 Facebook과 같은 SNS 덕에 단계가 더 축소된 것으로 보인다. 세상이 더 좁아진 것처럼 느끼게 된 것이다. 2008년에는 5.28 연결고리가 필요했는데, 2011년에는 4.74 연결고리로 줄어들었다. 이것은 잘 알려진 유명인뿐 아니라, 일반적인 서로 낯선 사람 모두에게 유효하다고 한다. 4.74가 평균이지만 개별 국가로 한정하는 경우에는 그 수가 훨씬 더 줄어든다. 그 예로 2007년 우리나라에서 싸이월드 일촌맺기를 통한 관계를 살펴봤을 때는 4에 불과했다.

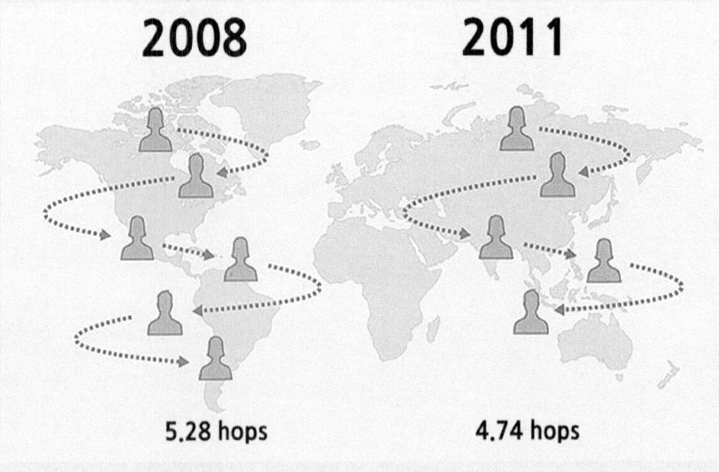

출처: The Telegraph (2011.11.22). "Facebook cuts six degrees of separation to four"

이 장에서 학습할 내용

1. 연구대상이 분석단위로서 집단이 아니라 개체들이 상호작용하는 양상이나 집단적인 양상을 조사하고자 할 때는 어떻게 자료수집을 해야 하는가?
2. 어떤 집단 내 구성원들이 어떻게 상호작용하는지 살펴볼 수 있는 방법은 무엇일까?
3. 어떤 의사결정을 해야 할 때 전문가들의 일치된 견해를 모을 수 있는 방법은 무엇일까?

연구과정

연구문제 선정 → 가설설정 → 조사설계 → 표집 → 측정 → **자료수집** → 자료분석

1. 집단의 상호작용을 관측하고 분석하는 방법

집단에 대해 조사하는 방법은 조사의 목적과 방법에 따라 크게 두 유형을 살펴볼 수 있다. 하나는 집단의 상호작용을 분석하는 유형이고, 또 하나는 집단의 상호작용의 결과로서 견해를 분석하는 유형이다. 먼저, 집단의 상호작용을 관측하고 분석하는 방법을 살펴보기로 한다.

1) 소시오메트리

소시오메트리(sociometry)는 1934년 모레노(Moreno)가 자신의 저서 《누가 생존할까》에서 처음 사용하면서 알려지게 되었다(김영종, 2007에서 재인용). 소시오메트리는 한 집단 내에서 개인 상호 간의 매력, 배척, 무관심의 정도를 관찰하고

연구함으로써 집단 내의 역동성과 개인의 사회적 위치, 그 집단의 성질과 응집력을 알아보고자 할 때 이용하는 방법으로, 사람과 사람들 간의 거리를 파악하는 연구방법이라 할 수 있다. 보가더스의 사회적 거리 척도가 집단 간의 친화 혹은 반발 정도를 측정하는 것이라면 소시오메트리는 집단 내의 개인 간의 친화 및 반발의 관계를 측정하는 것이라고 할 수 있다. 또한 소시오메트리는 집단 내의 성원들의 관계와 집단의 역동성을 분석하고 문제의 원인을 찾아낼 수 있다. 이를 토대로 개인의 조화로운 인간관계 형성과 집단의 협동을 위한 개입을 시도하고 변화의 정도를 평가하는 실천적 활동에도 유용한 자료를 얻을 수 있다. 이러한 유용성 때문에 기업, 정신병원, 소년원, 학교 등에서 많이 활용한다.

소시오메트리를 이용하면 개인의 지위와 집단구조분석 등 크게 두 가지를 측정해 낼 수 있다. 개인의 지위는 개개의 성원들이 그 집단에서 어떤 지위를 차지하는가를 파악하는 데 유용한 자료를 제공해 주며, 집단 내 개개 성원들의 지위는 그 사람이 선택되고 배척되는 상태를 파악하여 결정할 수 있다. 또한 대부분의 소시오메트리는 집단의 구조를 분석하는 데 사용된다. 집단구조분석은 인기자, 권력자, 고립자, 짝, 삼각관계 및 연쇄관계 등 의사소통의 통로, 집단결속력 등을 분석하는 것이다.

소시오메트리는 다음과 같이 여섯 가지가 적용되어야 한다.

① 피조사자에게 집단의 한계를 명백히 규정해야 한다.

② 피조사자는 선택과 배척할 사람의 수에 어떤 제한을 두어서는 안 되고, 각 성원들이 마음대로 선택하고 배척할 수 있어야 한다.

③ 피조사자는 일정 기준(예를 들어, 여행을 같이 가고 싶은 사람, 같이 가고 싶지 않은 사람 등)에 의해 사람들을 선택하고 배척해야 한다.

④ 소시오메트리는 집단구조를 재구조화하는 데 사용되어야 한다.

⑤ 피조사자가 특정인을 선택 또는 배척하는 것을 다른 성원들이 알지 못하도록 비밀이 유지되어야 한다.

⑥ 집단 성원 간에 유대가 형성될 수 있는 충분한 시간이 경과되어야 한다.

2) 사회네트워크분석

사회네트워크분석(social network Analysis)(사회관계망분석, 사회연결망분석)은 소시오메트리에 뿌리를 두고 있으며, 1960년대 밀그램(Milgram)의 '6단계 분리이론'에 대한 검증실험 도중 발전하였다. 현재에는 다양한 수학적 모델과 컴퓨터 기술의 결합으로 소시오메트리의 한계를 뛰어넘은 분석방법을 사용하고 있다. 사회관계망분석, 사회연결망분석 등의 용어로도 사용된다.

사회네트워크분석에서 사용되는 네트워크 자료의 특성은 관계형 변수, 지속성, 상호교환성, 강도, 밀도, 도달성, 중심성 등이 있다. 다른 연구방법에서 사용되는 변수는 대개 속성을 나타내는 변수이나 네트워크분석에서는 관계를 나타내는 변수가 사용된다. 또 그 관계가 얼마나 오랫동안 지속되는지, 관계를 맺는 양쪽이 동등한 입장에 있는지, 관계가 얼마나 강한지, 집단 내에 얼마나 많은 관계가 있는지, 처음에서 끝으로 가는데 얼마나 많은 관계가 필요한지, 관계가 집중되는 지점을 어느 정도 갖고 있는지를 분석하게 된다.

사회네트워크분석에서 사용되는 자료수집방법은 다른 연구방법에서도 사용되는 설문, 관찰, 비반응성 자료 관찰 등을 사용한다. 설문의 질문 작성은 단순성, 구체성, 현재성, 실제성의 원칙에 따라 작성한다. 예로 든다면, "당신이 여행을 간다면 누구와 가고 싶은가? 세 사람만 선택할 것", "생일파티에 친구를 세 명만 초대한다면 누구를 초대할 것인가?" 등처럼 질문할 수 있다.

3) 결과의 분석

소시오메트리를 포함한 사회관계망자료를 분석하는 방법은 자료를 그림으로 나타내는 방법(소시오그램)과 행렬도표를 사용하는 방법(소시오매트릭스) 등이 있다. 또한 규모가 큰 자료의 분석이 필요한 사회관계망분석에서는 자료를 축약된 양적지수의 형태로 나타낼 수도 있다.

(1) 소시오그램

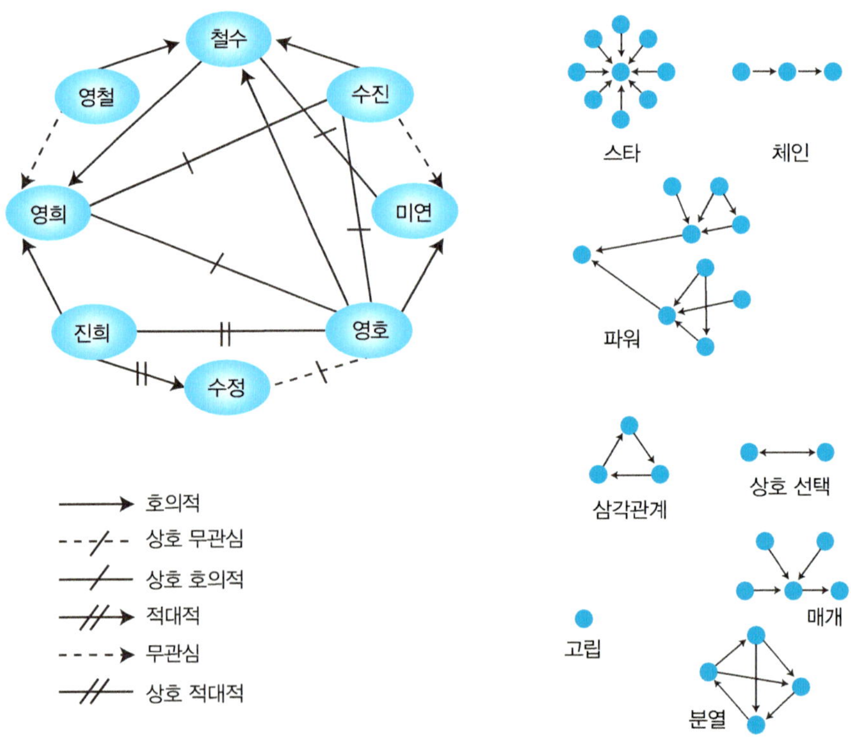

| 그림 11-1 | 소시오그램과 소시오그램의 관계모형

〈그림 11-1〉은 일반적인 소시오그램과 소시오그램으로 나타낼 수 있는 관계 모형을 보여준다. 관계모형 중 스타는 여러 명이 한 사람을 지목하는 경우이다. 체인은 관계가 연속되는 것이다. 예를 들면, A가 B를 선택하고, B가 C를 선택하는 경우이다. 삼각관계는 세 개체의 선택이 결합되어 체인형, 상호선택형, 혼합형 등의 유형을 만들어 내는 것이다. 상호선택은 서로가 서로를 선택하는 것이고, 파워는 소수의 스타가 선택하는 대상이다. 집단의 선택에서 배제되어 있는 경우는 고립됨을 의미하고, 집단 내 하위집단이 단절된 경우는 분절됨을 의미한다.

이와 같은 소시오그램의 개념은 집단구성원들의 관계형성이나 관계개선을 위한 프로그램에 적용해볼 수 있다. 〈그림 11-2〉는 서울시 찾아가는 동주민센터 추진지원단에서 실시한 마을계획단 사업이 주민관계망을 어떻게 변화시켰는지를 살펴본 결과이다. 그림의 동그라미는 마을 주민이고, 화살표는 정보나 의견을 공유한다고 지목한 관계이다. 사업을 시작한 2015년보다 1년 뒤인 2016년에 관계망이 더 촘촘해지고 고립된 주민의 수가 줄어든 것을 볼 수 있다. 2015년에는 정보나 의견을 공유하는 주민이 적고 연결이 단절된 소규모 그룹이 여러 개

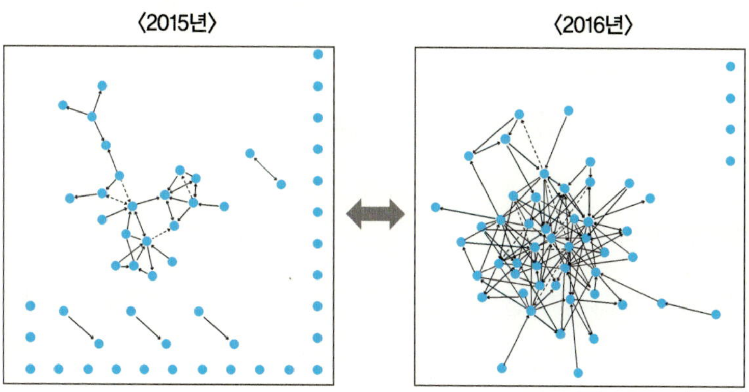

| 그림 11-2 | 마을계획단 사업 전후 지역주민의 관계망

출처: 사이람(2016). 주민관계망 분석.

존재하였으며 서로 관계가 없는 주민들도 다수가 존재하였다. 그에 비해 2016년에는 정보나 의견을 공유하는 주민이 많고 연결이 단절된 그룹이 없으며 관계가 없는 주민들의 수도 많이 줄어들었다는 것을 볼 수 있다.

(2) 소시오매트릭스

〈그림 11-3〉은 소시오매트릭스의 구성 예이다. 보통 행은 선택자, 열은 피선택자로 구성한다. 예시에서는 C_1조사에는 구성원 a는 구성원 c만 선택했고, 구성원 b는 구성원 d를 제외한 나머지 사람을 모두 선택하였다(김영종, 2007).

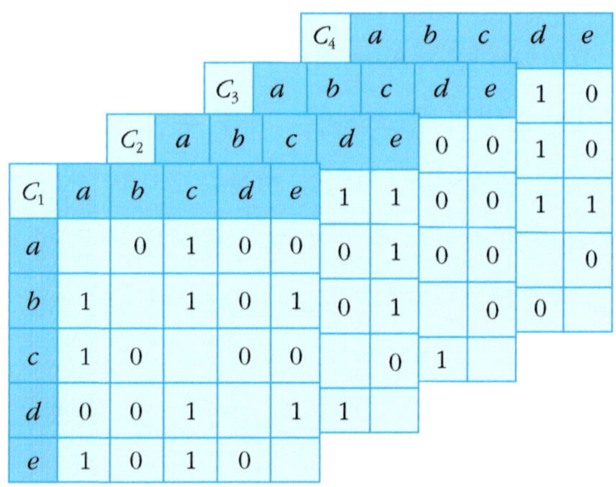

| 그림 11-3 | 소시오매트릭스 구성의 예

(3) 네트워크분석의 지수

분석대상 집단의 크기가 클 때에는 그림으로 표현하기 어렵다. 이때에는 양적 지표(수치)를 통해 관계특성을 이해할 수 있다.

① **피선택성:** 한 구성원이 집단 내에서 어느 정도 선택되고 있는지 의미

$$구성원(i)의\ 피선택지수 = \frac{i를\ 선택한\ 점의\ 수}{전체\ 점의\ 수 - 1}\ (점:\ 구성원)$$

② **선택성:** 한 구성원이 집단 내에서 다른 구성원을 어느 정도 선택하는지 의미

$$구성원(i:)의\ 선택지수 = \frac{i를\ 선택한\ 점의\ 수}{전체\ 점의\ 수 - 1}\ (점:\ 구성원)$$

③ **내포성:** 네트워크의 전체 집단적 특성으로 집단구성원들이 집단에 어느 정도 포함되어 있는지 의미

$$내포성 = \frac{전체\ 점의\ 수 - 고립점의\ 수}{전체\ 점의\ 수}\ (점:\ 구성원)$$

④ **밀도:** 네트워크의 전체 집단적 특성으로 집단구성원 간의 관계가 얼마나 촘촘하게 이루어져 있는지를 의미

$$밀도 = \frac{실제\ 나타난\ 선의\ 수}{가능한\ 선의\ 수}\ (점:\ 구성원)$$

그외에 중심성(매개중심성, 근접중심성, 정도중심성) 등의 다양한 양적지표들이 사용된다(김영종, 2007).

2. 집단의 상호작용을 통해 도출되는 견해를 구하는 방법

집단의 상호작용 결과인 집단의 견해를 분석하는 방법은 여러 가지가 있지만, 사회복지조사에서 비교적 많이 활용하는 것은 델파이기법과 초점집단면접방법이다. 이 두 방법은 모두 집단구성원들 간에 활발한 상호작용을 통해 자료를 수집한다는 공통점이 있다. 차이점은 델파이기법은 서로 만나지 않고도 상호작용하는 반면, 초점집단면접은 집단 내에서 대면적인 상호작용을 한다는 것이다. 먼저 델파이기법을 자세히 살펴보기로 한다.

1) 델파이기법

델파이기법이란 집단조사방법의 일종으로 집단참여자가 집단활동을 통해 특정 사안에 대한 견해 일치에 도달하도록 하는 방법이다(김영종, 2007). 그러나 조사대상인 집단의 참여자들은 서로 만나는 것은 아니고, 물리적 대면이 없는 상태에서 상호작용을 활발하게 하는 것이다. 이 조사는 설문조사의 형태를 띠지만, 설문조사를 수차례 반복하여 다른 참여자와 견해를 공유하고, 자신의 의견을 수정해 나가게 된다.

'델파이'라는 이름은 그리스 델파이 신전의 신탁에서 유래한 것이다. 의사결정을 하기 위해 신에게 의탁하는 대신 전문가에게 의탁하는 것이다. 이들 전문가들의 견해를 일치하도록 이끌어 내는 방법으로 전문가의 경험과 직관, 통찰 등을 효과적으로 모을 수 있다.

델파이기법은 합리적인 의사결정이 어려운 경우, 한정된 정보에 기초해 다수의 전문적인 경험과 직관, 통찰력을 효과적으로 모으는 방법으로 전문가 패널의 견해를 구하기 위해 많이 활용되어 왔으며, 대면관계에서 나타날 수 있는 부작용(감정적 교류, 체면, 권위에 따른 견해 수정이나 반박의 어려움)을 배제하기 위하여 익명의 집단을 구성하여 조사한다. 따라서 델파이기법의 구조적 특성은 참가자의 익명성을 보장하고, 정보의 흐름을 구조화하며, 규칙적인 피드백을 하는 것이다.

이러한 델파이기법이 유용한 경우는 특정한 주제에 대한 전문가 집단의 견해를 얻고자 할 때, 서로 만날 수 없는 상태에서 집단적인 상호작용을 제공하고자 할 때, 반대 견해를 가진 사람들이 직접적으로 맞대응하는 것을 피하고자 하는 경우이다.

델파이기법을 활용하고자 한다면, 제일 먼저 할 일은 델파이 추진팀을 구성하는 일이다. 이때 추진팀은 조사대상이 아니고, 전문가들의 의견을 취합하기 위해 정보요청 및 회수과정을 조직하는 조정자이다. 그 다음으로는 조사대상인 패널을 구성한다. 몇 명을 참여시킬 것인지 결정하고 패널들에게 해당 델파이조사의 목적, 절차, 결과 활용 등에 대해 명확히 설명하여 조사에 참여하도록 독려한다. 패널이 구성되면 1차 설문지를 작성하는데, 이때 설문문항은 개방형 질문으로 구성하여 설문지를 보내고 수거하여 다양한 의견이 취합될 수 있는 브레인스토밍 과정이 될 수 있도록 한다. 1차 설문지의 응답내용을 정리하고, 요약하고, 분석하여 이 결과를 포함하여 2차 설문지를 작성한다. 대개 2차 설문지는 1차 설문에서 나온 응답들에 대한 장단점, 코멘트 등을 통해 응답자의 견해를 더하거나 빼서 수정이 가능하도록 한다. 2차 설문지를 수거하여 다시 결과를 정리하고 요약, 분석한 후 의견이 일치하는 것으로 나오면 보고서를 작성함으로써 절차가 마무리되고, 일치하지 않는다면 다시 재차 설문지를 작성하여 발송하고 수거하는 과정을 일치된 견해에 도달할 때까지 반복한다. 보고서가 작성되면 패널의 참가자들과 반드시 공유되어야 한다.

이 델파이기법은 주로 의사결정과 관련하여 사용되기 때문에 사회복지실천에서는 서비스정책 결정과정에서 활용될 수 있다. 그러나 엄격한 과학적 조사방법이라고 보기는 어렵기 때문에 모든 조사문제에 적절한 것은 아니다. 때로 연구방법이 적합한지 의문이 제기되기도 하며, 설문지 작성과 응답결과의 정리과정에서 조정자의 의견이나 의도가 반영될 수 있기 때문에 자료의 객관성도 완전하지 않다.

2) 초점집단면접

초점집단면접은 포커스그룹 인터뷰(Focus Group Interwiew: FGI), FGI 등의 용어로도 사용된다. 이것은 집단을 활용한 자료수집과 분석의 한 방법으로 집단의 상호작용을 통해 자료수집이 이루어지는 점은 델파이기법과 유사하지만, 집단참가자가 한 곳에 모여 의견교환을 한다는 점에서 차이가 있다. 이 방법에서는 집단참가자 간의 활발한 토의와 상호작용이 강조되며, 상호작용이 일어나는 집단의 역동성과 역동성이 발생하는 맥락 등에 관한 것도 자료수집과 분석의 대상이 된다. 연구목적(조사목적)을 위해 형성된 초점집단은 '조사자에 의해 선발된 개인들의 집단으로 조사연구과제의 주제에 대해 개인적 경험을 바탕으로 토의하고 코멘트하기 위한 것'이다.

초점집단의 자료수집과정은 일종의 집단면접과 유사해 보인다. 그러나 초점집단은 참가자 간의 집단적 토의와 의사표현 활동이 수행된다는 점에서 차이가 있다.

초점집단면접을 위해서는 먼저 진행조정자가 집단의 구조와 양식을 정하고 사전에 면접을 어떻게 진행할 것인지 가이드를 준비하고 계획을 세워야 한다. 진행조정자는 무엇보다 연구주제에 대해 기본 지식이 있어야 하고 집단의 목적을 명확히 알고 있으며, 실제로 회의를 진행하면서 해야 하기 때문에 유연성과 핵심을 잘 짚어 내는 능력이 있으면 좋다. 하지만 토의에 직접적으로 참여해서는 안 되며 참가자들의 논점이 벗어나지 않고 모든 참여자에게 발언기회가 가도록 진행해야 한다. 집단참여자는 해당 주제에 대해 동질성과 이질성의 특성을 적절히 고려하여 선발한다. 최소 4명에서 최대 15명 정도의 규모가 바람직하며 소규모의 모임으로 집단참여자 간의 의견교환이 활발히 이루어질 수 있어야 한다. 모임의 시간은 한 시간 반에서 두 시간 정도 소요되는 경우가 많고, 몇 번을 만날 것인지는 연구 성격에 따라 달라진다. 수집해야 하는 자료는 대화의 내용뿐 아니라 음성의 높낮이, 침묵, 몸동작, 인상 등 비언어적 의사소통의 내용도 포함해야 한다. 대개 모임과정은 녹음이나 녹화를 하기도 하고, 진행조정자나 진행을 돕는 사람이 즉석에서 기록하기도 한다.

실제로 초점집단면접을 시작하게 되면 질문은 토의 주제에 초점을 두고 개방형 질문을 사용하여 미처 생각하지 못했던 다양한 의견들이 제시되도록 하고, 일반적인 것에서부터 구체적인 것까지 참여자의 의견, 경험, 제안 등이 자연스럽게 표출되도록 해야 한다. 때로는 관점을 달리하는 몇 개의 초점집단을 운용하는 것도 가능하다. 보고서는 익명성이 보장되어야 하고, 해당 주제에 대한 양적 · 질적분석결과를 모두 제시한다.

이러한 초점집단면접은 수집된 자료의 내용타당도가 높고, 비용 면에서도 효율적이며, 자료수집시간도 단축된다. 또한 개진된 의견의 맥락에 대해서도 정보획득이 가능하다는 점에서 유용하다. 그러나 해당 주제에 대해 지식이 많거나 영향력이 있는 사람들인 경우에는 너무 바쁜 경우가 많아 같은 시간에 모이기가 어려워 집단 형성이 어렵다. 또 모두 한자리에 모여 토의하는 경우 참여자의 상호작용이 강조되기 때문에 조사자의 통제권이 약할 수 있으며, 비밀과 익명성 보장이 어려워 민감한 주제에 대해서는 토의되지 않거나 왜곡될 가능성도 있다. 참여자의 수가 제한적이라는 점에서 조사결과를 일반화하기도 어렵다.

요약

1. 집단의 상호작용을 관측하고 분석하는 방법

1) 소시오메트리

- 한 집단 내에서 개인 상호 간의 매력, 배척, 무관심의 정도를 관찰하고 구함으로써 집단 내의 역동성과 개인의 사회적 위치, 그 집단의 성질과 집력을 알아보고자 할 때 이용하는 방법
- 집단 내 성원들의 관계와 집단의 역동성을 분석하고 문제의 원인을 찾아내도록 함

2) 소시오메트리를 이용하여 측정 가능한 사항

- 성원들이 그 집단에서 어떤 지위를 차지하는지, 그 사람이 선택되고 배척되는 상태를 파악할 수 있음
- 인기자, 권력자, 고립자, 짝, 삼각관계 및 연쇄관계 등 의사소통의 통로, 집단결속력 등 집단의 구조를 분석하는 데 사용됨

3) 사회네트워크 분석/사회관계망 분석

소시오메트리에 뿌리를 두고, 관계의 지속성, 상호교환성, 강도, 밀도, 도달성, 중심성 등 사회관계망 자료를 분석하는 방법

2. 집단의 상호작용 결과로서 나타난 견해를 분석하는 방법

1) 델파이기법

- 전문가 패널이 물리적 대면이 없는 상태에서 집단활동을 통해 특정 사안에 대한 견해의 일치에 도달하게 만드는 방법으로 외형적인 형태는 설문조사지만, 수차례 반복함으로써 다른 참여자와의 견해를 공유함
- 익명의 집단을 구성해 대면관계에서 나타날 수 있는 부작용을 배제함
- 유용한 경우
  - 특정한 주제에 대해 전문가 집단의 견해를 도출하고자 할 때
  - 대면적인 회합이 없는 상태에서 집단적인 상호작용을 제공하고자 할 때
  - 반대 견해를 가진 사람들이 직접적으로 맞대응하는 것을 피하고자 할 때

- 한계
  - 모든 조사문제에 적절한 연구방법은 아님
  - 질문을 제시하고 수거하고 정리하고 다시 배포하고 수거하는 과정에서 조정자의 역할이 과다하게 개입될 우려가 있음

2) 초점집단면접(포커스그룹 인터뷰, Focus Group Interview: FGI)

- 집단을 활용한 자료수집과 분석의 한 방법으로 집단참가자가 한데 모여 활발한 토의와 상호작용이 강조됨
- 일종의 집단면접과 비슷한 형식을 지니며, 동질성과 이질성을 고려해 집단참여자를 선발하며, 진행 조정자가 사전 면접가이드를 준비하여 회의를 진행함
- 유용성
  - 맥락에 대한 정보 획득
  - 수집된 자료의 내용타당도가 높음
  - 비용이 효율적임
  - 자료수집 시간의 단축
  - 시행의 용이성
- 한계
  - 참여자의 상호작용이 강조되기 때문에 조사자의 통제권이 약함
  - 개인의 독자적인 견해에 대한 보장이 확실하지 않음
  - 대면적 집단 상황하에 비밀성과 익명성 보장이 어려움
  - 참여자의 수가 제한적이기 때문에 일반화의 어려움
  - 집단소집의 어려움

연습문제

01 자신이 속한 한 집단을 선택하여 소시오그램을 그려보시오.

02 사회네트워크분석을 하기에 적합한 주제를 찾아보시오.

03 델파이기법과 초점집단면접방법의 공통점과 차이점을 비교하여 보시오.

사회복지사 1급자격시험 기출문제

01 지역사회 욕구조사방법 중 소수의 사람을 통하여 자료를 획득하는 방법은?
① 사회지표 조사
② 자원재고 조사
③ 지역사회 공개포럼
④ 서베이조사
⑤ 초점집단 조사

02 욕구조사 자료수집방법 중에서 틀린 것은?
① 델파이기법은 한 번의 설문조사로 한다.
② 주요 정보제공자 조사는 문제점과 욕구에 대해 많은 지식을 가진 사람을 대상으로 한다.
③ 사회지표조사는 기존 통계를 이용한다.
④ 초점집단은 소집단으로 구성된다.
⑤ 서비스이용자조사는 이용자에 대한 개별 기록을 이용하여 지역사회욕구를 파악할 수 있다.

03 초점집단(focus group)조사와 델파이 조사에 관한 설명으로 옳은 것은?
① 초점집단조사에서는 익명 집단의 상호작용을 통해 도출된 자료를 분석한다.
② 초점집단조사는 내용타당도를 높이는 목적으로 사용될 수 있다.
③ 초점집단조사의 자료수집과정에서는 연구자의 주관적 개입이 불가능하다.
④ 델파이조사는 비구조화 방식으로 정보의 흐름을 제어한다.
⑤ 델파이조사는 대면 집단의 상호작용을 통해 도출된 자료를 분석한다.

04 델파이조사에 관한 설명으로 옳지 않은 것은?
① 전문가 패널의 의견을 수렴하는 방법으로 활용된다.
② 외형적으로는 설문조사방법과 유사하다.
③ 연구자가 사전에 결정한 방향으로 패널의 의견이 유도될 위험이 있다.
④ 패널의 후광효과를 방지하기 어렵다.
⑤ 반복되는 설문을 통하여 패널의 의견이 수정될 수 있다.

05 집단조사방법에 관한 설명으로 옳은 것은?
① 초점집단조사에서 집단역학에 관한 것은 분석대상이 될 수 없다.
② 델파이기법은 대면집단의 상호작용을 중요시한다.
③ 델파이기법은 일반인들을 대상으로 한 일반적 주제에 대한 견해를 도출하는데 유용하다.
④ 네트워크분석은 조직 간 전달체계 분석에 부적절하다.
⑤ 네트워크 구조분석에서는 관계형 변수를 주로 사용한다.

정답 01 ⑤ 02 ① 03 ② 04 ④ 05 ⑤

06 초점집단(focus group)조사에 관한 설명으로 옳지 않은 것은?

① 집단을 활용한 자료수집방법이다.
② 익명의 전문가들을 패널로 활용한다.
③ 욕구조사에서 활용된다.
④ 직접적인 자료수집방법이다.
⑤ 연구자의 개입에 의해 편향이 발생할 수 있다.

정답 06 ②

CHAPTER 12

사회복지실무에서 많이 활용되는 조사방법은?

1. 욕구조사
2. 평가조사

미국에서 프로그램 평가가 좀더 체계적으로 시작된 것은 20세기에 들어서라고 할 수 있다. 그 당시의 프로그램 평가는 주로 학교 간 상이한 수업방법에 따른 교육효과를 표준화된 시험을 통해 비교하는 것이었다. 수십 년이 지난 뒤에 근로자들의 사기가 생산성에 미치는 영향, 공중보건교육이 위생에 미치는 영향 등을 분석하기 위한 실험적 프로그램 평가연구가 시작되었다. 1940년대에는 뉴딜정책의 실행 이후 근로구제와 직접구제의 효과, 공공주택 정책의 효과, 그리고 비행청소년에 대한 치료프로그램의 효과 등에 대한 연구가 진행되기 시작했다. 제2차 세계대전의 시작과 함께 프로그램 평가는 새로운 발전의 계기를 마련하게 되었으며, 전쟁 이후에는 주택, 공중보건, 소수인종 등의 분야와 건강, 가족계획, 지역사회개발과 관련된 국제적 문제를 해결하기 위한 대규모 공적 지원이 이루어지기 시작했다. 공적 지원의 규모가 확대되면서 이런 프로그램의 결과와 관련된 자료에 대한 관심이 높아지기 시작했다. 1950년대 후반에 들어와서는 청소년비행과 같은 많은 사회문제를 해결하기 위해 심리치료 분야에서의 혁신과 약물심리치료 분야에서의 새로운 발견점을 검증하기 위해 프로그램 평가가 널리 쓰이게 되었다. 1960년대까지는 평가연구와 관련된 교재, 전문학술지, 학회, 전문가모임 등이 나타나기 시작했고, 1970년대에는 빈곤, 아동학대, 약물남용, 범죄와 비행, 정신질환 등의 문제를 해결하기 위한 많은 프로그램의 결과를 보여줄 수 있는 구체적 증거에 대한 사회적 요구가 높아졌기 때문이다. 1980년대 이후에는 프로그램 평가연구에 대한 정부의 재정이 줄었으며 '과연 투여된 자원에 상응하는 만큼의 결과를 얻고 있는가?'라는 질문이 제기되면서 중요한 이슈가 되고 있다.

이 장에서 학습할 내용

1. 사회복지조사에서 욕구조사가 필요한 이유는 무엇일까?
2. 욕구조사를 실시하는 방법에는 어떤 것들이 있는가?
3. 사회복지조사에서 평가조사가 중요한 이유는 무엇인가?
4. 평가조사와 일반적인 조사의 차이점은 무엇일까?

연구과정

연구문제 선정 → 가설설정 → 조사설계 → 표집 → 측정 → **자료수집** → 자료분석

1. 욕구조사

사회복지 조직체는 인간의 기본욕구 및 자기 발전적 욕구의 충족을 위해 필요한 서비스를 사회로부터 위임받아 전달하는 공익 조직체이다. 따라서 시민의 욕구를 체계적으로 파악하고, 서비스를 효율적 · 효과적으로 전달하여야 할 책임을 가진다. 통합적인 욕구조사와 평가조사가 중요한 이유이다.

1) 욕구의 개념

욕구란 "인간의 생존과 성장발전을 위해 필요해서 구하는 것"으로 "해결되어야 할 문제"이다. 매슬로(Maslow)의 욕구단계이론에 따르면 집단의 전반적인 욕구수준을 알 수 있고, 욕구충족의 우선순위도 쉽게 정할 수 있다.

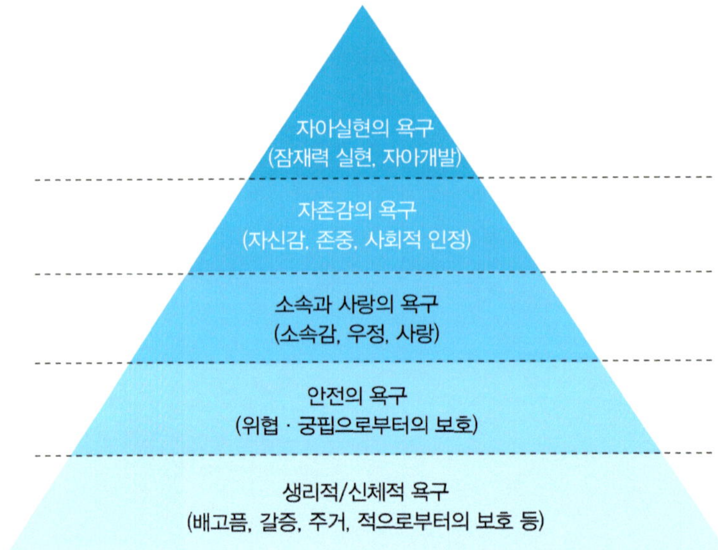

| 그림 12-1 | 매슬로의 욕구단계

또 다른 욕구에 대한 분류로는 브래드쇼(Bradshaw)의 욕구 인식수준에 따른 분류가 있다.

① **규범적 욕구(normative need)**: 전문가, 행정가, 사회과학자 등이 규정하는 욕구로 바람직한 욕구충족 수준을 정해놓고 그것과 실제 상태와의 차이로서 욕구를 규정하는 것이다. 기준을 정하는 사람이나 지식발전과 사회적 가치관에 따라 달라질 수 있다. 예를 들어, 전문가가 아동의 일일영양권장량을 정해 그보다 영양상태가 부족한 경우를 욕구가 있다고 규정하거나, 정책결정자들이 4인 가구의 최저생계비를 정하고 그보다 소득이 낮은 경우를 경제적 욕구가 있다고 규정하는 경우이다.

② **인지적 욕구(felt need)**: 당사자의 느낌을 중요시한다. 어떤 욕구상태에 있는지 물어보아 파악할 수 있는 것으로 개인적 인식 정도에 따라 달라질 수 있다. 대개 사람들의 '원하는 것(want)'과 관련된다.

③ **표출적 욕구**(expressed need): 인지적 욕구 중 실제 욕구충족 추구행위로 나타난 것으로 '수요'라고도 한다. 서비스를 실제로 받기 원하는 사람의 수로 파악한다.

④ **비교적 욕구**(comparative need): 서비스 받는 사람과 비슷한 특성을 갖고서도 그 서비스를 받지 않고 있으면 욕구상태로 파악한다.

이 네 가지 욕구 중 규범적 욕구와 비교적 욕구는 욕구를 규정하는 주체가 전문가나 일반 사회이고, 인지적 욕구와 표출적 욕구는 클라이언트 당사자가 욕구 규정의 주체이다.이러한 욕구 규정 간에 불일치가 일어나면, 개입이나 프로그램에 있어 문제가 발생할 수 있다. 예를 들어, 아동학대나 알코올중독과 같은 문제에 있어 학대하는 부모나 아동, 알코올중독자나 그 가족이 인지나 표출적 욕구로 규정하지 않는데도 규범이나 비교 기준에서 욕구라고 인정하면, 누구에 의한 어떤 유형의 욕구 규정을 우선할 것인지가 민감한 쟁점이 될 수 있다.

따라서 사회복지실천을 위해서는 서비스를 제공할 지역이나 대상이 어떤 욕구를 갖고 있는지 파악하는 것이 중요하다. 욕구조사는 일정한 지역 내에서 생활하는 주민 또는 직장인들의 욕구수준을 계량적으로 측정하기 위한 방법이다. 욕구조사를 실시하는 이유는 ① 각종 서비스의 우선순위 결정, ② 필요한 예산할당 기준 마련, ③ 기존 사업의 평가에 필요한 보조자료 마련, ④ 기관들 간의 상호의존 · 협동상황 파악을 위해서이다.

2) 욕구조사의 접근방법

욕구조사를 실시하기 위한 접근방법으로는 크게 세 가지로 구분해 볼 수 있다.

(1) 클라이언트 중심(client-oriented) 욕구조사

특정 인구집단을 위하여 서비스, 프로그램을 제공하는 기관에 의해 행해지는 조사로 먼저 특정 인구집단을 규정하고, 그 집단의 문제를 확인하여 필요한 서비스 수준을 산정한다.

(2) 서비스 중심(service-oriented) 욕구조사

특수한 서비스를 제공하고 있는 기관에 의한 조사로 특정 문제해결을 위한 서비스 기술이 있음을 전제로 그런 문제의 발생가능성이 높은 표적인구집단을 설정한다. 예를 들면, 노인기능회복훈련이라고 하면 어느 정도까지 제공되었을 때 효과를 나타낼 수 있는지 필요한 서비스 수준을 산정하는 것이다.

(3) 지역사회 중심(community-based) 욕구조사

지역사회 중심 욕구조사는 대개 클라이언트 중심 욕구조사와 서비스 중심 욕구조사를 통합하여 실시하는 경우가 많다. 지역사회 전반의 문제를 확인하여, 문제해결의 우선순위, 적절한 개입대상, 적절한 서비스수준 등을 파악하는 것이다. 그러나 주민 전체를 대상으로 하는 포괄적 조사는 실행하는 데 큰 어려움이 있다. 최근에는 기관이 주민 전체를 대상으로 하는 포괄적 조사를 실시하기보다는 정부에서 실시한 조사통계자료 등 각종 2차 자료 등을 통해 추산하는 경우가 많다.

3) 욕구조사의 자료수집방법

욕구조사를 실시하기 위한 자료수집은 사회지표조사, 서베이조사, 지역사회

공개토론회(community forum), 델파이기법(전문가집단조사), 주요정보제공자 조사, 2차적 자료분석 등 다양한 방법을 활용할 수 있다. 그중 지역사회 공개토론회는 지역사회주민이라면 누구나 참여하여 지역사회의 욕구나 문제를 파악할 수 있는 공개적인 모임이다. 이때 지역사회주민은 해당 지역의 사회적 욕구나 문제 등을 잘 알고 있다고 전제된다. 이 방법은 적은 비용으로 광범위한 지역, 계층, 집단의 의견을 청취할 수 있고, 문제에 대한 인식과 관심을 개인, 집단, 기관에 따라 식별할 수 있으며, 지역주민의 협조를 구할 수 있는 계기를 마련할 수 있으며, 자료수집이 비교적 쉽고, 설문조사를 위한 사전준비를 할 수 있다는 장점이 있다. 그러나 이 공개토론회에는 해당 지역사회나 문제에 대해 관심 있는 사람들만 참석하기 때문에 표본의 편의(bias)가 발행할 가능성이 크고, 참석자 중에서도 적극적인 몇몇의 의견만 반영될 수 있다는 단점이 있다.

이러한 단점을 보완하기 위해서는 참가자나 장소를 달리하여 회의를 여러 번 개최할 수 있으며, 여러 동질적 집단을 구성하여 모임을 갖거나 비공개로 회의를 진행할 수 있다.

또 주요 정보제공자 조사는 기관의 서비스 제공자, 관련 영역의 전문직 종사자, 지역 내 사회복지단체 대표자, 공직자 등을 포함하여 지역사회 전반의 문제에 대하여 잘 알고 있는 것으로 인정되는 사람들로(최성재, 2005), 이들의 의견을 청취하는 방법이다.

이 방법은 비용이 적게 들고, 비교적 짧은 기간 내에 자료를 수집할 수 있으며, 표본 선정이 용이하고, 지역의 문제 파악이 쉽다. 그러나 표집에 있어 연구자의 의도가 반영되기 때문에 표본의 편의가 발생할 수 있고, 이들의 주관적인 의견이 반영될 가능성도 많다. 또 지역주민들로부터 직접 이야기를 듣는 것이 아니기 때문에 때에 따라서는 지역사회주민들의 실제 문제가 제외될 가능성도 높다.

지역자원 재고조사는 지역사회 내 존재하는 서비스를 파악하고 자원의 정도를 사정하는 방법이다. 지역의 중복된 서비스 영역이나 서비스가 제공되지 않는 영역을 확인할 수 있다. 현존하는 서비스에 대한 접근성과 이용가능성에 대한 파악도 가능하다. 그러나 지역자원의 목록이 그 자체로 욕구를 나타내는 것은 아니다.

각 자료수집방법의 유형별 비교는 〈표 12-1〉과 같다.

표 12-1 | 욕구사정 조사의 유형별 비교

조사유형	욕구유형	자료원	자료수집방법	장점	유의점
사회지표 조사	비교	2차 자료	문헌자료수집	신속/저렴, 장기적 변화의 파악가능	특정 상황에 부합되는 자료의 부재가능성
지역주민 서베이	인지/표출	지역주민	설문지/면접	수요자 중심의 욕구사정 가능	시간과 비용/전문지식/측정의 타당성 문제
지역사회 포럼	표출/인지	참가주민	기록과 분석	집단적 요구의 이해와 파악	소수 참가집단의 의견에 편향될 위험
전문가집단 조사	규범/비교	전문가	FGI/델파이	문제의 원인론, 대안 파악에 유리	조사대상 집단의 편향성 위험
주요정보 제공자조사	규범/표출/인지	주민대표 등	면접/설문지	저렴, 고급 정보 획득	간접적 주민욕구/정보제공자의 편향성
지역자원 재고조사	표출	서비스기관	설문지/면접	지역서비스 자원에 대한 정보획득	공급자 중심의 욕구사정 위험성

4) 욕구조사의 내용

다양한 자료수집방법을 활용하여 수집해야 하는 자료는 무엇이 있는가? 조사의 목적에 따라 조사해야 할 항목과 내용은 달라진다. 자세한 내용은 〈표 12-2〉를 살펴보자.

| 표 12-2 | 욕구조사의 내용

기초자료	지역사회의 일반적 특징	연령분포, 가족 수, 거주기간, 직업구성, 소득수준, 빈곤인구율, 주택보급률, 범죄율, 공적부조 수혜자 수, 결혼상태분포 등	• 지역사회의 특징에 대한 대략적 정보제공 • 자료분석 시 통제변수로 활용 • 잠재적 클라이언트가 많은 지역의 특성에 대한 정보제공
기존서비스 평가 및 새로운 서비스 개발에 필요한 자료	현재생활에 관한 내용	• 경제: 소득수준, 소비형태, 신용상태 • 고용: 직업유형, 경력, 직업교육의 필요성, 실업상태 • 가정: 부모-자녀관계, 아동의 적응성 문제, 부부문제, 이혼율 • 주거: 밀집도, 주택상태, 인구과밀상태 • 건강: 만성적 신체장애, 사망원인, 질병유병률, 의료서비스 이용현황 • 교육: 성인의 교육수준, 아동의 학교적응, 학교 중퇴율 • 여가: 여가, 운동, 문화적 활동 • 생활만족도: 삶의 만족도, 지역사회 응집력 • 사법: 성인범죄율, 청소년 비행률	• 여러 가지 생활영역에서 현재상태 파악 • 욕구측정을 위한 기준으로 사용 • 새로운 서비스 개발 및 기존서비스 보완을 위한 기초자료로 활용 • 사전, 사후조사를 통해 개선된 상태에 관한 정보 파악자료로 활용

<table>
<tr><td rowspan="2">기존서비스 평가 및 새로운 서비스 개발에 필요한 자료</td><td>기존 서비스 평가</td><td>• 서비스 인지도
• 서비스 활용도
• 서비스 인지 및 활용에 대한 장애요소
• 직원에 대한 부정적인 태도 여부
• 서비스 이용에 대한 비용부담
• 이용자격 조건</td><td>• 기존 서비스 문제점 파악
• 기존 서비스 보완에 필요한 정보제공</td></tr>
<tr><td>새로운 서비스 개발 욕구</td><td>• 대상지역의 심각한 문제
• 현재 필요한 서비스
• 인구집단별 서비스 욕구</td><td>• 욕구파악 및 욕구들의 상대적 중요성 파악
• 새로운 서비스 개발을 위한 정보를 이용자의 입장에서 파악
• 하위집단을 위한 서비스 개발에 필요한 정보파악</td></tr>
<tr><td rowspan="3">지역사회 자원에 관한 자료</td><td>지역사회 정보</td><td>• 공식적, 비공식적 의사소통 매체
• 표적집단에 가장 잘 정보를 제공해 줄 수 있는 의사소통 매체 또는 조직
• 기존의 정보 및 각종 네트워크</td><td>클라이언트에게 서비스의 존재 및 서비스 내용을 더 잘 파악하도록 하는 효율적인 의사소통 채널 개발에 필요한 정보 확보</td></tr>
<tr><td>서비스 자원</td><td>• 동원할 수 있는 공적, 사적 재원
• 직원들의 전문성을 제고시키는 데 필요한 인적, 물적 자원
• 새로운 프로그램을 수행할 수 있는 인력 및 시설</td><td>프로그램의 실행에 필요한 가용자원 파악</td></tr>
<tr><td>정치사회적 자원</td><td>• 다양한 프로그램에 대한 주민의 견해
• 정치 및 사회지도층의 지지도
• 프로그램 도입에 대한 지역사회의 준비성</td><td>프로그램 개발을 성공적으로 추진하기 위한 정보와 자원 파악</td></tr>
</table>

출처: 황성동(2006).

2. 평가조사

1) 평가조사의 개념

최초의 평가조사는 타이스(S. Theis, 1924)의 'How Foster Children Turn out'로부터 시작한다. 이 평가는 '자선 원조 협회(The State Charities Aid Association)'를 통해 위탁가정에 배치되어 성장한 18세 아동 910명을 대상으로 자활, 법 준수, 교육기회 등 여러 영역에서 서비스 효과를 측정한 것이다. 그 이후, 1960년 말에서 1970년대까지 활발히 이루어졌다. 평가조사는 어떤 개입기술 · 프로그램의 개선 혹은 계속 수행 여부를 결정하기 위해 그 개입기술이나 프로그램이 그 목표를 어느 정도 달성했는지 측정하는 조사로, 개인, 집단, 프로그램, 조직체에 대해 실시할 수 있다. 개인, 집단에 대한 개입의 효과 측정은 대개 '단일사례연구(single-subject study)', 프로그램이나 조직체의 효과평가조사는 '사업평가조사(program evaluation)'를 통해 실시하는 경우가 많다.

평가조사는 일반조사와 몇 가지 점에서 차이가 있다. 〈표 12-3〉은 조사목적, 조사문제 선정, 초점, 조사절차에 대한 통제 여부, 공개발표 여부 등에서 평가조사와 일반조사의 차이를 설명한다.

이러한 평가조사는 세 가지 목적에서 수행된다. 첫째, 프로그램 계획이나 운영관리에 필요한 피드백 정보를 제공하는 것이다. 즉, 프로그램의 효과성과 효율성을 평가하여 해당 프로그램의 중단, 축소 · 유지, 확대 여부의 결정에 판단 근거를 제공한다. 둘째, 책임성 이행과 관련된 것으로 사회복지 조직체의 사회에 대한 책임성의 발휘 정도를 평가하는 주요 자료가 되고, 프로그램 담당자의 책임성 이행을 촉구하기 위한 것이다. 셋째, 이론형성에 기여하기 위한 것인데,

평가조사는 프로그램의 인과경로에 대한 검증이기 때문이다.

표 12-3 평가조사와 일반조사의 차이점

구분	일반조사	평가조사
목적	이론적 지식 산출	이론적 지식을 사회적 · 정치적 · 행정적으로 응용
조사문제 선정	연구자 자신의 관심에 의해서	클라이언트, 행정가가 프로그램의 목표를 달성했는가를 알아보기 위해서 선정
초점 두는 내용	사실 발견에 관심	사실(what is)과 기준(what ought to be)의 비교에 관심
조사절차 통제 여부	조사자가 통제	조사자가 통제할 수 없다 → 평가를 위해 프로그램을 조작할 수 없음
공개발표 여부	발표함	공개발표 하지 않음

2) 평가조사의 종류와 내용

사업평가는 사용목적에 따라 총괄평가와 형성평가로 구분할 수 있다. 총괄평가는 프로그램 종결 시에 실시되는 것으로 프로그램의 효과나 영향을 평가하여 프로그램을 유지하거나 확대, 취소 등의 결정의 준거로 삼는다. 반면에 형성평가는 프로그램 운영과정 중에 프로그램을 수정, 평가하기 위해 이루어지는 조사로 양적조사, 질적조사 모두 사용되며 때에 따라서는 두 조사방법의 혼합된 형태로도 이루어진다.

평가주체에 따라서는 내부평가와 외부평가로도 구분되는데, 내부평가는 프로그램을 집행하는 사람들이나 같은 조직 내의 다른 구성원이 실시하는 평가이다. 외부평가는 프로그램을 집행하는 조직이 아닌 외부의 대학교수, 연구원 등 제3자가 수행하는 평가이다.

프로그램 평가의 유형은 서비스 이용에 대한 기초적인 정보를 수집하거나 클라이언트의 만족도 조사 등을 포함한 기본평가, 프로그램의 초기단계에서 프로그램 개선을 목적으로 하는 초기평가와 과정평가, 프로그램의 성공 여부 및 비용분석을 포함한 결과평가로 구분해볼 수 있다. 각 평가에서 답을 구하고자 하는 질문과 목적, 내용과 의의는 〈표 12-4〉와 같으며, 어떤 유형의 평가정보를 수집할 것인가는 평가의 목적에 달려 있다.

| 표 12-4 | 프로그램 평가의 유형

유형		질문	목적	내용 및 의의
기본평가	서비스 이용평가	• 서비스 이용자가 누구이며 서비스를 어떻게 이용하고 있는가?	• 프로그램 이용과 이용자에 대한 모니터링 • 구체적인 목표 설정	• 의도한 목표 및 대상에 대한 확인 가능 - 프로그램에 대한 모니터 가능 • 클라이언트의 특성 파악 • 사실적인 묘사
	클라이언트 만족도조사	• 이용자들의 프로그램/서비스에 대한 만족도는 어느 정도인가?	• 클라이언트의 서비스에 대한 만족도 측정	• 가장 단순, 가장 자주사용 • 저렴한 비용 • 포괄적 평가의 일부분으로 활용
초기(과정)평가		• 현재 진행 중인 프로그램을 좀 더 나은 것으로 만들 방법은 무엇인가?	• 프로그램 개선에 초점 • 신속하고 저비용으로 가능 • 개발단계의 프로그램 수정 및 보완	• 초기평가방법 - 전문가자문, 표준모델 찾기, 특별위원회 구성 • 질적연구인 기술적 형식을 띠며, 클라이언트와 직원의 경험기술, 참여자 관찰 활용 • 종결평가와 대비

<table>
<tr><td colspan="2">과정평가</td><td>• 프로그램의 성공 여부보다는 프로그램 진행 과정에서 어떤 일이 일어났으며 왜 그렇게 되었는가?</td><td>• 프로그램 묘사
• 프로그램 모니터링
• 프로그램 질 확인</td><td>• 정부에서 시범사업을 실시할 때 많이 활용함
• 프로그램의 실행과정을 모두 기록하는 기술적 형식을 띠며, 새로운 프로그램 개발 과정의 주요 사항을 묘사함
• 서비스 이용 현황, 직원, 프로그램 활동, 만족도, 투입 비용과 지출 등</td></tr>
<tr><td rowspan="3">결과평가</td><td>결과평가</td><td>• 프로그램을 이용하는 클라이언트들이 변화되었는가?</td><td>• 프로그램의 성공 여부에 초점
• 클라이언트의 변화 증명</td><td>• 종결평가와 동일함
• 재정지원 기관에서 요구하며, 경험적 자료에 의해 결론적으로 평가함
• 주로 실험적 조사설계에 활용함</td></tr>
<tr><td rowspan="2">비용평가</td><td rowspan="2">• 클라이언트를 원조하는 데 비용이 얼마나 투입되었는가?
• 클라이언트를 원조하는 데 비용이 얼마나 투입되었는가?</td><td>• 각 프로그램의 성공률과 비용 측면에서의 성공률 비교 가능
• 비용분석, 비용효율성 강조, 최선의 프로그램 선택 가능</td><td>• 결과평가의 한 유형으로 비용분석에 초점을 둠</td></tr>
<tr><td>• 복지서비스에 대한 효과성과 효율성 제시</td><td>• 적은 비용의 프로그램이 항상 최선은 아니며, 고비용의 프로그램이 결국 효과적인 경우가 많음
• 비용편익분석은 비용과 효과를 모두 금전적으로 표현함</td></tr>
</table>

사업평가 내용은 여러 가지 중에서도 중요한 다음의 네 가지로 요약할 수 있다(Rubin & Babbie, 2002). 첫 번째는 노력이다. 노력은 계획된 목표를 달성하

기 위해 필요한 프로그램의 양과 종류로 들인 시간(투입시간), 투입된 금전적, 물질적자원의 배분과 사용, 클라이언트의 참여, 프로그램 담당자의 활동내역 등이 포함된다.

■ 노력정보

- **클라이언트:** 수, 나이, 성별, 소득수준, 가족구성 등
- **표적인구가 서비스를 받은 정도:** 적용범위, % 등
- **클라이언트의 서비스 경험:** 서비스 접촉의 수와 빈도, 서비스를 요청한 후 처음 응답을 받기까지 걸린 시간, 중도탈락 건수 등
- **서비스 담당자의 활동:** 사례부담률, 제공된 서비스 단위, 서비스 유형, 방법, 제공시간대 등
- **담당자 업무수행의 질:** 적절한 치료기법의 활용 여부, 구체적 계획에 따른 서비스진행 여부, 행정규칙과 보고의무를 적절히 준수하는지 등
- **지출과 자원활동:** 예산항목의 지출, 물품사용, 공간과 시설의 적합성 등
- **서비스 비용:** 서비스 단위가 전달되는 데 발생한 실질적 비용

두 번째는 결과로 사업평가에서 가장 핵심적인 부분이라고 할 수 있다. 이는 프로그램이 계획될 때 기대되었던 것과 비교했을 때 프로그램 실시 후 실제 성과, 효과 혹은 영향으로 프로그램 목표가 어느 정도 달성되었는지 그 정도를 평가하는 것이다. 결과를 평가할 때에는 계획 당시 기대했던 결과뿐 아니라 예상하지 못했던 결과도 함께 고려해야 한다.

■ 결과를 유추할 수 있는 자료

- 특정지역의 빈곤감소, 대상가족의 기능회복 등
- 특정지역의 수급자 증가율 감소, 서비스에 대한 만족도 등

세 번째는 비용효과분석으로 프로그램에 투입된 비용과 프로그램의 효과를 비교하는 분석이다. 대개 프로그램에 투입된 물질적인 자원과 비물질적인 자원을 화폐가치로 환산한 것으로 프로그램 시행결과의 총 단위로 나눈 값이다. 저소득층 직업훈련 프로그램을 예로 든다면, 일반적인 직업훈련 프로그램 수료자의 취업률은 약 60%인데, 한 직업훈련기관에서 훈련생 100명에게 연간 2,000만 원의 비용을 들여 훈련을 실시하고 70명이 취업하였다면, 2,000만 원은 총투입비용이고 프로그램의 결과는 열 명이 된다. 이 열 명은 프로그램 종료 후 취업자 수 70명에서 프로그램 시행 전 평균 취업률에 의한 취업자 수 60명을 뺀 것이다. 이때 비용효과는 2,000만 원/10(명)=200만 원으로 계산해 볼 수 있다. 그렇다면 연간 직업훈련생 한 명을 취업시키기 위해 드는 훈련비용은 1인당 200만 원이 든다는 것이다. 이러한 비용효과분석은 다른 대안 프로그램이나 비슷한 프로그램과 비교, 평가하는 데 많이 활용된다. 즉, 다른 직업훈련기관의 프로그램이나 같은 직업훈련기관의 다른 프로그램과 소요되는 비용을 비교하는 것이다. 비용효과의 경우, 프로그램에 투입된 것만 화폐가치로 환산하고, 프로그램의 시행 후 즉시 측정할 수 있는 단기적 결과와 비교하기 때문에 많은 경우 프로그램 평가에서는 비용효과분석을 활용한다.

네 번째는 비용편익분석이다. 이것은 프로그램을 시행하기 위해 투입된 비용과 프로그램의 성과를 현재의 화폐가치로 환산한 것을 비교하는 것이다. 편익은 프로그램의 직접적인 결과뿐 아니라 그 결과로부터 파생되는 부수적 효과 및 장기적 결과를 모두 포함한다. 앞서 든 예를 다시 들어본다면, 저소득층의 취업으로 인해 연평균 1,000만 원의 월급을 받게 되고, 이들이 취업을 하지 않고 계속 실직상태에 있을 경우 지급해야 되는 공적부조를 연간 1인당 700만 원 정도 감소시켰다면 저소득층의 취업으로 얻는 이득은 1인당 1,000만 원+700만 원=1,700만 원이 되고, 70명이 취업되었다면 1,700만 원×70명은 약 12억이 된다. 그렇다면 초기에 2,000만 원의 비용을 들여 12억이라는 큰 편익을 발생시켰다고 판단하게 된다. 그러나 비용효과분석과 달리 비용편익분석은 궁극적인 효과를 측정하는 것이기 때문에 그 효과가 장시간 후에 나타날 수도 있다. 이 경우 미래의 일을 미리 예측하기 어려울 뿐 아니라 간접적으로 나타나는 성과 등을 화폐가치로 환산하는 것은 매우 어려워 별도의 전문적 지식과 기술이 필요하다.

3) 평가조사의 절차

여기에서 설명하는 평가조사는 결과평가에 대한 것이다.

(1) 평가목적 및 대상의 결정

사업평가를 하게 되면 프로그램의 결과를 평가하여 프로그램을 유지하거나 폐지할지, 혹은 과정을 평가하여 프로그램을 수정할지 결정해야 한다. 또한 어떤 프로그램을 평가할 것인지, 또 노력이나 결과, 비용효과평가 등 내용도 결정해야 하다. 이때에는 평가를 위한 비용이나 인원, 시간, 평가결과의 활용 등을 고려해야 한다.

(2) 프로그램의 책임자 및 담당자의 이해와 협조 요청

프로그램을 평가할 때에는 해당 프로그램의 관련자로부터 협조를 얻는 것이 필요하다. 특히 평가가 외부인에 의해 이루어질 때에는 관련자의 협조가 필수적이다. 프로그램 관련자는 프로그램을 평가한다는 부담감(예상하지 못한 결과나 부정적인 결과가 나올지 모른다는)이 있을 수 있으므로 평가 전에 이들과 평가의 목적, 방법, 내용, 범위 등에 대해 협의하여 조사시행에 협조를 받아야 한다.

(3) 프로그램의 목표 확인

흔히 프로그램을 평가한다면 가장 핵심적인 것으로 프로그램의 목표달성 여부를 꼽을 수 있다. 프로그램의 목표달성 여부를 파악하기 위해서는 프로그램을 계획할 때부터 명확하고 구체적이며 측정가능한 목표를 설정해야 한다. '아동복지를 향상시킨다' 혹은 '정서적 안정을 도모한다' 등의 애매모호한 목표설정은 측정이 어렵기 때문에 '누가, 무엇을, 누구에게 어느 정도의 기대되는 변화를 가져올 것이다'라는 내용으로 서술하는 것이 좋다.

만약 프로그램 목표가 모호하게 설정되었거나 구체적이지 않다면, 연구자는 프로그램 관련자와 함께 토의하여 프로그램의 목표를 재설정해야 한다. 이럴 경우 다음과 같은 점을 고려해야 한다(Monette, 2002). 첫 번째, 애매하거나 불확실한 목표는 구체적이고 계량적으로 서술하되, 구체적인 사항 하나로 압축하여 서술하는 것이 좋다. 때에 따라서는 목표를 측면(aspect)이나 차원(dimension)으로 나누어 한 가지씩 설정할 수 있다. 두 번째, 목표는 종속변수에 해당하므로 프로그램(독립변수)을 통한 클라이언트의 변화와 논리적으로 연결되어야 한다. 세 번째, 경우에 따라서 목표는 하나가 아니라 여러 개로 설정하는 것이 좋다. 목표가 단 하나라면, 평가조사 결과 그 목표가 달성되지 않았을 때 실제로는 여러 측면에서 효과가 있었음에도 불구하고 효과가 없는 것으로 판단되기 쉽다. 따라서 여러 측면을 고려한 복수의 목표설정이 바람직하다. 마지막으로 목표는 단기적인 것과 장기적인 것으로 나눌 수 있는데, 장기적 목표는 이와 연결되는 수단적 목표를 중간목표로 설정하는 것이 바람직하다. 예를 들어, 청소년의 학업중단방지 프로그램의 궁극적 목표는 졸업이라고 했을 때, 우선 해당 학기의 출석률 향상을 중간목표로 설정할 수 있다.

(4) 조사대상의 변수 선정

목표가 구체적으로 설정되면 대개 목표에서 이미 주요 변수가 언급된다. 만약, 목표에서 실제 측정될 변수가 언급되지 않았다면 종속변수, 독립변수(프로그램)와 관련된 변수, 그 두 변수에 영향을 줄 수 있는 제3의 변수들을 명확히 하여 측정 변수의 목록을 만든다.

앞의 예에서 청소년의 학업중단방지 프로그램의 궁극적 목표는 졸업, 중간목표는 출석률 향상이라고 한다면 변수는 졸업 여부, 출석일수 등이 변수가 될 수 있다.

(5) 이용가능한 자료와 측정도구의 결정

선정된 변수를 측정하기 위해 이용가능한 자료, 기존의 측정도구와 이용가능성 등을 검토하여 결정해야 한다. 앞에서 조사 변수로 졸업 여부와 출석일수를 선정하였다면 이를 측정하기 위해서는 졸업사정대장과 출석부를 자료로 활용할 수 있다.

(6) 새로운 측정도구의 개발

선정된 변수를 측정하기 위해 이용가능한 자료나 기존의 측정도구가 없다면, 기존의 측정도구를 수정하거나 새로운 측정도구를 만들어야 한다. 수정되었거나 새로 개발된 측정도구는 분석에 앞서 신뢰도와 타당도를 확보하도록 해야 한다.

(7) 적절한 조사설계 형태의 결정

앞에서 배운 다양한 연구설계 중 어떤 형태를 선택할 것인지 결정해야 한다. 이때에는 독립변수의 통제가능성과 종속변수에 영향을 미치는 제3의 변수 통제가능성 여부를 고려해야 한다.

(8) 조사의 수행

선택한 조사설계에 부합하는 방식으로 대상자를 선정하고 조사를 실시한다. 평가조사 수행과정에는 해당 프로그램을 수행하는 기관이나 관련자와 이해관계나 갈등이 있을 수 있기 때문에 계속해서 이해와 협조를 구해야 한다.

(9) 결과의 분석 및 해석

조사활동을 통해 자료가 수집되면 적절한 통계방법을 선택하여 분석하고, 결과에 대해 해석한다.

(10) 결과의 보고 및 실제적 이용

조사의 결과는 조사 및 통계에 대한 전문적 지식이 부족한 사람도 이해할 수 있도록 서술되어야 한다. 보고서의 양식은 13장에서 좀 더 자세히 다루지만, 경우에 따라서는 연구자의 재량에 의해 구성될 수도 있다.

4) 결과(종속변수)의 측정상 유의점

평가조사에서 제일 관심을 두게 되는 것은 종속변수에 해당하는 프로그램이 클라이언트에게 나타낸 변화와 결과이다. 종속변수인 결과를 측정하고자 할 때 몇 가지 유의해야 할 사항이 있다.

첫 번째는 누구와 무엇을 대상으로 결과를 측정하는가이다. 대개 사회복지 프로그램의 결과는 개인의 변화이거나 서비스 전달체계 운영의 변화이다. 프로그램에 참여함으로써 개인은 인지, 정서적 상태, 행동 등에 변화를 보일 것이다. 인지나 정서적 상태에 대한 측정은 심리학을 기반으로 하는 다양한 측정도구(지능검사, 우울척도, 자아존중감 척도 등)들을 활용할 수 있다. 행동의 변화는 직접 관찰을 통해 측정할 수 있다. 프로그램이 제공된 범위(기관 내 소집단, 지역사회, 국가 등) 내에서 이런 변화를 보인 개인들의 전체 변화 정도도 중요한 변수가 될 수 있다. 예를 들면, 실업률의 변화, 사망률의 변화, 이혼율의 변화 등인데 이것들은 사회지표를 통해서도 측정이 가능하다.

서비스전달체계 운영에서의 변화는 서비스의 접근성, 지속성, 책임성과 같은 서비스 제공의 중요한 원칙들과 관련된 사항의 변화를 측정하는 것이다. 이는 직접 관찰할 수도 있고, 서비스기관의 행정적 문서 등의 분석, 서비스 이용자들의 주관적인 평가 등을 통해 측정할 수 있다.

두 번째는 결과를 무엇과 비교할 것인가 하는 측정의 기준이다. 결과를 측정하여 비교하는 기준은 미리 정해놓은 일정한 수준의 결과인 절대적 기준(규범적 기준)과 비슷한 다른 프로그램과 비교하는 상대적 기준이 있다. 대개 절대적 기준은 프로그램의 목표가 되고, 상대적 기준은 현실적인 목표를 설정할 수 있도록 한다.

세 번째는 측정자료를 어디서 수집하느냐 하는 것이다. 프로그램 평가에서 핵심은 종속변수, 즉 변화인데, 어떤 출처를 통해 변화자료를 수집하느냐에 따라 평가결과에 지대한 영향을 미친다. 자료의 출처는 대개 클라이언트(서비스이용자), 프로그램 실천가, 클라이언트의 주변사람, 기록된 자료, 판정자 등이 있다(최성재, 2005).

- **클라이언트:** 프로그램 평가 시 가장 중심적인 자료의 출처는 서비스를 이용한 당사자, 바로 클라이언트이다. 클라이언트를 직접 관찰하거나 질문지, 면담에 의해 클라이언트로부터 자료를 얻는다. 이 경우, 클라이언트의 기억

과 판단에 의존해야 하기 때문에 자료가 왜곡되거나 편견이 포함되어 있을 가능성을 염두에 두어야 한다. 특히, 도움에 대한 기대감, 사회복지사에게 인정받고 싶은 마음, 호의, 예의에 의한 응답, 바람직한 응답 등 결과가 실제보다 긍정적으로 왜곡될 가능성이 있다. 또한 프로그램을 무사히 끝마친 사람들은 중도탈락자보다 프로그램에 더 긍정적인 판단을 할 것이기 때문에 이 역시 결과를 왜곡하는 것이 된다.

- **프로그램의 실천가**: 프로그램에 실제 개입한 사람은 클라이언트의 변화에 대한 지식이 많을 것이다. 실천가가 작성해 놓은 기록 등을 통해 자료를 수집할 수 있다. 이 경우에도 개입의 결과를 긍정적으로 평가하려는 실천가의 경향과 조사 환경이 자연적 상황이 아닌 실천가와 클라이언트의 만남이 이루어진 임상적 상황이라는 점을 염두에 두어야 한다.
- **클라이언트 주변사람**: 클라이언트의 주변사람은 클라이언트와 지속적으로 접촉하는 가족, 친척, 교사, 친구 등을 말한다. 이들은 조사자가 클라이언트의 변화를 직접 관찰할 수 없거나 클라이언트의 자기보고를 보완하고자 할 때 활용한다.
- **기록된 자료**: 클라이언트의 변화에 영향을 준 프로그램에 직접적으로 관여하지 않은 사람들의 기록자료도 클라이언트의 변화 정도를 판단할 수 있는 주요 자료가 될 수 있다. 경찰이나 병원, 복지서비스 이용 등 공식적인 기관의 기록을 활용할 수 있다. 이러한 자료를 이용할 때에는 자료의 기록기준이 명확하고, 누가 어떤 상황에서 어떻게 수집한 자료를 기록한 것인지 충분히 검토해야 한다.
- **판정자**: 판정자는 수집된 자료가 상당히 복잡할 경우 필요한 판정을 하도록 요청된 사람으로 대개 해당 분야 전문자격을 갖추고 실무경험이 많으며 판정에 대한 훈련을 받은 전문가들이다. 이들로부터 수집된 자료에 대해 종합

적인 판단을 하도록 한다.

5) 논리모델

논리모델은 프로그램의 주요 내용을 설명, 내용의 단기과정 목표와의 연계성, 단기목표달성을 측정하는 구체적 지수, 단기목표와 장기목표와의 연계, 장기목표 달성의 성공 여부를 파악할 수 있는 지수를 도표로 나타낸 것이다.

논리모델을 구성하는 5가지 요소는 상황에 대한 자원을 투입하고, 활동을 통해 산출된 결과로 어떤 성과를 이루었는지를 논리적 연결성을 보여주는 것이다(〈그림 12-2〉). 논리모델을 구성하는 방법에는 이론근거 논리모델, 성과접근 논리모델, 활동접근 논리모델 등이 있다.

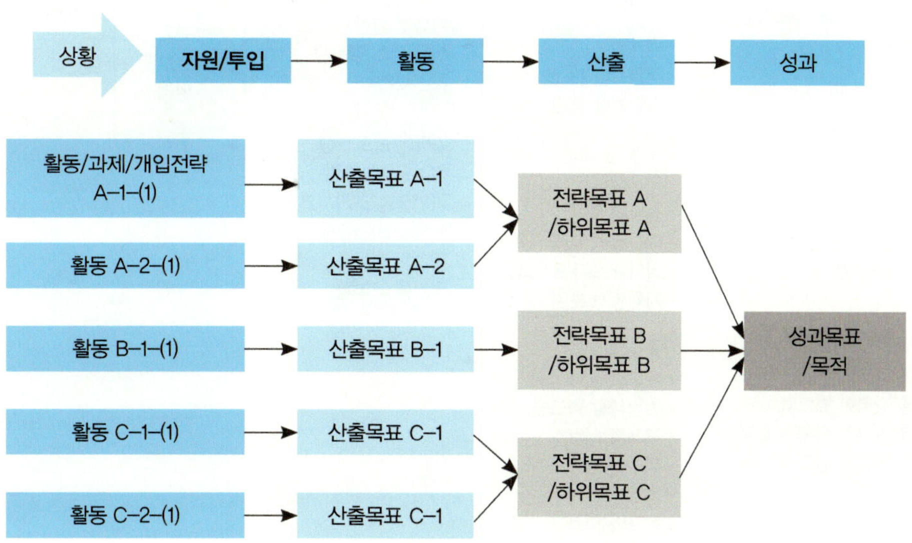

| 그림 12-2 | 논리모델의 5가지 구성요소

(1) 이론근거 논리모델

이론근거 논리모델은 프로그램의 기초가 되는 기본가정을 설명하는 상자 도표로 시작하여, 그 다음에는 이런 가정이 프로그램 자원과 어떻게 연결되는가 설명하고, 프로그램 과정과 활동, 단기목표 달성과 장기목표 간의 관계, 장기목표가 어떻게 프로그램의 궁극적 효과와 연계되는지 순서대로 설명한다. 다른 논리

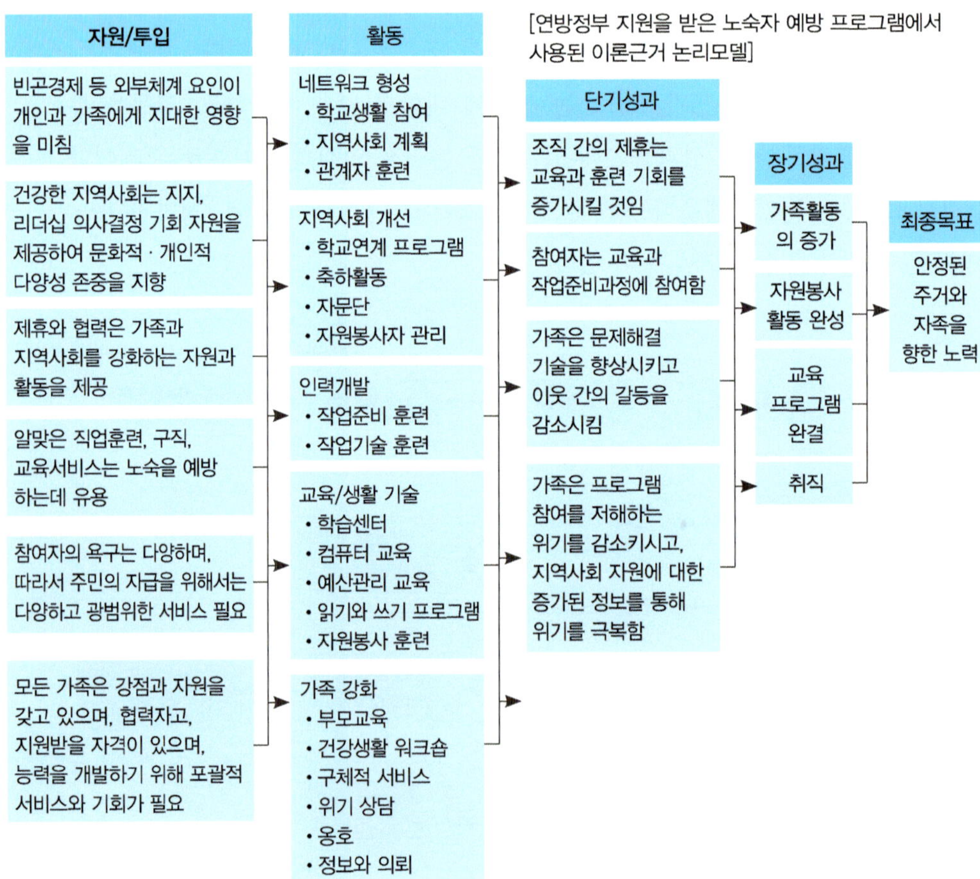

| 그림 12-3 | 이론근거 논리모델의 예

출처: 김기덕 외 역(2009). p.393.

모델과 다른 점은 장단기 프로그램 성과를 측정가능한 지수보다는 광범위한 개념으로 설명한다는 점이다.

(2) 성과접근 논리모델

성과접근 논리모델은 프로그램 투입에서부터 시작하여, 활동, 단기목표, 장기목표, 효과의 측면을 연결하여 설명한다.

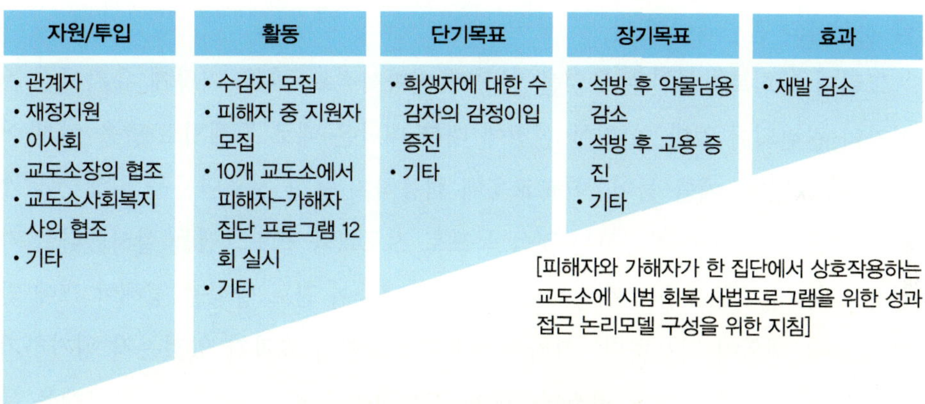

| 그림 12-4 | 성과접근 논리모델의 예

출처: 김기덕 외 역 (2009). p.392.

(3) 활동접근 논리모델

활동접근 논리모델은 실행과정의 세부적 내용을 강조하고, 기본가정이나 투입 등을 포함하지 않으며 성과에 대한 설명도 자세히 다루지 않는다. 그 대신 프로그램 유지를 위해 시행하는 각 활동에 대한 상세한 설명을 다루는 상자로 구성된다.

6) 프로그램 평가에서 양적연구방법과 질적연구방법의 혼용

(1) 양적평가와 질적평가를 혼용하는 이유

일반적으로 사회복지실천에서 평가를 실시할 때에는 사회복지실천과 개입이 무엇을 어떻게 변화시켰는지를 어떤 방법으로 알아낼 것이고, 어떤 기준으로 판단할 것인가에 초점을 두게 된다. 지금까지 배운 조사론의 내용도 상당부분이 변화를 어떻게 알아낼 것인가, 그리고 그 변화가 진정한 변화인지 어떻게 판단할 것인가와 관련되어 있다.

그런데 사회복지실천은 무엇을 어떻게 변화시켰고, 혹은 어떻게 유지시킬 것인가와 관련되어 있다. 이러한 실천에 대한 대답은 때로 통계치로 답을 얻기 어려울 때가 있다. 예를 들어, 학교교육에 적응하지 못한 청소년들을 위해 진로계획을 세울 수 있도록 지원하는 것을 목표로 진로교육 프로그램을 실시했다고 가정해보자. 이 프로그램이 성공적이려면 청소년들이 진로 방향을 정해야 그에 맞는 교육과 계획이 가능하다. 따라서, 이 프로그램이 효과가 있었는지 평가하기 위해, 프로그램에 참여한 청소년들에게 질문지를 통해 "나는 이 프로그램을 통해 내 진로를 결정했다"라는 문항에 점수를 주도록 하였다. 그런데 참여자의 절반 이상의 학생이 이 문항에 '그렇지않다'라고 응답하였다. 프로그램 담당 사회복지사는 해당 프로그램이 효과적이지 못하다고 결론내렸다. 그런데 진로를 결정하지 못했다고 한 학생들이 "이 프로그램은 나에게 도움이 되었다"라는 문항에는 대부분 '그렇다' 혹은 '매우 그렇다'라고 응답하였다. 프로그램의 목표였던 진로결정하기는 대부분 참여자가 완수하지 못했지만, 도움이 되었다는 것은 무엇을 뜻하는가? 담당자가 참여자들을 만나 이야기를 들어보니, 참여 청소년들은 아직 결정은 못했지만 진로에 대해 진지하게 생각해 보는 계기가 되었고, 그렇기 때문에 결정이 쉽지 않았다고 이야기하였다.

수치상으로 진로결정을 못한 학생이 절반이 넘는다면 프로그램은 효과적이지 않았다라고 할 수 있지만, 청소년들과의 면접 결과 진로결정을 못한 많은 청소년들에게도 의미 있는 변화가 있었다는 것을 확인할 수 있었다. 이때 그렇지 않다, 그렇다 등의 응답항목을 가진 질문지를 통해 평가하는 것은 양적연구방법에 해당하고 청소년들의 면접 내용을 분석한 결과는 질적연구방법에 해당한다. 이렇게 양적연구방법과 질적연구방법을 혼용함으로써 조금 더 정확하고 깊이 있게 프로그램 참여자들에게 일어난 변화를 확인할 수 있다.

특히 사회복지실천처럼 객관적인 변화와 주관적인 의미부여가 모두 발생할 수 있는 상황에 대한 평가에서는 그 두 가지 사이의 간극을 확인할 필요가 있다.

그동안 질적평가는 양적평가를 보완하는 방법 정도의 위치에서 양적평가가 어려운 대상이나 숫자로 변환이 어려운 상황에 대해 활용되거나, 양적평가결과를 해석할 때 보완적인 해석 근거로만 사용되어 왔다.

그러나 최근 사회복지계에서는 아동, 청소년, 장애인, 노인 등 다양한 대상에 대한 프로그램을 개발하거나 평가하거나 개발할 때 참여자의 목소리를 반영하는 중요한 과정으로서 질적 평가방법 자체의 유용함을 인정하고 있는 추세이다.

(2) 질적평가의 특징

주관적 경험을 이해하고, 참여자의 목소리를 반영할 수 있다. 구체적인 변화과정을 보여주며, 실천현장에 맞는 새로운 모델 개발에 적합한 평가방법이다. 또한, 종단적 자료분석에도 유용하며, 프로그램 참여자 및 이해 당사자들의 견해, 가치, 태도를 이해하는 데에 도움이 되며, 개별화된 평가가 가능하다.

(3) 질적평가의 자료수집

방법과 절차에 융통성이 있으며, 참여관찰, 심층면접, 집단토론, 사례기록 검토 등의 다양한 자료수집방법을 사용한다.

이렇게 사회복지프로그램에서 질적평가를 활용할 수 있는데, 이를 양적평가와 혼용할 때 평가계획, 욕구조사, 과정평가, 목표달성, 효율성 등의 측면에서 어떻게 다르고, 어떻게 서로 보완되는지 정리하면 〈표 12-5〉와 같다.

표 12-5 | 프로그램 평가에서 양적연구방법과 질적연구방법의 혼용

평가의 목적	양적연구방법	질적연구방법
평가계획	• 선행연구 등을 검토하여 설문지 구성 • 활용할 수 있는 2차자료 확인	• 관련자들과의 개방적 면접조사 • 프로그램 관련 서류에 대한 내용분석 • 프로그램 활동에 대한 참여관찰
욕구조사	• 전문가, 표적집단 또는 지역사회를 대상으로 하는 설문조사 • 이용률 • 사회지표	• 지역사회 공개토론회 • 초점집단
과정평가 (프로그램 실행에 대한 관찰과 개선점 파악)	• 스태프 및 클라이언트 설문조사 • 누구에게 어떤 종류의 서비스가 얼마나 제공되었는지를 보여주는 기관의 기록에 대한 분석	• 모델 프로그램의 사례연구 • 프로그램운영자와 서비스이용자로 구성된 초점집단 • 직원들을 대상으로 비공식적 목표와 실행의 문제점에 관한 개방적 면접조사 • 서비스제공, 직원훈련, 직원회의에 대한 참여관찰 • 서비스이용자에 대한 개방적 면접조사 • 직원회의 기록이나 클라이언트 기록 중 실천전문가의 기재사항에 대한 내용분석 • 실천전문가의 기술 수준에 대한 평가와 권장되는 절차에 대한 준수 여부 파악을 목적으로 서비스 전달과정을 녹화 또는 녹음

목표달성 평가	• 프로그램의 목표달성 여부를 결정하기 위하여 실험설계와 유사실험설계, 과정평가를 함께 실시	• 프로그램의 성공 여부 확인과 성공적이지 않은 프로그램의 경우 계획대로 실행되었는지의 여부를 알아보기 위해, 앞서 언급한 과정평가방법을 중심으로 하는 보완적 성과평가실시
효율성 평가	• 비용효과분석 • 비용편익분석	• 비용과 노력이 투입 대비 프로그램 참여의 의미 탐색 • 참여자의 주관적 평가

요약

1. 욕구조사

1) 개요

- 욕구조사: 일정한 지역 내에서 생활하는 주민 또는 특정 기관 이용자들의 욕구수준을 계량적으로 측정하기 위한 방법
- 필요성 및 목적
  - 클라이어트의 문제해결과 욕구충족을 위한 근거자료 및 정보 획득
  - 각종 서비스의 우선순위 결정
  - 필요한 예산할당의 기준 마련하여 기관의 효율적 운영
  - 사업의 평가에 필요한 보조자료 마련(서비스의 책임성 확보)
  - 지역사회의 보편타당한 욕구 확보
  - 기관들 간의 상호의존 · 협동상황 파악(정보 공유 및 네트워크로서)
  - 홍보

- 욕구 인식수준에 따른 분류: 브래드쇼(Bradshaw, 1972)

규범적 욕구	• 전문가, 행정가, 사회과학자 등이 바람직한 욕구충족 수준을 정해놓고, 그것과 실제 상태와의 차이로서 욕구를 규정함 • 기준을 정하는 사람이나 지식발전과 사회적 가치관에 따라 달라질 수 있음
인지적 욕구	• 당사자의 느낌, 어떤 욕구상태에 있는지 물어서 파악하는 것으로 개인적 인식 정도에 따라 달라질 수 있음
표출적 욕구	• 인지적 욕구 중 실제 욕구충족을 추구하는 행위로 나타난 것, 수요라고도 함
비교적 욕구	• 서비스 받는 사람과 비슷한 특성을 갖고 있으면서도 그 서비스를 받지 않고 있으면 욕구상태로 파악함

- 클라이언트 중심(client-oriented) 욕구조사
- 서비스 중심(service-oriented) 욕구조사
- 지역사회 중심(community-based) 욕구조사

3) 자료수집방법

조사 유형	특징	장점	유의점
사회지표 조사	매년 조사되고 있는 관련 사항에 대한 통계치 활용	신속/저렴, 장기적 변화의 파악가능	특정 상황에 부합되는 자료의 부재가능성
지역주민 서베이	지역사회주민에게 직접 설문지를 배포하여 응답을 들음	수요자 중심의 욕구사정 가능	시간과 비용/전문지식/측정의 타당성 문제
지역사회 공개토론회	지역사회 모든 사람이 참여할 수 있는 공개적 모임에서 논의되는 지역 사회의 욕구나 문제들을 파악하는 방법	집단적 요구의 이해와 파악 • 효율적 · 현실적 실행가능성	소수 참가집단의 의견에 편향될 위험
델파이기법 (전문가집단조사)	선정된 전문가들에게 반복된 설문조사를 통해 의견을 모아가는 방법	문제의 원인론, 대안 파악에 유리	조사대상 집단의 편향성 위험
주요 정보제공자조사	특정 지역사회의 조건이나 문제에 관한 전문적 지식이나 견해를 가지고 있는 주요 정보제공자들을 설문조사 후 면접하여 지역사회 욕구를 파악하는 조사	• 지역문제의 파악 용이 • 전문가 시각과 견해 반영 • 조사대상자 확보 및 조사가 용이	간접적 주민욕구/정보제공자의 편향성 • 실제 욕구와는 일치하지 않을 가능성
지역자원 재고조사	지역사회 내 존재하는 서비스를 파악하고 자원의 정도를 사정하는 방법	지역서비스 자원에 대한 정보획득	공급자 중심의 욕구사정 위험성 목록이 그 자체로 욕구는 아님

4) 조사내용

- 지역사회 일반적 특징
- 현재 생활에 대한 내용
- 기존 서비스 평가
- 새로운 서비스에 대한 욕구
- 지역사회정보
- 서비스 자원
- 정치사회적 자원 등

2. 평가조사

1) 개념

- 평가조사: 어떤 개입기술 · 프로그램의 개선 혹은 계속 수행 여부를 결정하기 위해, 개입기술이나 프로그램이 그 목표를 어느 정도 달성했는지 측정하는 조사

2) 목적

- 프로그램에 대한 의사결정을 할 수 있는 정보를 제공함
- 책임성 이행
- 프로그램 개발과 개선에 필요한 정보 제공

3) 평가의 종류

- 사용목적에 따른 분류: 총괄평가, 형성평가
- 평가주체에 따른 분류: 내부평가, 외부평가

4) 프로그램 평가의 유형

기본평가 →	초기평가 →	과정평가 →	결과평가
• 서비스 이용에 대한 평가(서비스 이용에 대한 가장 기초적인 정보) • 클라이언트의 서비스 이용만족도에 대한 평가(평가 중 가장 단순하고 가장 자주 사용하는 평가)	• 프로그램의 초기단계에서 프로그램의 정착을 위해 평가 • 프로그램 개선 목적	• 프로그램 내용 기술 • 프로그램 모니터링(정해진 목표에 따라 서비스가 제공되고 있는가?/서비스 이용실태) • 프로그램의 질 보증(제공되는 서비스가 문제가 없는지? 규정 및 기준대로 서비스가 제공되고 있는가?/이용자 만족도 • 프로그램 개선 목적	• 프로그램의 성공 여부 평가(프로그램의 목표달성, 프로그램 성과, 클라이언트의 변화 여부) • 과정평가의 결과와 결과평가의 결과를 연계하는 것이 중요 • 비용분석 평가도 포함됨

5) 평가의 내용

- 노력정보
  - 프로그램의 활동 혹은 업무 수행을 평가하는 목적에 필요한 것
  - 클라이언트
  - 표적인구가 서비스를 받은 정도

- 클라이언트의 서비스 경험
- 서비스 담당자의 활동

• 효과성
- 서비스 대상에 대한 의도된 성과가 나타나는지를 직접적으로 보여줄 수 있는 자료
- 성과를 간접적으로 유추해 볼 수 있는 자료

• 효율성
- 산출비용, 성과비용, 상대적 비용, 비용환산 등
- 그 외 예상치 못했던 결과 등

6) 프로그램 평가에서 양적연구방법과 질적연구방법의 혼용

• 프로그램의 성공여부 확인과 성공적이지 않은 프로그램의 경우 계획대로 실행되었는지를 알아보기 위해 과정을 질적평가 중심으로 실시
• 양적평가의 보완적 기능으로 수행되기 시작하였으나, 최근에는 질적평가만을 실시하기도 함
• 개별면접, 프로그램 과련 서류에 대한 내용분석, 프로그램에 대한 참여관찰, 지역사회공개토론회, 초점집단 등을 활용

7) 논리모델

• 프로그램 기획과 평가를 위한 도구로서 문제 상황을 해결하기 위해 투입되는 자원, 활동, 산출, 성과에 대한 논리적 연계를 구축하는 모델
• 프로그램의 주요 내용을 설명하고, 내용과 단기과정 목표와의 연계성, 단기목표 달성을 측정하는 구체적 지수, 단기목표와 장기목표와의 연계, 장기목표 달성의 성공 여부를 파악할 수 있는 지수를 도표로 나타낸 것
• 5가지 구성요소
상황 → 자원/투입 → 활동 → 산출 → 성과

연습문제

01 사회복지조사에서 욕구조사가 필요한 이유를 논하시오.

02 욕구조사의 다양한 방법을 기술하시오.

03 사회복지조사에서 평가조사가 중요한 이유를 설명하시오.

사회복지사 1급자격시험 기출문제

01 다음 중 지역사회 주민들이 느낀 욕구(felt-need)를 조사하기에 적절한 조사방법은?
① 사회지표조사
② 지역사회 서베이조사
③ 서비스 이용자 조사
④ 지역사회토론회
⑤ 전문가 조사

02 사회복지 프로그램 성과평가에서 프로그램 목표는 어떤 변수인가?
① 통제변수 ② 매개변수
③ 외생변수 ④ 독립변수
⑤ 종속변수

03 프로그램 평가 기준의 예로 맞는 것은?
① 형평성: 동일한 접근기회와 균등한 배분
② 통합성: 서비스의 지속적인 제공
③ 효과성: 프로그램에 사용한 비용
④ 노력성: 클라이언트의 만족도
⑤ 효율성: 실현가능성

04 노인프로그램을 운영하던 중 여성보다 남성의 프로그램 탈락이 많았다. 이러한 상황에서 남성 노인들의 의견을 조사해서 프로그램에 반영하였을 때, 이런 평가조사를 무엇이라 하는가?
① 기관평가 ② 효율성평가
③ 효과성평가 ④ 형성평가
⑤ 총괄평가

05 지역 주민 욕구조사 결과를 반영하여 복지서비스를 제공하고자 하는 경우 적절한 욕구 식별 기준은?
① 규범적 욕구 ② 감촉적 욕구
③ 표현된 욕구 ④ 비교된 욕구
⑤ 성장 욕구

06 장애인 재활프로그램 이후 참여 장애인 수, 장애인 자활능력 향상을 모두 평가한다면 무슨 평가에 해당하는가?
① 성과평가 ② 노력평가
③ 능률평가 ④ 과정평가
⑤ 형성평가

07 욕구조사 중 2차 자료를 활용하는 것을 모두 고른 것은?

> 가. 공청회
> 나. 델파이 조사
> 다. 주요 정보제공자
> 라. 사회지표분석

① 가, 나, 다 ② 가, 다
③ 나, 라 ④ 라
⑤ 가, 나, 다, 라

정답 01 ② 02 ⑤ 03 ① 04 ④ 05 ② 06 ① 07 ④

08 제3자가 여러 사회복지관에서 완성된 자체 평가보고서들을 신뢰성, 타당성, 유용성, 비용 등의 측면에서 다시 점검하는 평가는?

① 총괄평가　② 형성평가
③ 효율성평가　④ 효과성평가
⑤ 메타평가

09 지역사회보장계획을 수립하기 위해 포함될 수 있는 조사를 모두 고른 것은?

ㄱ. 자치단체장의 정책공약 관련 자료의 내용분석
ㄴ. 지역주민의 욕구파악을 위한 서베이
ㄷ. 복지 전문가 대상 초점집단면접
ㄹ. 질적 자료수집을 위한 구청 업무담당자와의 심층면접

① ㄱ　② ㄴ, ㄹ
③ ㄱ, ㄴ, ㄹ　④ ㄴ, ㄷ, ㄹ
⑤ ㄱ, ㄴ, ㄷ, ㄹ

10 대규모 설문조사와 비교하여 주요정보제공자(key informants)를 활용한 욕구조사에 관한 설명으로 옳지 않은 것은?

① 표본추출이 용이하다.
② 표본의 대표성이 높다.
③ 비용이 적게 든다.
④ 양적 정보뿐만 아니라 질적 정보도 파악할 수 있다.
⑤ 정보제공자들이 가지고 있는 정보의 양과 질에 의존하게 된다.

11 욕구조사에서 지역사회공개토론회의 특징으로 옳은 것을 모두 고른 것은?

ㄱ. 모든 지역주민이 동등하게 의견을 제시할 기회를 갖는다.
ㄴ. 표본의 대표성이 높다.
ㄷ. 현실적 실행가능성이 낮다.
ㄹ. 이익집단의 영향을 배제할 수 없다.

① ㄱ, ㄴ, ㄷ　② ㄱ, ㄷ
③ ㄴ, ㄹ　④ ㄹ
⑤ ㄱ, ㄴ, ㄷ, ㄹ

12 외부평가자와 비교하여 내부평가자를 활용할 때의 장점이 아닌 것은?

① 프로그램 관련 정보에 대한 접근성이 용이하다.
② 프로그램에 관한 많은 지식을 갖고 있다.
③ 현실적인 제약요건들을 융통성 있게 감안하여 평가할 수 있다.
④ 프로그램 운영자로부터 평가에 대한 협조를 구하기가 수월하다.
⑤ 해당기관으로부터 객관성과 독립성을 유지할 수 있다.

13 욕구조사의 방법으로 바르게 짝지어진 것은?

ㄱ. 기존자료를 활용하는 방법
ㄴ. 전문가를 대상으로 직접 수집하는 방법
ㄷ. 지역의 일반주민을 대상으로 직접 수집하는 방법

정답 08 ⑤　09 ⑤　10 ②　11 ④　12 ⑤　13 ①

① ㄱ-사회지표조사,
ㄴ-델파이조사,
ㄷ-지역사회 서베이
② ㄱ-서비스이용기록분석,
ㄴ-주요정보제공자 조사,
ㄷ-이차적 자료분석
③ ㄱ-델파이조사,
ㄴ-주요정보제공자 조사,
ㄷ-공청회
④ ㄱ-서비스이용기록분석,
ㄴ-지역사회 서베이,
ㄷ-이차적 자료분석
⑤ ㄱ-델파이조사,
ㄴ-공청회,
ㄷ-사회지표조사

14 프로그램 평가연구에 관한 설명으로 옳지 않은 것은?

① 종속변수는 프로그램이다.
② 유사실험설계를 사용하여 효과를 측정할 수 있다.
③ 외생변수에 대한 고려가 필요하다.
④ 투입된 비용에 대한 효과를 평가할 수 있다.
⑤ 결과를 해석할 때 정치적 관점이 개입될 수 있다.

15 욕구조사를 위한 자료수집방법에 관한 설명으로 옳지 않은 것은?

① 지역의 통반장을 통해 자료를 수집한다.
② 지역사회 공청회를 통해 자료를 수집한다.
③ 지역주민에게 서베이를 실시한다.
④ 정부기관에서 발표하는 사회지표를 활용한다.
⑤ 일반인을 대상으로 델파이기법을 활용한다.

정답 14 ① 15 ⑤

CHAPTER 13

숫자가 모든 것을 설명해 줄 수 있을까?

1. 질적연구의 개요
2. 질적연구의 일반적 과정
3. 대표적인 질적연구방법들

나는 입양부모를 상담하는 사회복지사이다. 입양 전 상담부터 입양 후 아동과의 관계를 잘 형성할 수 있도록 돕는 일이 내 일이다. 좀더 내 업무에 충실하기 위해 입양을 다룬 연구들을 살펴보면 공개입양가족이 비공개입양가족보다 장애아입양률이 높다거나 13개월 이상된 아동을 입양한 경우가 양육스트레스가 좀더 강하다거나, 입양부모의 나이가 적고 소득이 높으며 대도시에 거주할수록 가족기능이 높았다는 사실들을 수치 비교를 통해 알려준다. 그런데 이런 사실들은 입양가족에 대해 포괄적으로 이해하는 데에는 도움이 되지만, 입양부모를 상담할 때는 실제로 도움이 되지 못한다. 가족기능을 높이기 위해서 부모의 나이를 줄일 수 있는 것도 아니고, 소득을 높일 수 있는 것도 아니다. 하지만 얼마 전 읽은 연구는 좀 달랐다. 입양가족의 삶, 아니 입양과정부터 모든 것이 '도전의 연속'이라는 것이다. 수치로 입양가족은 이렇다라고 이야기하는 것이 아니라 입양가족의 생생한 이야기를 전하고 있었다. '도전!' 나는 입양가족을 이해하고 그들에게 앞으로의 삶을 준비시킬 때 함축적으로 전달할 수 있는 핵심단어를 그 연구에서 찾았다.

나는 이혼 위기에 있는 부부들을 대상으로 관계개선 프로그램을 실시하고 있다. 올해는 8쌍의 부부를 대상으로 의사소통훈련을 주된 내용으로 구성하여 실시하였다. 나는 의사소통훈련을 통해 부부관계가 개선되면서 부부의 대화시간이 늘어날 것으로 생각하였다. 총 20회의 프로그램이 끝나고 난 뒤 부부간 대화시간의 변화를 살펴보았더니 하루 평균 30분에서 20분으로 대화시간이 오히려 줄어들었다는 결과가 나타났다. 대화시간이 늘어날 것이라고 예측하고 세웠던 목표는 달성되지 못했다. 실망스러웠던 나는 부부 중 몇 사람과 이야기를 나누면서 새로운 사실을 알게 되었다. 대화시간은 줄어들었지만 대화의 내용이 비난에서 칭찬으로 바뀌어 가고 있다는 것이다. 그렇다면 내 프로그램은 실패인가? 아니면 성공인가?

이 장에서 학습할 내용

1. 질적연구방법은 왜 발전하게 되었고 어떤 특성을 갖고 있는가?
2. 질적연구방법에는 어떤 것들이 있는가?
3. 질적연구방법은 어떻게 진행해야 하는가?

연구과정

연구문제 선정 → 가설설정 → 조사설계 → 표집 → 측정 → **자료수집** → **자료분석**

1. 질적연구의 개요

질적연구방법(qualitative research method)은 현장연구라고도 하는데, 연구자가 자연적이고 실제적인 생활의 장에서 연구하는 방법이다. 질적연구방법에서 연구자는 사람들이 행동하는 의미를 통해 사회현상을 해석하려고 시도하며 이때 사회현상에 대한 접근은 주로 비통계적인 질문의 방법, 즉 주제에 대한 해석적이고 자연적인 접근방법을 사용하게 된다.

이러한 질적연구방법이 적합한 연구주제들은 숫자로 나타내기 어려운 주제나, 연구문제의 본질이 '어떻게' 혹은 '무엇'에 해당할 때 적절하다. 자연스러운 상황에서 사람들의 태도와 행위를 잘 이해할 수 있거나, 일정 기간에 걸친 사회과정을 따라가는 연구, 상대적으로 제한된 지역과 시간 내에서 발생하는 사건들, 관련된 이론이 존재하지 않을 경우, 전문가 입장보다 대상자 관점에서 주제를 이해하거나 강조하는 것이 필요한 경우 등에 적합하다.

1) 질적연구와 양적연구

과학적 방법이라는 기본 패러다임은 공유하지만, 현상과 사물을 이해하는 것과 관련한 인식론에 있어 질적연구와 양적연구 간에는 현격한 차이가 있다. 따라서 이 둘을 비교할 때 단순한 방법의 차이가 아니라 패러다임의 차이로 보기도 한다. 우선 양적 패러다임과 질적 패러다임의 차이를 비교하여 살펴보기로 한다.

(1) 양적 패러다임의 입장(논리실증주의)

사회과학에 대한 양적 패러다임은 사회과학이 자연과학과 유사하다는 생각에 기초한다. 사회현상에 대해 이해하기보다는 사회현상을 묘사하고 설명하는 것이 목적이다. 연구결과를 일반화하는 것이 필수적이며, 그렇게 하기 위해서는 표본의 대표성을 확보해야 한다.

양적 패러다임은 주로 논리실증주의자들이 채택한 패러다임이다. 양적 패러다임은 관찰자의 존재나 인식과는 무관하게 객관적인 세상이 존재한다고 여긴다. 관찰자와 관찰되는 현상은 독립적으로 분리되어 있으므로, 조사에 임하는 관찰자는 어떤 식으로든 관찰하고자 하는 현상에 영향을 주지 않고 관찰할 수 있다고 보는 것이다. 이때 조사연구자들이 관찰하는 현상은 자연법칙의 작용에 의한 결과라고 여기며, 이러한 법칙과 작용을 발견하는 것이 필요하다. 법칙과 작용은 가치중립적인 것이며 사람들의 가치를 통해 이해되거나 설명되는 것이 아니다. 가치가 반영되면 주관적인 설명이 되는 것이며 과학적이라고 할 수 없다. 즉, 가치가 반영되면 사실들에 대한 객관적인 이해나 설명은 불가능한 것이다. 양적 패러다임에서는 객관적인 이해나 설명을 할 수 있는 과학적 방법은 표준적인 과학적 절차들이 사용되어야 한다. 표준절차는 다수가 공증할 수 있는 객관적인 도구이기 때문에 중요하다. 연역적 이론 전개와 명제 도출, 가설의 경험적 검증, 객관적 측정과 조작화, 통제 등 조사방법에서 배운 대다수의 내용이 표준 절차에 포함된다.

양적 패러다임이 사회현상을 더 '과학적'으로 바라보도록 한 것은 사실이지만, 수많은 양적 패러다임을 따르는 연구들은 사람과 현장에 대한 접촉 없이도 결론을 내리고 있다. 그러다 보니 사람들이 실제적으로 일상생활에서 행동하는 것에 대한 많은 흥미로운 현상에 대한 연구는 소홀하게 되는데, 이는 사람과 그 사람이 처해있는 환경을 중요하게 여기는 사회복지에서는 비판받는 점 중에 하나이다. 또한 통계적 상관관계는 자의적으로 정의된 변수에 기초한다는 점도 비판받는 점 중에 하나이다.

(2) 질적 패러다임의 입장

질적 패러다임의 입장은 양적 패러다임의 입장과 정반대에 있다. 질적 패러다임은 사회과학과 자연과학의 차별성에 기초한다. 사회현상을 이해하는 데에 초점을 두며, 언어 · 이미지에 대한 분석과 관찰과 비구조화된 인터뷰를 사용하여 사회를 구성하는 존재들의 행동보다는 의미를 찾고자 하며, 이론검증보다는 이론형성을 목적으로 한다. 질적 패러다임을 따르는 이들은 관찰자로부터 독립된 객관적 현상이 존재하지 않는다고 믿는다. 관찰자는 여러 가지 조건에 의해 보고 싶은 것만 보거나 극히 제한적인 현상만 보기도 한다는 것이다. 따라서 연구자의 주관이 개입되지 않은 완전한 객관적인 관찰이라는 것도 믿지 않는다. 또한 관찰 행위 자체가 연구대상 현상에도 영향을 줄 수 있다. 완전한 객관성을 믿지 않기 때문에 조사절차 역시 사전에 엄격하게 결정하지 않으며, 상황에 따라 적절한 방법들을 채택한다. 경험이나 직감 등에 의존하여 조사단계나 절차들을 결정하고 그것을 통해 새로운 설명적 개념들을 추출한다. 그러므로 양적연구에 비해 절차가 유연하고 직관적이라고 할 수 있다. 조사결과로 나타나는 결론 역시 복잡하고 풍부한 내용을 가지며, 연구대상의 상황이나 맥락을 중요시한다. 다양하게 연결된 상황들을 질적으로 묘사하기 위해 이야기(narrative)식의 서술 형태를 선호한다. 그러다 보니 정통적인 학술보고서와는 다른 형태[01]를 띠기도 하고, 소수에 대한 깊이 있는 이해를 추구하기 때문에 일반화에도 한계가 있다.

(3) 질적조사와 양적조사의 비교

조사론에서 배우는 대다수의 내용은 양적 패러다임에 입각한 양적조사에 관한 것이다. 여기서는 각 패러다임을 따르는 두 조사 간의 공통점과 차이점을 〈표 13-1〉과 같이 간단히 비교해 본다.

| 표 13-1 | 질적조사와 양적조사의 비교

구분	질적조사	양적조사
특성	• 주관적 • 연구방법과 설계에 융통성 • 가설 없이 시작 • 탐색적 성격 • 작은 표본에 적용 가능 • 실제 환경에서 주로 실시	• 객관적 • 연구설계 및 변수의 사전확정 • 가설검증이 목적 • 설명적 성격 • 규모가 큰 표본에 주로 실시 • 비교적 구조화된 환경에서 실시
자료수집 방법	• 관찰, 심층면접, 개인기록 분석, 참여관찰, 포커스그룹 등	• 개입, 실험, 구조화된 설문지
척도활용	• 척도나 측정도구의 활용이 낮고 수량적 분석이 거의 없음	• 척도사용, 계량화된 분석
목적	• 주제, 관계, 패턴의 발견	• 가설검증

01 글로 적힌 보고서가 아닌 포토보이스(photovoice), 포토노블(photonovella), 다큐멘터리, 카툰 등 멀티미디어를 활용하는 대안적 형태의 보고 방법도 있다.

조사유형	• 근거이론, 내러티브분석, 사례연구, 문화기술지, 현상학, 참여적 행동연구 등	• 설문조사, 실험조사, 단일사례연구, 욕구조사 등
장점	• 심층적이고 풍부한 사실 발견 • 문제에 대한 새로운 통찰 제공 • 쉽게 시작 가능하고 작은 표본 연구도 가능	• 객관적이고 일반화할 결과 산출 • 데이터 구축의 용이
단점	• 주관적일 가능성 • 일반화의 어려움 • 실천적 적용을 끌어내기 어려울 가능성 • 재정지원과 학술발표의 어려움	• 결과가 충분하지 못할 가능성 • 조사결과가 제한적이고 피상적일 가능성
예시	• 종교와 새터민: 종교는 새터민에게 어떤 의미인가? 영적 위안을 주는 존재인가 혹은 사회적 관계망을 넓히는 도구인가?	• 종교와 새터민: 종교가 새터민의 적응에 영향을 미치는가, 미치지 않는가?

2. 질적연구의 일반적 과정

1) 질적연구의 표집

질적연구의 표집은 대개 비확률표집방법이다. 실제로 현장연구를 하다 보면 모집단과 분석단위가 약간 모호할 수도 있고 연구과정에서 변할 수도 있다. 현장 내의 모든 것을 관찰하려고 시도하기 때문에 어떤 의미에서는 표본추출을 하지 않는다고도 볼 수 있다. 맥컬(McCall)과 시몬스(Simmons, 1969)는 할당표집, 눈덩이식 표집, 예외사례(deviant cases)의 비확률표집법이 현장연구에 적합하다고 제안한다(성숙진 외 역, 2004에서 재인용). 패튼(Patton, 1990)은 정보의 풍부성(information rich), 경험 있는 참여자의 선택(intensity sampling), 표본의 다양성

(maximum variety sampling), 중요성 있는 표본의 선정(critical case sampling) 등 표본추출에 대한 지침을 제시했다. 또한 이론적 표집방법도 질적연구방법에서 많이 활용된다. 이론적 표집은 이미 발견된 개념과 가설을 만들어 냈던 사례들과 유사해 보이는 새로운 사례들을 선정하는 것으로 시작하며, 일단 연구자가 유사한 사례를 관찰하여 어떤 새로운 통찰력도 얻지 못한다고 생각하면 다른 유형의 사례를 선정하고, 다른 유형의 사례를 관찰하여 더 이상 어떤 새로운 통찰력도 얻지 못할 때까지 같은 과정을 반복하는 것이다. 동질적 표본추출과 예외사례 표본추출을 결합한 형태라고 할 수 있다.

| 표 13-2 | 표집의 다양한 방법

선택방법	설명	예
모든 사례 선택 (comprehensive selection)	조사자가 확인할 수 있는 모든 사례를 선택	모든 졸업생 선택
할당 선택 (quota selection)	모집단의 하위집단을 확인한 다음 각각 몇 사례씩 할당하여 선택	졸업생 중에서 각 반별로 몇 명만 선택
네트워크 선택 (network selection)	한 사람/집단으로 하여금 다른 사람/집단을 선택하도록 해서 선택	졸업생들이 다른 졸업생을 지명
극단적 사례 선택 (estreme case selection)	모집단이 뚜렷이 양분되어 있거나 분포의 스펙트럼을 이루고 있을 때 양극단을 선택함으로써 대다수 중간집단의 특성까지 추정	박사학위를 받은 졸업생과 범죄 유죄판결을 받은 졸업생을 선택
전형적 사례 선택 (typical case selection)	모집단 특유의 속성을 가장 많이 가지고 있는 사례 선택	특정 학교의 전형적 졸업생의 기준에 맞는 사람을 선택
유일한 사례 선택 (unique case selection)	특이하거나 희귀한 속성을 가지고 있는 사례 선택	직업 운동선수가 된 졸업생 선택

세평적 사례 선택 (reputational case selection)	대중적 평판이나 전문가의 조언에 따라 선택	조사자의 요구조건을 바탕으로 교장이 졸업생 선택
이상적 사례 선택 (ideal case selection)	최선의 사례를 먼저 선택한 다음 그에 버금가는 사례들을 차례로 선택	'이상적' 졸업생의 기준에 맞는 졸업생 선택
대조적 사례 선택 (comparable case selection)	한 사례와 대비되는 사례를 선택하여 비교	몇몇 졸업반으로부터 같은 유형의 졸업생 선택
연계적 사례 선택 (progressive and sequential selection)	한 사례를 선택한 다음 그 사례와 다르거나 대립적인 사례를 계속 선택	–

출처: 조용환(2006), p. 28을 재구성.

이상의 표집방법들은 모두 질적연구에서 대상의 선정은 양적연구처럼 대표성이 아니라 연구하려고 하는 문제의 특성을 가장 잘 나타내는 대상이라는 점을 나타낸다. 현실적으로는 질적연구의 대상은 협조가 연구에 절대적이므로 접근가능성의 문제가 고려되어야 한다.

2) 질적연구의 자료수집 및 자료 처리

질적연구의 자료는 연구대상의 주관적 의미를 탐구하는 과정이므로 연구자의 자료수집 기술은 자료의 신뢰성과 타당성에 영향을 미친다. 수집된 자료는 다른 자료와의 비교를 위하여 정리되고 부호화하는데 양적연구처럼 구조화된 지침에 의할 필요는 없다. 질적연구의 자료수집은 대개 면접과 관찰로 이루어진다. 면접의 경우에는 가급적 녹음이나 녹화를 해서 자료를 있는 그대로 확보한다. 녹음하거나 녹화된 자료는 그대로 녹취하여 필사하고, 관찰은 가능한 한 곧바로 기록하며 관찰 내용뿐 아니라, 관찰에 대한 연구자의 해석이나 느낌 등을 모두 기록한다. 때로는 연구자가 미리 표준화된 기록 양식을 준비하면 기록이 더 쉬워질 수도 있다. 하지만 처음에는 중요해 보이지 않는 것도 기록함으로써 연구과정에서 발견하게 되는 실마리 등을 놓치지 않도록 가급적 많이 기록하는 것이 좋다. 자료를 수집할 때, 면접과 관찰의 배경이 되는 자료(예를 들면, 연구참여자의 일기, 일지, 사진, 회의록, 편지 등 연구 현상의 역사나 맥락과 관련된 자료)들도 함께 수집한 후 분석하면 연구가 더욱 풍성해진다.

3) 질적연구의 자료분석

질적연구의 자료분석은 현장에서 수집된 자료들을 토대로 체계적으로 탐구하고 정리하는 과정으로, 이미 관찰과정부터 시작된다고 볼 수 있다. 관찰과정에서 연구자의 분석적인 메모가 필요하다. 분석적 메모는 목록의 부호화에서 이루어진 분류에 의미를 부여하고 정보를 제공하기 때문에 중요한 역할을 한다. 자료나 관찰의 내용이 어떤 영역에 속하는지 연구결과에 어떤 의미를 갖는지 미리 파악하기 위해, 목록을 부호화하면서 관찰대상을 연령별, 시간별, 지역별, 특성별로 분류하고 비교하게 된다. 분류된 자료는 연구과정에서 수정될 수 있으며 반복되고 환류되며, 다음 단계인 보고서 등을 작성하는 토대가 된다.

질적자료를 분석할 때는 먼저 그 자료의 특성을 이해하는 것이 필요하다. 분석과정은 대개 녹취되거나 기록된 자료를 범주화하고 해석하며 타당도를 검증하는 순서로 이루어진다. 분석해야 하는 자료를 효율적으로 관리할 수 있도록 조직화하고, 조직화된 자료에 코딩을 실시하여 범주화를 할 수 있도록 한다. 자료를 범주화하기 위해서는 유사성과 상이성을 찾게 된다. 먼저 보편적인 것을 발견하는 데 관심을 두고, 그러한 보편성에서 일탈하고 있는 차이를 발견하면서 점차 범주화하게 된다.

로프랜드와 로프랜드(Lofland & Lofland, 1995)는 연구조사의 주제에서 유형을 찾는 여섯 가지 방법을 다음과 같이 제시했다.

① **빈도**: 그 현상이 얼마나 자주 발생하는가?

② **크기**: 현상의 수준이 어느 정도인가?

③ **구조**: 현상의 유형은 무엇인가? 유형들이 특정방식으로 관련되어 있는가?

④ **과정**: 구조의 요소 간 어떤 순서가 있는가?

⑤ **원인**: 그 현상의 원인은 무엇인가? 특정 계층이나 집단에서 더 흔한가? 언제 더 자주 일어나는가?

⑥ **결과**: 어떤 영향과 결과를 일으키는가?

자료를 분석할 때에는 질적연구용 소프트웨어(Ethnograph, Nvivo, Atlas.ti 등)를 활용할 수도 있다.

4) 결론 도출 시 몇 가지 함정

자료를 분석한 후, 결론을 이끌어 내고자 할 때 다음과 같은 오류를 범하지 않도록 주의해야 한다(Rubin & Babbie, 2002).

① **지역주의(provincialism)**: 연구자가 사람들의 행위를 자신의 관점에서 해석할 위험이다.

② **원주민화(going native)**: 연구자가 자신이 관찰하는 문화와 과도하게 동일시하여 자신의 정체감과 분석적인 자세를 잃어버리는 것. 사회복지실천원리 중 통제된 정서적 관여의 원칙과도 일맥상통한다.

③ **감정적 반응(emotional reactions)**: 연구자가 관찰대상에 감정적으로 반응

할 때 과도한 동일시와 분석적 자세가 결여될 수 있다.

④ 성급한 결론(hasty conclusion): 어떤 결론에 도달하게 된 증거의 타당성에 대한 평가가 필요하다.

⑤ 의심스러운 원인(questionable cause): X가 Y를 야기한다고 한다면 다른 요인은 없는지 살펴보아야 한다.

⑥ 보이지 않는 증거(suppressed evidence): 연구자는 직접관찰이나 면접, 문헌조사 등을 통해 모은 많은 정보 중에서 결론을 내리기 위해 관련된 정보만을 골라내고 나머지 정보는 버리게 된다. 이때 연구자가 언급하지 않은 관찰내용에 대해서도 주목할 필요가 있다.

⑦ 잘못된 딜레마(false dilemma): 어떤 현상을 명료화시키기 위해 다른 대안들이 있는데도 불구하고 당면한 문제를 설명하기 위해 사용하는 방법 외에는 다른 방법이 존재하지 않는 것처럼 양자택일을 하게 하는 것이다.

3. 대표적인 질적연구방법들

1) 근거이론

Grounded theory는 '~에 근거한', '~에 기반을 둔'이라는 의미를 포함한 '근거이론(현실기반이론, grounded theory)'으로 가장 많이 번역되어 사용된다.[02]

02 현실기반이론이라고 소개되기도 하고 토대이론이라고 하기도 한다. 현실기반이론이라는 용어가 좀더 본래의 의미에 근접하게 번역했다고 여겨지지만 근거이론이 더 광범위한 분야에서 사용되어 현재는 근거이론으로 더 많이 사용되고 있다.

그렇다면 무엇에 근거한 것인가? 대개 양적연구가 선행연구를 통해 연구대상에 대한 자료를 수집하여 속성을 살펴보았다면, 근거이론에서는 연구과정을 통해 체계적으로 수집되고 분석된 새롭게 생성된 자료에 근거한 것이다(홍현미라 외, 2008). 이 연구방법은 이론 개발을 목적으로 하며, 다양한 질적연구방법들 중 양적연구와 가장 가까운 방법에 해당한다. 이 연구방법은 1967년 사회학자인 글래서와 스트라우스(Glaser & Strauss)가 최초로 소개하였으며, 1990년대에 와서 이들은 각자 근거이론을 다른 두 전통으로 독자적으로 발전시켰다.[03]

이들은 이전의 많은 사회과학적 연구가 가설의 검증을 지나치게 강조하여 사회 상황으로부터 경험적인 자료를 이용해 이론을 도출하는 행위의 중요성을 간과해 왔음을 주장하며, 이론, 개념, 가설을 찾기 위해 이미 존재하는 이론적인 개념의 틀이나 선험적인 가정을 사용하기보다는 지속적인 자료수집과 분석을 사용하는 방법을 제시했다. 주로 귀납적인 이론 도출과정을 따르지만, 연역적인 과정도 포함시켰다. 즉, 연구자가 귀납적 관찰에서 어떤 패턴을 발견해 내면서 그 패턴에 기초한 개념과 임시가설(working hypothesis)을 발전시키는 것이다. 근거이론에서 사용하는 표본추출 방법은 이론적 표본추출이다. 이것은 이전에 발견된 개념과 가설을 만들어 낸 사례들과 유사한 것으로 보이는 새로운 사례들을 선정하는 것으로 시작한다. 일단 연구자가 유사한 사례를 관찰하여 더이상 새로운 통찰력을 얻지 못한다고 인식하면 다른 유형의 사례를 선정하고 같은 과정을 반복하는 방법이다. 자료수집은 참여관찰과 개방형 질문을 활용한 면접 등 현장관찰방법을 사용한다.

길건(Gilgun, 1991)은 근거이론과 사회복지실천 간 유사성을 다음과 같이 정리하고 있다.

---

03 우리나라에서 시도되는 근거이론방법을 사용한 연구들은 대개 1990년 스트라우스와 코빈(Strauss & Corbin)이 발전시킨 분석과정을 적용하고 있다.

① 사례로 시작하고 정보제공자의 생각에 초점을 둔다.
② 사례를 보다 광범위한 환경적 맥락에서 이해하고자 노력한다.
③ 관찰에 기반을 둔 임시가설을 만들고, 추가관찰에 비추어 가설을 수정하면서 귀납법, 연역법, 지속적 비교를 결합한다.
④ 미리 생각한 견해나 이론을 사례에 억지로 끼워 맞추지 않으려고 노력한다.
⑤ 개방형 면접에 많이 의존한다.
⑥ 기록, 메모를 사용하는 과정은 사회복지사가 과정기록과 문제지향 사례기록보존을 사용하는 것과 유사하다.
⑦ 자연스런 상황에서 관찰한다.

2) 문화기술지

문화기술지(민속지학, ethnography)는 인류학에서 나온 것으로 자연적 연구라 불리기도 하며, 민족지학 등의 용어로도 사용된다. 이 방법은 특정 문화 속에서 생활하는 사람들의 관점에서 그 문화를 연구하는 데 주안점을 둔다. 연구자들은 의미를 알아내기 위해 그 문화 속에서 생활하고 있는 중요한 정보제공자(key informant)에 의존하게 된다.

문화기술지는 인류학에 기원을 두고 있으며, 자연과학을 연구모델로 하되, '원시적' 문화에 대한 최초의 자료수집을 통해 전통적인 과학과는 차별적인 접근을 시도하였다. 이 연구방법은 전체 문화집단에 초점을 두며, 그 문화 공유집단이 갖고 있는 가치, 행동, 신념, 언어에 공유되고 학습된 패턴을 기술하고 해석한다(조흥식 외, 2010).

문화기술지 연구는 해당 연구에서 최종적으로 작성된 결과일 뿐 아니라 과정이기도 하다. 대개 연구자는 집단에 대해 장기간의 관찰을 통해 사람들의 일상생활에 몰입하여 그들의 행동, 언어, 상호작용의 의미를 연구한다.

인류학적인 연구방법인 문화기술지가 사회복지실천에서 사용된 예를 보면, 사회복지기관의 문화를 이해하기 위해 그 속에서 일하는 사회복지사나 클라이언트의 관점에서 연구하는 형태나 또는 노숙인의 문화를 연구하기 위해 그들의 관점에서 연구하는 것 등이 있다.

3) 현상학적 연구

현상학은 주어진 현상의 발생적, 구성적 근원을 탐구하는 학문으로 인식 주체가 경험하고 의식 작용을 탐구하는 철학적 방법론에 그 바탕을 둔다(신경림 외, 2004). 현상학적 연구(체험연구, phenomenology)는 세계에 대한 사람의 주관적 경험과 해석을 강조하는 연구방법으로 현상의 본질을 밝혀 기술하는 것을 목적으로 한다. 연구대상의 바람, 견해, 의미 등 그들의 견해를 연구자가 관찰하여 이해하려는 것이라고 볼 수 있다. 이 연구방법은 모든 질적연구방법에 적용될 수 있는 철학적 근거가 되는 이론으로 사회복지학이나 간호학, 교육학 등 분과학문에 적용되는 경우에는 응용현상학이라고도 불린다. '현상학 연구는 이렇게 진행한다'는 어떤 구체적인 연구절차나 표준적인 연구방법론을 제시하지는 않지만, 밴 매넌(van Manen, 1990), 꼴라이찌(Colaizzi, 1978), 지올지(Giorgi, 1979) 등 여러 학자들에 의해 연구방법이 제시되고 있으며, 연구하고자 하는 현상의 경험에 대한 본질에 집중하고, 대상자의 생활세계에서 자료를 수집하며, 개개인의 의식을 일반화하는 것이 아닌 상호주관성을 통하여 본질 구조를 파악하는 일련의 반성과정을 거쳐 발견된 결과에 대해 현상학적 기술을 한다는 점에서는 서로 유사하다고 볼 수 있다(신경림 외, 2004).

질적연구에서 중요한 현상학적 원칙을 이야기할 때 독일어 verstehen(이해하다)의 의미를 살펴보자. verstehen이라는 단어는 ver(~되게 하다 라는 의미)와 stehen(서다)이라는 의미가 합쳐진 단어이다. 이 두 의미를 합치면(어떤 상황에, 혹은 어떤 입장에) '서게 하는' 것이 결국 이해한다는 의미라는 것을 다시 생각해 볼 수 있다. 이것은 연구자가 관찰하는 사람들을 그 사람들의 관점에서 이해하려는 시도라고 볼 수 있고, 사회복지실천의 '공감(empathy)'과도 상당히 일치하는 것이라고 볼 수 있다.

현상학적 연구방법은 크게 자기발견적 연구방법(Heuristic research)과 해석학(Hermeneutics)의 방법으로 나누어 볼 수 있다.

자기발견적 연구방법은 구체적인 연구방법이라기보다는 연구철학, 연구패러다임이라고 할 수 있는데, 사람들이 문제해결을 위해 일련의 가정들을 사용하여 시행착오를 반복 평가하고 '그 문제를 해결하는 방법을 깨닫는' 것을 말한다. 어떤 연구방법도 다른 연구방법에 비해 월등히 뛰어나다고 볼 수 없다는 기본적 입장(Pieper, 1985; 유태균 외 역, 2003에서 재인용)을 취하고 있으며, 연구자들이 연구를 설계하면서 자신들의 선택(특정 자료선택방법이나 자료분석방법의 선택)에 대해 설명할 수 있어야 하며, 이런 입장에서는 실천을 위한 모델들이 모두 자기발견적 입장의 연구라고도 할 수 있다.

사회복지 전문직은 발달 초기부터 사회복지서비스의 질적 향상을 도모하고자 다양한 방법을 통해 실천을 평가해 왔다. 1970년대 실증주의 철학이 바탕이 되면서, 실증주의적 평가기준이 사회복지실천의 특성과 여러 가지 측면에서 맞지 않음에도 불구하고[04] 평가기준을 실증주의로부터 찾았고, 이로 인해 연구자들의

04 예를 든다면, 인간의 변화를 어떻게 숫자로 간단히 나타낼 수 있는가, 변화의 기준을 제시하기 위해 개입보다는 자료수집에 우선하는 것이 윤리적인가, 조작적 정의를 내리면서 클라이언트가 갖고 있는 문제를 지나치게 단순화하는 것은 아닌가 하는 등의 문제가 제기될 수 있다.

평가기준과 실천가들의 임상적 이론 간의 모순과 차이로 인해 실천과 이론 사이에 괴리감이 커졌으며, 실천과정에서 자연스럽게 알게 되는 것들을 등한시해 오는 결과를 가져왔다(Tyson, 2003; 유태균 외 역, 2003에서 재인용). 이러한 상황에서 자기발견적 연구방법은 다시금 실천가들이 갖고 있는 임상적 이론을 재조명하게 된 것이다.

해석학은 특히 해석과 해석의 과정을 강조하는데, 이 방법을 사용하는 연구조사자는 주관적 관점의 영향을 받기 쉽다는 점을 인식하고, 관찰하는 대상의 의미를 해석하고 보고할 때, 자신들이 관찰하는 사람들의 관점뿐 아니라 자신들이 연구조사하면서 갖고 있는 관점도 고려해야 한다.

4) 사례연구

사례연구(case studies)는 사회복지, 심리학, 약학 등에서 임상적인 개입의 효과를 평가할 때 선호되어온 방법이다.[05] 개별적인 사례에 관한 정보의 제공과 체계적인 조직방법으로 정의될 수 있다. 단일 사회현상에 대해 깊이 있고 다양한 조사가 가능하며 양적인 방법과 결합해서 사용될 수 있는 연구방법이다. 사례연구는 현상과 상황 간의 경계가 명확하지 않을 때, 그리고 다양한 증거 출처를 사용하는 곳에서 실제 생활상황에서 현재의 현상을 조사하는 것이다.

사례연구를 하게 되는 경우는 사례가 매우 독특하거나 대중적으로 흥미를 유발시키고, 사례에서 다루고자 하는 이슈가 국가적으로 중요하거나, 이론적으로

05 우리가 앞서 살펴본 단일사례설계방법도 사례연구방법의 하나라고 할 수 있다. 단일사례를 연구대상으로 하되, 그 연구대상의 변화를 수치로 나타내고 수치의 변화추이를 살피는 것은 양적연구방법을 사용한 사례연구이고, 그외 단일사례의 독특함, 특성, 맥락 등 실제의 현상을 조사하여 이해하려는 것은 질적연구방법을 사용한 사례연구이다.

나 실무적으로 의미가 있는 경우이다. 과거에는 연구할 수 없었던 현상을 밝힐 수 있다거나, 두 개의 경쟁적인 명제나 이론을 비교할 수 있다거나 한다면 더욱 좋을 것이다(Yin, 1999). 다른 질적연구방법과 마찬가지로 사례연구에서도 논리적 초점은 통계적 일반화(혹은 외적타당도)에 있는 것이 아니다. 인(Yin, 1999)은 사례연구는(통계적 일반화가 아니라) 분석적 일반화(analytical generalization), 즉 사례연구의 결과를 특정한 이론에 연결시키는 것이라고 하였다.

5) 참여적 행동연구

참여적 행동연구(Participatory Action Research: PAR)는 참여적 실행연구 혹은 실행연구라고도 하며 Participatory Action Research를 줄여 PAR이라 하기도 한다. 이 연구방법은 전통적인 연구와 여러 가지 면에서 다르다. 사회복지사와 클라이언트에 '관한' 연구가 아니라 클라이언트에 '의하여', 클라이언트를 '위하여' 수행되는 연구이다(강성우 외, 2005; 김미옥, 2010에서 재인용). 문제인식과 해결과정에서 연구자와 참여자(연구대상자)가 함께 문제를 분석하고 해결하는 조사방법인 동시에, 연구자와 참여자가 함께 토론과 상호작용을 통해 지역사회 문제의 구조적 원인을 분석해 나가는 교육적 과정이기도 하다. 즉, 현실과 유리된 연구가 아닌 현장에서 직접 실천해 나가고, 체계적으로 반성하며, 개선해 나가는 연구이다(김미옥, 2010). 이때 연구자의 기능은 연구대상자와 함께 행동하며 실제로 변화를 가져오는 것이다. 실제 변화에 관심이 있다 보니 객관성이나 이론 정립보다는 실천의 개선에 초점을 두고 있어 실천 분야에 적합한 연구방식이라고 할 수 있다.

이 연구방법은 제3세계에서부터 발전해 왔다. 연구대상자를 연구 '대상'으로만 생각하는 전통적 연구의 '연구를 위한 연구'를 비판하면서 발전한 기존의 연구

유형과는 다른 일종의 대안적 형태의 연구라고 할 수 있다. 왜냐하면 이 연구의 목적은 무엇에 대해 이해하거나 어떠한 인과관계를 일반화하려는 것이 아니라, 바로 사회변화와 임파워먼트이기 때문이다.

참여적 행동연구에 사용될 수 있는 연구방법은 양적연구나 질적연구 모두 가능하지만, 클라이언트에 의해 수행된다는 점을 고려하면 상대적으로 정해진 방법으로 조사나 통계에 대한 또 다른 지식이 필요한 양적연구보다는 심층면접이나 참여관찰 등 보다 융통성 있는 방법을 사용하는 질적연구방법이 더 적절할 수 있다.

■ 참여적 행동연구의 예

간호사이자 연구자가 오스트레일리아 원주민 부족의 정신건강 문제를 원주민 사회의 관점에서 함께 인식, 규정, 해결하기 위하여 지역사회에 들어가 지역보건 간호사로 활동하면서 원주민 리더와 함께 원주민들과 대화, 토론, 교육을 통해 스스로 의사결정하게 하고 임파워먼트를 통해 자율적으로 문제해결을 하도록 유도함.

요약

1. 질적연구의 개요

1) 질적연구방법(qualitative research method)

- 연구자가 자연적이고 실제적인 생활의 장에서 연구하는 방법(현장연구, 자연적 연구)
- 사회현상에 대한 접근은 주로 비통계적인 질문의 방법, 즉 주제에 대한 해석적이고 자연적인 접근방법을 사용하게 됨

2) 현장연구에 적합한 주제들

- 단순하게 양화할 수 없는 연구주제인 경우 더욱 적합함
- 의문의 본질이 '어떻게'나 '무엇'일 때 적절함
- 자연스런 상황에서 태도와 행위를 가장 잘 이해할 수 있는 주제를 연하는 데 특히 적합함
- 일정 기간에 걸친 사회과정을 연구하는 데 적합함(사후적 재구성이 니라 과정을 따라가는 연구)
- 상대적으로 제한된 지역과 시간 내에서 발생하는 사건들
- 관련된 이론이 존재하지 않을 때
- 전문가 입장보다 대상자 관점에서 주제를 이해하거나 강조하는 것이 필요할 때 등

3) 양적연구와 질적연구의 비교

구분	양적연구	질적연구
특성	• 객관적 • 연구설계 및 변수의 사전확정 • 가설검증이 목적 • 설명적 성격 • 규모가 큰 표본에 주로 실시 • 비교적 구조화된 환경에서 실시	• 주관적 • 연구방법과 설계에 융통성 • 가설 없이 시작 • 탐색적 성격 • 작은 표본에 적용가능 • 실제 환경에서 주로 실시
자료수집방법	개입, 실험, 구조화된 설문지	관찰, 심층면접, 개인기록 분석, 참여관찰, 포커스 그룹 등
척도활용	척도사용, 계량화된 분석	척도나 측정도구의 활용이 낮고 수량적 분석이 거의 없음
목적	가설검증	주제, 관계, 패턴의 발견

조사유형	설문조사, 실험조사, 단일사례연구 등	근거이론, 내러티브분석, 사례연구, 문화기술지, 현상학, 참여적 행동연구 등
장점	• 객관적이고 일반화할 결과 산출 • 데이터구축의 용이	• 심층적이고 풍부한 사실발견 • 문제에 대한 새로운 통찰제공 • 쉽게 시작가능하고 작은 표본 연구도 가능
단점	• 결과가 충분하지 못할 가능성 • 조사결과가 제한적이고 피상적일 가능성	• 주관적일 가능성 • 일반화의 어려움 • 실천적 적용을 끌어내기 어려울 가능성

2. 질적연구의 일반적 과정

1) 질적연구의 표집

- 전형적 사례, 유일한 사례, 극단적 사례, 예외적인 사례, 대조적 사례, 네트워크 선택(눈덩이식 사례) 등 비확률 표본추출기법
- 이론적 표집
  - 이미 발견된 개념과 가설을 만들어냈던 사례들과 유사해 보이는 새로운 사례들을 선정하는 것으로 시작함
  - 일단 연구자가 유사한 사례를 관찰하여 어떤 새로운 통찰력도 얻지 못한다고 생각하면 다른 유형의 사례를 선정하고, 다른 유형의 사례를 관찰하여 더 이상 어떤 새로운 통찰력도 얻지 못할 때까지 같은 과정을 반복함 → 동질적 표본추출과 예외사례 표본추출의 결합

2) 질적연구의 자료수집 및 자료처리

- 질적연구의 자료수집방법은 대개 면접과 관찰임

3) 질적연구의 자료분석

- 분석적 메모: 질적연구의 자료분석은 이미 관찰과정부터 시작됨
- 자료의 범주화: 유사성과 상이성을 찾게 됨
- 자료에서 유형을 찾는 6가지 방법: 빈도/크기/구조/과정/원인/결과

3. 대표적인 질적연구방법들

구분	내용
근거이론 (grounded theory)	• 이론, 개념, 가설을 찾기 위해 이미 존재하는 이론적인 개념의 틀이나 선험적인 가정을 사용하기보다는 지속적인 자료수집과 분석을 사용하는 방법 • 사례를 보다 광범위한 환경적 맥락에서 이해하고자 관찰에 기반을 둔 임시가설을 만들고, 추가 관찰에 비추어 가설을 수정하면서 귀납법, 연역법, 지속적 비교를 결합함
문화기술지(민족지학 ethnography)	• 문화 속에서 생활하는 사람들의 관점에서 그 문화공유집단이 갖고 있는 가치, 행동, 신념, 언어상호작용, 의미에 공유되고 학습된 패턴을 기술하고 해석하는 것
현상학적 연구 (phenomenology)	• 세계에 대한 사람의 주관적 경험과 해석을 강조하는 연구방법으로 현상의 본질을 밝혀 기술하는 것을 목적으로 함
사례연구 (case studies)	• 개별적인 사례에 관한 정보의 제공과 체계적인 조직방법으로, 단일 사회현상에 대해 깊이 있고 다양한 조사가 가능하며 양적인 방법과 결합해서 사용될 수 있는 연구방법
참여적 행동연구/ 실행연구 (PAR: Participatory Action Research):	• 문제인식과 해결과정에서 연구자와 참여자(연구대상자)가 함께 문제를 분석하고 해결하는 조사방법이자, 연구자와 참여자가 함께 토론과 상호작용을 통해 지역사회 문제의 구조적 원인을 분석해 나가는 교육적 과정 • 연구자의 기능은 연구대상자와 함께 행동하며 실제로 변화를 가져오는 것

연습문제

01 양적연구방법과 질적연구방법의 장단점을 비교하시오.

02 소개된 질적연구방법의 유형에 적합한 연구주제를 선정하고 그 이유를 설명하시오.

03 질적연구의 과학적 엄격성을 높일 수 있는 방법을 기술하시오.

사회복지사 1급자격시험 기출문제

01 질적연구에 대한 설명으로 옳지 않은 것은?

① 현상학, 근거이론, 상징적 상호작용론 등과 관련이 있다.
② 복잡한 사회적 현상이나 문제를 단순화시키지 않고 가능한 '있는 그대로' 개방적인 체계에서 파악한다.
③ 연구자와 대상은 중도에 변경하여도 연구의 결과에는 그다지 영향을 미치지 않는다.
④ 관찰자에 따라 사물이 서로 다르게 인식된다고 전제한다.
⑤ 연구 자체가 주관적이고 특정 현상을 대상으로 하기 때문에 일반화가 어렵다.

02 다음 중 질적조사의 사례가 아닌 것은?

가. 가정폭력 피해 여성에 대한 심층면접
나. 거리 노숙인에 대한 관찰참여 연구
다. 장수마을에서의 생활 경험
라. 노인의 장기요양 욕구에 대한 전국 조사

① 가, 나, 다 ② 가, 다
③ 나, 라 ④ 라
⑤ 가, 나, 다, 라

03 질적연구방법의 엄밀성을 높이기 위해 옳지 않은 것은?

① 다각적 방법을 활용한다.
② 동료의 조언을 구한다.
③ 연구자와 연구대상자의 공식적 관계를 유지한다.
④ 서베이조사를 함께 병행한다.
⑤ 조사자를 여러 명 두어 조사를 진행한다.

04 질적연구의 엄격성(rigor)을 높이는 전략을 모두 고른 것은?

ㄱ. 장기적 관여(prolonged engagement)를 위한 노력
ㄴ. 연구자의 원주민화(going native)를 경계하는 노력
ㄷ. 해석에 적합하지 않은 부정적인 사례(negative case) 찾기
ㄹ. 내부자적(emic) 시각을 유지하기 위해 완전관찰자 역할 지향

① ㄱ, ㄴ, ㄷ ② ㄱ, ㄷ
③ ㄴ, ㄹ ④ ㄹ
⑤ ㄱ, ㄴ, ㄷ, ㄹ

정답 01 ③ 02 ④ 03 ③ 04 ①

05 양적연구와 질적연구를 함께 실시하는 혼합연구에 대한 내용으로 맞지 않는 것은?

① 양적연구의 부족한 부분을 질적연구가 보완할 수 있다.
② 연구자가 양적연구와 질적연구 모두 전문적인 지식을 가지고 있어야 한다.
③ 양적조사를 먼저 실시한 후, 질적조사를 실시해야 한다.
④ 연구자는 다양한 패러다임을 받아들일 준비가 되어 있어야 한다.
⑤ 각 방법론이 이질적일수록 편의를 줄이는 데는 효과적이다.

06 '연장입양아동이 주관적으로 경험한 입양됨의 의미'와 같은 연구주제를 다룰 때 주로 사용되는 연구방법에 관한 설명으로 옳지 않은 것은?

① 초기의 분석틀을 도중에 변경할 수 있다.
② 개방형 질문과 구조화 면접으로 심층정보를 얻는다.
③ 연구도구로서 연구자가 가진 자질이 중요하다.
④ 자료의 수집과 분석이 단계상 분명히 구분되지 않을 수 있다.
⑤ 연구자의 주관성이 개입될 수 있다.

07 다음은 어떤 연구에 관한 설명인가?

- 연구자가 연구대상자보다 우위에 있다는 암묵적 가정에 도전한다.
- 연구대상자는 자신의 문제와 해결책을 스스로 정의한다.
- 연구대상자는 연구설계에 주도적 역할을 수행한다.

① 현상학(phenomenology)
② 문화기술지(ethnography)
③ 근거이론(grounded theory)
④ 참여행동연구(participatory action research)
⑤ 내러티브탐구(narrative inquiry)

08 양적연구와 질적연구를 통합한 혼합연구방법에 관한 설명으로 옳지 않은 것은?

① 양적연구의 결과에서 질적연구가 시작될 수 있다.
② 두 가지 연구방법 모두에 대한 전문적 지식이 필요하다.
③ 연구자에 따라 두 가지 연구방법의 비중은 상이할 수 있다.
④ 다양한 패러다임을 수용할 수 있어야 한다.
⑤ 질적연구결과와 양적연구결과는 상반될 수 없다.

09 일반적으로 질적연구에서 사용되는 표집방법이 아닌 것은?

① 극단적 사례(extreme case)표집
② 전형적 사례(typical case)표집
③ 눈덩이(snowball)표집
④ 편의(convenience)표집
⑤ 체계적(systematic)표집

정답 05 ③ 06 ② 07 ④ 08 ⑤ 09 ⑤

10 '시설보호아동이 경험한 학교생활의 본질과 맥락에 대한 연구'를 진행할 때 일반적으로 사용되는 표집방법이 아닌 것은?

① 편의(convenience)표집
② 극단적 사례(extreme case)표집
③ 이론적(theoretical)표집
④ 층화(stratified)표집
⑤ 1사례(one case)표집

11 질적연구방법에 관한 설명으로 옳지 않은 것은?

① 근거이론의 목적은 사람, 사건 및 현상에 대한 이론의 생성이다.
② 문화기술지(ethnography)는 특정 문화를 이해하기 위한 방법, 과정 및 결과이다.
③ 현상학은 개인의 주관적인 경험의 본질과 의미에 초점을 둔다.
④ 자료 수집원을 다양화하여 연구의 엄격성을 높일 수 있다.
⑤ 부정적 사례(negative case)의 목적은 연구자가 편견에 빠지지 않게 동료집단이 감시기제로서의 역할을 하는 것이다.

12 혼합연구방법론(mixed methodology)에 관한 설명으로 옳지 않은 것은?

① 질적연구결과와 양적연구결과는 일치해야 한다.
② 양적연구와 질적연구에 대한 전문적 지식이 모두 필요하다.
③ 연구에 따라 양적연구와 질적연구의 상대적 비중이 상이할 수 있다.
④ 질적연구의 결과에 기반하여 양적연구를 시작할 수 있다.
⑤ 상충되는 패러다임들도 수용할 수 있어야 한다.

13 질적조사의 자료수집에 관한 설명으로 옳은 것은?

① 심층면접은 주요 자료수집방법 중 하나이다.
② 연구자는 자료수집과정에서 배제되는 것이 원칙이다.
③ 완전관찰자로서의 연구자는 먼저 자료제공자들과 라포형성이 요청된다.
④ 가설설정은 자료수집을 위해 필수적 요건이다.
⑤ 표준화된 측정도구를 갖추어야 자료수집이 가능하다.

14 질적조사에 관한 설명으로 옳지 않은 것은?

① 실천, 이야기, 생활방식, 하위문화 등이 질적조사의 주제가 된다.
② 자연주의는 질적조사의 오랜 전통이다.
③ 확률표본추출방법이 사용될 수 있다.
④ 일반화 가능성이 양적조사보다 높다.
⑤ 현장연구라고 명명되기도 한다.

15 질적조사로 보기 어려운 것은?

① 근거이론연구
② 문화기술지연구
③ 솔로몬설계연구
④ 내러티브연구
⑤ 현상학적연구

정답 10 ④ 11 ⑤ 12 ① 13 ① 14 ④ 15 ③

16 질적연구에 관한 설명으로 옳지 않은 것은?

① 풍부하고 자세한 사실의 발견이 가능하다.
② 문제에 대한 통찰력을 제공한다.
③ 연구참여자의 상황적 맥락 안에서 이루어진다.
④ 다른 연구자들이 재연하기 용이하다.
⑤ 현상에 대해 심층적으로 기술한다.

17 질적연구방법과 적절한 연구 주제가 바르게 연결된 것을 모두 고른 것은?

ㄱ. 현상학 – 늙어간다는 것이 어떤 의미인지를 이해할 수 있다.
ㄴ. 참여행동연구 – 이혼 가족이 경험한 가족해체 사례를 심층적으로 이해할 수 있다.
ㄷ. 근거이론 – 지속적 비교 기법을 통해 노인의 재취업경험을 이론화할 수 있다.
ㄹ. 생애사 – 위안부 피해자 할머니 삶의 중요한 사건을 이해할 수 있다.

① ㄱ, ㄴ ② ㄴ, ㄷ
③ ㄷ, ㄹ ④ ㄱ, ㄷ, ㄹ
⑤ ㄱ, ㄴ, ㄷ, ㄹ

18 양적조사와 질적조사의 비교로 옳지 않은 것은?

① 질적조사에 비하여 양적조사의 표본크기가 상대적으로 크다.
② 질적조사에 비하여 양적조사에서는 귀납법을 주로 사용한다.
③ 양적조사에 비하여 질적조사는 사회현상의 주관적 의미에 관심을 갖는다.
④ 양적조사는 가설검증을 지향하고 질적조사는 탐색, 발견을 지향한다.
⑤ 양적조사에 비하여 질적조사는 조사결과의 일반화가 어렵다.

정답 16 ④ 17 ④ 18 ②

CHAPTER

14 연구결과는 어떻게 보고서로 작성되어야 하는가?

1. 사회복지조사와 윤리
2. 연구계획서 및 보고서 작성

엄마, 아무리 계산을 해도 도저히 학교에 갈 시간이 없어요.

보세요.

하루 24시간 중 8시간은 자니까, 1년 365일 중 1/3인 122일은 자야 하구요. 매일 식사하는데 3시간은 걸리니까 45일 빼고 나면 198일 남아요.

여기에서 여름방학 40일과 겨울방학의 합 115일을 빼고 나면 83일 남구요.

52일의 일요일과 12일의 공휴일과 26일의 토요일을 빼면 학교에 가서 공부할 시간이 안 남아요.

과거에 유행하던 트릭이다. 위 아이의 말은 그럴 듯한데, 정말 그럴까?

곰곰이 생각해 보면 아이의 논리에 오류가 보인다. 연구보고서를 쓰는 일도 이와 같을 수 있다. 연구과정을 마치고 연구결과에 대해 결론을 내릴 때 잘못하면 오류인지 모른 채 오류가 있는 교묘한 논리로 보고서를 읽는 사람들을 혼란에 빠뜨리기 쉽다. 또한 의도적으로 오류임을 앎에도 불구하고 각종 연구윤리에 위반하는 행위를 자행함으로써 독자들을 혼란에 빠뜨릴 수도 있다. 연구보고서는 모두에게 연구결과를 알리는 일이다. 출판이 되면 연구과정과 연구결과, 그리고 연구보고에 대해 연구자는 책임을 져야 한다. 이 장에서는 연구의 마지막 출판 전 과정을 다룬다.

▌이 장에서 학습할 내용

1. 연구과정에서 연구자가 지켜야 할 것은 무엇이 있는가?
2. 연구계획서는 어떻게 작성하는가?
3. 연구보고서는 어떻게 작성해야 하는가?

1. 사회복지조사와 윤리

1) 사회복지조사연구의 윤리적 쟁점

사회현상을 연구하는 사회복지조사는 늘 사람이 연구대상이 된다. 사회현상을 구성하는 가족, 집단, 조직, 지역사회 모두 사람이 관여하기 때문이다. 따라서 사람을 대상으로 자료를 수집하는 경우 인간의 존엄성, 자유, 가치, 개인의 비밀 등이 관련되기 때문에 윤리적 문제를 고려해야만 한다. 특히, 사회복지조사에서는 학문영역이나 실천영역에서 조사활동이 이루어지고 있기 때문에 연구자로서, 또 사회복지사로서 윤리적 문제에 대해 민감할 필요가 있으며 가능한 한 윤리적 문제를 해결하는 방법으로 조사를 실시하는 것이 바람직하다.

먼저 연구문제와 관련된 윤리적 이슈가 있을 수 있다. 연구문제나 연구주제가 사회적 · 윤리적인 문제를 내포하는 경우이다. 예를 들면, 마약효과 실험연구나 안락사의 가족에 대한 영향, 민족이나 인종에 따른 지능차이 등 조사를 수행하는 과정에서 연구대상에게 해를 끼치게 되거나 조사결과를 수용하는 데 논란의 여지가 많은 경우가 여기에 해당한다.

연구과정에 있어 윤리적 쟁점은 크게 두 가지 영역에 대한 것으로 묶어 볼 수 있다. 첫 번째는 연구참여자와 관련된 사항이고, 두 번째는 연구의 진실성과 관련된 사항이다. 학자에 따라서는 이 영역을 세분화하고 있기도 하다. 루빈과 바비(Rubin & Babbie, 2002)는 자발적 참여와 고지에 입각한 동의, 참여자에게 피해 주지 않기, 익명성과 비밀보장, 연구대상자들을 속이는 것, 분석과 보고 등 여섯 가지 이슈를 제시하고 있고, 패짓(Padgett, 1998)은 사실을 감추는 것과 밝히는 것, 자세한 정보에 근거한 동의, 강압과 '강제된' 동의, 정서적 고통 및 피해, 비밀보장과 사생활, 장려를 목적으로 한 금품과 대가성 금품 등 여섯 가지 이슈를 제시했다. 김영종(2007)은 응답자의 시간과 에너지, 자발적 참여, 연구문제의 은폐, 연구대상자에 대한 위해 방지, 익명성과 비밀성, 연구자의 신분 감춤 등 여섯 가지 이슈를 제시하였다. 여기서는 (1) 자발적 참여와 고지, (2) 참여자에게 피해 주지 않기, (3) 익명성과 비밀보장, (4) 연구참여자 속이기, (5) 분석과 보고 등 다섯 가지 쟁점에 대해 살펴보기로 한다.

(1) 자발적 참여와 고지에 입각한 동의

자발적 참여에 대한 이슈는 '강제되었는가'와 '정확히 알고 참여하였는가' 하는 두 가지로 구분하여 살펴볼 필요가 있다.

먼저, '강제되었는가'는 연구자와 연구참여자의 신분에 따른 이슈이다. 만약, 연구자와 연구참여자가 상하관계 혹은 의존관계에 있다면 연구참여가 자발적이지 않을 수 있다는 점을 지적하는 것이다. 예를 들어, 기관의 관리자와 일선 사회복지사라거나 교수와 학생, 사회복지사와 클라이언트 간의 관계를 들 수 있다. 이런 관계에서 관리자, 교수, 사회복지사가 연구참여를 요청한다면, 일선 사회복지사나 학생, 클라이언트는 선뜻 거절하기 어려울 수 있으며, 연구결과에도 영향을 미칠 가능성이 있다(권지성 외, 2007). 무기명 설문조사를 하는 양적조사보다 직접 얼굴을 맞대고 면접을 해야 하는 질적연구에 더 큰 영향을 미칠 것이다.

두 번째, 사회복지 조사연구는 욕구조사를 위한 설문조사건, 프로그램 참여 후 만족도 조사건, 혹은 새로운 분야에 대한 탐색을 위한 심층면접이건, 어떤 방법이건 연구에 참여하는 사람들이 강제나 타의가 아닌 순전한 자발적인 참여일 때 좀더 사실에 가까운 결과를 얻어 낼 수 있다. 연구참여자가 연구에 대해 잘 알고 동의했을 때 진정한 '자발적 참여'라고 할 수 있을 것이다. 그렇다면 연구참여자들에게 무엇을 알려야 하는가? 연구참여자들의 동의를 구하기 위해 알려야 할 사항은 다음과 같다.

- **연구의 제목과 주제:** 연구의 제목과 주제에 대해 진실되게 설명해야 한다. 이때 연구내용에 대해 얼마나 구체적으로 알려줄 것인가에 대해서는 상황에 따라 다르다. 아마도 대부분의 연구자(질적연구이든 양적연구이든)들은 연구의 주제와 목적, 개요를 알려주는 수준에서 그쳐도 대부분의 연구참여자들은 그 이상을 묻지 않을 것이다. 그러나 그렇다고 해서 이 이슈가 완전히 해결될 것인가에 대한 의문이 제기된다. 또한 연구참여자가 그 이상의 정보를 요구할 때 어느 정도로 상세히 알려줄 것인가를 고민해야 한다(권지성 외, 2007).
- **연구자와 연구책임자:** 연구자들이 누구인지, 무엇을 하는 사람들인지를 알리고, 연구와 관련하여 연락하고자 할 때 연락가능한 연구책임자를 명시한다. 먼저 연구참여자들이나 단순한 연구대상자들에게 연구자를 소개하는 것과 관련된 이슈가 있다. 자신이 연구의 대상이 된다는 사실을 알게 되는 것이 현상 자체에 영향을 미칠 수 있다는 것이 가장 큰 논쟁거리이다. 어떤 경우에는 연구자가 누구인지, 그리고 연구를 하고 있다는 것 자체를 밝혀서는 연

구를 할 수 없는 경우들이 있기 때문이다.

- **연구의 목적**: 이 연구를 왜 하는지 목적에 대해 설명한다. 연구를 왜 하는지 미리 알렸을 때 연구결과에 영향을 미칠 수도 있기 때문에 어느 정도까지 설명하고 밝힐 것인지는 연구자가 결정해야 한다.
- **연구에 참여함으로써 얻게 되는 불편과 위험**: 이 사항은 연구로부터 연구참여자나 대상자를 보호하기 위한 항목이다. 대개 설문조사와 같은 경우에는 연구참여자의 시간적 할애 정도가 불편사항이겠지만, 심층면접을 실시하는 경우에는 더 많은 시간이 필요하고 때로는 면접대상자의 불편한 기억을 떠올리게 하거나 부정적인 정서적 반응을 일으킬 가능성도 있으므로 사전에 알리는 것이 필요하다.
- **연구참여자에게 돌아갈 혜택과 대가**: 연구에 참여하는 것이 불편하고 위험하기만 하다면 아무도 연구에 참여하려고 하지 않을 것이다. 따라서 연구참여자에게 돌아갈 혜택과 대가를 알림으로써 불편과 위험을 다소 상쇄시키고, 연구참여를 독려하기 위한 방법이다. 연구참여자들은 연구에 참여함으로써 주제와 관련한 내용에 대해 정보를 얻기도 하고, 소정의 사례를 받기도 한다. 이러한 것들이 미리 정해진다면 연구를 진행하는 데에 다소 도움이 될 것이다.
- **연구로 인해 상해를 입었을 때의 조치**: 사회복지 조사연구에서 흔한 일은 아니지만, 연구로 인해 신체적, 정서적으로 상처를 입었을 때 연구참여자가 취할 수 있는 조치를 제시해 주는 것이 좋다.
- **연구에 참여하고 싶지 않을 때의 조치**: 연구에 참여하다가 마음이 바뀌는 경우가 있을 수 있다. 처음 소개받을 때 연구와 관련한 사항에 대해 잘못 이해하게 되었다거나, 연구에 대해 추가적인 정보를 알게 되었을 때 연구참여자가 취할 수 있는 조치를 제시해 주는 것이 좋다.

- **연구참여를 중단하는 방법:** 연구참여를 원하지 않을 경우, 참여를 중단하고자 할 때에는 누구에게 어떤 방식으로 알리면 좋을지 미리 정보를 주어야 한다.
- **비밀보장 여부와 방법:** 대부분의 연구는 비밀보장을 엄수하지만 특별한 경우에는 비밀보장이 제한되기도 한다. 비밀보장에 대한 상세한 내용을 전달하고 제한되는 경우에 대해서도 미리 고지하는 것이 바람직하다.

그런데 사회복지조사는 다양한 사회복지현장에서 이루어진다. 사회복지현장은 특수한 사람이나 집단을 대상으로 하는데 이들의 자발적인 동의를 구하는 것이 어렵거나 그들의 동의가 간접적인 강제에 의한 것일 수 있다. 예를 들어, 학생, 수감자, 피고용자, 복지급여 수급자, 아동, 지적장애인 등이 여기에 해당한다. 이들은 온전한 자의로 동의할 수 있는 능력이 부족할 수도 있고, 다른 이유 때문에 동의할 수도 있다. 조사대상자가 아동이나 지적장애인 등 판단능력이 부족하다고 여겨지는 경우에는 부모나 법적후견인의 서면동의서를 작성하는 등 윤리적 원칙을 준수하여 진행해야 한다.

(2) 참여자에게 피해 주지 않기

연구자는 조사를 실시하기 전에 조사대상자(피실험자, 연구참여자)의 기본적인 안전을 포함한 위험을 미리 검토해야 한다. 어떠한 경우든 조사대상자에게 신체적인 피해를 입혀서도 안 되며, 심리적 학대, 스트레스, 자존감 상실 등 정서적 측면의 문제가 발생하지 않도록 해야 한다. 적어도 미리 조사대상자에게 그런 가능성에 대해 알리고 불가피한 정도를 넘어선 불필요한 스트레스를 주어서는 안 된다(권구영 · 김영란, 2010). 또한 조사대상자가 조사에 참여함으로써 법을 어기게 되는 경우가 있어서도 안 된다. 연구참여로 인한 피해는 연구자들이 가장 민감하게 대처해야 할 이슈이지만 가장 둔감하게 다루어지는 이슈이기도 하다. 연구참여자가 받을 수 있는 피해는 정서적인 측면만이 아니다. 연구참여에 투입된 시간과 기회비용, 관계의 변화 등 다양한 형태로 나타날 수 있다.

연구윤리에 있어 쟁점이 되는 것 중 또 하나는 연구참여자에게 가해지는 직접적인 위험뿐 아니라 연구참여자의 성이나 문화에 대한 둔감함 등을 포함하여 모종의 피해를 주어서는 안 된다는 것이다. 다음의 예를 보면, 한 연구가 대중에게 연구참여자들에 대한 편견을 조장함으로써 연구참여자들에게 상처를 주었을 뿐 아니라 앞으로의 연구참여를 통해 얻게 될지도 모르는 잠재적인 이득까지 앗아간 것을 보게 된다.

■ 연구참여자에게 간접적인 피해 주기의 예

알래스카 에스키모인의 알코올 사용에 대한 연구를 한 신문이 '에스키모인들 사이에 알코올이 만연하다'라고 보도함으로써 다른 알래스카 지역의 원주민 부족이 더 이상 알코올중독과 관련된 연구를 수용하지 않게 되었다. 에스키모인들에게 알코올이 다른 민족보다 상대적으로 만연한 것이 사실일지라도 이는 에스키모인들이 아닌 다른 사람들에게 편견을 조장할 수 있고, 또한 에스키모인들이 더 이상 알코올중독과 관련한 연구에 협조하지 않음으로써 그들에게 돌아갈 수 있는 정책이나 서비스 기회를 상실하게 되었다.

연구의 진행과정이나 연구결과를 발표하는 과정 중에 연구자의 의도는 아니었지만 연구참여자에게 결과적으로는 피해가 되는 경우가 있기 때문에, 미국의 경우에는 IRB(기관윤리위원회)의 사전검사를 통과해야 조사가 가능하도록 하고 있다. 우리나라의 경우에도 인간을 대상으로 하는 연구는 IRB의 심사를 거치도록 규정하고 있는 대학과 학술지가 점차 증가하고 있다.

(3) 익명성과 비밀보장

익명성은 응답자가 누구인지 모르는 것이고, 비밀보장은 응답자가 누구인지 알지만 알리지 않는 것이다. 흔히 양적연구는 질적연구에 비해 익명성과 비밀보장이 더 확보되기 쉽다고 여겨진다. 그러나 양적연구라고 해서 이 이슈에서 완전히 자유로운 것은 아니다(권지성 외, 2007). 무기명 설문조사를 하면 익명성이 보장된다고 하지만, 흔히 연구자는 응답률을 확보하기 위하여 누가 설문에 응답했고, 누가 응답하지 않았는지 확인하는 경우에 응답자의 신원을 확인하게 되는 경우도 있다. 또한 델파이기법이나 면접설문조사, 패널연구 등의 방법은 응답자 간의 익명성은 보장되기도 하지만 연구자는 응답자의 신원을 아는 경우가 많으며, 주의 깊게 관리되지 않은 회수된 설문지로 인해 의도하지 않게 비밀보장이 되지 않는 경우도 있다.

질적연구에서는 결과를 보고함에 있어, 연구보고서나 논문에는 연구참여자에 대한 기본정보를 제시하게 되는데, 이때 어느 정도의 정보를 제시할 것인가에 대한 이슈가 발생한다. 특히 질적연구에서는 특정한 사례나 특정한 현장을 연구하는 경우가 많기 때문에 인용문이나 인용된 내용만으로도 관련된 사람들은 누가 말한 것인지 누구의 상황인지 충분히 추측 가능한 경우가 있을 수 있다.

따라서 모든 연구에서 완전한 익명성과 비밀보장은 어렵기 때문에 이 이슈에 대한 충분한 고려가 필요하다. 또한, 사회복지실천과 마찬가지로 비밀보장에 예외가 있을 수 있으며, 이러한 사항은 사전에 고지하고 동의를 받아야 한다.

(4) 연구참여자 속이기

이 이슈는 자료수집을 용이하게 하거나 연구참여자가 연구목적을 알아 연구결과에 영향을 미칠 수도 있다고 판단되는 경우, 연구문제나 연구목적을 은폐하는 경우와 관련된다. 이 이슈가 크게 제기된 것은 유명한 밀그램(Milgram)의 실험이다. 사회적으로나 이론적으로 큰 의미가 있는 연구라 할지라도 연구참여자를 속이는 것이 윤리적인 것인가 하는 의문이 발생한다. 연구참여자에게도 알리지 않고 진행하는 비밀조사는 최소한의 범위에서 사용되지만 이 방법에 대해 원천적으로 비윤리적이라고 판단하여 사용해서는 안된다는 입장의 연구자도 많다.

■ 밀그램의 실험

제2차 세계대전 후 독일군의 변명 '나는 단지 명령을 따랐을 뿐이다'라는 것과 관련한 실험을 실시했다. 실험내용은 일반인 40명을 대상으로 20명은 교사 역할을, 20명은 학생 역할을 하게 하여 학생이 단어쌍을 맞추지 못할 때마다 교사 역할자가 학생에게 전기충격을 주도록 하였다. 학생이 비명을 지르고 실험중단을 요구할 때까지 계속 전기충격의 강도를 높여나갔다. 40명 중 26명이 학생 역할자가 고통스러워하는 모습을 보면서도 최고의 충격이 가해질 때까지 지시받은 대로 역할을 수행하였다.

이 실험에서 사실 전기충격은 가짜였고, 학생 역할자는 또 다른 연구자였으며, 오직 교사 역할자만 연구대상자였다.

이 실험이 논란이 된 것은 연구대상자들이 실험과정에서 실험을 중단하였든지, 지속하였든지 간에 심리적인 고통을 받았다는 것이다. 다른 사람의 고통을 지켜보면서 본인이 그 고통을 가하고 있다는 괴로움을 경험했다는 것과 사실은 연구대상자가 보면서 고통을 느낀 그 상황이 거짓이었다는 것이고, 그것 때문에 연구대상자들은 또 한 번 충격을 받았다는 것이다.

최근에는 위험이 전혀 따르지 않거나 혹은 극히 미약한 위험만을 수반하는 경우가 아니라면 조사대상을 속이는 것은 정당화하기 어렵다고 보는 것이 일반적이다(권구영 · 김영란, 2010). 그러나 개방적이라는 것이 조사대상에게 조사에 대해 모든 것을 알려주어야 한다는 의미는 아니다. 윤리적인 연구로 조사대상자와 신뢰관계를 형성하기 위해서는 어떤 내용을 어떤 수준까지 알려줄 것인가 하는 것은 상식에 준해 결정할 수밖에 없다.

(5) 조사과정의 불평등

조사과정에서 의도하지 않은 새로운 차별이 발생할 수도 있다. 예를 들어 새로운 개입방법의 효과를 실험하기 위해 실험집단에는 새로운 개입방법을 적용하고 통제집단에는 적용하지 않는다면 통제집단은 차별을 당하는 것이 된다. 이러한 차별을 해소하기 위해서는 통제집단에게 이제까지의 최선의 방법으로 개입하고, 서로 역할을 교대하여 주기적으로 철저히 관찰하는 것도 방법이 된다.

(6) 분석과 보고

연구결과를 분석하고 보고서를 작성함에 있어 진행된 연구의 한계를 명시해야 한다. 또한 연구계획 당시 의도하지 않았던 결과가 나타났다 하더라도 그에 대해 솔직히 밝혀야 한다. 그리고 연구결과를 분석하고 해석하면서 사용한 자료의 출처 역시 명확히 밝혀야 한다.

2) 연구 부정행위

그동안 우리나라의 학계는 양적으로 성장해 오는 동안, 연구의 윤리나 연구의 부정행위에 대해 그다지 민감하지 않았다. 그러나 최근 들어 연구의 질적인 수준을 담보하기 위한 노력의 일환으로 연구윤리와 연구의 부정행위에 대해 관심을 갖고 그에 관한 많은 규정을 제정하고자 노력하고 있다.

흔히, 연구의 부정행위로 많이 언급되는 것들은 다음과 같다.

① **날조:** 없는 자료를 거짓으로 있는 것처럼 만들어서 연구결과로 발표하는 것

② **위조나 변조:** 연구의 원자료를 수정하여 연구자가 원하는 내용이나 결과로 고쳐서 발표하는 것

③ 표절

④ 자료 눈속임(data massage): 자료를 원하는 대로 취사선택하거나 삭제하여 결과를 낸 후 발표하는 것

⑤ 저자됨 위반: 그 연구결과에 기여함 없이 저자가 되는 것

위의 부정행위 중 연구자뿐 아니라 학생들이 많이 실수하는 것 중 하나가 표절(剽竊)이다. 표절이란 다른 문헌에 있는 문장을 그대로 사용하면서 문장의 출처를 문헌으로 인용하여 밝히지 않는 경우를 말한다. 똑같은 자료, 표, 그림 등을 먼저 저자와 학술지의 동의를 구하지 않고 사용하면서 문헌을 인용하거나 원전을 표시하지 않는 경우도 여기에 해당한다. 학생들이 과제나 연구보고서를 제출했을 때 이러한 행태가 알려지면 각종 처벌이나 불이익을 받는다. 그러나 처벌이나 불이익 이전에 자신의 자발적 노력은 결국 자신에게 남는 것이라는 점을 깊이 인식하는 것이 바람직하다. 그리고 왜 그런 과제가 주어졌는지 그 의도를 먼저 생각해 본다면, 분명 그 과목을 이해하고, 나아가 학생 자신이 성장하는 데에 도움이 될 것이다. 최근에는 학교별로 레포트 중복 정도를 검색하는 시스템을 개발하여 학생들의 부정행위에 대한 대처방법을 다각도로 준비하고 있다.

■ 여기서 잠깐!

- 레포트숍이나 레포트사이트 등에서 다른 사람의 레포트를 그대로 다운받아 제출자의 이름만 자신의 이름으로 고쳐 제출하는 경우는? → 표절 혹은 저자됨 위반
- 레포트숍이나 레포트사이트 등에서 다른 사람의 레포트를 다운받아 앞뒤만 약간 수정하거나 등장인물, 상황 등만 자신의 상황에 맞게 수정하는 경우는? → 표절

2. 연구계획서 및 보고서 작성

1) 연구계획서의 작성

연구계획서는 사회복지기관이나 연구자라면 대개 기금조성을 위해, 학생이라면 학위논문을 쓰기 위해 작성하는 경우가 많다. 기금조성이나 학위취득은 목적이 다르지만, 연구계획서의 작성에 있어서는 기금조성의 경우 필요한 예산이 포함된다는 점을 제외하고는 전반적인 구성은 동일하다.

(1) 연구계획서의 작성 및 활용

① 일반적인 연구계획서의 내용

- **문제제기 및 연구의 목적:** 연구계획서는 대개 이 연구가 왜 필요한지에 대한 설득으로 시작한다. 연구주제와 관련된 현상의 문제내용과 이슈를 다루고, 이것을 사회적으로 어떻게 다루는 것이 좋을지 판단하기 위해서는 어떤 근거가 필요한지 서술하는 것이 좋다. 이런 논의는 자연스럽게 독자들이 이 연구자가 무얼 하려고 하는지 이해하도록 하는 '연구의 목적'으로 연결될 수 있다.
- **기존문헌 검토:** 해당 주제와 관련하여 궁금해 한 사람은 아마도 현재 연구하고자 하는 '나'뿐만은 아니었을 것이다. 분명히 나보다 먼저 이 주제와 관련하여 궁금해 하고 관련 연구를 수행한 사람들이 있을 것이다. 만약 그렇다면 그들과 같은 연구를 반복하는 것에 지나지 않게 되고, 내가 하고자 하는 연구는 의의가 없을 것이다. 따라서 연구계획을 세울 때에는 관련 문헌들을 먼저 검토하는 것이 필요하다. 때로는 연구주제와 관련된 선행연구가 없을 때

도 있다. 그럴 때는 연구범위를 좀더 확대하여 관련 연구를 찾아보는 것도 필요하다. 왜냐하면, 하려고 하는 연구가 없는 것은 다른 연구자들이 생각하지 못한 창의적이고 독특한 연구일 가능성도 있지만, 연구대상을 구하기 너무 어렵다거나, 자료수집이 어려웠다거나, 시간적으로나 재정적인 문제 등 현실적인 어려움으로 인한 실현불가능한 연구였을 가능성도 있기 때문이다.

어떤 경우에는 선행연구가 너무 많을 수도 있다. 이런 경우에는 내 연구에 더 도움이 되는 것이 어떤 것인지 찾아내는 것이 중요하다. 연구주제와의 관련성, 연구대상과 연구 현장이 유사한 정도, 출판 연도(최근 연구일수록 최신의 정보를 담고 있을 가능성이 있으며, 관련 연구 중 오래된 연구 중에는 해당 주제에 대한 최초의 연구일 가능성도 있다), 관련 연구를 많이 수행한 연구자의 저작물, 연구방법의 적합성 등을 기준으로 선택할 수 있다.

- **연구대상 및 범위**: 같은 주제라도 연구마다 연구대상과 범위는 달리 하게 된다. 그러므로 하고자 하는 연구에서는 연구대상과 범위가 무엇이고 어떻게 선정할 것인지 서술하는 것이 필요하다.
- **측정**: 측정방법 역시 연구계획을 세울 때 중요한 항목 중 하나이다. 연구대상과 측정방법, 그리고 자료수집과 분석은 해당 연구에서 주장하고자 하는 바를 설득력 있게 만들어 주는 가장 중요한 요소이며, 설득력 정도를 판단해 주는 근거가 되기도 한다. 어떤 개념에 대해 어떻게 측정할 것이고, 측정도구는 무엇을 사용할 것인지, 사용할 측정도구의 신뢰도와 타당도는 어떠한지 등 측정방법이 적절한 것이라는 것을 보여줄 필요가 있다.
- **자료수집방법**: 자료수집방법은 대개 누구를 대상으로 어떻게 조사할 것인가와 관련된 것인데, 적절한 자료수집방법과 절차를 설명해야 한다.

- **분석방법:** 어떤 통계방법이나 질적분석방법을 사용할 것인지 설명하는 것이 필요하다.
- **연구일정과 예산:** 마지막으로는 연구일정과 소요되는 예산에 대해 계획해야 한다. 학위논문이라면 심사일정을 고려하여 연구일정을 계획해야 하며, 소요되는 예산도 현실적인 수준에서 고려해야 할 것이다. 연구기금을 신청하기 위한 것이라면 기금을 주는 기관에서 정한 기준에 따라 일정과 예산을 정해야 한다. 다만, 연구과정에 따라 연구자가 중요하게 생각하는 부분에 더 많은 시간과 예산을 배분할 수 있다.

2) 연구보고서의 작성 및 활용

(1) 연구보고서의 기능

연구보고서는 진행된 연구과정 전체에 대한 구체적인 자료와 이에 대한 생각 및 해석들을 독자에게 전달하는 것으로 잘 작성된 연구보고서는 전문적 지식체계에 기여하며, 향후 진행될 연구가 어떻게 진행되는 것이 좋을지 연구방향을 제시할 수 있다.

(2) 연구보고서 작성의 기준(김영종, 1999)

① **포괄성:** 연구계획 당시 제기했던 문제, 문제해결을 위한 조사방법, 수집된 자료의 특성과 분석결과, 분석결과에 대한 적용과 함의, 그리고 대안에 이르기까지 모든 것이 빠지지 않고 설명되어야 한다.

② **정확성:** 보고서를 정확하게 작성하는 것은 조사결과의 해석과 활용에 중요한 영향을 미친다. 따라서 자료수집과정의 타당성과 수집된 자료의 질, 자

료처리 및 분석과정의 적절성, 보고서 양식이나 내용에서 흔히 발생되는 오류(오타, 누락, 수치오류 등)가 없는지 등이 중요 기준이 된다.

③ **명확성**: 보고서를 작성할 때 보고서 내용에 대해 올바른 논리적 이해력을 갖추고 그것을 명확한 단어나 문장으로 표현할 수 있어야 한다.

④ **효율성**: 다양한 정보를 간결하게 전달하는 효율성을 가져야 하며, 필요한 것을 모두 포함하면서도 최소한의 함축된 내용으로 전달할 수 있어야 한다.

(3) 연구보고서 작성 시 고려사항

연구결과를 보고서로 작성할 때에는 다음의 사항을 고려해야 한다.

① **독자를 고려할 것**: 연구보고서를 작성할 때에는 먼저 독자를 고려해야 한다. 독자가 일반인이냐 또는 전문가냐에 따라 사용하는 용어와 구성이 달라질 수 있다.

② **형식과 길이**: 연구보고서의 형태에 따라 형식과 길이를 조절할 필요가 있다.

③ **목적**: 연구보고서를 작성할 때에는 이 연구를 시작한 목적과 그에 부합하는 결론을 도출해 내고 있는지 염두에 두어야 한다.

④ **문장표현**: 연구보고서의 문장은 정확하고 간결한 것이 좋으며, 시제는 기존의 연구결과를 인용할 때는 과거를, 자신의 조사결과를 언급할 때는 현재를 사용한다.

⑤ **분석결과**: 통계자료 분석결과는 가능한 도표 등을 사용하여 한눈에도 주요한 결과를 파악할 수 있도록 제시하는 것이 좋다.

⑥ **정확성, 명료성, 간결성을 지킬 것**: 연구보고서의 작성 기준이 지켜졌는지 다시 한 번 검토해 본다.

(4) 연구보고서의 구성

연구보고서의 구성은 연구자, 연구보고서를 요청한 기관의 기준, 학교의 기준에 따라 다르게 구성될 수 있다. 그러나 구성의 큰 틀은 거의 대동소이하다.

① 3단계 구성

연구보고서의 3단계 구성은 주요 내용을 서론, 본론, 결론으로 구성한다. 대개 학교 수업의 과제물로 제출할 때 많이 사용하는 형식이다. 이 형식은 다음과 같은 순서로 구성할 수 있다.

㉠ 제목 및 표지

㉡ 목차

㉢ 요약(개요)

㉣ 서론: 서론에는 연구를 왜 하게 되었는지 연구의 취지나 필요성, 목적을 기술하고, 연구범위를 제시하며 기존 연구를 검토한다. 또한 본 연구와 기존 연구와의 유사점과 차이점 등을 비교하고, 연구에서 사용되는 용어 등을 설명하며 정의내리는 부분이다.

㉤ 본론: 본론은 실제 연구를 위해 진행된 과정을 기술하는 부분으로 어떤 연구문제와 가설을 검증하고자 했는지, 그와 관련된 이론적 배경은 무엇이 있는지, 가설검증을 위해 사용된 조사설계는 무엇인지, 자료수집방법과 표본추출, 분석방법, 조사결과를 제시한다.

㉥ 결론 및 제언: 결론 및 제언 부분에서는 조사결과에 대한 연구자의 해석과 그를 근거로 한 연구자의 주장을 기술하는 부분이다. 조사결과에 대한 검토를 통해 이 연구의 학문적인 의의나 실천적인 의의를 제시하고, 연구결과에 따라 무엇을 어떻게 변화시키거나 새롭게 추진되어야 할 것 등에 대한 제언을 한다.

ⓢ 부록: 부록은 본문에서는 다루지 않았지만 전체 연구과정을 이해하기 위해 필요하거나 참고할 만한 자료, 보충설명이 필요한 내용 등을 제시한다. 주로 참고문헌, 설문지, 상세한 통계분석 절차, 부수적 그림이나 표 등이 포함된다.

② 6단계 구성

6단계 구성은 연구의 주요 부분을 조사목적, 문헌검토, 연구모형, 조사방법 및 자료수집, 자료분석, 결과(결론)로 구성한다. 구성은 3단계와 다르지만 전체 흐름은 크게 다르지 않다. 3단계 구성의 서론과 본론에 해당하는 내용이 좀더 세분화되어 제시되는 것일 뿐 연구에 대해 설명하는 논리적 흐름은 동일하다고 볼 수 있다.

㉠ 제목 및 표지

㉡ 목차

㉢ 요약(개요)

㉣ 본문

- 조사목적: 이 연구가 수행된 배경, 연구에서 다루고자 하는 현상에 대한 문제제기, 연구의 필요성, 연구의 의의 등을 제시한다.
- 문헌검토: 문헌검토는 주제와 관련된 선행연구를 먼저 검토하고, 이론적 논의를 이끌어 내며, 연구에서 사용될 용어를 정의하고 설명한다.
- 연구모형: 연구모형은 연구문제와 가설을 제시하고, 이를 검증하기 위해 사용될 개념적 틀과 인과모형 등을 제시한다.
- 조사방법 및 자료수집: 연구의 자료수집을 위한 조사시기와 자료수집방법, 모집단과 표본추출방법 등에 대해 설명한다.
- 자료분석: 앞서 제시한 연구모형과 조사방법을 활용하여 수집된 자료를 분석하기에 가장 적절한 통계방법 및 질적분석방법을 설명하고, 분석한

결과와 연구자의 해석을 제시한다.

ⓜ 결론(제한점, 함의, 제언): 결론은 3단계 구성에서와 마찬가지로 결과와 관련된 이슈 등을 논의하고, 연구의 제한점을 밝힌다. 연구의 이론적 · 실천적 함의를 논의하고, 향후 연구나 실천, 정책에 대한 제언을 한다.

ⓑ 부록

보충자료 참고문헌 작성 양식

인용과 참고문헌에 대한 양식은 여러 가지가 있는데, 여기에서는 미국과 한국의 사회복지학계에서 가장 많이 사용되는 APA 양식과 한국사회복지학회지의 논문규정을 소개한다. 학생들이 보고서를 제출할 때도 이 양식을 사용할 줄 안다면, 보고서의 품격이 달라질 것인다.

1) APA 양식

APA 양식(APA style, APA 스타일)은 미국심리학회(American Psycholohical Assoicciation: APA)가 정한 문헌 작성 양식이다. 주로 사회과학 분야(심리학, 교육학 등)에서 많이 사용하며, 일부 자연과학 분야(생물학, 식물학, 지구과학)에서도 사용한다. 본문에는 저자-연도 형식으로 인용하고, 참고문헌은 논문 끝에 이름 순으로 정리하는 것이 특징이다(이외에도 시카고 방식이나 하버드 방식 등이 있으나 사회복지에서는 APA 양식을 가장 많이 사용한다).

(1) 인용

본문 중에 저자명, 간행 연도, 페이지 등을 괄호로 묶어 표시하고(예: 홍길동, 2000), 논문 끝의 참고문헌에서 찾아볼 수 있도록 한다.

① **저자가 1명일 때**

- A recent study found a possible genetic cause of alcoholism (Pauling, 2005).
- Pauling (2005). discovered a possible genetic cause of alcoholism.
- 조사론은 열심히 공부한 만큼 성적이 나온다(김진숙, 2010).
- 김진숙(2010)은 조사론은 열심히 공부한 만큼 성적이 나온다고 한다.

② 저자가 2명일 때

- A recent study found a possible genetic cause of alcoholism (Pauling & Liu, 2005).
- Pauling and Liu (2005). discovered a possible genetic cause of alcoholism.
- 사회복지조사사는 논리적인 개념이해가 중요하다(루빈과 김진숙, 2010).
- 루빈과 김진숙(2010)은 사회복지조사사는 논리적인 개념이해가 중요하다고 하였다.

③ 저자가 3~5명일 때

- A recent study found a possible genetic cause of alcoholism (Pauling, Liu, & Guo, 2005).
- Pauling, Liu, and Guo (2005). conducted a study that discovered a possible genetic cause of alcoholism.
- Pauling et al. (2005). discovered a possible genetic cause of alcoholism.
- A recent study found a possible genetic cause of alcoholism (Pauling et al., 2005).
- 사회복지조사론은 사회복지 전공에 있어 매우 중요한 과목이다(김진숙 외, 2010).
- 김진숙 등(2010)은 사회복지조사론은 사회복지 전공에 있어 매우 중요한 과목이라고 했다.

④ 직접 인용

- When asked why his behavior had changed so dramatically, Max simply said, "I think it's the reinforcement" (Pauling, 2004, p. 69).
- Max는 그의 저서에서 사회복지조사론의 학습목표는 "개념이해도 중요하지만 실제 조사수행이 가능한지 여부도 중요하다"라고 하였다(김진숙, 2010, p. 69).

(2) 참고문헌 목록

① 1명이 저술한 책

- Sheril, R. D. (1956). The terrifying future: Contemplating color television. San Diego: Halstead.
- 김진숙(2011). 사회복지조사론. 서울: 신정.

② 2명 이상이 저술한 책

- Smith, J., & Peter, Q. (1992). Hairball: An intensive peek behind the surface of an enigma. Hamilton, ON: McMaster University Press.
- 조흥식 · 정선욱 · 김진숙 · 권지성(2010). 질적연구방법론. 서울: 학지사.

③ 편집된 책의 기사

- Mcdonalds, A. (1993). Practical methods for the apprehension and sustained containment of supernatural entities. In G. L. Yeager (Ed.), Paranormal and occult studies: Case studies in application (pp. 42–64). London: OtherWorld Books.
- 김진숙(2010). 사회복지사들의 사회조사 수행경험. 루빈(편) 사회복지조사론(pp. 42–64). 서울: 한양사이버대학교 출판부.

④ 학술지 논문

- Crackton, P. (1987). The Loonie: God's long-awaited gift to colourful pocket change? Canadian Change, 64(7), 34–37.
- 김진숙(2010). 사회복지사들은 왜 사회조사를 어려워하나?, 한양사이버대논문집, 2(5), 34–55.

⑤ 주간지 기사

- Henry, W. A., III. (1990, April 9). Making the grade in today's schools. Time, 135, 28–31.
- 김진숙(2011. 3. 9). 사회복지사들 사회복지사업에 대한 효과성을 주장하다. 주간한양, 20, 15–18.

⑥ 신문 기사

- Wrong, M. (2005, August 17). "Never Gonna Give You Up" says Mayor. Toronto Sol, p. 4.
- 김진숙(2012. 3. 10). "사회복지사들이여, 조사를 두려워하지 말라". 한양일보, p. 2.

⑦ 정부 문서

- Revenue Canada. (2001). Advanced gouging: Manual for employees (MP 65–347/1124). Ottawa: Minister of Immigration and Revenue.
- 보건복지가족부(2010). 사회복지사업 평가지침(2010–2).

⑧ 인터넷판만 있는 신문의 기사

- Paradise, S., Moriarty, D., Marx, C., Lee, O. B., Hassel, E., et al. (1957, July). Portrayals of fictional characters in reality–based popular writing: Project update. Off the Beaten Path, 7 (3). Retrieved October 3, 1999, from http://www.newsletter.offthebeatenpath.news/otr/complaints.html

⑨ 저자 및 작성일이 표시되지 않은 독자적 인터넷 문서

- What I did today. (n.d.). Retrieved August 21, 2002, from http://www.cc.mystory.life/blog/didtoday.html [Fictional entry.]

출처: 한국위키백과 APA 양식 일부 참조.

* 한국문헌의 예는 김진숙(2011). 사회복지조사론; 조흥식 외(2010). 질적연구방법론; 보건복지가족부(2010). 사회복지사업 평가지침을 제외하고 모두 가상의 예임.

2) 한국사회복지학회의 논문규정

(1) 서적

① 단독 저서의 예

- 김영종. 2001. 『사회복지행정』. 서울: 학지사.
- Wilensky, H. 1975. The Welfare State and Equality. Berkeley: University of California Press.

② 2인 공저의 예

- 김태성 · 김진수. 2003. 『사회보장론』;. 서울: 청목출판사.
- Piven, Frances Fox, and Richard A. Cloward. 1971. Regulating the Poor: The Functions of Public Welfare. New York: Vintage Books.

③ 3인 이상 공저의 예

- 김기태 · 박병현 · 최송식. 1999. 『사회복지의 이해』. 서울: 박영사.
- Glass, Gene V., Barry McGaw, and Mary Lee Smith. 1981. Meta-analysis in Social Reaearch. Beverly Hills, Calif.: Sage.

④ 편저의 book chapter 예

- 이인재. 1998. "사회복지정책의 평가와 과제". 한국사회과학연구소 사회복지연구실 편. 『한국 사회복지의 현황과 쟁점』. 서울: 인간과 복지. pp. 14-45.
- Erskine, A. 1997. "The Withering of Social Insurance in Britain." pp. 130-150. in Social Insurance in Europe, edited by J. Clasen. London: The Policy Press.

(2) 논문

① 저자가 1인인 경우

- 이인정. 2003. "뇌졸중 기능손상노인의 가족수발자에 대한 사회복지실천 개입의 효과에 관한 연구". 『한국사회복지학』 231-255.
- Ungerson, C. 1995. "Gender, Cash and Informal Care: European Perspectives and Dilemmas." Journal of Social Policy 24(1): 31-52.

② 저자가 2인인 논문

- 김인숙 · 우아영. 2003. "부천지역 여성복지관련 조직의 네트워크 구조와 특성". 『한국사회복지학』 53: 179-207.

- McManus, P., and T. DiPrete. 2000. "Market, Family, and State Sources of Income Instability in Germany and the United States." Social Science Research 29: 405–440.

③ 저자가 3인 이상인 논문

- 이익섭 · 박수경 · 곽지영. 2003. "시각장애인의 지역사회통합 실태와 관련 요인". 『한국사회복지학』 54: 149–176.
- Kiyak, H. Asumen, Kevan H. Namazi, and Eva F. Kahana. 1978. "Job Commitment and Turnover among Women Working in Facilities Serving Older Persons." Research on Aging 19(2): 223–246.

(3) 번역서 및 미간행 논문

① 역서의 예

- 박현수 역. 1991. 거대한 변환: 우리 시대의 정치적 경제적 기원. Karl Polanyi. 1944. The Great Transformation: The Political and Economic Origins of Our Time. 서울: 민음사.

② 미간행 학위논문의 예

- 원석조. 1994. "한국의료보험의 정치경제학적 연구". 중앙대학교 사회복지학과 박사학위논문(미간행).

(4) 인터넷 사이트

Fox. L. and E. Palmer. 1999. "New Approaches to Multi-Pillar Pension Systems." http://WBLN0018.Worldbank.org/HDNet/HDdocs.nsf.

출처: 한국사회복지학회 투고규정 및 심사원칙
(http://acoms1.kisti.re.kr/kasw1/index.jsp?publisher_cd=kasw1)

요약

1. 사회복지조사의 윤리

1) 자발적 참여의 원칙

- 조사대상자의 자기결정권을 반드시 존중함
- 조사는 조사대상자에게 강요되어서는 안 되며, 조사대상자를 구하기 위해 강제력을 사용해서는 안 됨
- 모든 대상자가 자신의 선택을 이해할 수 있는 충분한 능력이 있어야 함

2) 고지에 입각한 동의(조사에 대한 충분한 정보제공)

- 알리고 동의를 받아야 하는 내용
- 조사에 대한 일반적인 설명, 절차, 예견할 수 있는 위험이나 불이익, 불편, 이익에 대한 정보, 자유로운 참여 동의 철회, 철회방법 등

3) 참여자에게 피해주지 않기

- 직접적인 위험뿐만 아니라, 간접적인 결과까지 포함
- 현재 미국이나 우리나라 등 IRB(기관연구윤리위원회)를 설치하여 검토 승인을 거침

4) 익명성과 비밀보장

- 익명성: 응답자가 누구인지 모르도록 조치하는 것
- 비밀보장: 응답자의 응답을 알더라도 그 내용을 비밀로 하는 것

2. 조사의 윤리적 쟁점

- 연구참여자 속이기: 연구문제를 은폐 등
- 통제집단에 대해 치료/개입을 제공하지 않아 조사대상자에게 유익할 수 있는 서비스를 제공하지 않음
- 보상: 조사 참여로 발생한 비용에 대해 보상을 하지만, 적정 이상이 되는 경우 재정적 유인이 될 소지가 있음
- 분석과 보고:
  - 일반화의 한계를 명시해야 함
  - 자신이 의도하지 않았던 결과에 대해서도 솔직히 밝혀야 함
  - 자료의 출처 역시 명확히 해야 함

3. 연구부정행위

- 날조: 없는 자료를 거짓으로 있는 것처럼 만들어서 연구결과로 발표하는 것
- 위조/변조: 연구의 원자료를 수정하여 원하는 내용, 혹은 결과로 고쳐서 발표하는 것
- 자료 조작(data massage): 자료를 원하는 대로 취사 선택하거나 삭제하여 결과를 낸 후 발표하는 것
- 저자됨 위반: 연구결과에 기여함 없이 저자가 되는 것
- 표절(剽竊)
  - 다른 문헌에 있는 문장을 그대로 사용하면서 문장의 출처를 문헌으로 인용하여 밝히지 않는 경우
  - 똑같은 자료, 표, 그림 등을 먼저 저자와 학술지의 동의를 구하지 않고 사용하면서 문헌을 인용하거나 원전을 표시하지 않는 경우

4. 조사계획서 및 보고서의 작성

1) 일반적인 조사계획서의 내용

- 문제제기 및 연구의 목적
- 기존 문헌 검토: 연구주제와 관련한 최근 연구동향을 살펴 선행연구들 간 의견이 일치하는 부분과 일치하지 않는 부분, 방법론 상의 문제, 본인 연구의 차별성 등 검토
- 연구대상 및 범위
- 측정
- 자료수집방법
- 분석방법
- 연구일정과 예산

2) 프로그램 계획서의 내용

- 문제에 대한 기술: 문제의 중요성, 재정요청 배경, 문헌고찰 등
- 기관의 자격요건
  - 제안하는 프로그램 실행과 조사에 대한 역량
  - 그동안 기관의 성과 목록화
  - 다른 기관과의 업무관계나 협력관계 기술
- 목적과 목표
- 방법
  - 조사지향적 과제: 조사설계, 과정, 대상자 선정, 척도, 종속변수의 조작, 자료분석 등
  - 프로그램 개발: 담당자, 시설 및 장비, 프로그램 실행 방법 등

- 평가: 평가를 위한 자료수집, 분석방법 등
- 예산: 주요 비용, 참여 인력, 자원봉사자 등
- 일정 및 기대효과

3) 조사보고서의 작성

① 제목 및 표지

② 목차

③ 요약(개요)

④ 서론: 연구의 취지, 필요성, 목적, 연구범위, 기존연구와의 비교, 용어설명, 기존 연구와의 유사/차이점)

⑤ 본론: 연구문제와 가설, 이론적 배경, 조사설계, 자료수집방법, 표본추출, 분석방법, 조사결과

⑥ 결론 및 제언

⑦ 부록(참고문헌, 설문지, 상세한 통계분석 절차, 부수적 그림이나 표 등)

연습문제

01 사회복지실천의 윤리와 연구조사의 윤리를 비교하시오.

02 학술지나 학위논문 중 두세 편을 골라 보고서 작성 기준에 따라 분석해 보시오.

03 관심 있는 주제를 하나 골라 연구계획서를 작성해 보시오.

사회복지사 1급자격시험 기출문제

01 연구보고서 작성 시 고려사항은?

가. 연구목적	나. 독자의 수준
다. 보고서 형식	라. 가설 설정

① 가, 나, 다　② 가, 다
③ 나, 라　④ 라
⑤ 가, 나, 다, 라

02 조사보고서 작성에 관해 옳지 않은 것은?
① 조사보고서는 명확한 표현으로 정확하게 작성한다.
② 조사보고서는 독자의 수준에 맞게 작성한다.
③ 서론에는 조사의 목적과 방법을 기술한다.
④ 본문은 가능한 길고 자세하게 서술한다.
⑤ 근거자료를 충분히 제시하는 것이 좋다.

03 조사보고서 작성에 있어서 옳지 않은 것은?
① 정확하고 체계적으로 기술해야 한다.
② 독자들이 충분히 이해할 수 있는 수준으로 기술해야 한다.
③ 서론에는 연구목적, 연구결과의 함의가 기술되어야 한다.
④ 본론에는 이론적 배경, 연구방법, 연구결과가 제시되어야 한다.
⑤ 결론에는 본문의 핵심내용, 후속 연구에의 제언이 제시되어야 한다.

04 다음 중 조사보고서에 반드시 들어갈 기본구조에 해당하지 않는 것은?
① 표제와 목차　② 개요
③ 결론 및 제언　④ 참고문헌
⑤ 연구비 결산내역

05 조사과정에서 연구윤리상 문제가 없는 것은?
① 프로그램 신청자의 자발적 동의 없이 실험설계 참여자로 선정한다.
② 교수가 보는 앞에서 학생들이 수업내용에 대한 평가를 하게 한다.
③ 정신장애인의 인권침해 조사를 위해 연구자가 연구윤리위원회 허가 없이 정신병원에 위장입원한다.
④ 차량통행량을 측정하고자 할 때, 운전자에게 고지에 입각한 동의를 구할 필요는 없다.
⑤ 설문응답자의 선정과정은 응답자들에게 비밀로 한다.

06 조사연구와 관련해 윤리적으로 문제가 되는 것은?
① 판단능력이 현저히 상실된 조사대상자의 경우 후견인의 동의를 얻었다.

정답 01 ① 02 ④ 03 ③ 04 ⑤ 05 ④

② 누구인지 식별할 수 있는 항목을 제거한 후 자료를 공개했다.
③ 조사 참여에 대한 개별 동의서를 사전에 받았다.
④ 조사에 참여하면 얻게 되는 이익을 조사 대상자에게 미리 알리지 않았다.
⑤ 조사과정 중 언제라도 참여를 중단할 수 있음을 사전에 알렸다.

07 사회조사의 윤리적 원칙으로 옳지 않은 것은?
① 윤리적 원칙은 연구결과의 보고에도 적용된다.
② 고지된 동의는 조사자를 보호하기 위해 활용될 수 있다.
③ 연구 참여에 따른 위험과 더불어 혜택도 고지되어야 한다.
④ 조사대상자의 익명성이 유지되어야만 조사내용의 비밀유지가 가능하다.
⑤ 아동 대상 연구에서는 부모 등 후견인에게 고지된 동의를 받아야 한다.

08 조사윤리를 준수하기 위한 일반적 활동으로 볼 수 없는 것은?
① 조사 참여자의 익명성을 보장하였다.
② 조사 참여를 통해 받을 혜택을 조사 후에 알려주었다.
③ 정신장애인을 대상으로 한 연구에서 연구대상과 보호자로부터 동의를 구했다.
④ 조사 과정 중 본인이 원하면 언제라도 중단할 수 있음을 알려주었다.
⑤ 연구결과의 활용계획에 대해 알려주었다.

09 연구윤리에 관한 설명으로 옳지 않은 것은?
① 아동 대상 연구에서 보호자에게 연구 참여 동의를 얻어야 한다.
② 연구결과의 분석과 보고단계에서도 연구윤리가 준수되어야 한다.
③ 기관생명윤리위원회의 심사를 통과한 경우 사전에 연구참여자에게 연구목적을 밝히지 않을 수 있다.
④ 사회복지사인 연구자가 연구참여자의 아동학대행위를 알게 되었더라도 비밀보장의 원칙을 준수해야 한다.
⑤ 설문조사 참여자에게 자발적 참여를 보장하는 것은 연구윤리의 기본원칙이다.

10 사회과학의 연구윤리에 관한 설명으로 옳지 않은 것은?
① 수업시간에 조사하는 설문지도 응답자의 동의와 자발적 참여가 필요하다.
② 연구자는 연구대상자에게 피해를 줘서는 안 된다.
③ 응답자의 익명성과 비밀을 보장해야 한다.
④ 연구의 공익적 가치는 일반적으로 연구윤리보다 우선해야 한다.
⑤ 타인의 연구결과를 인용 없이 사용하는 경우를 표절이라 한다.

11 연구윤리에 부합하는 사회복지조사로 옳은 것은?
① 연구참여자가 평소와 다른 행동을 하지 않도록 연구자의 신분을 숨기고 자료를 수집하였다.

정답 06 ④ 07 ④ 08 ② 09 ④ 10 ④ 11 ⑤

② 연구결과의 확산을 위해 연구참여자의 신분을 다른 연구기관에 동의 없이 공개하였다.
③ 연구결과에 영향을 미치지 않도록 연구참여자에게 일어날 수 있는 이익을 미리 알리지 않았다.
④ 연구참여 여부를 성적평가와 연계하여 연구참여자의 참여동기를 높였다.
⑤ 연구참여자에게 연구과정에서 발생할 수 있는 고통을 미리 알리고 사전 동의를 구하였다.

참고문헌

공계순 · 서인해(2006). 증거기반 사회복지실천에 대한 이해와 한국에서의 적용가능성에 관한 연구. **사회복지연구**, 31, 77-102.

권구영 · 김영란(2010). **과학적 조사분석과 보고서 작성**. 서울: 공동체.

권지성 · 주소희 · 김진숙(2007). 사회복지연구와 연구참여 자 권리보호. 2007년 사회복지질적연구학회 추계학술대회 자료집.

김미옥(2009). 사회복지학에서의 실행연구(Action research) 적용과 유용성. **한국사회복지학**, 61(3), 179-203.

김영종(2007). **사회복지조사론**. 서울: 학지사.

김진호(2008). **재미있는 통계이야기**. 서울: 한국경제신문.

김태성 · 김기덕 · 이채원 · 홍백의(2005). **사회복지조사론**. 서울: 청목출판사.

김환준(2004). **사회복지연구조사방법론**. 경기: 나남출판.

반포종합사회복지관, 서울대학교 실천사회복지연구회(편)(2007). **사회복지척도집**. 서울: 나눔의집.

사이람(2016). **소셜네트워크분석 컨설팅: 주민관계망 연구**.

신경림 · 조명옥 · 양진향(2004). **질적연구방법론**. 서울: 이화여자대학교출판부.

이현주(2014). 증거기반사회복지실천을 위한 정신보건 프로그램의 효과성에 대한 메타분석: 정신장애인을 중심으로. **정신건강과 사회복지**, 42(1), 171-200.

조엘 베스트(2003). **통계라는 이름의 거짓말**. 무수.

조용환(2006). **질적연구: 방법과 사례**. 경기: 교육과학사.

차배근(2002). **사회과학연구방법**. 서울: 세영사.

채서일(2011). **사회과학조사방법론**. 서울: 비앤엠북스.

최성재(2005). **사회복지조사방법론**. 서울: 나남.

최제호(2007). **통계의 미학**. 서울: 동아시아.

한희선(2009). **조사설계를 위한 사회조사분석**. 한국학술정보.

홍현미라 · 권지성 · 장혜경 · 이민영 · 우아영(2008). **사회복지 질적연구방법론의 실제**. 서울: 학지사.

황성동(2015). **알기쉬운 사회복지조사방법론**. 서울: 학지사.

Allen, R., Earl R., Babbie Research Methods for Social Work. Sage. **사회복지조사방법론**. 성숙진 · 유태균 · 이선우 · 이기영 역(2005). 서울: 시그마프레스.

Campbell & Stanley (1963). *Experimental and quasi-experimental designs for research*. Chicago: Rand McNally & Company.

Cournoyer, B. R. (2004). *The evidence-based socail work skills book*. New York: Allyn & Bacon.

Creswell, J. W. (2007). **질적연구방법론**. 조흥식 · 정선욱 · 김진숙 · 권지성 역(2010). 서울: 학지사.

Gambrill (2006). *Social work practice: A critical thinker's guide (2nd ed.)*. Oxford University Press.

Gilgun, J. F. (1994). Hand into glove: The grounded theory approach and social work practice research. In E. Sherman & W. J. Reid (Eds.), *Qualitative research in social work*, pp. 115-125. New York: Columbia University Press.

Lofland, J., & Lofland, L. H. (1995). *Analyzing social situations: A guide to qualitative observation and analysis* (Third ed.). Belmont, CA: Wadsworth.

Monette, D. R., Sullivan, T. J., & DeJong, C. R. (2002). *Applied social research: Tool for the human services* (5th ed.). Toronto: Wadsworth Thomson Learning.

Morrissey, J. P., & Goldman, H. H. (1984). Cycles of reform in the care of the chronically mentally ill. *Hospital & Community Psychiatry, 35*(8), 785 - 793.

Padgett, D. K. (1998). **사회복지질적연구방법론.** 유태균 역(2001). 경기: 나남.

Patton (2002). *Qualitative Research & Evaluation Methods*, Sage, CA: Thousand Oaks.

Rubin, Allen & ER, Babbie. (2009). *Research Methods for Social Work.*

Rubin, A., & Rubin, E. (1997). *Research Methods for Social Work.* Brooks/Cole Publishing Company.

Seeman, M. (1972). "Alienation and engagement." In A. Campbell and P. E. Converse (eds.) *The Human Meaning of Social Change.* New York: Russell Sage Basic Books.

Sherman, E., & Reid, W. J. (Eds.). (1994). **사회복지 질적연구방법의 이론과 활용.** 유태균 · 이선혜 · 서진환 역(2003). 경기: 나남출판.

Smith, D. (Ed.). (2004). *Social work and evidence-based practice.* Jessica Kingsley Publishers.

Strauss, A., & Corbin, J. (1990). *Basics of qualitative research.* Newbury Park, CA: Sage Publications.

Yin (2003). *Case Study Research: Design and Methods*, Sage, CA: Thousand Oaks.

찾아보기

[인명]

[ㄱ]

[ㅇ]

김진숙

서울대학교 사회복지학과 사회복지학박사
한양사이버대학교 사회복지학과 교수

E-mail: jskim@hycu.ac.kr

사회복지조사론(2판)

초판발행 2011년 9월 10일 **1판 1쇄** | 2012년 3월 10일 **1판 2쇄** | 2013년 3월 10일 **1판 3쇄**
2014년 3월 10일 **1판 4쇄** | 2015년 9월 10일 **1판 5쇄**
2판발행 2022년 3월 10일 **2판 1쇄** | 2022년 9월 10일 **2판 2쇄** | 2024년 3월 10일 **2판 3쇄**
2026년 4월 10일 **2판 4쇄**

지은이 김진숙
펴낸이 최용구 | **펴낸곳 도서출판 신정**
주소 (04316) 서울시 용산구 원효로 89길 19 (원효로1가)
전화 02)3211-4782, 0266(영업부), 3211-4783(편집부), 3211-4784(팩스)
이메일 sjbook2002@naver.com | **홈페이지** www.sjbook.co.kr
등록 2001년 5월 11일 제13-702호
기획마케팅 최용구 장만동 최충구 진소희 | **책임편집** 석기은 황가연

ISBN 978-89-5912-792-4 93330
정가 22,000원